岩 波 文 庫

38-104-3

超国家主義の論理と心理

他 八 篇

丸 山 眞 男 著
古 矢 旬 編

岩 波 書 店

凡　例

一　本書は、丸山眞男が敗戦直後のほぼ一〇年間に発表した時事的色彩の濃い論考のうちからファシズム論、政治的反動論を中心として、九篇を選んだものである。底本には『丸山眞男集』(全一六巻・別巻一、岩波書店、第四刷、二〇一四年)を用いた。採録論文のうち、単行本『現代政治の思想と行動』所収の論文には、同書刊行時に付された「追記」「附記」「補注」を当該論文の直後に配した。

一　底本の明らかな誤記・誤植は、特に断りなく訂正した。また、読みやすさを考慮し、適宜振り仮名を付した。

一　人名・地名等の固有名詞の表記は、著者の用法に従った。したがって、今日一般的な表記と異なる場合もある。本文中、姓のみが記された人名については初出の場合についてのみ名を〔　〕内に補った。

一　仮名遣いは現代仮名遣いに統一し、漢字は原則として今日通行の新字体に書き換えた。

一　原文にある注は、＊1、＊2、……で示し、底本通りの位置においた。また、前記『現代政治の思想と行動』収録時に加えられた補注は、〔補注1〕〔補注2〕、……で示した。

一　引用文献の書誌情報に関しては、以下のような方針で補った。

・図書については、著者名・書名・出版社(者)・刊行年・引用頁を、雑誌論文については、著者名・論文タイトル・雑誌名・刊行年月日・引用頁を可能な限り明示した。

・外国語文献の表記の仕方は、ほぼ英・独・仏それぞれの慣用に従った。

・採録文献の時事的性格に鑑み、引用文献は、著者自身が引用にあたり実際に参照したと思われる刊本、雑誌論文をできる限り明示した。この作業のために、東京女子大学丸山眞男記念比較思想研究センターの丸山眞男文庫に収められた著者の蔵書に当たった。編注等でそれらに言及する場合、たとえば「丸山文庫」図書〈0182225〉、「丸山文庫」雑誌〈M009856〉という形で資料番号を示した。

一　本文には、必要最小限の補足を行い、本文中に〔　〕または［　］で記した。

一　編者による注記は、本文中に(1)、(2)、……で該当箇所を示して、巻末に記した。注では、一般に入手、参照が容易な百科事典、国語辞典、歴史辞典、人名・地名辞典等に含まれるような字句、固有名、事件等の説明は最小限にとどめ、著者の時代には常識であったものの、今日では忘れられた事柄の背景や文脈の再現に努めた。

一　注・解題・解説で丸山の著作に言及する場合、『丸山眞男集』については、『集』、『丸山眞男座談』(全九冊、岩波書店、一九九八年)については『座談』、『丸山眞男講義録』(全七冊、東京大学出版会、一九九八―二〇〇〇年)については『録』の略号を用い、巻数を○数字で示した(例『集』①)。また、『丸山眞男回顧談』(全二冊、岩波書店、二〇〇六年)については『回顧』上(あるいは下)と略記した。

一　前記、丸山眞男文庫には、丸山の思索の展開の跡をとどめる大量の手稿、受講ノート、読書ノート、覚書、メモが残され、整理が進んでいる。注・解題・解説でこれらの資料に言及する場合、たとえば、「丸山文庫」草稿類〈186-2-4〉という形で資料番号を示した。

目　次

Ⅰ　日本のファシズム

超国家主義の論理と心理

一

日本国民を永きにわたって隷従的境涯に押しつけ、また世界に対して今次の戦争に駆りたてたところのイデオロギー的要因は連合国によって超国家主義《ウルトラ・ナショナリズム》とか極端国家主義《エクストリーム・ナショナリズム》とかいう名で漠然と呼ばれているが、その実体はどのようなものであるかという事についてはまだ十分に究明されていないようである。いま主として問題になっているのはそうした超国家主義の社会的・経済的背景であって、超国家主義の思想構造乃至《ないし》心理的基盤の分析は我が国でも外国でも本格的に取り上げられていないかに見える。

それは何故かといえば、この問題があまりに簡単であるからともいえるし、また逆にあまりに複雑であるからともいえる。あまりに簡単であるという意味は、それが概念的組織をもたず、「八紘為宇《はっこういう》」とか「天業恢弘《かいこう》」とかいったいわば叫喚的なスローガンの形で現われているために、真面目に取り上げるに値しないように考えられるからである。例えばナチス・ドイツがともかく「我が闘争」や「二十世紀の神話[1]」の如き世界観的体系を持っていたのに比べて、この点はたしかに著しい対照をなしている。しかし我が超国家主義にそのような公権的な基礎づけが欠けていたということは、それがイデオロギーとして強力でないという事にはならない。それは今日まで我が国民の上に十重二十重の見えざる網を打ちかけていたし、現在なお国民はその呪縛から完全に解き放たれてはいないのである。国民の政治意識の今日見らるる如き低さを規定したものは決して単なる外部的な権力組織だけではない。そうした機構に浸透して、国民の心的傾向なり行動なりを一定の溝に流し込むところの心理的な強制力が問題なのである。それはなまじ明白な理論的構成を持たず、思想的系譜も種々雑多であるだけにその全貌の把握はなかなか困難である。是《これ》が為には「八紘為宇」的スローガンを頭からデマゴギーときめてかからずに、そうした諸々の断片的な表現やその現実の発現形態を通じて底にひそむ共通の論理を探りあてる事が必要である。これはもとより痛ましい我々の過去を物ずきにほり返す嗜虐趣味では断じてない。けだし「新らしき時代の開幕はつねに既存の現実自体が如何なるものであったかについての意識を闘い取ることの裡に存する」(ラッサール)のであり、この努力を怠っては国民精神の真の変革はついに行われぬであろう。そうして凡《およ》そ精神の革命を齎《もた》らす革命にして始めてその名に値するのである。

以下の小論はかかる意味で問題の解答よりも、むしろ問題の所在とその幅を提示せんとする一つのトルソにすぎない。

二

まずなにより、我が国の国家主義が「超《ウルトラ》」とか「極端《エクストリーム》」とかいう形容詞を頭につけている所以《ゆえん》はどこにあるのかという事が問題になる。近代国家は国民国家《ネーションステート》と謂われているように、ナショナリズムはむしろその本質的属性であった。こうした凡そ近代国家に共通するナショナリズムと「極端なる」それとは如何《いか》に区別されるのであろうか。ひとは直《ただ》ちに帝国主義乃至軍国主義的傾向を挙げるであろう。しかしそれだけのことなら、国民国家の形成される初期の絶対主義国家からしていずれも露骨な対外的侵略戦争を行っており、いわゆる十九世紀末の帝国主義時代を俟《ま》たずとも、武力的膨張の傾向は絶えずナショナリズムの内在的衝動をなしていたといっていい。我が国家主義は単にそうした衝動がヨリ強度であり、発現のし方がヨリ露骨であったという以上に、その対外膨張乃至対内抑圧の精神的起動力に質的な相違が見出されることによってはじめて真にウルトラ的性格を帯びるのである。

ヨーロッパ近代国家はカール・シュミットがいうように、中性国家(Ein neutraler Staat)(2)たることに一つの大きな特色がある。換言すれば、それは真理とか道徳とかの内容的価値に関して中立的立場をとり、そうした価値の選択と判断はもっぱら他の社会的集団(例えば教会)乃至は個人の良心に委ね、国家主権の基礎をば、かかる内容的価値から捨象された純粋に形式的な法機構の上に置いているのである。近代国家は周知の如く宗教改革につづく十六、十七世紀に亘る長い間の宗教戦争の真只中から成長した。信仰と神学をめぐっての果しない闘争はやがて各宗派をして自らの信条の政治的貫徹を断念せしめ、他方王権神授説をふりかざして自己の支配の内容的正当性を独占しようとした絶対君主も熾烈な抵抗に面して漸次その支配根拠を公的秩序の保持という外面的なものに移行せしめるの止むなきに至った。かくして形式と内容、外部と内部、公的なものと私的なものという形で治者と被治者の間に妥協が行われ、思想信仰道徳の問題は「私事」としてその主観的内面性が保証され、公権力は技術的性格を持った法体系の中に吸収されたのである。

　ところが日本は明治以後の近代国家の形成過程に於て嘗《かつ》てこのような国家主権の技術的、中立的性格を表明しようとしなかった。その結果、日本の国家主権は内容的価値の実体たることにどこまでも自己の支配根拠を置こうとした。幕末に日本に来た外国人は殆《ほとん》ど一様に、この国が精神的《スピリチュアル》君主たるミカドと政治的実権者たる大君（将軍）との二重統治の下に立っていることを指摘しているが、(3)維新以後の主権国家は、後者及びその他の封建的権力の多元的支配を前者に向って一元化し集中化する事に於て成立した。「政令の帰一」とか「政刑一途」(4)とか呼ばれるこの過程に於て権威は権力と一体化した。そうして是に対して内面的世界の支配を主張する教会的勢力は存在しなかった。やがて自由民権運動が華々しく台頭したが、この民権論とこれに対して「海陸軍及ヒ警視ノ勢威ヲ左右ニ提《ひっさ》ケ凜然トシテ下ニ臨ミ民心ヲシテ戦慄」（『岩倉公実記』（下巻、（復刻版）、原書房、一九六八（一九〇六）年、九四九頁））せしめんとした在朝者との抗争は、真理や正義の内容的価値の決定を争ったのではなく、「上《かみ》君権ヲ定メ下《しも》民権ヲ限リ」(5)といわれるように、もっぱら個人乃至国民の外部的活動の範囲と境界をめぐっての争いであった。凡そ近代的人格の前提たる道徳の内面化の問題が自由民権論者に於ていかに軽々に片づけられていたかは、かの自由党の闘将河野広中が自らの思想的革命の動機を語っている一文によく現われている。その際決定的影響を与えたのはやはりミルの自由論であるが、彼は、

「馬上ながら之を読むに及んで是れまで漢学、国学にて養はれ動《やや》もすれば攘夷をも唱へた従来の思想が一朝にして大革命を起し、忠孝の道位を除いただけで、従来有《も》つて居た思想が木葉微塵の如く打壊かるゝと同時に、人の自由、人の権利の重んず可《べ》きを知つた」（『河野磐州伝』上巻〔河野磐州伝編纂会、一九三〇年、一八六―一八七頁〕、但し傍点丸山）

と言っている。主体的自由の確立の途上に於て真先に対決さるべき「忠孝」観念が、そこでは最初からいとも簡単に考慮から「除」かれており、しかもそのことについてなんらの問題性も意識されていないのである。このような「民権」論がやがてそれが最初から随伴した「国権」論のなかに埋没したのは必然であった。かくしてこの抗争を通じて個人自由は遂《つい》に良心に媒介されることなく、従って国家権力は自らの形式的妥当性を意識するに至らなかった。そうして第一回帝国議会の召集を目前に控えて教育勅語が発布

されたことは、日本国家が倫理的実体として価値内容の独占的決定者たることの公然たる宣言であったといっていい。

果して間もなく、あの明治思想界を貫流する基督教と国家教育との衝突問題がまさにこの教育勅語をめぐって囂々《ごうごう》の論争を惹起したのである。「国家主義」という言葉がこの頃から頻繁に登場し出したということは意味深い。この論争は日清・日露両役の挙国的興奮の波の中にいつしか立ち消えになったけれども、ここに潜んでいた問題は決して解決されたのではなく、それが片づいたかのように見えたのは基督教徒の側で絶えずその対決を回避したからであった。今年初頭の〔一九四六年一月一日付〕詔勅で天皇の神性が否定されるその日まで、日本には信仰の自由はそもそも存立の地盤がなかったのである。信仰のみの問題ではない。国家が「国体」に於て真善美の内容的価値を占有するところには、学問も芸術もそうした価値的実体への依存よりほかに存立しえないことは当然である。しかもその依存は決して外部的依存ではなく、むしろ内面的なそれなのだ。国家のための芸術、国家のための学問という主張の意味は単に芸術なり学問なりの国家的実用性の要請ばかりではない。何が国家のためかという内容的な決定をば「天皇陛下及天皇陛下ノ政府ニ対シ」(官吏服務紀律)忠勤義務を持つ[6]ところの官吏が下すという点にその核心があるのである。そこでは、「内面的に自由であり、主観のうちにその定在《ダーザイン》をもっているものは法律のなかに入って来てはならない」(ヘーゲル)[7]という主観的内面性の尊重とは反対に、国法は絶対価値たる「国体」より流出する限り、自らの妥当根拠を内容的正当性に基礎づけることによっていかなる精神領域にも自在に浸透しうるのである。

従って国家的秩序の形式的性格が自覚されない場合は凡そ国家秩序によって捕捉されない私的領域というものは本来一切存在しないこととなる。我が国では私的なものが端的に私的なものとして承認されたことが未だ嘗《かつ》てないのである。この点につき『臣民の道』(文部省教学局編、内閣印刷局刊、一九四三年、七一頁)の著者は「日常我等が私生活と呼ぶものも、畢竟《ひっきょう》これ臣民の道の実践であり、天業を翼賛し奉る臣民の営む業として公の意義を有するものである。(中略)かくて我らは私生活の間にも天皇に帰一し、国家に奉仕するの念を忘れてはならぬ」といっているが、こうしたイデオロギーはなにも全体主義の流行と共に現われ来ったわけでなく、日本の国家構造そのものに内在していた。従って私的なものは、即ち悪であるか、もしくは悪に近いものとして、何程かのうしろめたさを絶えず伴っていた。営利とか恋愛とかの場合、特にそうである。そうして私事の私的性格が端的に認められない結果は、それに国家的意義を何とかして結びつけ、それ

によって後ろめたさの感じから救われようとするのである。漱石の「それから」の中に、代助と嫂とが、

「一体今日は何を叱られたのです」

「何を叱られたんだか、あんまり要領を得ない。然《しか》し御父さんの国家社会の為に尽くすには驚いた。何でも十八の年から今日迄のべつに尽くしてるんだってね」

「それだから、あの位に御成《おな》りになったんじゃありませんか」

「国家社会の為に尽くして、金がお父さん位儲かるなら、僕も尽くしても好い」（傍点丸山）

という対話を交す所があるが、この漱石の痛烈な皮肉を浴びた代助の父は日本の資本家のサンプルではないのか。こうして、『栄え行く道』（野間清治）[8]と国家主義とは手に手をつなぎ合って近代日本を「躍進」せしめ同時に腐敗せしめた。「私事」の倫理性が自らの内部に存せずして、国家的なるものとの合一化に存するというこの論理は裏返しにすれば国家的なるものの内部へ、私的利害が無制限に侵入する結果となるのである。

三

国家主権が精神的権威と政治的権力を一元的に占有する結果は、国家活動はその内容的正当性の規準を自らのうちに(国体として)持っており、従って国家の対内及び対外活動はなんら国家を超えた一つの道義的規準には服しないということになる。こういうとひとは直ちにホッブス流の絶対主義を思い起すかも知れない。しかしそれとこれとは截然と区別される。「真理ではなくして権威が法を作る」というホッブスの命題(9)に於ける権威とはその中に一切の規範的価値を内包せざる純粋の現実的決断である。主権者の決断によってはじめて是非善悪が定まるのであって、主権者が前以て存在している真理乃至正義を実現するのではないというのがレヴァイアサンの国家なのである。従ってそれは法の妥当根拠をひたすら主権者の命令という形式性に係わらしめる事によって却《かえ》って近代的法実証主義への道を開いた。例えばフリートリヒ大王のプロシャ国家にしてもこうしたホッブス的絶対国家の嫡流であり、(10)そこでは正統性(Legitimität)は究極に於て合法性(Legalität)のなかに解消しているのである。

ところが我が国家主権は前述したとおり決してこのような形式的妥当性に甘んじようとしない。国家活動が国家を超えた道義的規準に服しないのは、主権者が「無」よりの決断者だからではなく、主権者自らのうちに絶対的価値が体現しているからである。それが「古今東西を通じて常に真、善、美の極致」とされるからである（荒木貞夫『皇国の軍人精神』（朝風社、一九三二年）八頁）。従ってここでは、道義はこうした国体の精華が、中心的実体から渦紋状に世界に向って拡がって行くところにのみ成り立つのである。「大義を世界に布《し》く」といわれる場合、大義は日本国家の活動の前に定まっているのでもなければ、その後に定まるのでもない。大義と国家活動とはつねに同時存在なのである。大義を実現するために行動するわけだが、それと共に行動することが即ち正義とされるのである。「勝つた方がええ」というイデオロギーが「正義は勝つ」というイデオロギーと微妙に交錯しているところに日本の国家主義論理の特質が露呈している。それ自体「真善美の極致」たる日本帝国は、本質的に悪を為し能わざるが故に、いかなる暴虐なる振舞も、いかなる背信的行動も許容されるのである！

　こうした立場はまた倫理と権力との相互移入としても説明されよう。国家主権が倫理性と実力性の究極的源泉であり両者の即自的統一である処では、倫理の内面化が行われぬために、それは絶えず権力化への衝動を持っている。倫理は個性の奥深き底から呼びかけずして却って直ちに外的な運動として押し迫る。国民精神総動員という如きがそこでの精神運動の典型的なあり方なのである。

　前述の基督教と教育勅語の問題から、神道祭天古俗説、咢堂（尾崎行雄）の共和演説を経て天皇機関説問題に至るまで、一たび国体が論議されるや、それは直ちに政治問題となり、政治的対立に移行した。「国体明徴」は自己批判ではなくして、殆どつねに他を圧倒するための政治的手段の一つであった。これに対して純粋な内面的な倫理は絶えず「無力」を宣告され、しかも無力なるが故に無価値とされる。無力ということは物理的に人を動かす力がないという事であり、それは倫理なり理想なりの本質上然るのである。しかるに倫理がその内容的価値に於てでなくむしろその実力性に於て、言い換えればそれが権力的背景を持つかどうかによって評価される傾向があるのは畢竟《ひっきょう》、倫理の究極の座が国家的なるものにあるからにほかならない。こうした傾向が最もよく発現されるのは、国際関係の場合である。例えば次の一文を見よ（但し傍点丸山）。

　「我が国の決意と武威とは、彼等《かれら》（主要連盟国を指す——丸山）をして何等の制裁にも出《い》づること能はざらしめた。我が国が脱退するや、連盟の正体は世界に暴露せられ、ドイツも同年秋に我が跡を追ふて脱退し、後《おく》れてイタリヤもまたエチオピヤ問題に機を捉らへて脱退の通告を発し、国際連盟は全く虚名のものとなつた。かくして我が国は昭和六年の秋以来、世界維新の陣頭に巨歩を進め来たつてゐる」（『臣民の道』〔一四頁〕）

ここでは、連盟が制裁を課する力がなかった事に対する露わな嘲笑と、反対に「機を捉らへ」たイタリーの巧妙さに対する暗々裡の賞讃とが全体の基調をなしている。連盟の「正体」なり、イタリーの行動なりは、なんらその内在的価値によってでなく、もっぱらその実力性と駆け引きの巧拙から批判されているのである。これが「教学」の総本山たる文部官僚の道義観に於ける他の側面だったのである。しかもこうして倫理が権力化されると同時に、権力もまた絶えず倫理的なるものによって中和されつつ現われる。公然たるマキァヴェリズムの宣言、小市民的道徳の大胆な蹂躙の言葉は未だ嘗てこの国の政治家の口から洩れたためしはなかった。政治的権力がその基礎を究極の倫理的実体に仰いでいる限り、政治の持つ悪魔的性格は、それとして率直に承認されえないのである。

この点でもまた東と西は鋭く分れる。政治は本質的に非道徳的なブルータルなものだという考えがドイツ人の中に潜んでいることをトーマス・マンが指摘しているが[11]、こういうつきつめた認識は日本人には出来ない。ここには真理と正義に飽くまで忠実な理想主義的政治家が乏しいと同時に、チェザーレ・ボルジャの不敵さ[12]もまた見られない。慎ましやかな内面性もなければ、むき出しの権力性もない。すべてが騒々しいが、同時にすべてが小心翼々としている。この意味に於て、東条英機氏は日本的政治のシンボルと言い得る。そうしてかくの如き権力のいわば矮小化は政治的権力にとどまらず、凡そ国家を背景とした一切の権力的支配を特質づけている。

例えば今次戦争に於ける俘虜虐待問題を見よう(戦場に於ける残虐行為についてはや別の問題として、後に触れる)。収容所に於ける俘虜殴打等に関する裁判報告を読んで奇妙に思うのは、被告が殆んど異口同音に、収容所の施設改善につとめた事を力説していることである。私はそれは必ずしも彼らの命乞いのための詭弁ばかりとは思わない。彼らの主観的意識に於てはたしかに待遇改善につとめたと信じているにちがいない。彼等は待遇を改善すると同時になぐったり、蹴ったりするのである。慈恵行為と残虐行為とが平気で共存しうるところに、倫理と権力との微妙な交錯現象が見られる。軍隊に於ける内務生活の経験者は這般《しゃはん》の事情を察しうるであろう。彼らに於ける権力的支配は心理的には強い自我意識に基づくのではなく、むしろ、国家権力との合一化に基づくのである。従ってそうした権威への依存性から放り出され、一箇の人間にかえった時の彼らはなんと弱々しく哀れな存在であることよ。だから戦犯裁判に於て、土屋は青ざめ、古島は泣き[13]、そうしてゲーリングは哄笑する。後者のような傲然たるふてぶてしさを示すものが名だたる巣鴨の戦犯容疑者に幾人あるだろうか。同じ虐待でもドイツの場合のように俘虜の生命を大規模にあらゆる種類の医学的実験の材料に供するというような冷徹な「客観的」虐待は少くも我が国の虐待の「範型」ではない。彼の場合にはむろん国家を背景とした行為ではあるが、そこでの虐待者との関係はむしろ、「自由なる」主体ともの(Sache)とのそれに近い。これに反して日本の場合はどこまでも優越的地位の問題、つまり究極的価値たる天皇への相対的な近接の意識なのである。

　しかもこの究極的実体への近接度ということこそが、個々の権力的支配だけでなく、全国家機構を運転せしめている精神的起動力にほかならぬ。官僚なり軍人なりの行為を制約しているのは少くも第一義的には合法性の意識ではなくして、ヨリ優越的地位に立つもの、絶対的価値体にヨリ近いものの存在である。国家秩序が自らの形式性を意識しないところでは、合法性の意識もまた乏しからざるをえない。法は抽象的一般者として治者と被治者を共に制約するとは考えられないで、むしろ天皇を長とする権威のヒエラルヒーに於ける具体的支配の手段にすぎない。だから遵法ということはもっぱら下のものへの要請である。軍隊内務令の繁雑な規則の適用は上級者へ行くほどルーズとなり、下級者ほどヨリ厳格となる。刑事訴訟法の検束、拘留、予審等々の規定がほかならぬ帝国官吏によって最も露骨に蹂躙されていることは周知の通りである。具体的支配関係の保持強化こそが眼目であり、そのためには、遵法どころか、法規の「末節」に捉われるなという ことが繰返し検察関係に対して訓示されたのである。従ってここでの国家的社会的地位の価値規準はその社会的職能よりも、天皇への距離にある。ニーチェは、「へだたりのパトス」(Pathos der Distanz)(14)ということを以て一切の貴族的道徳を特質づけているが、我が国に於ては「卑しい」人民とは隔たっているという意識が、それだけ最高価値たる天皇に近いのだという意識によって更に強化されているのである。

かくして「皇室の藩屏《はんぺい》」たることが華族の矜持であり、(天皇親率の軍隊たることに根拠づけられた)統帥権の独立が軍部の生命線となる。そうして支配層の日常的モラルを規定しているものが抽象的法意識でも内面的な罪の意識でも、民衆の公僕観念でもなく、このような具体的感覚的な天皇への親近感である結果は、そこに自己の利益を天皇のそれと同一化《アイデンティファイ》し、自己の反対者を直ちに天皇に対する侵害者と看做《みな》す傾向が自《おのず》から胚胎するのは当然である。藩閥政府の民権運動に対する憎悪乃至恐怖感にはたしかにかかる意識が潜んでいた。そうしてそれはなお今日まで、一切の特権層のなかに脈々と流れているのである。

四

職務に対する矜持が、横の社会的分業意識よりも、むしろ縦の究極的価値への直属性の意識に基いているということから生ずる諸々の病理的現象は、日本の軍隊が殆んど模範的に示してくれた。軍はその一切の教育方針を挙げてこうした意味でのプライドの養成に集中したといっていい。それはまず、「軍人は国民の精華にして其の主要部を占む」(軍隊教育令)(15)として、軍を国家の中枢部に置いた。軍人の「地方」人(!)に対する優越意識はまがいもなく、その皇軍観念に基づいている。しかも天皇への直属性ということから、単に地位的優越だけでなく一切の価値的優越が結論されるのである。

例えば荒木貞夫男爵によれば、軍隊出身者はしばしば正直過ぎるという世評を受けるが、「此等の批評の反面には、一般社会の道徳の水準が軍隊内のそれと相当の差があつて、軍隊出身者にとつて方今の社会生活に多くの困難を感ずるもののあることを物語る」(『皇国の軍人精神』五一頁、傍点丸山)のであって、従って軍人は「一般社会精神を浄化して軍隊精神との渾一に努力」(同五二頁)する事が要請される。ところが日本国民は今度の戦争で、荒木男爵とまったく逆の意味で、軍隊内の道徳水準と一般社会のそれとの間に「相当の差が」あることを見せつけられたのであった。また軍医大尉として永く召集されていた私のある友人の語るところによれば、軍医学の学問的水準は大学をふくめて一切の「地方」の医学のそれよりはるかに高いというのが、殆んど本職の軍医の間の通説だったそうである。是もともとよりこの真面目な病理学者に従えば、事実は全く反対であった。そうしてこのような自己中心的なプライドの高揚は軍対「地方」の間に存するだけでなく、軍そのものの内部にもち込まれる。例えば「作戦要務令」に、「歩兵ハ軍ノ主兵ニシテ、諸兵種協同ノ核心トナリ」云々という言葉がある。(16) 私は朝鮮に教育召集を受けたとき、殆んど毎日のようにこれを暗誦させられた。ある上等兵が、「いいか、歩兵は軍の主兵だぞ、軍で一番えらいんだ、「軍ノ主兵」とあるだろう、軍という以上、陸軍だけでなく海軍も含むんだ」といって叱咤した声が今でも耳朶《じだ》に残っている。むろんこれは本人も真面目にそう考えていたわけではないが、そういう表現のうちに軍教育を貫く一つの心的傾向性といったものが抗い難く窺われるのである。かくして部隊は他の部隊に対する、中隊は他の中隊に対する、内務班は他の内務班に対する優越意識を煽られると共に、また下士官には「兵隊根性」からの離脱が、将校には「下士官気質」の超越が要求される。

戦争中、軍の悪評をこの上もなく高くしたあの始末の悪い独善意識とセクショナリズムはこうした地盤から醱酵《はっこう》した。ひとり軍隊だけでなく、日本の官庁機構を貫流するこのようなセクショナリズムはしばしば「封建的」と性格づけられているが、単にそれだけではない。封建的割拠性は銘々が自足的閉鎖的世界にたてこもろうとするところに胚胎するが、上のようなセクショナリズムは各分野が夫々縦に究極的権威への直結によって価値づけられている結果、自己を究極的実体に合一化しようとする衝動を絶えず内包しているために、封建的なそれより遥かに活動的かつ「侵略」的性格を帯びるのである。自らはどこまでも統帥権の城塞に拠りつつ、総力戦の名に於て国家の全領域に干与せんとした軍部の動向が何よりの証示である。

このようにして、全国家秩序が絶対的価値体たる天皇を中心として、連鎖的に構成され、上から下への支配の根拠が天皇からの距離に比例する、価値のいわば漸次的稀薄化にあるところでは、独裁観念は却って生長し難い。なぜなら本来の独裁観念は自由なる主体意識を前提としているのに、ここでは凡そそうした無規定的な個人というものは上から下まで存在しえないからである。一切の人間乃至社会集団は絶えず一方から規定されつつ他方を規定するという関係に立っている。戦時中に於ける軍部官僚の独裁とか、専横とかいう事が盛んに問題とされているが、ここで注意すべきは、事実もしくは社会的結果としてのそれと意識としてのそれとを混同してはならぬという事である。意識としての独裁は必ず責任の自覚と結びつく筈《はず》である。ところがこうした自覚は軍部にも官僚にも欠けていた。

ナチスの指導者は今次の戦争について、その起因はともあれ、開戦への決断に関する明白な意識を持っているにちがいない。然るに我が国の場合はこれだけの大戦争を起しながら、我こそ戦争を起したという意識がこれまでの所、どこにも見当らないのである。何となく何物かに押されつつ、ずるずると国を挙げて戦争の渦中に突入したというこの驚くべき事態は何を意味するか。我が国の不幸は寡頭勢力によって国政が左右されていただけでなく、寡頭勢力がまさにその事の意識なり自覚なりを持たなかったということに倍加されるのである。各々の寡頭勢力が、被規定的意識しか持たぬ個人より成り立っていると同時に、その勢力自体が、究極的権力となりえずして究極的実体への依存の下に、しかも各々それへの近接を主張しつつ併存するという事態――さるドイツ人のいわゆる併立の国(Das Land der Nebeneinander)[17]――がそうした主体的責任意識の成立を困難ならしめたことは否定出来ない。

　第八十一議会の衆議院戦時行政特例法委員会で、首相の指示権の問題について、喜多壮一郎氏から、それは独裁と解してよいかと質問されたのに対し、東条首相が、

> 「独裁政治といふことがよく言はれるがこれを明確にして置きたい。（中略）東条といふものは一個の草莽の臣である。あなた方と一つも変りはない。たゞ私は総理大臣といふ職責を与へられてゐる。ここで違ふ。これは陛下の御光を受けてはじめて光る。陛下の御光がなかつたら石ころにも等しいものだ。陛下の御信任があり、この位置についてゐるが故に光つてゐる。そこが全然所謂《いわゆる》独裁者と称するヨーロッパ

の諸公とは趣を異にしてゐる」(昭和一八年二月六日『朝日新聞』速記、傍点丸山)と答えているのは、それがまさに空前の権限を握った首相の言だけにきわめて暗示的といえる。そこには上に述べた究極的権威への親近性による得々たる優越意識と同時に、そうした権威の精神的重みをすぐ頭の上にひしひしと感じている一人の小心な臣下の心境が正直に吐露されているのである。

さて又、こうした自由なる主体的意識が存せず各人が行動の制約を自らの良心のうちに持たずして、より上級の者(従って究極的価値に近いもの)の存在によって規定されていることからして、独裁観念にかわって抑圧の移譲による精神的均衡の保持とでもいうべき現象が発生する。上からの圧迫感を下への恣意の発揮によって順次に移譲して行く事によって全体のバランスが維持されている体系である。これこそ近代日本が封建社会から受け継いだ最も大きな「遺産」の一つということが出来よう。福沢諭吉は「開闢《かいびゃく》の初より此国に行はるゝ人間交際の定則」たる権力の偏重という言葉で巧みにこの現象を説いている。曰く、

「上下の名分、判然として、其《その》名分と共に権義をも異にし、一人として無理を蒙らざる者なく、一人として無理を行はざる者なし。無理に抑圧せられ、又無理に抑圧し、此《ここ》に向て屈すれば、彼に向て矜《ほこ》る可《べ》し。(中略)前の恥辱は後の愉快に由て償ひ、以て其不満足を平均し、(中略)恰《あたか》も西隣へ貸したる金を東隣へ催促するが如し」(『文明論之概略』巻之五(岩波文庫、一九九五年、二三六―二三七頁))

ここでも人は軍隊生活を直ちに連想するにちがいない。しかしそれは実は日本の国家秩序に隅々まで内在している運動法則が軍隊に於て集中的に表現されたまでのことなのである。近代日本は封建社会の権力の偏重をば、権威と権力の一体化によって整然と組織立てた。そうしていまや日本が世界の舞台に登場すると共に、この「圧迫の移譲」原理は更に国際的に延長せられたのである。維新直後に燃え上った征韓論やその後の台湾派兵などは、幕末以来列強の重圧を絶えず身近かに感じていた日本が、統一国家形成を機にいち早く西欧帝国主義のささやかな模倣を試みようとしたもので、そこに「西隣へ貸したる金を東隣へ催促」せんとする心理が流れていることは否定出来ない。思えば明治以後今日までの外交交渉に於て対外硬論は必ず民間から出ていることも示唆的である。

更にわれわれは、今次の戦争に於ける、中国や比律賓《フィリピン》での日本軍の暴虐な振舞についても、その責任の所在はともかく、直接の下手人は一般兵隊であったという痛ましい事実から目を蔽ってはならぬ。国内では「卑しい」人民であり、営内では二等兵でも、一たび外地に赴けば、皇軍として究極的価値と連なる事によって限りなき優越的地位に立つ。市民生活に於て、また軍隊生活に於て、圧迫を移譲すべき場所を持たない大衆が、一たび優越的地位に立つとき、己れにのしかかっていた全重圧から一挙に解放されんとする爆発的な衝動に駆り立てられたのは怪しむに足りない。彼らの蛮行はそうした乱舞の悲しい記念碑ではなかったか(勿論《もちろん》戦争末期の敗戦心理や復讐《ふくしゅう》観念に出た暴行は又別の問題である)。

五

ところが超国家主義にとって権威の中心的実体であり、道徳の泉源体であるところの天皇は、しからば、この上級価値への順次的依存の体系に於て唯一の主体的自由の所有者なのであろうか。近世初期のヨーロッパ絶対君主は中世自然法に基く支配的契約の制約から解放されて自らを秩序の擁護者(Defensor Pacis)からその作為者(Creator Pacis)に高めたとき、まさに近世史上最初の「自由なる」人格として現われた。しかし明治維新に於て精神的権威が政治的権力と合一した際、それはただ「神武《じんむ》創業の古」への復帰とされたのである。天皇はそれ自身究極的価値の実体であるという場合、天皇は前述した通り決して無よりの価値の創造者なのではなかった。天皇は万世一系の皇統を承け、皇祖皇宗の遺訓によって統治する。欽定憲法は天皇の主体的製作ではなく、まさに「統治の洪範を紹述」したものとされる。かくて天皇も亦、無限の古にさかのぼる伝統の権威を背後に負っているのである。天皇の存在はこうした祖宗の伝統と不可分であり、皇祖皇宗もろとも一体となってはじめて上に述べたような内容的価値の絶対的体現と考えられる。天皇を中心とし、それからのさまざまの距離に於て万民が翼賛するという事態を一つの同心円で表現するならば、その中心は点ではなくして実はこれを垂直に貫く一つの縦軸にほかならぬ。そうして中心からの価値の無限の流出は、縦軸の無限性(天壌無窮の皇運)によって担保されているのである。

かくていまや超国家主義の描く世界像は漸《ようや》くその全貌を露わにするに至った。中心的実体からの距離が価値の規準になるという国内的論理を世界に向って拡大するとき、そこに「万邦各々其の所をえしめる」という世界政策が生れる。「万国の宗国」たる日本によって各々の国が身分的秩序のうちに位置づけられることがそこでの世界平和であり、「天皇の御稜威《みいつ》が世界万邦に光被するに至るのが世界史の意義であつて、その光被はまさしく皇国武徳の発現として達成せられるのである」（佐藤通次『皇道哲学』〔朝倉書店、一九四一年、三九三頁〕）。従って万国を等しく制約する国際法の如きは、この絶対的中心体の存在する世界では存立の余地なく、「御国の道に則つた、稜威のみ光りが世界を光被することになれば、国際法などはありえない」（「座談会、赴難の学」『中央公論』昭和一八年一二月号〔九〇頁〕）ということになる。山田孝雄博士は肇国《ちょうこく》神話の現存性を説いて、

「二千六百年前の事実がこれを輪切りにすれば中心の年輪として存在してゐる。……だから神武天皇様の御代のことは昔話としてでなく、現に存在してゐるのである」（「神国日本の使命と国民の覚悟」『中央公論』昭和一八年九月号〔一五頁〕）

といわれた。まことに「縦軸（時間性）の延長即ち円（空間性）の拡大」という超国家主義論理の巧妙な表現というべきである。

「天壌無窮」が価値の妥当範囲の絶えざる拡大を保障し、逆に「皇国武徳」の拡大が中心価値の絶対性を強めて行く――この循環過程は、日清・日露戦争より満州事変・支那事変を経て太平洋戦争に至るまで螺旋的に高まって行った。日本軍国主義に終止符が打たれた八・一五の日はまた同時に、超国家主義の全体系の基盤たる国体がその絶対性を喪失し今や始めて自由なる主体となった日本国民にその運命を委ねた日でもあったのである。

『現代政治の思想と行動』追記

「超国家主義の論理と心理」は昭和二一年、すなわち敗戦の翌年三月に執筆し、その年から発刊した雑誌『世界』の五月号に掲載された。本書に収録した論文中で時期的にもっとも早いものである。カナ遣いは今度新カナに改めたが、文章やスタイルがいかにも古めかしく、しかも極度に問題を圧縮して提示しているので、どう見てもあまり分りのいい論文ではない。にも拘らずこれが発表されるとすぐさま当時まだ半ピラの朝日新聞に批評(「雑誌評」一九四六年六月二四日)が載り、それをきっかけに自分ながら呆れるほど広い反響を呼んだ。それは恐らく当時の緊張した精神的雰囲気や読者のいわば積極的な精神的姿勢と関連していることであろう。それと、もう一つは終戦直後に輩出した日本の天皇制国家構造の批判は殆どみなコンミュニズムか少くもマルクス主義の立場から行われたので、自から経済的基盤の問題に集中されるか、でなければ「政治的」な暴露に限られていた。それが氾濫して千篇一律の感を呈していたときであったために、こうした精神構造からのアプローチがひどく新鮮なものに映じたわけである。こういう角度で分析を試みるにあたって、私は「お手本」がなかったので（アメリカの社会心理学や政治学の象徴論やコミュニケーション論は当時の私にとって殆ど全く未知であった）いろいろ苦労してあまりスマートでない表現や範疇を「鋳造」せねばならなかった。そうした視角やまたここに挙げた資料は今日では一向珍らしくなくなったけれども、私個人にはやはりこの論文は懐しい記憶の種である。

むろんここに描かれた日本国家主義のイデオロギー構造は、太平洋戦争において極限にまで発現された形態に着目して、その諸契機を明治以後の国家体制のなかにできるだけ統一的に位置づけようという意図から生れた一個の歴史的抽象にすぎない。したがってそこでは日本の天皇制イデオロギーの発展段階の区分や、立憲主義的要素と絶対主義的要素との関連といった問題は、はじめから捨象されている。私の図式が恣意的な構想であるかどうかは読者の批判に俟《ま》つほかはないが、こうした「抽象」自体は、後の論文でのべる戦後の天皇制イデオロギーの細分化《アトマイゼイション》現象を測定する上にも決して無意味ではなかろう。

なお昭和八年に毎日新聞社が陸軍省と協力して製作した映画「非常時日本」全一二巻の中では、荒木陸相の演説を背景として次のような図で皇道の構造が示されるが、それが恰《あたか》も本論の末尾にのべた「論理」と全く一致していることを後になって発見したので、参考までに掲げておく(『極東国際軍事裁判速記録』(no. 41)〔第一巻、雄松堂書店、一九六八年、四八八頁〕による)。

ただ、読者はどうかこの論文だけからして、私が明治以後の日本国家の発展、ないしはイデオロギーとしてのナショナリズム思想における進歩的なモメントや世界的共通性を無視し、「前近代性」と「特殊性」で一切をぬりつぶす論者だったと断定しないで戴きたい。昭和二一年一〇月に歴研の主催した講習会での私の「明治国家の思想」と題する講演(歴史学研究会編『日本社会の史的究明』岩波書店、一九四九年所収〔『集』④〕)や二二年二月号『中央公論』に載った「陸羯南——人と思想」〔『集』③〕では、不十分ながらそうした前向きの要素や積極面を述べておいた。

本論文の「抽象」が一面的だという批判は甘んじて受けるけれども、他方ここで挙げたような天皇制的精神構造の病理が「非常時」の狂乱のもたらした例外現象にすぎないという見解(たとえば津田左右吉博士によって典型的に主張されている)[18]に対しては、私は当時も現在も到底賛成できない。この大きな問題に立入るかわりに、ここでは差当りヘーゲルの歴史哲学における次の言葉を掲げて私の答えに代えよう。

「こうした(中世教会の)腐敗堕落は偶然的なものと呼ぶ

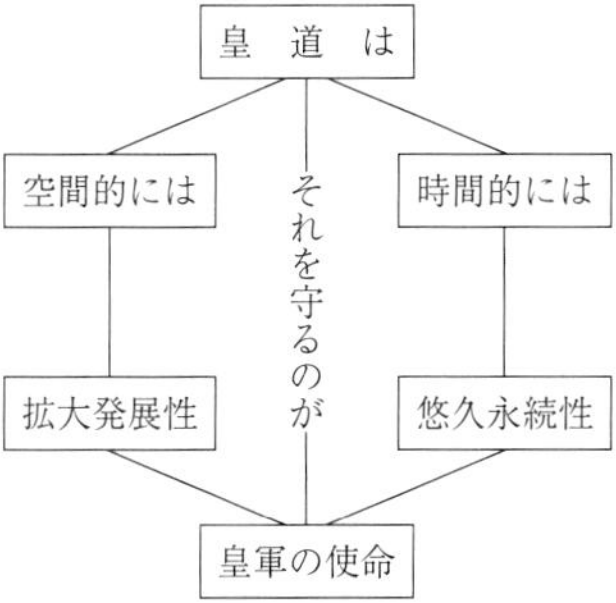

わけには行かない。それは必然的なものであり、ある既存の原理の首尾一貫した発展にほかならない。ひとはたんに教会におけるいろいろな濫用を云々するが、これは正しくない。こうした言い現わし方によって、あたかも、それ自体としては善いものが主観的目的のために堕落しただけのことで、よき本質を救うためにはそうした主観的歪曲を排除しさえすればよいかのような考え方が喚び起されることになる。……(そういう考え方では)基礎は正しく、本質自体は欠陥がないのに、情念や主観的利害その他およそ人間の偶然的意志が、かの本来善きものを自分のための手段として用いたということが前提される。そうなると問題はこうした諸々の偶然性を隔離するだけのことになってしまう。けれどもある事物の濫用はつねに個々の現象としてだけ現われるものであるのに反し、教会においてはあらゆる脈絡を貫通する腐敗の原理が登場したのである」(*Philosophie der Weltgeschichte*, Lasson Ausg. 2. Band, 871–2)

日本ファシズムの思想と運動

一　まえがき

私に与えられました題は「日本ファシズムの思想と運動」というのでありますが、私は決してこういう問題について決定的な結論を下す資格が自分にあると思っているわけではありません。何かファシズムの本質を一挙につかみうるような見取図をこれからの話から期待されるならば、必ず失望しますから前もっておことわりしておきます。こういう短い時間にとてつもない大きい問題を扱うわけでありますから、話がドグマチックになるのをさけるために問題を最初から出来るだけ限定しておきます。まずファシズムの分析の場合にメカニズムとしての、即ち国家機構としてのファシズムと、一つの運動としてのファシズムというものを一応区別することが出来るわけであります。私がこれからお話しようというのは主としてあとの方の運動としてのファシズムとその運動が担っているところの思想です。日本のファシズムを全面的に解明しようとするならば軍部や官僚の国家機構における地位、その社会的基礎、さらにそういう勢力と日本の独占資本とのからみあいがどういうふうにおこなわれているかということを具体的＝機構的に分析しなければならないわけでありますが、そういうことはとても私の負担におえないのでここではお話し出来ません。むろんその問題にも関連してはきますが、主要な力点をファシズム運動の方におくことにしたわけであります。また思想と申しますのもここでファシズム運動と直接関連ある思想をとりあげるのでありまして、運動と比較的関連のないファシズム的な思想を一般的にとり上げるものではありません。したがって例えば学界やジャーナリズムにおけるファシズム的言論をいちいちとり上げるというようなことはここでは問題外です。いわゆるファシズム運動とそれに密接に関連した思想をもっぱら取り扱ってゆくわけであります。

　次に問題へのアプローチの仕方として前もっておことわりしておきたいのは、日本ファシズムをいう場合、何よりファシズムとは何かということが問題となってきます。「お前はいきなり日本ファシズムというが、日本にそもそも本来の意味でのファシズムがあったか、日本にあったのは、ファシズムでなくして実は絶対主義ではないのか、お前のいうファシズムの本体は何であるか」という疑問がまず提出されると思います。これについても私は一応の解答は持っておりますが、ここで最初にそれを提示することはさけます。そういうことをお話しすると、勢いファシズム論一般になってきます。ファシズムについてはいろいろな規定がありますけれども、こういった問題をここでむしかえす暇はとてもありません。そこでここでは不明確でありますが、ひとまず常識的な観念から出発することにします。

われわれはこの十数年間の時代をファッショ時代といっておりますが、そういうわれわれの普通使っている常識的な観念と内容を前提としてその現実的な分析をやっておりますうちに漸次に日本ファシズムというものの規定がだんだん明確になって来る――或《あるい》は逆にだんだんわからなくなるか、話してみないとわかりませんが――とにかくそういう方法をとりたいと思います。で、ファシズムというものについての抽象的な規定はここでは致しません。さてこういうふうにみてくると次に起る疑問として「そういうファシズム運動及び思想の研究はどちらかというと副次的ではないか、むしろ国家機構及び社会構造におけるファシズムの分析こそが一番必要ではないか」といわれるかも知れません。それは一応もっともでわれわれの最終の目標は全体構造としてのファシズムにあるわけでありますが、そのためにはいわゆる制度論だけでなく、それと共に全体構造の契機をなすファシズム運動というものを一応分析することが不可欠の前提となってくるのであります。特に国家機構としての日本ファシズムというものは一応八・一五に崩解するのでありますが、それをもって将来において我国にファシズム運動がおこってこないとはたしかに断言できない。果してそうならば運動としてのファシズムの過去におけるる性質をばわれわれは将来の問題と比較する上にも、よくみきわめておく必要があるということになるのであります。

二　日本ファシズム運動の時代的区分

前おきが長くなりましたが、それではまずどういうふうに日本ファシズム運動の進展過程というものを考えたらよいか、大雑把な時代的な区分からいいますと、大体ファシズム運動の日本における発展は三つの段階に分つことが出来るのではないかと思います。

第一の段階は、準備期でありまして大体大正八、九年、ちょうど世界大戦の終った頃から満州事変頃に至る時期、これを「民間における右翼運動の時代」といってもいいと思います。

第二期は成熟期でありまして昭和六年の満州事変の前後から昭和十一年の有名な二・二六事件にいたる時期であります。この時期は、単に民間運動としてあった運動が具体的に軍部勢力の一部と結びついて、軍部がファシズム運動の推進力となって、漸次に国政の中核を占拠するに至った過程であります。この時期はまた、三月事件、錦旗《きんき》事件等の闇に葬られた事件から血盟団事件、五・一五事件、神兵隊事件、士官学校事件、相沢事件、最後に二・二六事件等世間を震撼させたファッショのテロリズムがつぎつぎと勃発した時期でありまして、いわばこれを急進ファシズムの全盛期と呼ぶことが出来ると思います。

第三期は少し長く二・二六以後粛軍が行なわれますが、この粛軍の時代から終戦の時、いわゆる八・一五までの時代であります。この時期は「日本ファシズムの完成時代」とでもいいますか、ともかく軍部がいまや上からのファシズムの露わな担い手として、一方には官僚・重臣等の半封建的勢力と、他方には独占資本及びブルジョア政党との間に、不安定ながらも連合支配体制を作りあげた時代であります。

さて、こうした三段階を通じてのファシズム運動の発生と発展の事実的な経過をここで申し上げている時間はとてもありませんから、それは他の論著、たとえば木下半治氏の『日本国家主義運動史』(増補改訂版、慶應書房、一九四〇年)とか、最近『中央公論』に連載されておりますす岩淵辰雄氏の「軍閥の系譜」(1)というようなもので御覧になっていただきたい(補注1)。ただ私は日本ファシズム運動の発展を上のように区分した根拠について少し補足しておきたいと思います。

まず第一期についてですが、よく日本は満州事変を境にしてファシズム時代に入ったといわれていますが、あらゆる面からいって満州事変というものの前に相当のファシズムの準備期があるのであります。例えばいわゆる右翼団体の形成を見ましても、明治初年に出来た「玄洋社」やその流れをくむ「黒龍会」は一応別格とすれば、ファシズム運動に近い団体の発生は大正八、九年頃から急激にふえて来ています。丁度《ちょうど》世界大戦後のデモクラシーの主張が蔓延しますと同時にそのデモクラシーの主張がロシア革命の影響をうけて急激に急進化する、と同時に大戦後の経済界の変動を契機として労働争議、小作争議が俄《にわか》に高揚してくる。そういう状勢を背景としてここにいわゆる赤化に対抗する運動が大正末期に続出してくるわけであります。たとえば大正七年には「大正赤心団」「皇道義会」、同八年には「大日本国粋会」「関東国粋会」、同十一年には「赤化防止団」、同十四年には「大日本正義団」が出来た。これらはそれぞれニュアンスはあるがいずれも左翼運動に対する直接的な対抗をめざし黒龍会とか或《あるい》はその流をくむ浪人会等とともに、主として頻発するストライキに対しスト破りをし、或は左翼系の労働組合乃至《ないし》は水平社に対する暴力的襲撃を行っております。ただこれらの団体は積極的な国内改造のプログラムをあまり持っていないから、ファシズム組織というより単純な反動団体といった方がいいかも知れません。そのメンバーも既成政党の院外団などが多く加わっております。面白いのはその中心人物に土建業者が多いことで、例えば大和民労会の創立者河合徳三郎、大正赤心団の森健二などいずれも土木の親方で、現在における土建業者の動向と思い合せるとなかなか暗示的です。そのかかげる綱領にも純封建的性格が濃厚で、例えば大日本国粋会は「本会は意気をもつて立ち仁俠を本領とする集団なり」といい、大日本正義団は「親分は親のごとく乾分《こぶん》は子のごとく乾分同志は一家兄弟たり、親分の命ずる処は水火も辞せず、兄弟はたがいに相親しみたがいに相扶《たす》け又礼譲を忘るべからず」と謳《うた》っております。

しかしもっと本来のファシズムに近い運動もやはりこの時期に発足しているのでありまます。例えば日本ファシズムの教祖ともいうべき北一輝が大川周明・満川亀太郎とともに「猶存社」を作ったのは大正八年です。後に二・二六事件の思想的背景をなした北の「日本改造法案」はこの猶存社のいわば「わが闘争」であったわけです。猶存社の綱領には、「革命日本の建設」「改造運動の連絡」「亜細亜民族の解放」等が掲げられ、ここで前のグループのごとき単なる反赤化運動にとどまらず、国内改造と国際的主張とを一本に結ぶ本来のファシズム・イデオロギーが明白に現われるようになりました。やがて間もなく大川周明と満川亀太郎は北と対立するようになって安岡正篤や西田税らと共に大正十三年、「行地社」を組織した。この「猶存社」「行地社」の系統から後の多くの右翼団体が発生してくるわけです。右翼団体の中で大きな力を占める「建国会」が赤尾敏が中心になり、津久井龍雄、渥美勝らによって組織されたのも大正十五年であります。のちに神兵隊事件の天野辰夫や前田虎雄も加って来ました。会長は上杉慎吉で、頭山満・平沼騏一郎を顧問に戴いております。建国会は綱領の中では産業の国家的統制を主張し、ある程度反資本主義的でありますが、これはこの第一期第二期における右翼団体の共通の特質でありまして、その中では建国会はむしろ反資本主義的でない方でありま す。実際の活動はどういうことをやったかといえば無産政党との闘争ということに主力をおいていた。当時は勿論《もちろん》共産党は地下にもぐっておりますが、共産党と一番すれすれの線であらわれた労農党と日本労働組合全国評議会に対する闘争に主力をそそぎ、メーデー撲滅などに活躍した。これほど有力な団体ではありませんが、例の上杉慎吉博士と高畠素之の「経綸学盟」がやはりこの頃組織されました。これは政治運動よりも多分に研究団体の色彩をもっているのでありますが、とにかく当時における指導的知識人がつくったものであることが注目されます。そのほか岩田富美夫の「大化会」(大正九年)も看過できません。こういうふうに既に大正七、八年頃から右翼団体の明瞭な生長が見られるのであります。しかもそれだけでなく満州事変後に頻発した急進ファシズムの種々の動きも事変前からすでに相当具体化していることを注意しなければならない。昭和五年に浜口〔雄幸〕首相を東京駅に殺した佐郷屋留雄は血盟団のメンバーであり、事変後の血盟団事件と一連の関連において把握さるべき事件であります。また青年将校中心のクーデター も、既に満州事変に先立つ半年前にいわゆる三月事件があり——これは闇から闇に葬られましたが、小磯〔国昭〕・建川〔美次〕・永田〔鉄山〕ら当時の革新将校が計画の中心となり秘密結社「桜会」に結集した陸軍急進派と大川周明など民間右翼が行動を担当して宇垣〔一成〕大将を擁立し軍政府を立てようという陰謀です——、これは未然に終ったものの、その跡は五・一五事件、二・二六事件にずっと尾を引いております〔補注

2〕。満州事変は日本のファシズムを決定的に促進する契機となったにちがいないのでありますが、ファシズム運動が満州事変以後卒然としておこったものでないことは、くれぐれも注意しなければならないのであります。

次に第二期――満州事変から二・二六事件までが、時代として一つのまとまりを示していることは説明するまでもないと思います。準備期において蓄積された急進ファシズムのエネルギーは、国内における恐慌と、国外における満州事変・上海事変の勃発、国際連盟の脱退等による国際的危機の切迫という両面の圧力によってこの時期に集中的に爆発するのであります。ファシズムという問題が国民の前に大きくクローズアップされたのは何といってもこの時期で、ファシズム運動を考察するわれわれの目的からいって最も重要な時代であり、われわれの取り扱う資料も自らこの時代のものが最も多いのであります。第一期においてまだ一部の物好きというような色彩を脱しなかった右翼運動は、ここに軍部とくに青年将校と結びついて急激に政治的実践力を発揮するに至ります。右翼運動史において、この意味でエポックを劃するのは、昭和六年に――満州事変の直前ですが――、結成せられた、全日本愛国者共同闘争協議会と大日本生産党の誕生であります。ここではじめて分散的な右翼運動をもっと統一的な政治力にしようという動きがはっきりした形で現われたと同時に、ファシズム運動が単に左翼運動に対する反動という消極的なものから脱却して一つの社会運動としての性格を露呈して来るのでありま す。前者は詳しい説明ははぶきますが、従来の猶存社系統と経綸学盟系統と古くからの玄洋社系統とを打って一丸とするところに狙いがあり、その生命は短かったが、やがてその方向は昭和七年に出来た神武会によって受けつがれて行きました。神武会は大川周明を会頭とし、関西財界の石原広一郎の資金によって広汎な右翼分子を吸収し、軍部方面の支援も得てなかなか華かな活動をしたのは御承知の通りであります。後者の大日本生産党は黒龍会が中核となり、主として関西の右翼団体を吸収して出来た団体で、とくにその下部組織に労働組合を持っていた点で、従来の浪人的右翼運動からの前進を示しております。神兵隊事件が圧倒的に生産党系の人々によって起されたことはこの党の実践性を示したものです。第二期のファシズムが比較的に最も「下から」の要素をおびていたことは、さきの「全日本愛国者共同闘争協議会」というような名前の付け方の左翼ばりな点からも窺えますが、たとえばその綱領を見ても、「われらは産業大権の確立により資本主義の打倒を期す」とはっきり謳い、また大日本生産党も、「亡国的資本主義経済組織の根本的改廃」とか「金融機関の国家管理」とか「労働権の保障」とか「耕作権の確立」とかの項目を掲げております。むろん、こういう主張とその運動の社会的意味とはまったく別問題で、これらは恰度《ちょうど》戦闘者ファッショやナチス党の初期の段階に見られる反資本主義的綱領と同じ意味を持っているのですが、ともかく、こういったラジカルなプログラムや表現がもはや第三期になると、たとえプログラムとしても現われて来なくなるということは、逆にこの第二期におけるファシズム運動の性格を語るものではないかと思います。

　それと関連して、この時期における第二の顕著な現象は無産政党の内部からのファシズム運動です。それのさきがけをなしたのは、社会民衆党の内部における赤松克麿らの国家社会主義運動で、やがて赤松一派は昭和七年四月、社民党の片山哲、松岡駒吉ら社会民主主義派と分裂して小池四郎、平野力三等と共に国家社会主義新党準備会を組織します。と同時に全国労農大衆党においても松谷与二郎らが満州事変を積極的に支持する動きを示し、やがて、安芸盛、今村等ら古い闘士が脱党して、赤松、平野らと合流し、日本国家社会党の結成を見ます。またこの運動と併行しつつ微妙に対立したのは下中弥三郎らの動きで、この方は、佐々井一晃、近藤栄蔵、天野辰夫らと共に新日本国民同盟を造り、権藤成卿、鹿子木員信らを顧問に仰ぎます。純右翼系統と社会主義系統との合流がこの顔触れに現われております。合法無産政党のうちで、こうした極端なファッショ化に反対した分子は、いわゆる三反主義(反資本主義・反ファシズム・反共産主義)を掲げて統一戦線をつくり、社会大衆党へと大同団結するのでありますが、やがてその内部にも麻生久、亀井貫一郎ら軍部と接近する動きが現われ、ファシズム運動の波は漸次、無産運動の内部に浸潤して行ったのであります。

この時期における第三の動きとして注目すべきは在郷軍人や官僚を主体とする政治勢力の結成です。これも詳しく述べる暇はありませんが、前者の動きとしては、昭和七年田中国重大将を中心に結成された明倫会が最も顕著なもので、例の美濃部〔達吉〕博士の機関説問題のときに大いに活躍しました。また、等々力〔森蔵〕中将らが平野力三の率いる日本農民組合と結んで昭和八年結成した皇道会も、同じ意味で無視出来ぬ団体です。

後者すなわち官僚グループが中心となった動きとしては、何といっても平沼男の国本社、安岡正篤の金鶏学院及び新官僚が中心になった国維会等の名が挙げられるでしょう。こういう団体はそれ自体明確なイデオロギーを持った政治団体ということは出来ませんが、そこに軍部、官僚、財界でそれぞれ指導的地位を占める人物が集ったために、支配階級の内部における横の連繋が自から強化され、第三期における上からのファシズムの制覇を準備するのに少からぬ役割をつとめたことは否定出来ない事実であります。

さてこのように、この時期には右翼団体の華々しい台頭が見られ、その中から血盟団、神兵隊事件、五・一五事件、二・二六事件等への関係者を多数出して社会的耳目を集めたわけですが、結果において、これら右翼運動が一本の強力な線に結集されるということは遂《つい》に成功しなかった。全日本愛国者共同闘争協議会――国難打開連合協議会(昭和七年)――国体擁護連合会(同年暮)――日本国家社会主義全国協議会(昭和八年)――愛国運動一致協議会(昭和八年)等々、右翼運動を大同団結するための試みがくりかえしなされましたが、いつも長続きせず、あれほど客観的情勢に助けられながら離合集散をくりかえし最後まで相互に排撃を続けたのです。それはイデオロギー的にいうと国家社会主義的動向と純日本主義的動向との分裂ともいえますし、これを実践運動の組織論の対立として表現すれば、大衆組織論と少数選良《エリート》論との対立ということも出来ましょう。しかしより深い原因はもっとプリミチヴなところにあると思います。この問題はさらに後に触れることとします。

さて次は第三期、二・二六より太平洋戦争の終末までです。

この最後の時期を一まとめにするのはあまりに長期で漠然としすぎるとお考えになる

かもしれません。たしかに国家機構としてのファシズムを問題にする場合にはこの時期が最も重要であり、日華事変、欧州戦争、日ソ条約、日独伊軍事同盟、太平洋戦争というような日本の運命を決定した国際的大事件が国内体制のファシズム化にとって一つ一つのエポックを作っておりますし、その間にいわゆる近衛新体制運動とか東条翼賛選挙とかのメルクマールとしての意義は申すまでもなくすこぶる重大です。それにも拘わらず、運動としてのファシズムを中心として考える場合は、やはり二・二六事件というものが最も大きな分水嶺になってまいります。というのは二・二六事件を契機としていわば下からの急進ファシズムの運動に終止符が打たれ日本ファシズム化の道程が独逸《ドイツ》や伊太利《イタリー》のようにファシズム革命乃至クーデターという形をとらないことがここではっきりと定まったからであります。従ってこれ以後の進展はいろいろのジッグザッグはあっても結局は既存の政治体制の内部における編成がえであり、もっぱら上からの国家統制の一方的強化の過程であるということが出来ます。ただ新体制運動はこの点ちょっと問題になりますけれども、それが国民再組織としていくらかでも下からの要素を代表するかに見えたのは成立当初の頃のいわばほんの一瞬間でありまして、忽《たちま》ち旧勢力の反撃にあって翼賛会の改組となり御承知のような官製的＝形式的のものになってしまったわけです。ですから太平洋戦争以後のいわゆる東条独裁はなるほど政治的自由を殆《ほとん》ど零の点まで押し下げたその露骨さにおいては空前の時代でしたが、こういう風になる条件はすでにそれ以前にことごとく出揃っていたのでありまして、ファシズム化の進展という点では量的な発展にすぎず、それ以前の時期と格別質的な相異はないといっていいのではないかと思います〔補注3〕。東条独裁の記憶がわれわれにあまりに生々しいために、その歴史的段階としての意義を過重評価する危険に陥りやすい。そこを注意しないと終戦後、ただ東条に反対だったというだけでレッキとしたファシストが民主主義者のような顔をして現われて来たような場合、これに対する民衆の批判の眼を曇らせる結果となります。

さて、これからいよいよこうしたファシズム運動の分析に入るわけですが、まず始めには上部構造の問題、すなわち日本ファシズム運動のイデオロギー的特質から入ってゆき、それから漸次その社会的担い手へと問題をほりさげて行きたいと思います。

三　そのイデオロギーにおける特質

ファシズム運動の担うイデオロギーがイデオロギーとして特に高揚されたのは先ほど申し上げた第一及び第二段階であります。第三段階になるとファシズムは現実の国家機構と一体化したわけでありますが、そこでは運動としてのファシズムはもはや主流ではありえない。ファシズム運動がファシズム的イデオロギーをふりかざして、政治・経済・文化のあらゆる領域にわたる「革新」を要求しつつ立ち現われたのは第一期と第二期においてであります。日本ファシズムの代表的文献も多くこの時代に出ております。従って、以下においてもこの時代のファシズム運動の掲げていたイデオロギーが自然考察の主たる対象となって来るわけであります。ただその際においても、時間の関係上、ここでそういうファシズムのイデオロギーをいちいち網羅的にお話することは省きます。それは日本ファシズム運動も世界に共通したファシズム・イデオロギーの要素というものは当然もっているからであります。例えば個人主義的自由主義的世界観を排するとか、或いは自由主義の政治的表現であるところの議会政治に反対するとか、対外膨張の主張、軍備拡充や戦争に対する讃美的傾向、民族的神話や国粋主義の強調、全体主義に基く階級闘争の排斥、特にマルクス主義に対する闘争というようなモメント――これらはいずれも独逸《ドイツ》や伊太利《イタリー》のファシズムと共通したイデオロギーでありますから、特にそういう点をいちいち論ずる必要はなかろうと思います。或いはまたそうした具体的主張の根柢に横たわる方法論的根拠についても、東西のファシズムには非常な共通点があります。たとえば、大川周明が資本主義と社会主義に対して次のような批判を加えております。

「資本主義と社会主義の戦は主義の戦ひではなく、同じ主義の上に立ちながら、唯その主義の実現の範囲に関する争ひであります。実現の範囲の争ひとは何かと言へば、一方純乎たる資本主義に於ては物質的富の所有を少数の人々、即ち資本家階級と呼ばれる少数の人々の間に限らうとして居り、他方社会主義に於ては、物質的富を多数の労働者間に分け与へたいと云ふのであつて、一方は狭い範囲に、他方は大なる範囲に彼等《かれら》の最も喜ぶところのものを所有せしめやうとするのであります。かくて物質に非常なる価値を置き、経済に最大なる価値を置くが故に物質的享楽が人間の本当の幸福であり、従つて人間の目的は物を多く所有することに在りとする点に於ても、此等《これら》両者は同じ考をもつて居るのであります」(『日本及び日本人の道』〔行地社出版部、一九二六年、「丸山文庫」図書〈0183082〉〕)。従ってまた、「物を人格より上位に置く思想を改めなければ資本主義的経済制度を倒して社会主義的経済制度に改めて見た所が何の善きことも期待することが出来ません」(同上)。大要このように批判しております。こうした批判の仕方、つまり資本主義も社会主義もともに物質主義という同一の地盤に立っているから、社会主義は現代文明の弊を真に救済しえないこと、社会主義やマルキシズムは資本主義と一つ穴のむじなであること――こういう批判の仕方はナチスや、伊太利ファシズムのイデオローグが殆《ほとん》ど異口同音に述べているところと酷似しております。ファシズム・イデオロギーがこのようにして物質主義に対して高唱する「理想主義」「精神主義」こそは実のところ、大衆の眼を社会機構の根本的矛盾からそらし、現実の機構的変革の代りに、人間の頭の中だけの変革、考え方の変革で間に合わそうという意味を持っているもので、ファシズムが当初若干の反資本主義的色彩をもって現われながら結局独占資本に奉仕する役割を果したことのイデオロギー的根拠はこのへんに伏在しているのでありますが、そうした点は何も日本ファシズムに特徴的なこととはいえないので、これ以上立ち入ることは避けることとします。そうして、ここではファシズムが一般的にそなえている特質は除外し、日本のファシズム・イデオロギーにおいて特に強調されているような点はどういう点かということ、これを二、三あげて見たいと思います。

まず第一には家族主義的傾向を挙げることが出来ます。――家族主義というものがとくに国家構成の原理として高唱されているということ。日本の国家構造の根本的特質が常に家族の延長体として、すなわち具体的には家長としての、国民の「総本家」としての皇室とその「赤子」によって構成された家族国家として表象されること。しかもその際例えば社会有機体説のように単に比喩としていわれているのではなくして、もっと実体的意味をもって考えられていること。単にイデーとして抽象的観念としてではなく、現実に歴史的事実として日本国家が古代の血族社会の構成をそのまま保持しているというふうにとかれていること。これがとくに日本のファシズム運動のイデオロギーにおける大きな特質であります。この家族国家という考え方、それから生ずる忠孝一致の思想は夙に明治以後の絶対国家の公権的イデオロギーであって、何もファシズム運動の独占物ではない〔補注4〕のでありますが、政治運動のスローガンとして「国体」を強調するファシズム運動において、このイデオロギーが一貫して強く前面にあらわれていることは、なんといっても独伊等のファシズムに見られない特質であり、それは日本ファシズムの社会的な在り方を規定するだけの重要なモメントであります。具体的な例としては数え切れぬほど挙げられますが、例えば日本村治派同盟の書記長、津田光造は次のように述べております。

「日本の家族主義においては、社会の基調を西洋近代の文明諸国に於いて見るが如く、個人の権利の主張に置かず、実に家族なる全体への奉仕に置くのである。家族は社会上、一個の独立した生命体或《あるい》は生活体としてそれ自身一個の完全細胞である。個人はこの完全細胞の一部分或は一要素たるに外ならぬ。……此の家族主義の延長拡大が取りも直さず吾等《われら》の国家主義でなければならぬ。蓋《けだ》し吾等の国家主義は此の家族の民族的結合体に外ならぬからである。この民族結合体としての国家の元首、その家長、その中心、その総代表はすなわち天皇である」(『日本ファッショの現勢』〔軍事教育社、一九三三年〔「丸山文庫」図書〈0186146〉〕、七八―七九頁〕)

この村治派同盟は本来後に話しますような郷土的農本的色彩が強いので、その点とくに家族主義を強調する理由もあるのでありますが、しかしその他面、最も中央集権的色彩の強いかつ最もヨーロッパ的国家主義の臭いのする北一輝の「日本改造法案」においてもやはり、日本は「有機的不可分なる一大家族なり」ということをいっておりますので、その点は日本ファシズムの全部に共通しております。なるほどナチスにおいても似たような観念がありますが、これは家族原理の単なる延長とは決して考えられていません。民族共同体《フォルクス・ゲマインシャフト》の観念でありますし、「血と土」(Blut und Boden)といいますのも、どこまでも家族的観念ではなくて、はっきりと公的政治的観念であります。従って指導者としてのヒットラーも家長や族長ではなくやはり公の、öffentlich な指導者として考えられております。こういうふうに家族主義がとくに強調されていることは、何といっても日本のファシズム・イデオロギーの一つの特質であるといわなければなりません。日本のファシズムが「下からの」運動としては遂《つい》に成功しなかったことも、このへんに関係があるのであります。もっとこの点について立ち入りたいと思いますが、まだいろいろ申したいことが多いので省略します。

次に日本のファシズム・イデオロギーの特質として農本主義的思想が非常に優位を占めていることがあげられます。そのために本来ファシズムに内在している傾向、即ち国家権力を強化し、中央集権的な国家権力により産業文化思想等あらゆる面において強力な統制を加えてゆこうという動向が、逆に地方農村の自治に主眼をおき都市の工業的生産力の伸長を抑えようとする動きによりチェックされる結果になること、これがひとつの大きな特色であります。たとえば大川周明が北一輝と分裂して後に組織した行地社の綱領の中にも――大川周明は右翼の中でも最も西欧的教養の濃い、いわばバタ臭い方なのですが、「崇外病より生じた模倣の一に属する商工業本位の資本主義的経済政策を排して農本主義の産業立国策を樹《た》つるは無論の事」といい、「中央集権より地方分権へ、議会中心より自治本位へ、都市偏重より農村振興へ」を主張しております。

一方では益々天皇を中心とした絶対主義的国家権力を強化させ、国権的なものをつよめてゆこうという動向と同時に、他方では日本という観念の中心を国家ではなく郷土的なものにおこうという傾向がつよく内在しております。この点右翼の中にも二つに分れまして、むしろ高度の工業的発展を肯定して是《これ》に国家的統制を加えようとする考え方と、これを真向から否定して農村に中心をおこうとする純農本主義の考え方をとる一派があります。そして多くの右翼にはこの両者が雑然と混在しておるのであります。その中で最も純粋に郷土的なものを代表するものは恐らく五・一五事件で一躍脚光をあびてから昭和七、八年頃の農村自救運動の思想的背景をなした権藤成卿でありましょう。彼の『自治民範』〔平凡社、一九三二年「丸山文庫」図書〈0183821〉〕、『農村自救論』〔文藝春秋社、一九三二年「丸山文庫」図書〈0186204〉〕にあらわれた考え方は徹底的郷土主義で、反国家主義の態度さえ示しております。

「凡《およ》そ国の統治には古来二種の方針がある。其一は生民の自治に任かせ、王者は唯だ儀範を示して之《これ》に善き感化を与ふるに留むるのである。其二は一切の事を王者自ら取り仕切つて、万機を綜理するのである。前者を自治主義と名づけ得べくんば後者は国家主義と名づけ得べきものなのである。我肇国《ちょうこく》の主旨は全く前者の主義によつたもので、東洋古代の聖賢の理想は総《す》べて此に在つた」(『自治民範』後編第二講、二五八頁)。「国家主義とは如何、国家なる一集団範囲の地区を劃《くぎ》り、他の経済上乃至《ないし》軍事上よりする侵害を防禦し、又は其《その》集団地域における経済軍事の力を以て、他地域を制馭す可《べ》き目的のものである。依つて其国家なる集団の権威を飾る上には、民衆を土木となし、公費製造機械となし、其都《すべ》ての組織を統治上の便利に置き、秩序条規の下に民衆を鋳冶するの趣旨なるを以て、其支配者は絶大なる権威を握り、都ての公吏を特殊地位に置き、犠牲心を最高道徳となし、あらゆる思想の発現を塗塞《とさい》するの必要が起る。具《つぶ》さにその事理を推究すれば、謂《いわ》ゆる国家主義と称するものと、自治主義と称するものとは全く性質が異りて居る」(同上(二八〇頁))。明治以来のこうした中央集権的国家主義の犠牲に供せられた農村がいま不況沈滞のどん底にあえいでいる。「是の不安危虞《きぐ》の現状中において、一入《ひとしお》不安危虞の深きは農村である。我国に於ける農村は国の基礎であり、成俗の根源である。現在我農民は総人口の半数を占め、且つ全国土の大部分は其手に利用され、国民の主食物は勿論《もちろん》、工業原料、商業物資の大数も皆農民の力に産出されてゐる」（『農村自救論』二〇六頁）。しかるに「東京市を始め地方都市の拡張は、農村との比例を破り、大廈高楼漸《ようや》く善美壮麗を尽せしも、商工業の枯衰と共に、到る処収支相当らず、多く四苦八苦の状にあるは何の兆象であらう」（同上、二一七頁）。「我現今に於ける地方自治の情況より政党政治の推移、文武官の風紀等に見て、細かに過去を省れば、彼のプ、ロ、シ、ャ、式、国、家、主、義、を、基、礎、と、し、た、る官治制度の行詰りが此の変体現象を造り出したことが明瞭に分る」（同上、二四三頁）。

少し詳しく引用して見ましたのは、ここに郷土的農本主義の立場に立っての反官的、反都市的、反大工業的傾向が最も鮮明に代表されているからであります（補注5）。これに対して権藤成卿がうち立てる理想国家はプロシャ的国家主義と反対に郷土を基礎とした、下からのヒエラルヒッシュな国家構造であります。それ故に彼は「国」という観念に対して「社稷《しゃしょく》」の観念を対立させているわけです。そこには一種の「農本無政府主義」的色彩さえ感ぜられます。例えば「世界皆な日本の版図に帰せば、日本の国家という観念は不必要に帰するであらう。けれども社稷といふ観念は取除くことが出来ぬ。国家とは一つの国が他の国と共立する場合に用ゐらるる語である。世界地図の色分けである。社稷とは各人共存の必要に応じ、先づ郷邑《きょうゆう》の集団となり、郡となり都市となり、一国の構成となり、……各国悉《ことごと》く其の国境を撤去するも、人類にして存する限りは、社稷の観念は損滅を容るすべきものでない」(『自治民範』(二六一―二六二頁))。これは最も純粋な農本主義でありますが、これほどでなくても反都会的、反工業的、反中央集権的傾向は日本のファシズムに多かれ少かれ内在しております。いなこれは明治以来の日本主義乃至国権主義運動の一貫した伝統ということが出来るのであります。すでに日本における最初の国粋主義運動であるところの明治二十年当初の三宅雪嶺、志賀重昂らの日本主義においても、全く同じような考えが現われております。例えば志賀重昂が明治二十一年彼等の機関紙『日本人』において黒田〔清隆〕首相に所望した一文のなかで次のように言っております。(2)「君が施政の方針に関し所望する処のものは他なし。曰く日本前述の国是を「国粋保存旨義」に撰定せられんこと是れなり。……顧ふに這般《しゃはん》は君が素より稔知《じんち》する処なるも、唯予輩が所望する者は官暇若《も》しくは公退の後、君が狩犬を伴ひて山野に遊猟せる等の事ありとせば、蓮田若《も》しくは古河の停車場より下りて、地方人民の惨況を倩視《せんし》せられんこと是なり。君が感想は是処《ここ》に至りて果して如何。日本全国の財力能力は悉く東京に集合し、東京は益々《ますます》繁華を極尽して地方は益々窮乏しつゝ、東京の日本にして日本の東京に非ず。……既にして去りて宇都宮福島等なる県長官衙《かんが》の所在する箇所に至れば、亦た之れ一個の小東京にして、其県下若くは州内の財力能力は悉く是れに湊合するもの、如く、……然れば日本国は実に一箇の大東京と幾十の小東京を以て僅かに成立するも這般《しゃはん》を除却すれば復た日本に非ず。……吁嗟《ああ》東京の繁華は地方の衰頽と正比例を為すものなり。地方全般の民富んで而して国始めて富み、国富んで而して兵始めて強し。地方の民力窮乏を極尽して、而して国の富まんことを冀望《きぼう》し、国富まずして而して兵の強からんことを希願するが如きは、殆《ほと》んど華実本末を顚倒するものと云ふべし」。

このようにいって、彼等は中央と地方の発展の不均衡を衝き、藩閥政府のプロシャ的国家主義に反対して、農村振興と民力涵養《かんよう》を唱えたのであります。彼等の排撃する「欧化主義」の実体的内容はまさに国家権力による上からの急激な資本主義化にあったわけで、立論が言々句々権藤の所論と照応しているところに御注意願いたいのであります。日本資本主義の発展が終始農業部門の犠牲においてなされ、又国権と結びついた特恵資本を枢軸として伸びて行ったために、工業の発展もいちじるしく跛行《はこう》的となり、そのために、明治以後この急激な中央の発展にとりのこされた地方的利害を代表した思想がたえず上からの近代化に対する反撥として出てまいりますが、この伝統がファシズム思想にも流れ込んで来ているということが大事な点です。この点、ロシアにおけるナロードニキの思想と比較すると興味深いと思います。勿論こういう農本主義的傾向は右翼のなかでもいろいろニュアンスがあります。最もそうした色彩がうすく、一番中央集権的な国家統制を徹底させているのは恐らく北一輝の「日本改造法案」であります。これは純粋に中央集権的で、強大な天皇の権力を中心として政治経済機構の強力的な変革を説くのでありまして、その内容はいちいちお話しませんが、天皇大権を発動して一時憲法を停止して、議会を解散し、国家改造内閣の下でクーデターをやる、個人の私有財産の限度を百万円にして超過額を国家に没収する、土地所有も時価十万円を限度とし、資本金一千万円以上の企業を固有化し、これを銀行省、航海省、鉱業省、農業省、工業省、商業省、鉄道省等の所管として経営させるわけであります。これは最も中央集権的な国家社会主義的な色彩の強いものでありますが、こういうのは右翼思想の中ではむしろ例外といっていい。権藤成卿と共に五・一五事件の有力な思想的背景となった橘孝三郎の思想を見ても、その『日本愛国革新本義』(建設社、一九三二年)にこういっている。「御承知の通り只今の世の中は俗に申せば何でも東京の世の中であります。その東京は私の目には世界的ロンドンの出店のやうにしか不幸にして映りません。兎《と》に角《かく》東京のあの異状な膨大につれて、それだけ程度、農村の方はたたきつぶされて行くといふ事実はどうあつても否定出来ん事実です。そして只今位農民の無視され、農村の値打が忘れられたためしもありますまい」。そこにやはり権藤と共通した激しい反中央的・反都会的心情が流れています。橘は土と結びついた生活を次のように讃えております。「頭にうらゝかな太陽を戴き、足大地を離れざる限り人の世は永遠であります。人間同志同胞として相抱き合つてる限り人の世は平和です。……然らば土の勤労生活こそ人生最初の拠り所でなくて何でせうか。……事実上「土ヲ亡ボス一切ハマタ亡ブ」……実に農本にして国は始めて永遠たり得るので、日本に取つてこの一大事は特に然らざるを得ないのであります。日本は過去たると現在たると将《は》たまた将来たるとを唱《と》はず、土を離れて日本たり得るものではないのであります」(『日本愛国革新本義』〔六一―六二頁〕)。

一種のトルストイ主義に似た田園讃美を示しています。勿論橘の立場は権藤ほど徹底した反都市、反商工業主義ではなく、他方では機械的大工業を認めております。「私は決して機械的大工業又は大商業を無視せよといふのではないのであります。要はただ機械的大産業をして厚生経済原則の上に国民共同自治社会的新日本建設の大目的の為に統制し管理せよといふと同時に、機械的大産業を機械的に延長拡大し、みだりにその生産能力を世界的ならしむる事によつてそれから直《ただ》ちに我々の期待する如き新社会を製造し、新文化を興し、而して世界史的大回転を夢みるが如き、危険極まる錯誤の最も甚だしきものに投げ込まれるやうな事をしてはならないと主張するまでであります」(同上、〔九八頁〕)。

この最後の点はマルクス主義的社会主義のことをいっているのであります。これに対し橘の主張する理想社会は、「王道的国民協同自治組織」(同上、一二七―一二八頁)で、どこまでも地方分権を基礎とした共同体国民組織というものによって産業をコントロールしようとするもので、いわば、北一輝型と権藤成卿型との折衷であるということが出来ます。こういう折衷的態度がファシズムに共通した点で、この点がファシズムの主張を甚しく非論理的な、と同時に、空想的なものにしておるのであります。

例えば「大日本生産党」の建設綱領を見ますとこう書いてある。「社会主義的改造方針なるものは、資本主義的中央集権的組織の否定によつて社会主義的中央集権組織を樹立せんとする。それが資本主義の上に立つか、社会主義の上に立つかの差異はあるが、その内容に於ては中央集権なる事に変りはない。此の意味に於て大日本生産党の政策を貫く建設の大方向は自治主義の徹底にあると信ずる。自治主義と言っても決して国家中央機関の全然たる無力化を意味するものではない。国家統制を重要視しつゝ、然も統制のための強大なる中央集権の形態をとらないのである。自治主義の妙味(?――丸山)は実に此所にある。……更に大日本生産党が無政府主義的自由主義経済制度に対しては断固たる否認の態度を示して居る。……従つて大日本生産党は自治主義を採用する一方に於て同時にそれとは全然矛盾せざる程度の国家統制主義を採用する」(『改造戦線』第八号)。わかったようなわからぬような説明でありますが、このへんが日本ファッショの標準型だろうと思います。というのも、世界的にファシズムの通有傾向であるところの、強力な権力の集中と国家統制の強化への志向が、日本の場合には、農本イデオロギーによって屈折を受けたために、こういう複雑な相貌を呈するわけであります。しかし、こうした農本イデオロギーの日本ファシズムにおける優越的地位は決して単にファシストの観念的なロマンティシズムにとどまるものではなく、まさに切実な社会的基盤を持っていることを忘れてはならないのであります。

日本のファシズム運動が前に申しましたように、昭和五、六年ころから急速に激化した最も重要な社会的要因は、一九二九年に始った世界恐慌が、日本においては就中《なかんずく》農業恐慌として最大の猛威をふるったことにあります。日本資本主義を襲った恐慌が構造的に最も弱い農業部門の最大の重圧となって現われたことは当然であります。昭和五年には、いわゆる豊作飢饉で、十月の期米相場は十六円台まで下落し、生糸は同年六月において、六百七十円という明治三十年来の安値を現出しました。東北農民の言語に絶する窮状が日々新聞紙上をにぎわしたのは未だわれわれの記憶に生々しく残っております。ファシズム運動の急進化、昭和六年以後相ついで起った右翼テロリズムが就中こうした農村の窮乏を直接的な背景にしているのはいうまでもありません。

例えばそのさきがけをなした血盟団の小沼正も、井上〔準之助〕蔵相暗殺直後、係官の取調に対し、「農村〔記事原文では百姓〕の窮乏を見るに忍びず、これは前蔵相のヤリ方が悪かつたからだ」と陳述しておりますし（『東京朝日新聞』昭和七年二月一〇日、七頁）、五・一五事件の論告中、被告の思想をのべたところにも、「支配階級に属する現在の政党、財閥及び一部特権階級を以て孰《いずれ》も腐敗堕落し相結託して私利私欲党利党略に没頭し、国防を軽視し、国政を紊《みだ》り、為に国威を失墜し、内は国民精神の頽廃、農村の疲弊、中小工商業者の窮乏を来《きた》したるものと為し」云々とあり、国内問題としてまっ先に農村の疲弊を挙げております。特にこれが陸軍のいわゆる青年将校を急進化した直接的な動機であったことは、彼らに中小地主乃至自作農の出が多いこと、また兵隊の精髄と考えられたものが、農民とくに東北農民であったことからして、容易に理解しうるのであります。五・一五事件の陸軍側被告後藤映範は公判廷で次のように述べております。

「農村疲弊は心ある者の心痛の種であり、漁村然り中小商工業者然りです。……軍隊の中でも農兵は素質がよく、東北農兵は皇軍の模範である。その出征兵士が生死の際に立ちながら、その家族が飢に泣き後顧の憂ひあるは全く危険である。……財閥は巨富を擁して東北窮民を尻目にかけて私欲を逞《たくまし》うしてゐる。一方東北窮民のいたいけな小学子弟は朝食も食べずに学校へ行き家庭は腐つた馬鈴薯を擦つて食べてゐるといふ窮状である。之を一日捨てゝ置けば一日軍を危険に置くと考へたのである」。急進ファシズムの社会的基盤をよく示しております。まことに〔徳富〕蘇峰がいみじくもいったように「農村は陸軍の選挙区」であったわけで、農村窮乏が、政治的進出への重要な衝動を陸軍に与えたわけであります。

ところが、日本のファシズムにおいてこのように農本イデオロギーが非常に優越しているということ――このことは他方においてファシズムの現実的な側面としての軍需生産力の拡充、軍需工業を中心とする国民経済の編成がえという現実の要請とあきらかに矛盾する。そこでファシズムが観念の世界から現実の地盤に降りて行くに従って農本イデオロギーはイリュージョンに化してゆくのであります。それが右翼勢力、なかんずく軍部のイデオロギーの悲劇的な運命であります。たとえば第六十九議会において村松久義代議士がこういう質問をしております。「広義国防ノ必要ヨリ之ヲ観察致シマシテ、農村問題ノ急ニ解決セラルベキコトハ言フ迄《まで》モナイノデアリマス。……吾等ハ非常時局ニ対応スル為ノ軍事費ノ膨脹ハ固《もと》ヨリ其必要ノ限度ニ於テ之ヲ認ムルニ吝《やぶさか》デハナイノデアリマス。且ツ私共ガ常ニ協賛ヲ与ヘ来ツタ所デアルノデアリマスルガ、問題ハ其結果ニアルノデアリマス。ト申シマスルノハ軍需品ノ性質ト致シマシテハ重工業ニ頼ルベキモノガ大デアリマスルガ為ニ、経費ハ主ニ商工業方面ニ流レ出シテ行キ、軍需工業ヲ隆昌ナラシメツツ、延《ひ》イテハ景気ヲ跛行的ナラシメテ、富及ビ資本ノ大都市、大商工業家偏在ノ原因ヲ形ヅクツテ居ルノデアリマス。将来益々国防費ノ増加ノ予想セラレテ居リマスル今日、軍需費ガ富ノ都会集中ヲ齎《もたら》スト云フ事実ヲ認識シタル上ニ、之ヲ矯正スルト云フ手段ヲ施スノデナカツタナラバ、軍事費ノ膨脹ハ益々農村ヲ疲弊セシメテ広義国防ヲ跪弱ナラシムル矛盾ニ陥ルデアラウト信ジマス。軍ハ先ヅ此点ニ関シテ軍事費ガ富及ビ資本ノ大都市、大商工業家偏在ヲ助長シテ居ルト云フ事実ヲ認識スルヤ否ヤ、若シ之ヲ認識スルナラバ如何ニ之ヲ矯正シテ広義国防ヲ達セントスルカニ付テ確信ノアル答弁ヲセラレンコトヲ希望スル者デアリマス」云々（議会速記録による、以下同様）。

　これに対して寺内〔正毅〕陸相が答弁して曰く、

「農村ノ窮乏ニ付キマシテハ、広義国防上ノ見地カラ軍ト致シマシテハ多大ノ関心ヲ持ツテ居リマス。……現在ニ於テハ軍隊ノ所在地、又軍需品ノ製造工場ノ所在地等ノ関係カラ、軍需費ノ使用ガ都会ニ集中ノ傾キニアルコトハ之ヲ認メマスガ、工業発達ノ現状ニ於キマシテハ又已ムヲ得ヌ所カトモ存ジマス。併《しか》シナガラ軍ニ於キマシテハ予算ノ運用ニ於キマシテ多少ノ不利不便ハ忍ビマシテモ、農村ノ窮乏救済、中小工業者ノ寄与ニ努メツツアリマス」（傍点、丸山）

　相当苦しい答弁をしております。しかし軍部のこうした主観的希望にかかわらず、現実はますます反対の方向に進んでゆくのであります。軍需工業の発展につれてその負担がますます農村にかかってゆくこと、しかもこういう優秀の壮丁の供給地たる農村への過度な重圧は現実の問題としても軍として打ちすてておけない問題であります。この矛盾に対する蔽いがたい不安——それがずっと東条時代まで尾をひいております。ずっと下って昭和十八年第八十一議会の「戦時行政特例法案」の委員会で羽田武嗣郎委員が「軍需工場によつて農村の労働力がなくなり皇国農村が危くなりはしないか」という質問をしたのに対し、東条首相は次のように答弁しております。

「私ハ其ノ点実ニ苦労シテ居ルノデスガ、一方ニ於テハ何トシテデモ四割ノ農村人口ヲ保障シテ行キタイ。是ハ私ハ国ノ基礎ダト思フノデス、農業本位ニ立ツト云フコトハ。——併シ他面ニ於キマシテハ殊《こと》ニ戦争ヲ中心トシテ工業ト云フモノガ伸ビテ行ク……コノ調和ニ付テハ実ニ困ルノデスガ、困ツテモ私ハ農村人口ノ四割確保ト云フコトハ堅持シテ参リタイ。……併シナガラ生産ヲ上ゲナケレバナラヌ。此ノ調和ヲ逐次《ちくじ》取ツテ行ク。シカモソコノ所ハ一ツ日本的ニ家族制度ヲ破壊セヌ様ニ、又両方ノ調和ヲ適切ニ取ツテ行クコトガ必要ナリト、斯《こ》ウ思ツテ居リマス。然ラバ理想通リ今行ツテ居ルカト云ヘバ行ツテハ居リマセヌ。是ハ急速ニ生産拡充ヲヤルト云フ必要ガアリマシテ、大キナ工場ヲ方々ニ造ル、随《したがっ》テソコニハ専門的ニ従業員ト云フモノハ片一方ノ農業カラ足ヲ洗ツテ此方ニ入レナケレバナラヌト云フ必要ガ起ツテ来テ居ル関係上、理想通リニハ行ツテ居リマセヌケレドモ、逐次日本的ニソコノ所ハ適切ニ調和ヲシテ行ク方法ガナイトハ考ヘテ居ナイ、私ハアルト思ツテ居リマス」(同上)

この苦心惨憺たる答弁のうちに、日本資本主義の構造的特質と生産力拡充の絶対要請との矛盾、日本的家族制度の地盤としての農村をこの未曾有の総力戦の怒濤のなかに守り通そうとする支配層の苦悩と焦慮が集中的に表現されております。この問題は当然に日本の農業経営様式、農業生産力の問題とからんでくるのでありますが、重要なことは、農本イデオロギーが歴史の無慈悲な進展とともに積極的な意味ではイリュージョンになり、現実とだんだん遊離してゆくとともに、他面消極的には、工業労働者への厚生施設に対する配慮を絶えずチェックするという役割を演ずるのであります。これは非常に重要なポイントでありまして、この点日本とナチス独逸《ドイツ》のファシズムとの間の決定的な違いであるとさえ思われます。むろんナチスでも「血と土」(Blut und Boden)という言葉が示すように農民を非常に重視し、世襲農地法などによって、土地に農民を固着させようとしておりますが、しかし何といってもナチスはその名の示すごとく労働者党(Arbeiterpartei)でありましてナチスが最も精力を集中したのは労働者階級をいかにして、社民党と共産党の勢力、影響からきりはなしてこれをいかにナチ化するかということにあったのであります。その意味では農民の方はいわば本来的にナチス運動の一翼を形成していたわけでありますが、労働者をナチ化させることは非常に困難であり、ナチスにおいてはこの労働者を周知のように労働戦線(Arbeitsfront)に組織していわゆる“Kraft durch Freude”[3]というような懐柔政策によってナチズムの担い手にさせることに最も努力し、腐心したのであります。ところが日本のファシズムのイデオロギーにおいては、労働者は、終始商工業者や農民に比べて軽視されているのであります。比較的「下から」の急進ファシズム運動においてすでに然りであります。上に引用しました五・一五事件の論告中にも「農民の疲弊、中小商工業者の窮乏」とだけあって労働者階級には言及されていません。第二期における軍部イデオロギーを典型的に表現しているパンフレット『国防の本義とその強化の提唱』(昭和九年一〇月)[4]――例の「たゝかひは創造の父、文化の母である」という名文句で始まり、議会で大いに問題となったパンフレットですが――を見ても「国民生活に対し現下最大の問題は農山漁村の匡救である」といい、「都市と農村の対立」という図式で問題を提出しております。むろん、これらの文書の作者が故意に工業労働者に言及しなかったわけではないでしょう。国民生活の窮乏を言う際には、当然、労働者階級のことも含めて考えていたにちがいありませんが、揃いもそろって、農民と中小商工業者のことだけ取り上げているところに、彼等の意識のなかにプロレタリアートの占めている比重の低さが窺われるものであります。二・二六の指導者村中孝次の手記に「昭和維新も兵卒と農民と労働者との力を以て軍閥官僚を粉砕せざる間は招来し得ざるものと覚悟せざるべからず」（無題録）とあるのは、変革の主体に具体的に言及している珍らしい例ですが、そこでさえ、労働者は最下位に位しています。ファシズムの観念の世界ですでに然りです。況《いわん》や現実の政治体制においてはこうした傾向が遥に露骨に現われております。戦時中において労働者の厚生施設がたとえばナチスに比べてさえ比較にならぬほど貧弱であったことは御承知の通りです。しかも重要なことは工業労働者の評価、精神的・肉体的方面における向上の可能性ということに関して根強いペシミズムが終始日本のファッショ的指導層のなかに巣喰っていたことでありまず。例えば前述の戦時行政特例法案委員会（第八十一議会）で、河上丈太郎委員は「農村ガ強兵ノ源泉デアル、是モ私反対ハ致シマセヌケレドモ、工場ガ強兵ノ源泉デナイト云フコトハ、モシサウ云フ弱点ガアリマスナラバ、ソレハ改正シナケレバナラヌ。……過去ニ於テ農村ト都会ト云フモノハ対立的考ヘヲ持ツテ居リマスケレドモ、是ハヤハリ打破シテ農村モ強兵ヲ出ス、工場カラモ強兵ハ出ラレル、斯ウ云フ風ナ立テ方ヲ執ルコトガ私ハ今後必要デハナイカト考ヘルノデアリマス」とただしたのに対し、東条陸相は長い答弁をしておりますが、その中で「農村ノ強兵、工場ノ強兵、是ハ理想トシテサウデナケレバナラヌ、唯私ノ申シマスルノハ遺憾ナガラ今日マデノ現況、是ハ体格カラ何カラ言ツタツテ農村ノ子弟ニハ及バナイノデス。斯ウ云フコトヲ言フト怒ラレルカモ知レナイガ、精神状態カラ言ツテモ、是ハ何ト言ツタツテ農村ガシツカリシテ居マス。是ハ私ハ争ヘナイト思フ。日本ノ工業従業員ト云フモノハソレダケ現在ノ事態デハイケナイト思フ。……要スルニ農村モ強兵、工場モ強兵、之ヲ目標トシテ総テノ施策ヲ講ズルト云フコトハ御説ノ通リデアリマス。勿論サウ云フ風ニ進ンデ行キタイト思ヒマスガ、現状ニオイテハ遺憾ナガラ之ニ非常ナ距《へだた》リガアルト云フコトモ事実ダト思ヒマス」といっております。この答弁に一貫して流れている色調は、工業労働者に対するペシミスティックな見解です。ここに農本イデオロギーが工場労働者を積極的に把握する方向にブレーキをかけていることがわかるのであります。これがひいては徴用工の取扱い方――宿舎、給与のおどろくべき劣悪さ、しかもそのことに対する無関心となって現われているのであります。そうしてこれがやがてできめんに、徴用工の大量的不良化をもたらした。そうしてそれをカヴァーするものは観念的激励演説と厳罰主義のコンビネーションでありました。

日本のファシズムとドイツのファシズムのこの点に関するちがいは具体的には日本の「産報運動」と、ナチスの"Kraft durch Freude"の違いとしてはっきり現われています〔補注6〕。もちろんナチスが労働者の自主性や自発性ということをその根本の考え方にもっていたわけではなく、労働者に休暇を与え一年に一度は自動車旅行をさせて喜ばせるといったことも、結局はこれらの楽しみを与えることにより現実における抑圧機構から目をそらさせるという点に意味をもっているのではありますが、それはとにかくとして労働者階級に対する配慮の行きとどきかた、福利厚生施設において両ファシズムにいかなる違いがあったかということは一寸《ちょっと》比較にならぬ位であります。むろんこれは彼我の資本蓄積の度合ということとも関係してはいますが、大事なことは、給与をよくしたいけれども、残念ながら物がないという意識が、労働者に対してはそれほど痛切ではなく、とくに徴用工の場合などはそうした劣悪な待遇がどこか当然視されているところがある。ここに農本イデオロギーの一つの反映が見られるわけであります。勿論注意しなければならないのは、農本イデオロギーのみが決して原因ではないことで、ヨリ根本には両国におけるプロレタリアートの力の差異が横たわっているという事です。ファシズム体制に先行した民主主義の強さがファシズムの内部における民主的粉飾の程度をも決定するのであって、ナチスの場合には、なんといっても、十一月革命[5]の経験があり、すでにワイマール民主主義の洗礼を経ているということが、日本の場合との決定的な相異をもたらしたわけであります。

日本ファシズム・イデオロギーの第三の特質としては、いわゆる大亜細亜主義に基くアジア諸民族の解放という問題がありますが、これについては詳しく立ち入らぬことにします。日本ファシズムのなかには、自由民権運動時代からの課題であるアジア民族の解放[6]、東亜をヨーロッパの圧力から解放しようとする動向が強く流れ込んでいるのですが、しかもそれが殆ど不可避的に日本がヨーロッパ帝国主義に代ってアジアのヘゲモニーをにぎろうとする思想と織り合わさってしまうのであります（東亜協同体論より東亜新秩序論への展開を見よ[7]）。日本がともかく東洋において最初に近代国家を完成し、「ヨーロッパの東漸」をくいとめた国家であるという歴史的地位からして、日本の大陸発展のイデオロギーには終始この東亜解放的側面がまつわっております。勿論後になればなるほど、この側面は帝国主義戦争の単なる粉飾という意味を強化して行くわけですが、そうした面が完全に消滅したわけではないということは現在ビルマやインドネシアにどういうことが起っているかということを注意されれば、お分りになると思います。これは将来の問題としてよくよく考えねばならぬ点だと思います〔補注7〕。

四　その運動形態における特質

日本のファシズムのイデオロギーは、ナチズム或《あるい》はイタリー・ファシズムに比べて、一応以上のような特徴をもっていると考えられます。次に日本のファシズム運動の運動形態にどういう特質があるかということを述べて見たいと思います。すぐ気のつくことは日本のファシズムが軍部及び官僚という既存の国家機構の内部における政治力を主たる推進力として進行したこと、いわゆる民間の右翼勢力はそれ自身の力で伸びて行ったのではなく、むしろ前述の第二期に至って軍部乃至《ないし》官僚勢力と結びつくに至ってはじめて日本政治の有力な因子となりえたことであります。この点、イタリーのファッショやドイツのナチスが、むろんそれぞれの国における軍部の支援は受けましたが、とにかく国家機構の外から、主として民間的な力の動員によって国家機構を占拠したのと著《いちじる》しくちがっております。しかしこのことはまた後に、日本ファシズムの進展の歴史的特質を述べるときにふれることにしまして、ここでは、いわゆる急進ファシズム運動――血盟団より二・二六に到る――の運動形態に見られる顕著な特質を申し述べて見たいと思います。それはこうした運動の実践的担当者が最後まで大衆的組織をもたず、また大衆を組織化することに大した熱意も示さずむしろ少数者の「志士」の運動に終始したということであります。日本のファシズム運動にまつわる一つの英雄主義《ヘロイズム》、つまり「志士」意識がその運動の大衆化をチェックしたのであります。例えば、橘孝三郎は『日本愛国革新本義』〔七八、八〇―八一頁〕の中で次のようにのべております。「特に此際《このさい》力説高調して皆様に真剣な肝銘《かんめい》をお願ひしたい事は、斯様《かよう》な国民社会的革新はたゞ救国済民の大道を天意に従つて歩み得るの志士の一団によつてのみ開拓さるゝものであるといふ一大事でありあります。……かやうな大事をたゞ一死以て開拓致すなどといふ志士は申すまでもなく何時の場合でも数において多くを求め得るものではありません。然し天意によつて只撰ばれた天意を行ひ得るの志士は各層に散在しておることも事実であります」。「革新を叫ぶ者は先づ身を国民に捧げて立たねばなりません。……救国済民の大道にたゞ死を以て捧げたる志士の一団のみよく革新の国民的大行動を率いて立ち得べく、国民大衆はまたかくの如き志士にのみ従ふ外ないのであります。……而して日本の現状に訴へて見る時、何処よりも先に皆様の如き軍人層にかやうな志士を見出す外ないのであります。そして之に応ずるものは何よりも農民です。……敢て皆様の深甚なる考慮と鉄の如き決心をお願ひせざるを得ない所以です」。このようにして橘は、さなきだに「距離のパトス」[8]の強い軍人層の志士意識を煽り立てたのであります。

そうしてこういう考え方が基底にありましたので、自から運動は少数者の観念的理想主義の運動として展開され広汎な大衆を運動に組織化し動員するという方向をとらない。そうしてこれが同時に日本ファシズム運動の、甚しい空想性、観念性、非計画性というような特徴と結合しているのであります。志士が先端に立って破壊行動をやればあとはどうにかなるという、いわば神話的なオプティミズムがたえず急進ファシズム運動を支配している。たとえば血盟団の中心人物たる井上日召の思想を判決理由書は「旧組織制度を廃棄することは破壊即否定、新組織制度を樹立することは建設即肯定にして、然も破壊なくして建設は在り得ず、究極の否定は即真の肯定なるが故に、破壊即建設不二一体なり」と述べておりますし、日召自らも公判において「私には体系づけられた思想はないという方がよいと思います。私は理屈を超越していまして全く直感で動いています」といい、破壊後の建設についての理論を持つことを意識的に拒否しております。また五・一五事件は最初の比較的組織的な急進ファシズムの暴動でありまして、蜂起の手《て》筈《はず》については相当緻密に計画をたてております。たとえば海軍側第一期計画を見ると、まず第一組は首相官邸及び牧野〔伸顕〕伯爵を襲撃した後東郷〔平八郎〕元帥を擁して戒厳令を布く、第二組は工業クラブと華族会館を襲撃の後、権藤成卿を擁して首相官邸に入り国家改造の衝にあたる、第三組は政友会、民政党本部を襲撃の後血盟団員を刑務所から救出する、このように比較的詳細に手筈をきめておりますが、一体具体的にいかなる改造をするかは、権藤成卿をブレインとすること以外には全く明らかでありません。この点古賀〔清志〕中尉の法廷における陳述では、「我々はまづ破壊を考へた。我々は建設の役をしようとは思はなかつた。ただ破壊すれば何人かが建設の役をやつてくれるといふ見透しはあつた。従つて指導理論といふやうなものは知らぬが、まづ戒厳令を布いて軍政府を樹立することを考へた。（中略）昭和五年十二月、故藤井〔斉〕少佐と共に、熊本に居られた荒木〔貞夫〕中将を訪問した時、同中将は大和魂で国運を打開しなければならぬと話された。その時、荒木中将に信頼と敬服を持つた。更に昭和七年陸軍異動で、当局の枢要な場所が、即ち憲兵司令官とか警備司令官は荒木系で補充されたので、われわれが戒厳令の布かれる如き状態にもつて行けば、荒木陸相を首脳とする軍政府が樹立され、改造の段階に入るものと信じた」(昭和八年七月二六日『東朝』夕刊)と言っております。やはり「われわれはたゞ破壊すればよい、あとは何とかなる、誰かが建設してくれるであらう」という考えから、軍政府樹立までの計画がせいぜいであります。

しかもこの点で海軍側被告と陸軍側被告とでは見解の喰いちがいがあり、陸軍側は、海軍側の戒厳令による軍政府樹立というところまですら考えていない。例えば石関栄〔士官〕候補生は、「海軍は戒厳令を予想していたというが、私共は討死するつもりであつて、海軍のような結末を予想していなかつたのであります」と述べております。観念性の程度が一層甚だしくなっています。同じような特徴が神兵隊事件にも窺われます。これは愛国勤労党の天野辰夫、前田虎雄や大日本生産党の影山正治、鈴木善一らが中心となり、陸軍から安田銕之助中佐、海軍から第二航空司令の山口三郎が加わって計画された暴動で、結局未遂に終ったのですが、その第一次計画なるものを見ると、昭和八年七月七日午前十一時を期して、三千六百名を動員し、まず空爆担当者(山口中佐)が飛行機上より、首相官邸、牧野内府邸、警視庁に爆弾を投下し、檄文を撒布し、地上部隊の警視庁襲撃を見はからって宮城前に着陸し、地上隊に合流する。地上部隊はこれを数隊に分ち、一隊は拳銃、日本刀をもって首相官邸を襲撃して閣僚中の残存者を殺害し、一隊は同様牧野内府邸を、一隊は鈴木〔喜三郎〕政友会総裁及び若槻〔礼二郎〕民政党総裁を、一隊は日本工業倶楽部、社会大衆党本部をそれぞれ襲い、一隊は市中の銃砲火薬店に乱入して武器弾薬を奪い、主力部隊は警視庁を襲撃の後に、日本勧業銀行を占拠し、そこに籠城してプロパガンダにつとめつつ、やがて全市の警官隊と交戦して討死するというのであります。すこぶる念の入ったプランですが、最後はやはり討死に終ってしまうので、戦闘過程についてのみ計画性が発揮されている点が目立っております。

最後に二・二六事件——これは最も大規模で最も計画的な、日本のプッチ（一揆）ではまれにみる組織性を持った急進ファシズム運動であります。この暴動は論告や判決文によると北一輝の日本改造法案のプランの実現を考えていたようですが、蹶起《けっき》将校たちは口を揃えてこれを否認し、たとえば村中孝次は「丹心録」（獄中手記）[9]のなかで、「吾人ハ維新トハ国民ノ精神革命ヲ第一義トシ、物質的改造ヲ之ニ次テ来《きた》ルベキモノナルノ精神主義ヲ堅持セント欲ス」という立場から「吾曹ノ同志豈《あ》ニ政治的野心ヲ抱キ、乃至ハ自己ノ胸中ニ描ク形而下ノ制度機構ノ実現ヲ妄想シテ此挙ヲナセルモノナランヤ」とし、

「建設なき破壊は無謀ではないか」という問いに対し、「何ヲカ建設ト云ヒ何ヲカ破壊トイフカ、……破邪ハ即顕正ナリ、破邪顕正ハ常ニ不二一体ニシテ事物ノ表裏ナリ、討奸ト維新ト豈《あに》二ナランヤ」といって、前の井上日召と同じ「論理」に帰着しています。そうして「苟《いやし》クモ大義ヲ明カニシテ人心ヲ正サバ、皇道奚《なん》ゾ興起セザルヲ患《うれ》ヘン」という藤田東湖の「回天詩史」の言葉は多くの二・二六事件被告によって一様に蹶起目的として引用されました。そうして維新志士の精神との対照において、三月事件以後の軍政府樹立計画や国家改造計画、ないしは永田、東条ら統制派のヒットラー式、ドイツ式統制を口をきわめて痛罵しております〔補注8〕。こういう風に急進ファッショの運動形態は空想的観念的であった。これは二・二六事件において、千六百名も兵を動かしながら、結果においては数人のおじいさんの首をはねることにおわったという事に一番よくあらわれております。こういう点がまた、日本のファシズムと、ドイツのそれとの著しい違いをなしております。イデオロギー的に幕末志士的な、雲井龍雄派の中世主義《メディーヴァリズム》(10)が強力に残存している結果、運動形態にもそれが現われて来るわけであります。日本のファシズムでは、民主主義は真向から否定されるのですが、ナチスではそうではない、ワイマール的民主主義は否定されるが、民主主義一般は否定しておりません。むしろナチスのつもりでは、ワイマール的乃至は英米的民主主義はユダヤ的金権主義で、自分の方が本当のドイツ的民主主義であると称していたのです。むろんこうした言いぐさは宮沢〔俊義〕教授の言葉をかりれば、「独裁制理論の民主的扮装」[11]にすぎないのですが、ともかくデモクラチックな扮装をまとわねばならなかったというところに、民主主義がドイツにおいてもすでに抜くべからざる根を国民的地盤の上におろしていたことを物語っております。ヒットラーはユンケルの一部にあった王政主義には非常に反対で、徹底的に共和主義者であります。「マイン・カンプ〔我が闘争〕」の中には王朝的愛国主義と、祖国と人民とを愛する愛国主義とを峻別し、国家権力を国家権力なるが故に崇拝する傾向を犬の如き崇拝といって嘲笑しております。「国家が人間のためにあるのであって、人間が国家の為にあるのではない」と言っておりますが、こういう認識は、一応ブルジョア革命をへてこなければ当然なものとはならないのです。このことは当然にナチス運動に最初から著しい大衆的性格を賦与しました。やはり「マイン・カンプ」の中で、「従来の汎ゲルマン主義はイデオロギーとしては立派であったに拘らず大衆組織をもたなかったために失敗した」といっております。[12]こういうふうにナチスでは大衆を組織化し、その組織のエネルギーによって政治権力を奪取したのですが、日本の「下から」のファシズム運動はついに最後まで少数の志士の運動におわり、甚しく観念的、空想的、無計画的であったこと、これが日本のファシズムの運動形態に見られる顕著な傾向であります。むろん神話的要素や選良の思想はファシズムに共通しておりますが、その程度の差に殆《ほとん》ど質的なものがあると思います。

五　その社会的担い手における特質

　さてそれでは日本のファシズム運動の社会的な担い手という点においてどういう特質が見られるかということが次の問題になります。――軍部官僚がファシズムの推進力であったのはいうまでもないことですが、ここではそういうせまい意味ではなく、もっと広い国民的な面でいかなる社会層がファシズムの進展に積極的に共感を示したかという問題です。

　ファシズムというものはどこにおいても運動としては小ブルジョア層を地盤としております。ドイツやイタリーにおいては典型的な中間層の運動でありまして――インテリゲンチャの大部分も、むろん例外はありますが、積極的なナチズム、ファシズムの支持者でありました。日本におけるファシズム運動も大ざっぱにいえば、中間層が社会的な担い手になっているということがいえます。しかしその場合に更に立ち入った分析が必要ではないかと思います。わが国の中間階級或《あるい》は小市民階級という場合に、次の二つの類型を区別しなければならないのであります。第一は、たとえば、小工場主、町工場の親方、土建請負業者、小売商店の店主、大工棟梁、小地主、乃至《ないし》自作農上層、学校教員、殊《こと》に小学校・青年学校の教員、村役場の吏員・役員、その他一般の下級官吏、僧侶、神官、というような社会層、第二の類型としては都市におけるサラリーマン階級、いわゆる文化人乃至ジャーナリスト、その他自由知識職業者(教授とか弁護士とか)及び学生層――学生は非常に複雑でありまして第一と第二と両方に分れますが、まず皆さん方は第二類型に入るでしょう。こういったこの二つの類型をわれわれはファシズム運動をみる場合に区別しなければならない。

わが国の場合ファシズムの社会的地盤となっているのはまさに前者であります。第二のグループを本来のインテリゲンチャというならば、第一のグループは擬似インテリゲンチャ、乃至は亜インテリゲンチャとでも呼ばるべきもので、いわゆる国民の声を作るのはこの亜インテリ階級です。第二のグループは、われわれがみんなそれに属するのですが、インテリは日本においてはむろん明確に反ファッショ的態度を最後まで貫徹し、積極的に表明した者は比較的少く、多くはファシズムに適応し追随しはしましたが、他方においては決して積極的なファシズム運動の主張者乃至推進者ではなかった。むしろ気分的には全体としてファシズム運動に対して嫌悪の感情をもち、消極的抵抗をさえ行っていたのではないかと思います〔補注9〕。これは日本のファシズムにみられる非常に顕著な特質であります。翼壮〔大日本翼賛壮年団〕の組織もサラリーマン層をつかまえることには、ついに成功しなかった。戦時中における文化主義の流行は第二のグループのインテリ層のファシズムに対する消極的抵抗と見られます。ドイツやイタリーにおいては知識階級が積極的にファシズムの旗を掲げて立った。とくに大学生が非常に大きな役割をしたことは御承知の通りでありますが、日本には果してそういうことが見られたかどうか。もちろん右翼の運動にも学生が参加しておりますが、その学生は教養意識の点で、むしろ第一のグループに属しているものが多い（御承知のように、日本ほど、大学生と呼ばれるものの実質がピンからキリまであるところは一寸《ちょっと》まれでしょう）。そういう意味で、インテリ的学生層は終始ファシズム運動の担い手とはならなかった。これは彼等《かれら》が大正末期から昭和初頭にかけての社会運動、マルクス主義の旋風にまき込まれた程度とも比較にならない差異があります。東大にも一時学生協会というような、運動形態においてナチス学生運動と酷似したものが出来ましたが、あれほど客観情勢に助けられながら殆《ほとん》ど発展せず、大部分の学生は無関心乃至冷淡な態度でこれを迎えたのであります。

これは一つには、日本のインテリゲンチャが教養において本来ヨーロッパ育ちであり、ドイツの場合のように、自国の伝統的文化のなかにインテリを吸収するに足るようなものを見出しえないということに原因があります。ドイツの場合には国粋主義を唱えることは、つまりバッハ、ベートーベン、ゲーテ、シルレルの伝統を誇ることです。それは同時にインテリゲンチャの教養内容をなしていた。日本にはそういう事情がなかった。しかし日本のインテリのヨーロッパ的教養は、頭から来た知識、いわばお化粧的な教養ですから、肉体なり生活感情なりにまで根を下していない。そこでこういうインテリはファシズムに対して、敢然として内面的個性を守り抜くといった知性の勇気には欠けている。しかしながらともかくヨーロッパ的教養をもっているからファシズム運動の低調さ、文化性の低さには到底同調出来ない。こういう肉体と精神の分裂が本来のインテリのもつ分散性・孤立性とあいまって日本のインテリをどっちつかずの無力な存在に追いやった。これに対して、さきにあげた第一の範疇は実質的に国民の中堅層を形成し、はるかに実践的行動的であります。しかも彼らはそれぞれ自分の属する仕事場、或は商店、或は役場、農業会、学校等、地方的な小集団において指導的地位を占めている。日本の社会の家父長的な構成によって、こういう人達こそは、そのグループのメンバー――店員、番頭、労働者、職人、土方、傭人、小作人等一般の下僚に対して家長的な権威をもって臨み、彼ら本来の「大衆」の思想と人格とを統制している。こういう人達は全体の日本の政治＝社会機構からいえば明かに被支配層に属している。生活程度もそんなに高くなく生活様式においては自分の「配下」と殆ど違わない。にもかかわらず彼らの「小宇宙」においてはまぎれもなく、小天皇的権威をもった一個の支配者である。いとも小さく可愛らしい抑圧者であります。従って一切の進歩的動向に対する――大衆が社会的政治的に発言権を持ち、そのために自らを組織化する方向に対する、最も頑強な抵抗者は、こういう層に見出されるわけであります。しかも尚重要なことは生活様式からいって彼らの隷属者と距離的に接近しておりますし、生活内容も非常に近いということから、大衆を直接に掌握しているのはこういう人達であり、従って一切の国家的統制乃至は支配層からのイデオロギー的教化は一度この層を通過し、彼らによっていわば翻訳された形態において最下部の大衆に伝達されるのであって、決して直接に民衆に及ばない。必ず第一の範疇層を媒介しなければならないのであります。他方またこれらの「親方」「主人」は町会、村会、農業会、或はもろもろの講、青年団、在郷軍人分会などの幹部をもつとめ、そういった場所において醱酵《はっこう》する地方的世論の取次人であります。ヒュームという哲学者が、「どんな専制政治でもその基礎は人の意見である」ということをいっておりますが[13]、たしかにどんな専制政治でも、被治者の最小限度の自発的協力がなくては存在することは出来ない。そうして軍国日本において、この被治者のミニマムの自発的協力を保証する役割を果したのはまさにこの第一の意味での中間層であるということが出来ます。実際に社会を動かすところの世論はまさにこういう所にあるのであって、決して新聞の社説や雑誌論文にあるのではないのであります。ジャーナリズムの論調が日本ではともすれば国民から遊離するのは何故であるかといえば、それがもっぱら第二範疇の中間層によって編輯され、従ってその動向を過大視するからであります〔補注10〕。たとえば昭和十年初めの天皇機関説問題についてみても——これは日本のファシズムの進展において非常に重要な意味をもち、又岡田〔啓介〕内閣の命取りにまでなりかけたものなのですが——あの事件があれほど大きな政治社会問題になったのは、それが第一の範疇の世論になったからであります。貴族院でこれが問題となった後、大きな社会的波紋を呼んだのは、在郷軍人会が全国的にこれをとりあげて運動を起したからであります。政府はもとより、軍部でも上層部は最初はこれを単なる学説上の一見解と看做《みな》す態度をとっていた。その証拠としてこれが貴族院本会議において問題となった時、陸海相のなした答弁をみてみますと、大角〔岑生〕海相は、「我国体の尊厳無比なるは議論するさへ畏れ多い事だと思つてゐる。しかしこれは憲法の学説に関する答弁ではなく信念として申上げるのであるから御諒承願ひたい」といい、林〔銑十郎〕陸相も、「美濃部博士の学説は数年に亘つて説かれてゐる所で、この学説が軍に悪影響を与へたといふ事実はない」と断言しております。軍部も首脳部はあまり問題にしていなかったのです。あれが大きな政治問題になったのは、政友会が倒閣運動としてあの問題を利用し、蓑田胸喜などの民間ファッショと一緒に国体明徴を騒ぎ立てたからであり、社会的に波及したのは、全国の在郷軍人会の活動があずかって力があります。専門の学者や文化人の間ではもとより、官吏や司法官の間でさえ、多年怪しまれもせずに常識化していた学説が社会的には全く非常識な、ありうべからざる考え方として受け取られたこと――この事件ほど、インテリ層と国民一般との知識的乖離を鋭く露呈したものはないと思います。

要するに第一の範疇の中間層の演ずる役割は、丁度《ちょうど》軍隊における下士官の演ずる役割と似ていると思います。下士官は実質的には兵に属しながら、意識としては将校的意識をもっております。この意識を利用して兵を統制したところが日本の軍隊の巧妙な点です。兵と起居をともにし兵を実際に把握しているのは彼らであって、将校は「内務」からは浮いてしまっています。だから中隊長は兵を掌握するには、どうしてもこの下士官を掌握しなければならないのであります。これと同様な現象なのでありまして、この第一の範疇の中間層を掌握するのでなければ大衆を掌握し得ない。こういった地方の「小宇宙」の主人公を誰が、いかなる政治力が捉えるかによって、日本の政治の方向はきまります。それは過去でも現在でも同じことです。しかも注意すべきは第一範疇の中間層の知識、文化水準と、第二範疇の本来のインテリの水準との甚しい隔絶であります。私は外国のことはよく知りませんが、こんなに大きな隔絶があることは日本の大きな特色ではないかと思います。イギリスでも、アメリカでも、ドイツでさえも、もっと連続しているのではないかと思われるのでありますが——この両層の教養の違いが甚しいこと、他方第一の範疇の中間層は教養においては彼らの配下の勤労大衆との間に著しい連続性をもっていること、大衆の言葉と、感情と、倫理とを自らの肉体をもって知っていること、これがいわゆるインテリに比して彼らが心理的にヨリよく大衆をキャッチ出来るゆえんです。しかもなお彼らを私が擬似インテリとか、亜インテリとか呼ぶのは、彼ら自身ではいっぱしインテリのつもりでいること、断片的ではあるが、耳学問などによって地方の物知りであり、とくに、政治社会経済百般のことについて一応オピニオンを持っていることが単なる大衆から彼らを区別しているからです。床屋とか湯屋とか或は列車の車中で、われわれは必ず、周囲の人々にインフレについて、或は米ソ問題について一席高説を聞かせている人に出会うでしょう。あれがつまり擬似インテリで、職業をきいて見ると大抵前述した第一範疇の中間層に属しています。

これに対して日本において、第二の範疇の中間層が一般の社会層から知識的＝文化的に孤立した存在であるということは、綜合雑誌というものの存在、純文学という妙な名前があること、岩波文化といったもの――これらがいずれもインテリの閉鎖性を地盤にして発生していることにも象徴されておると思います。たとえば『タイム』や『ニューズウィーク』には非常にポピュラーなテーマとより高級な政治経済の評論の如きものが両方同じ雑誌にのっているのでありますが、ああいった雑誌がなぜ日本に出来ないのか。岩波文化があっても、社会における「下士官層」はやはり講談社文化に属しているということ、そこに問題があります〔補注11〕。そこでこういう層を積極的な担い手とした日本のファッショ・イデオロギーはドイツやイタリーに比しても一層低級かつ荒唐無稽な内容をもつようになったのは当然のことであります。それがまた逆に第二範疇のインテリをしてますます消極的な態度に追いやった理由であります。ドイツなどではともかく一流の学者教授がナチの基礎づけをやったわけですが、日本ではどうでしょう。むろんファッショのお先棒をかついだ学者もありましたが、まず普通は表面はともかく、腹の中では馬鹿馬鹿しいという感じの方が強かったようであります。日本のファシズム的統制の末端がきわめてファナティクなもの或は滑稽なものになったのは、概ねこういう層を媒介としたからであります。例えば竹槍主義の現実的な担い手となったのはかかる地方的指導者であります。軍の上層部が竹槍をもって高度の武器と対抗出来るということを、いかに軍人が無知であっても真面目に信じていたはずはない。その位百も承知している。そういう竹槍イデオロギーの強調によって物力の足らない点を精神力でカヴァーしようというのですが、首脳部は無論そういう高度政策のつもりで、タクチックとして云っている。ところが、そうしたイデオロギーが下に滲透して「小宇宙」の親方を通過する時には本物になってくる。真正面から竹槍主義で指導する。防空演習においていかに馬鹿馬鹿しい指導が行われたかはわれわれの記憶に尚新たですが、それはある程度まで、こうした中間層から出た班長や組長がばかばかしくしてしまった面が少くない。日本の戦争指導における多くのナンセンスはこういうところから発生していると思われます（関東大震災のときの自警団というのがやはり同じような意味を持っています）。急進ファッショの暴動の関係者、乃至右翼団体の幹部にいかに小学校教員、僧侶、神官、小工場の親方、小地主といった層の出身者が多いかということはここにいちいち指摘致しませんが、ともかくこのことが先に申しましたファッショ的イデオロギーにおいて労働者よりも中小商工業者や農民が重視されることに関連して来るわけであります。農村における指導層のみならず都会のスモール・マスターズでも大体農村出身で、農村に何らかのつながりをもっているものが多い。だから農本主義は彼らの共通利害といっていい。また中央集権に対する「地方自治」の要求が正にこの層の要求に一致している。自治というのは、彼らがヘゲモニーを握っている地方的小宇宙に対する中央権力（官僚）の干渉排除の要求に外ならないのであります。官僚主義や巨大財閥に対する反感は、こういう中間層において最も熾烈であります。それと共に先ほど申しました日本の国際的地位、つまり日本は国際的には先進資本主義国家の圧力を絶えず頭上に感じながら東洋の社会では一かどの先進国として振舞っていたこと、一方でいじめられる立場にありながら、他方ではいじめる地位にあったということ、こういう日本の地位は、国内におけるこの層の社会的地位に酷似しております。そういう所から彼らは日本の大陸発展に内面的な共感を感じるわけです。先進資本主義の圧迫は、まさに国内における巨大資本の圧力と同じように感じられる。東亜の諸民族の日本帝国主義に対する反抗は、彼らの店や仕事場や其の他彼らの支配する集団における乾分《こぶん》や目下《めした》の反抗と同じような心理的作用を彼らのうちに起させます。こうして彼らは日華事変や太平洋戦争の最も熱烈な支持者になったのであります。

六　日本ファシズムの歴史的発展

非常に長くなりましたが、最後に日本ファシズムの歴史的進展の仕方にどういう特異性があるかという問題を一言して私の話を終りたいと思います。日本のファシズムはドイツやイタリーのようなファシズム「革命」をもっておりません。前にも一言したように、大衆的組織をもったファシズム運動が外から国家機構を占拠するというような形はついに一度も見られなかったこと――むしろ軍部、官僚、政党等の既存の政治力が国家機構の内部から漸次ファッショ体制を成熟させて行ったということ、これが日本のファシズムの発展過程におけるもっとも大きな特色であります。それでは、いままでわれわれが述べて来たような民間右翼や急進青年将校の動きは歴史的に大きな意味がなかったかといえば、そうも一概にいえません。つまり下からのファッショ的動向——急進ファッショ運動のけいれん的な激発はその度毎に一層上からのファッショ化を促進する契機となったのであります。支配機構の内部から進行したファシズムは軍部、官僚を枢軸として、こういう急進ファッショの社会的エネルギーを跳躍台として一歩一歩自分のヘゲモニーを確立していったこと、これが重要な点であります。たとえば満州事変後まもなく十月事件がおこりますが、その前後において既成政党内部からもファッショ化——安達〔謙蔵〕内相の協力内閣運動の動きが顕著になってまいります。翌七年五・一五事件が日本の政党政治の短い歴史に終止符をうち、斎藤〔実〕内閣においてはじめて軍部・官僚・政党の連立形態が出現したことはいうまでもありません。また昭和八年、神兵隊事件前後から軍部の政治的発言権は更に一段と前進し、八年十一月、九州で陸軍大演習があったのを機会に、後藤〔文夫〕農相、荒木〔貞夫〕陸相と参謀本部の中堅将校によって「農村対策連合協議会」がつくられ、軍部が積極的に農村問題をとりあげるようになります。

昭和九年十一月いわゆる十一月士官学校事件より相沢〔三郎〕中佐事件を経て昭和十一年の二・二六事件までは一連のつながりを持った青年将校の革新運動でありますが、そうした事件の起るたびに、当事者の意図如何《いかん》に拘らず軍部上層部の政治的領土の一層の拡大という結果をもたらしております。就中《なかんずく》重要な転機となったのは二・二六事件で、これは数年来相つづいたファシズムのプッチの最後の、最も大規模なものでありますが、これ以後はもはや青年将校や民間急進右翼を中心とする下からのファシズム運動は前景より退き、いわゆる粛軍の進行とともに軍内部の「皇道派」と目された勢力を「統制派」――というより反皇道派連合〔補注12〕が一挙に圧倒します。荒木・真崎〔甚三郎〕・柳川〔平助〕・小畑〔敏三郎〕等に代って、梅津〔美治郎〕・東条・杉山〔元〕・小磯〔国昭〕等がヘゲモニーをとります。こういう新らしく陸軍首脳部を形成した勢力は、その後軍の内部においては粛軍を徹底的に行い、急進ファシズム勢力を弾圧すると共に軍の外に対しては急進ファシズムの脅威をえさにして軍部の政治的要求を次から次へと貫徹してゆくのであります。二・二六直後寺内〔寿一〕大将が広田〔広毅〕内閣に入る時には、始めから条件をつけて自由主義的色彩をもつと見られた人物の入閣を拒否した。と同時に、寺内陸相は就任するとともに「庶政一新、自由主義排撃、全体主義体制へ」という露骨なフアッショ的声明を出し、選挙法を改正して制限選挙制にし、立法権の行政権支配を否定して議会を骨抜きにするような政治的要求を提出しております。こうして上からのファッショ化が下からのファッショを抑圧しつつ急速に進展して行きます。北、西田や二・二六の青年将校らはまさに、「狡兎死して走狗煮らる」という運命を持ったのであります。この間の事情は五・一五と二・二六事件の処罰を比較することによってもわかります。五・一五事件の軍人側被告はいずれも軽い刑です。陸軍側は、後藤映範以下十一名は、いずれも禁錮四年であり、その後恩赦があって昭和十一年には全部出所しております。海軍側被告は指導的地位を占めた古賀清志と三上卓が最高で禁錮十五年、以下十三年一名、十年三名、二年一名、一年一名で、これまた恩赦により昭和十五年迄には全部自由の身になりました。これが白昼集団を組んで一国の宰相を暗殺し、帝都を暗黒化しようとした事件に対する処置であります。しかも五・一五事件の直後、荒木陸相は談話を発表し、その中で「これら純真なる青年がかくの如き挙措に出《い》でたその心情に就て考へれば涙なきを得ない。名誉のためとか私欲のためとか又は売国的行為ではない、真にこれが皇国のためになると信じてやつたことである。故に本件を処理する上に、単に小乗的観念を以て事務的に片づけるやうなことをしてはならない」といい、同じく大角海相も、「何が彼ら純情の青年をしてこの誤をなすに至らしめたかを考へる時、粛然として三思すべきものがある」と語っております。

いかに軍部が全体としてこの事件に同情的であったかが分ります。ところがこれに対し二・二六事件においては香田清貞以下、主謀者十七名(軍人側のみ)はずらりと死刑となったのであります。そうしてこの事件の前におこった相沢中佐の永田軍務局長殺害事件――これは全く相沢中佐の単独行動ですが――もこの事件から数カ月後の判決で死刑になっております。この種の事件に対する軍部の考え方の激変ぶりはほぼ推察されると思います。なお余談ですが、この種の事件の際に民間側被告がつねに軍人側被告よりも遥かに重い刑を課せられていることも注目すべきことです。例えば五・一五事件でも前述のように、軍人の最高は禁錮十五年に対し民間側の橘孝三郎は無期を宣告されています。二・二六事件で大した実際行動に関与したとも思われない北一輝と西田税が死刑になっています。それはともかくとして、二・二六事件の後の特別議会において、寺内陸相が事件について次のように演説しております。

「本事件の原因動機として彼等の蹶起《けっき》趣意書並に其陳述等を綜合致しますれば、国体を顕現して彼等の所謂《いわゆる》昭和維新の遂行を企図して居つたもののやうに述べて居りまするが、彼等を駆つて此に至らしめたる国家の現状は大いに是正刷新を要するものの多々存在することは之を認めらる丶のでありまするが、反乱行動までに至れる彼等の指導精神の根柢には我国体と絶対に相容れざる極めて矯激なる一部部外者の抱懐する国家革新的思想が横たはつてゐることを看過す能はざるは特に遺憾とする所でございます」(傍点――丸山)

「一部部外者の抱懐する国家革新的思想」とは恐らく北一輝の思想を指しているのだと思いますが、ともかく、きわめてハッキリと反国体的行動と断じたところに、前の五・一五のときと陸軍首脳部の考え方がいかに激変しているかということがお分りになると思います。しかも二・二六以後ヘゲモニーをにぎった所謂新統制派は、嘗《かつ》ては桜会時代の革新将校であったわけで、それがヘゲモニーをにぎると今度は「粛軍」を呼号し、陸軍大臣を通して以外の軍人の政治関与を排撃して急進的動向を抑圧するわけです。皇道派は大体反東条的だったところから、終戦直後脚光を浴びましたが、皇道派と統制派の争は一方が絶対的な正義派で、他方が陰謀派だというような簡単なものではなくて多分に個人的な派閥的な抗争という色彩がつよいのであります。ただ二・二六事件は新統制派が従来急進的な青年将校をバックにしていた皇道派を弾圧して自分のヘゲモニーを確立するきっかけを与えたということだけはほぼ断言出来るのではないかと思います。ですから、寺内陸相らによれば、二・二六は反国体的行動となるが、逆に青年将校からいわせると、「改造法案（北の日本改造法案を指す――丸山）――の如きは実に日本国体にピッタリ一致してをります。否《いな》我国体そのものを国家組織として政経機構として表現したものが日本改造法案であるのです」（前掲青年将校の遺書）ということになる。そうして、彼らの見解では統制派の連中こそ口に国体国体といいながら、自己の政治的イデオロギーの貫徹のために天皇の権威をたえず利用しようとする。「陛下が許されねば短刀をつきつけても云ふ事をきかせるのだ」というような不敵な言辞を平気ではいている、と痛憤しております。この点はたしかに興味ある問題で、一体に皇道派系統の動きは現実の行動として発揮された所を見ると兵を動かして暴動を起すというように大変急進的ですが、その内実のイデオロギーは天皇絶対主義――承詔必謹主義[14]で多分に観念的です。前に申しましたように、暴動を起すまでは計画的であるが、その後の事は考えないというのも、実はこの天皇絶対主義が根柢にあって、ある内容的なものを計画するのは大権をみだりにおしはかることになるという考えから来ている点も見逃してはならない。だからどうしても君側《くんそく》の奸《かん》をのぞく——天皇を覆っている暗雲をはらいのければあとは自《おの》ずから太陽が輝きわたるという神話的なオプティミズムになる。そこへ行くと、統制派といわれている人々は、よくいえばもっと合理的で悪くいえば天皇を利用して自分のプランを上から実現して行くというところがあります〔補注13〕。ですから、二・二六以後の過程というものは、日本のファシズムがいわば「合理化」され、急進的なプッチという形でなく、支配機構そのものの中から着々と合法的に前進して行くということになるのであります。急進ファシズムの無気味な圧力をたくみに武器として上から自己の支配を強化して行く。第七十議会で、浜田国松が寺内陸相に質問して——この質問が契機となって両者の間にいわゆる「腹切り問答」(15)がかわされるのですが——、「吾々ハ粛軍ノ進ムニツレテ粛正セラレタル軍部ノ政治推進力ガ強ク頭ヲ出スト云フ政治上ノ弊害ノ……新ニ台頭シ来《きた》リタルコトニ遺憾ヲ禁ジエナイ」といっているのは、まさに「粛軍」の持つパラドキシカルな意味を適切に衝いた言葉であります。

そうして、急進ファシズムの弾圧の後いくばくもなくして、軍部と官僚、財閥の抱合い体制が強化され、定石通りのファシズムの「完成」形態へと進んで行きます。広田内閣の馬場財政では「広義国防」ということを唱えました。当時二・二六後の不穏な社会的雰囲気の中に広義国防ということが唱えられ、予算も無理をして、失業救済費や農民救済費を計上し、軍事費の増大とあいまって、非常なインフレ財政になり財界の危惧が大きくなった。そこでそのあとを引き受け金融界の要望を背負った結城財政においてはたちまち軍事費一本やりの「狭義国防」へと逆転し、馬場財政によって計上された農村経済更生費等が悉《ことごと》く削られ地方財政交付金が打ち切られます。この時に結城〔豊太郎〕さんが「これからは軍部とだき合ってゆきたい」という有名な言葉を吐き、抱合財政という名はここから起ったのであります。こういう情勢の一つの反映として例えば、昭和十二年三月三日日本経済連盟の常任委員会で次のような建議がなされました。「最近ニオケル内外ノ情勢ハ軍事費ヲ中心トスル国費ノ膨脹ヲ不可避ノ状態トシテ居ルガ而モ急激ナ財政膨脹ノ矛盾ガ国内生産力ノ不足トソレニ関連セル物価騰貴トナッテ現レテ来テ居ル以上、其矛盾ヲ避クル為ニハ歳出ヲ当面必要欠クベカラザルノ経費ノミニ限定スル以外ニ方法ナク、其意味ニ於テ軍事費以外ノ行政費ノ増大ハ出来得ル限リ抑制スルト共ニ、今後、二三年間ハ国防費一本槍ノ方針ノ下ニ予算編成ヲ行フベシ」。

これが当時の代表的な経済界の意見であります。このようにして財界と軍部との利害が接近し独占資本と軍部との抱合体制が完成して行くのであります。結局下からのファシズム運動は上からのファッショ化の中に吸収されてしまうわけであります。これから後、日華事変の勃発によって日本の国際的危機がいよいよ濃化して行けば、それだけ「挙国一致」が絶対的要請となって来ます。本来的に国民的な地盤をもたない官僚と、自からは革新の「推進力」と称して決して政治的責任を主体的に引き受けようとしない軍部と、それからブツブツいっているだけでもはやファッショ勢力と一戦を試みる闘志を失っている政党との三者が、挙国一致の名の下に鼎立し競合します。広田内閣から東条内閣までは、林・第一次近衛〔文麿〕・平沼・阿部〔信行〕・米内〔光政〕・第二次近衛・第三次近衛と実にひんぴんと内閣が変ります。これは上の三者のバランス・オブ・パワーの上に内閣がのっかっているので、それが動くたびに変るのです。強力内閣ということが合言葉になればなるほど政治的中心がますますなくなって行くという奇現象が起るのであります。しかもこのことは決してファッショ化が停滞していることを意味するのではなく、昭和十二年暮から十三年初めにかけての労農派、全評〔日本労働組合全国評議会〕、日無〔日本無産党〕、教授グループの一斉検挙、同年のメーデー永久禁止命令、国家総動員法公布、昭和十四年三月、国際労働機関よりの脱退、昭和十五年社会大衆党以下各政党の解党、労働総同盟の解散、大政翼賛会、産業報国会の発足、日独伊軍事同盟の成立等々本格的なファッショ化の重要な石がこの間つぎつぎと打たれていることを忘れてはなりません。ローマは一日にしてならず、東条独裁も決して忽然《こつぜん》として出来上ったのではないのであります。この間の過程を具体的に追って行く暇は到底ありませんが、ただとくに近衛新体制運動については一言つけ加えたいと思います。というのはこれはまさに、上に申上げたような政治力の不安定が国民的地盤の欠如から来ているという認識から出発して国民の組織化による政治力の強化をねらったものだからであります。新体制運動の動機はなかなか錯綜していて簡単に云えませんが、しかし少くも当初の意図はそこにあったわけです。ところがまさにそれが絶対主義的天皇制という岩にぶつかって国体派によって幕府的存在という嫌疑をうけ、遂《つい》に骨抜きの形式的な官僚機構になってしまうことは御承知の通りであります。いわゆる翼賛会の精動化〔精神運動化〕であります。当時、上意下達、下意上通ということが言われましたが「下意」ということは我が国体の上であるべきものでないという批判が起って、下情上通と改められました。もっていかに一片の「下から」の色彩も嫌悪されたかが分ります。翌十七年一月に、翼賛会の形式化を補う意味で大日本翼賛壮年団が出来ますが、これも結局政治結社ではなく、建前は翼賛会の下部組織であるため、活発な活動は出来ません。地方によっては翼賛会と翼壮との間に種々面倒な問題が起ったりしました。十七年四月にはいわゆる翼賛選挙が行われ、その年の五月「翼賛政治会」が結成されて、これが唯一の政治結社として存立したわけであります。ところがこれにはあらゆる政治勢力が雑然と同居しており急進的ファッショ団体から既成政党系、観念右翼系、無産党系等が皆その中に網羅されており、そのため政治運動として無内容のものになってしまったのであります。

以上のような紆余曲折は、なんとかして日本の政治体制をドイツやイタリーのような国民大衆の組織化の上に置きたいという努力の過程であったが、そうした運動の落着いたところはいずれも官僚的ヒエラルヒーへの完全な吸収であった。こうして、日本のファシズムはついに一定の組織的な国民的基礎をもち得なかったのであります。翼賛運動とともに設けられた中央協力会議にしても、純然たる諮問機関、「下情上通」の機関にすぎず、ここで述べられた意見の提案は法律的にはなんら拘束力を持たない。政府が「聞き置く」だけである。当時、翼賛会が、「協力会議について」というパンフレットを出していますが、その中にこう書いてある。

「この会議に提出されるあらゆる問題は政府及び翼賛会として傾聴し、慎重に直《ただ》ちに之を取捨し、政策のなかに果敢に反映して行くだけのことで、その間を家庭的な情味ある協力によつて颯々《さつさ》と処理して行かうといふにある。……要するにこの会議は融通不礙《ふげ》にして無法制・無権能なる性格を有するところに政治的価値を含蓄してゐるものの如く、その一見弱体、薄弱なる体裁を有するところにむしろ大きな妙味を湛えてゐるとも考へられる」(傍点——丸山)

いかにもこの時代の考え方をよく示しております。そうしてやがて大東亜戦争の勃発によって東条独裁時代が来ました。もうこうなっては皇道派も統制派もなく、要するに東条の邪魔になる勢力はしらみつぶしにされ、「言論・出版・集会・結社臨時取締法」や「戦時刑事特別法」の改正によって一切の反対派を抑圧し、伝統をほこった右翼諸団体をも強制的に翼政と興亜同盟のなかに解消させてしまい、自らは陸相・軍需相・参謀総長を兼ねて首相として空前の権限をにぎったことは今更申上げるまでもありません。ヒットラーやムッソリーニに近い強力独裁政が始めてここに出現したわけです。しかしその「強力」の基礎にあるものはもっぱら全国にはりめぐらされた憲兵網だけでした。

こうして日本ファシズムは独伊のような独自の国民組織をついに持つことなく、明治以来の官僚的支配様式とえせ立憲制(Scheinkonstitutionalismus)(16)を維持したまま八・一五を迎えたのであります。それで、結局において上からのファシズム的支配の確立のためにていよく利用された形となった民間右翼勢力は皮肉にも戦争末期には東条独裁に対する激しい批判者として現われた。最後の段階において最も東条を手こずらせたのは、こういう伝統的な右翼の勢力であった。例えば昭和十八年第八十一議会の戦時刑事特別法案の委員会で、例の赤尾敏委員――建国会の古くからの指導者です――が翼賛会について次のようなことをいっております。

「今ノ翼賛会ノ思想的内容ヲ見マシテモ、現状維持的ナ自由主義者ガ居リ、国家社会主義者ガ其ノ中ニ大勢居ル。或《あるい》ハ日本主義者モ居ル。或ハ急進的ナテロリズム的ナ過激ナ日本主義者モ居ル。……又便乗派モ大勢巣喰ッテ居ル。斯ウ言フ雑然タル指導精神、是デ何処ニ持ッテ行クノカ……大勢集メテ形ヤ組織ダケ造ッテ真面目ナ今マデノ実績ノアル従来ノ日本主義団体ハ皆潰シテシマッテ、サウシテ信念モ理想モ何ニモナイ便乗派ヤ官僚共ヲ集メテ皆政府ノ金デ精神運動ヲヤラウト云フノダカラ魂ガ抜ケテ居ル」

また同じ委員会で、中野正剛派の三田村武夫委員も次のような質疑をしております。

「今日本ノ政治ノ性格ト云フモノハ実ハ官庁中心ノ政治ナンデス。別名之ヲ官僚政治ト言ヒマス。詰《つま》リ批判ノナイ政治ナンデス。……批判ヲスレバ自由主義ダト言フ。批判ヲスレバ自由主義ダト言ハレルナラバ、私ハ其ノ自由主義トハ何ゾヤト伺ヒタイ。……批判ノナイ所ニ切磋琢磨ハナイ。切磋琢磨ノナイ所ニ進歩発展ハアリマセヌ」

「政府ヤ役人ノ為ニ都合ノ悪イト云フコトト、国家ノ為ニ都合ノ悪イコトト一致シナイ場合ガアル」

「茶坊主ヤオベッカバカリ殖エテ来ル世ノ中ハ、社会ト云フモノハ決シテ国家ノ為ニ好マシイ状態デハアリマセヌ」

きわめて痛烈に東条独裁の実質を衝いております。批判のないところ切磋琢磨なく、切磋琢磨なきところに進歩なし、というところなどまるで正統的自由主義者の口吻そのままであります。日本ファシズムの最後の段階において議会において最も反政府的立場に立ち、最も批判的な言動に出たのは、皮肉にも、日本ファッショ化の先駆的役割をつとめた民間右翼グループだったわけであります。終戦後における皇道派勢力の復活、乃《ない》至《し》ちゃきちゃきの右翼主義者がただ反東条だったという理由で、民主主義者として現われて来たのもここに根拠があります。いわばちょうど歴史が一循環したともいえましょう。

なぜ日本において国民の下からのファシズム――民間から起ったファシズム運動がヘゲモニーをとらなかったのか。なぜファシズム革命がなかったかということはなかなか重大な問題であります。私もこうした短い時間でこの問題をくわしく申し上げることは出来ませんが、少くとも次のことだけはたしかだと思います。即ち、ファシズムの進行過程における「下から」の要素の強さはその国における民主主義の強さによって規定される、いいかえるならば、民主主義革命を経ていないところでは、典型的なファシズム運動の下からの成長もまたありえない、ということです〔補注14〕。ドイツやイタリーにおいては、ともかく第一次大戦後、ブルジョア民主主義が確立し、その地盤の上に強大なプロレタリアートの組織が形成された。イタリーにおいて「ローマ進軍」の前における社会情勢は御承知のように、階級闘争が熾烈をきわめ、労働者の工場占拠と生産管理の嵐がふきまくっていた。議会では社会党が第一党であった。ドイツにおいて、ナチス革命直前における社会民主党と共産党の勢力がいかに強固なものであったかは今更説明の要もないことと思います。一九三三年三月の総選挙――ヒットラーがすでに政権をとり、例の国会放火事件を口実として全国的に共産党の大弾圧をやって、殆《ほとん》ど共産党が地下に追い込まれた時の総選挙ですら、共産党は六百万票の投票を得ております。こういう強大なプロレタリアートの勢力を撲滅するためには、いかにラジカルな強力が必要であったか、従来の民主主義的政治機構のいかにラジカルな変革が必要であったかは想像に余りあります。と同時に、大衆をそうした社会民主党なり共産党なりの影響から奪いとって、ファッショ体制の下に組織がえするには、それだけ巧妙な民主主義的偽装が是非とも必要であった。ナチスが自分こそ真の「社会主義」の実践者であり、労働者の党なんだということを見せつけなくては大衆を吸引することが出来なかった――そのことはドイツにおいて、イタリーにおいてさえ、すでに下からの大衆の力がいかに強大なものであったかを物語っていると共に、そこにファシズム組織のなかにある程度の「下からの要素」を、欺瞞のためにせよ、保持せざるをえなかった理由があるのであります。ところが日本ではどうでしょう。むろん日本でも大正末期から昭和のはじめにかけて労働運動が未曽有に昂揚し、また農業恐慌により小作争議が年々激増して行きました。日本のファシズム運動が、こういう情勢を背景にして盛んになった左翼運動に対抗する意味をもって登場して来たことは上に見た通りで、その点では定石通りといえます。しかしそうした左翼運動が今日から見て果してどれほど現実に労働者農民のなかに滲透していたかといえば、ドイツやイタリーとは一寸《ちょっと》比較にならないことだけは確かです。マルキシズムの風靡を論壇やジャーナリズムやそれを支持する一般知識階級層の間だけの現象と見ることはむろん行き過ぎた議論ですが、「赤化」の脅威ということが当時支配階級の宣伝したほど現実的なものであったかは多分に疑問です〔補注15〕。ドイツやイタリーでは、プロレタリア革命ということが実際に目前にさしせまった問題であった。独占資本は、ナチスか「赤化」かという切ぱつまった情勢において急遽、ヒットラーを政権に招いたわけです。日本のファシズム体制の進行が漸進的で、「ローマ進軍」とか、一九三三年一月三十日というような日を持たないということは、いいかえるならば下からの抵抗がそれだけ強くなかったということです。一戦をまじえるに足る強大なプロレタリアートの組織が存しなかったということです。これは日本の資本主義の構造そのものから容易に理解されます〔補注16〕。

日本のファシズム運動の急激に盛んになる満州事変直前の一九三〇年における人口構成を見ますと、五人以上の工場に働く労働者の数は二〇三万二千で、日傭労働者は一九六万三千です。これに対し商業における使用人の数は二二〇万人、また官公吏会社職員は一八〇万、小売業者は一五〇万人です。いかに本来のプロレタリアートが、中小商業者及びサラリーマン層に比して数的に少いかが分ります。また例えば一九二六年の国際連盟統計年鑑を見ますと、工業人口(家内工業も含む)は全人口の一九・四パーセントです。これを例えば英国の三九・七パーセント、フランスの三三・九パーセント、ベルギーの三九・五パーセント、オランダの三六・一パーセントと比べ、さらにドイツの三五・八パーセントと比べると大日本帝国の工業化が西欧資本主義国家に比していかに低度であったかは明瞭です。御承知のように日本の社会構造は最上層においては最も高度に合理化された独占資本がそびえ立っておりますが、その底辺においては封建時代と殆ど変らない生産様式を持つ零細農と、これまた殆ど家族労働に依存しているような家内工業とが目白押しに並んでいる。最高度の技術と最もプリミチヴな技術とが重畳的に産業構造の中に併存している。こういうように歴史的に段階を異にした生産様式が重なり合って、しかも相互に補強し合っている。このことが政治的には日本の民主主義的な力の生長を決定的に妨げたわけです。かくして一方では封建的絶対主義の支配、他方では資本の独占化の進展とが決して相背反しないで相互補強の関係にあるということ、それが日本のファシズム運動における上に見たように運命をも決定したといえると思います。このことは日本における下からのファシズム運動の内部的脆弱性をも示すものであります。日本の右翼には最も進んだナチス型から、ほとんど純封建的な、遠く玄洋社につらなる浪人型まで実に系譜が雑駁です。そこには「近代」の洗礼をうけたものが殆ど見当らない。ファッショ的というよりも幕末浪人的類型が支配的であります。フリーダ・アトリーの『日本の粘土の足』(*Japan's Feet of Clay*)という本の中に、右翼指導者を「封建時代の浪人とシカゴのギャングのCrossである」といっているのは至言です[17]。例えば右翼運動の大御所が頭山満というような人物であったこと、そこにも右翼運動の特質が象徴されています。ヒットラーやムッソリーニの生活様式と頭山満の生活様式を比べると、前者に見られるような生活の計画性は、頭山満には恐らくないだろうと思います。例えばここに『頭山満翁の真面目』[18]という本があります。その中にいろいろ頭山さんの談話が書いてありますが、一つ例を挙げて見ると、若い頃のことでこう書いてある。「あれは血気盛りの二十六七の頃ぢや。東京へ出て来て五六人の仲間と一戸を借りて居つた。傘も下駄も揃つて居るのは初めの中で、やがて何にもなくなる。蒲団もなくなる。併し裸生活は俺れ位のもので他の連中は裸では通せんであつた。弁当を取つて食ふ。金は払はん。そこで弁当屋の女が催促に来る。俺れは素裸で押入れの中から出るものぢやから、女中、あつと魂消《たまげ》て退却ぢや。二三日は、俺れは食はんでも何ともなかつたのぢや」。

借りた金を返さないし、こういう手段で撃退することになにか誇りを感じている。この手でやはり高利貸も撃退した話もしております。どう見たって「近代的人間類型」には属さない。ここには近代的合理性は一片もない。右翼的人間は頭山だけではなく、こういった共通性が見られるのであります。又右翼団体の内部構成を見ても多分に親分子分的組織をもっている。前に申しましたようにあれほど右翼に有利な情勢に恵まれながら右翼運動の統一戦線は一度も出来なかった。何度も統一が唱えられるのだけれども、一旦は結びついてもすぐに分裂して、互に口ぎたなく罵り合う。親分中心の結合であるからどうしても規模が小さいし、めいめい自分の神様を押し立てて拮抗する。同じことは終戦後に無数というほど政党が乱立した事情にも現われております。スモール・マスターを中心にして沢山のグループが出来てくる。なかにはていのよい暴力団もある。ナチスでも突撃隊などは多分に暴力団的色彩がみられますが、それにはやはり組織と訓練があり、日本のように離合集散はしないのであります。こういう前近代性は右翼団体だけでなく、これと結んで重要な役割を演じた革新将校についてもいえます。彼等の策謀の根拠地は殆どつねに待合や料理屋でした。彼らがそこで酒杯をかたむけつつ悲憤慷慨するとき、彼らの胸奥には「酔うては伏す美人の膝、さめては握る天下の権」とうたった幕末志士の映像がひそかに懐かれていたにちがいありません。要するに日本におけるブルジョア民主主義革命の欠如が、ファシズム運動におけるこういった性格を規定しているといえるでしょう。そうして以上のことを別の面からいうならば、日本の「政党政治」時代とファシズム時代との著《いちじる》しい連続性として表現されます。上に云ったような右翼の指導者や組織に見られる前近代性は、程度の差こそあれ日本の既成政党にひとしく見られる特質とも云えます。日本の政党が民主主義のチャンピオンではなくて、早くから絶対主義体制と妥協し吻合し、「外見的立憲制」に甘んずる存在であったればこそ、日本では下からのファシズム革命を要せずして、明治以来の絶対主義的＝寡頭的体制がそのままファシズム体制へと移行しえたのであります。ナチスは天下をとると社会主義政党はもとより、中央党その他一切の既成議会勢力を一掃した。ところが日本では、これまでヘゲモニーをとっていた勢力が一掃されて新しい勢力が登場したのではなくして、旧来の勢力は大体ずるずるべったりに、ファシズム体制の中に吸収されていった。前に述べたように既成政党は殆ど大部分翼賛政治会の中に吸収された。これが戦争終了後大量的な追放者を既成政党や官僚などの古い政治力のなかから出すこととなった原因であります。どこからファッショ時代になったかはっきりいえない。一歩一歩漸進的にファシズム体制が明治憲法の定めた国家体制の枠の内で完成して行った。日本の既成政党はファッショ化の動向と徹底的に戦う気力も意志もなく、むしろある場合には有力に、ファシズムを推進する役割を果していたのであります。

例えば既に昭和二年四月より同四年七月にわたる、田中義一大将に率いられた政友会内閣は、建て前は純然たる政党内閣であったにも拘らず、内には三・一五及び四・一六事件によって左翼運動に徹底的弾圧を加え、緊急勅令によって治安維持法を改変して言論出版集会の自由を一層制限し、外にはいわゆる田中積極外交をふりかざして済南事件を機とする対支出兵を行い、ついに所謂満州某重大事件として知られた張作霖《ちょうさくりん》爆死問題にひっかかって倒れるまで、その足跡はほとんどファシズム政権と見まがうばかりです。

この時国内的また対外的にまかれた種が後にファシズムの制覇の上に重要な意味を持って来るのであります。政友会はこの後も、浜口内閣に対し、ロンドン軍縮条約にからむ統帥権干犯をもって激しく迫り、ずっと下って、前述した天皇機関説問題に際しても、衆議院で鈴木〔喜三郎〕総裁自ら国体明徴運動の陣頭に立つなど、日本政治のファッショ化に重大な貢献をしたといっても過言ではありません。統帥権干犯問題がいかにファシズム運動を激成させたか周知の事実でありますし、また機関説問題は前にも申しましたような情勢の下で、政党政治の理論的根拠を否定する意味を持っておりましたので、政党がその音頭をとるということは、文字通り自殺行為以外の何物でもなかった。こういうところに既成政党の悲劇或は喜劇的な役割があったのであります。

田中〔義一〕内閣に続いた浜口〔雄幸〕及び若槻両民政党内閣は、最近の政治史の中では比較的にブルジョア自由主義的色彩をもっておりましたが、それも結局、満州事変後間もなく、安達内相一派の協力内閣運動という内部からのファッショ的動向によって崩れております。民政党そのものが政友会と反ファシズム的立場において一線を劃すほどもはっきりした差異を持つものでないことはいうまでもありません。現に田中内閣時代、不戦条約の批准の際、民政党は野党として、あの中の「人民ノ名ニ於テ」という文句をつかまえてわが国体と相容れないといって右翼団体と一緒に盛に政府を攻撃したのでありまして、政友会はいわばその仇をロンドン条約問題で討ったようなわけです。両方とも政争のためには手段を選ばず、どんな勢力とも結んで反対党の政府を倒そうとした。そのことがさなきだに強力な、議会から独立した種々の半封建的政治力の台頭を一層促す結果となったのであります。恰度《ちょうど》ドイツやイタリーにおいて社会民主党乃至社会党の右翼が演じた役割は日本において政友会や民政党によって演じられたといえるでしょう。むろん日本でも無産運動の内部におけるファッショ化——前に申しましたように社会民衆党の赤松〔克麿〕・亀井〔貫一郎〕一派や日労〔日本労農党〕系、例えば麻生〔久〕らの一派による——の持つ意味も無視出来ませんが、何といっても議会勢力のヘゲモニーをとっていた政治力という点から見ると、日本は伊独よりさらに一まわりずれていたといわねばなりません。このことは日本では政党政治の没落とともに、「院外団」を構成していたような社会的分子が多く右翼団体のなかに流れ込んで行ったことと、例えばイタリーのファッショにおいて無政府主義乃至サンジカリズムからの参加者が中心となって行ったこととのちがいとしても現われております。このように見て来ますと、日本のファシズム化の漸進的な性格——前の時代との連続性が、大きな特質をなしていることがおわかりになると思います。

日本のファシズムについてはわれわれはまだつっこんでいろんな面から検討してゆかなければならないのでありまして、私がいい残したことでまだ重要なことがたくさんあります。ファシズムと独占資本との関係にせよ、また日本の農業構造との関連にせよ、もっともっと資料が出て来てみんなで解明してゆかなければならぬ問題であります、そういう問題について網羅的にお話することはとうてい私の任にはたえないことでありま す。そこで本日はこうしたファシズム機構論に深入りすることを避けて、ただ政治運動としてのファシズムが、敗戦までの日本の進展にいかなる影響を及ぼし、それがどういう特質をもったものであったかを解明することに、力点を置いたわけであります。長時間御静聴を感謝致します。

『現代政治の思想と行動』追記・補注

「日本ファシズムの思想と運動」は東洋文化研究所が主として飯塚浩二教授を中心に計画した連続講座の一つとして、昭和二二年六月に東大で行った講演が母体であって、これが、東洋文化講座第二巻『尊攘思想と絶対主義』のなかに収められたものである。のちに日本学術会議第二部が、日本の学者の業績を海外へ紹介する目的で発刊した *The Japan Annual of Law and Politics* の第一号〔「丸山文庫」雑誌〈M000525〉〕に "The Ideology and Movement of Japanese Fascism" として抄訳された。日本ファシズムの研究は周知のようにその後一〇年間にめざましい発展をとげ、資料も著しく豊富になった。私自身についていえば、これと次の論文「軍国支配者の精神形態」〔本書所収〕でスタートして以後、日本ファシズムの解明は引続いてもっとも大きな研究関心の一つなのであるが、長く病床に伏す身となって、資料蒐集やヒヤリングなどのために最低限に必要な肉体的条件を欠いたために、その後見るべき業績を発表していないのは遺憾にたえない。この稿を再録するのは、前記東洋文化講座が絶版となったために、入手あるいは参照が甚だ困難であるという声をしばしば聞くので、ひとえにそうした研究上の便宜を考慮しただけのことである。それにしても、もともとが講演という形式に制約されたため、全体として冗漫を免れず、表現や引用も適切でないものが少くないので、本文に若干の削除修正を施し、著しく不十分な個所は補注で訂正・追加して、いくらかでも体裁をととのえようとしたが、原型を崩さぬ限り到底現在の私に満足なものにはならぬので、結局中途半端なものに終った。本来、未來社からの出版予定は日本ファシズム論を中心にすることになっていたので、右の点とくに読者の諒恕を請う次第である。

補　注

〔1〕日本ファシズム文献については、雑誌『思想』一九五三年八月号及九月号〔「丸山文庫」雑誌〈M000528/M006822〉〕における「邦語日本ファシズム文献目録」が現在のところ最も詳細である。

〔2〕昭和五年の参謀本部情勢判断に初めて、狭義の作戦だけでなく、国家改造の問題が加えられたことも注目していい。これは第二部にいた橋本欣五郎、根本博など桜会の有力メンバーの意向によるものであった(田中清少佐手記)。

なお、桜会より以前に、陸軍には西田税がつくった「天剣党」、海軍には藤井斉の指導下に「王師会」という秘密結社がそれぞれ組織され、その中から後年の革新将校が輩出している。

〔3〕ここでの時代区分は、ファシズム運動の形態を眼目においたために、二・二六を劃期としてその前後を区別したわけであるが、日本ファシズムの全体構造に着目すれば、なお詳細な段階づけを必要とする。とくに「上からのファシズム」においては、本書〔現代政治の思想と行動〕第二部のファシズム論〔本書所収「ナショナリズム・軍国主義・ファシズム」四一一頁参照〕でのべられているように、fascization の具体的進展を歩一歩追究して、何時ファシズムが体制的に制覇したかを確定しなければならないから、ここでいう第三期の微視的な観察が重要であり、とりわけ、四〇年七月の第二次近衛内閣成立前後における各政党及労働組合の解散と大政翼賛会(一〇月一

二日)と大日本産業報国会(一一月二三日)の成立は、消極的には、体制への反対が発酵するルートの消滅という点で、積極的には翼賛体制への同質化という点で劃期的な意味をもっている。この過程は東条内閣成立後の言論・出版・結社臨時取締令公布(四一年一二月一九日)につづく翼賛選挙(四二年四月)で「完成」する。なお、第二次近衛内閣における日独伊軍事同盟の締結もそれまではともかく細々ながら存在し続けた対外国策の選択をめぐる論議に終止符を打ったことによって、国内のセメント化に果した役割は大きい。

〔4〕 軍部や右翼の運動がこうした「国体」思想を文字通り錦の御旗にしえたことによって、あるかなきかのコンミュニスト以外のあらゆる勢力、あらゆる階層はこの運動に真正面から刃向う正統性の根拠を奪われた形になった。けれどもそのイデオロギーがまさに体制そのものに内在する論理であった(第一論文〔本書所収の「超国家主義の論理と心理」〕参照)ことが、皮肉にも日本の右翼運動の発展を一定の限度内に制約する重大な思想的原因ともなったわけである。「国体」の呪術は、イデオロギーとしてもまた組織原理としてもまさにその超政治的政治力たる点にあったので、こうした国体のいわば気体的性格を強いて固体化しようとしたところに右翼の悲喜劇があった。ファシズムの発展過程の観点から、このパラドックスを見れば、ちょうど「反共」を売物にして冷戦の雰囲気の下に猛烈な進出をした戦後アメリカのマッカーシィ的勢力が、反共が体制自身の論理として一般化するにつれて、固有の勢力としてはかえって凋落の方向を辿っている過程と比較されるかもしれない。

〔5〕 権藤系の農民運動家やイデオローグによって行われた「権藤学説批判の批判[19]」の座談会にお

いて、左翼の側からの批判に対して、「抑々《そもそも》あの連中が農村問題を地主と小作の問題に置くのが滑稽で、そりやマルクス時代の英国の地主と小作ならそれが当然だが、今日我が国の地主の位置と云ふものはまるで違ふんだからね。……今日の我が国では地主と云つてもホンの法文上の所有権の問題丈《だけ》で、その実際の経済的位置はもう一般貧農と大して選ぶ所はないと云つてもいい位で、従つて矢《や》鱈《たら》に階級闘争的運動で是を解決しようとしても農村問題はどうにもならないんだ。そこにはもつと根本的な大問題がある。それは全体としての農村と云ふもの、問題だ」（傍点原文）といわれているのは、農村自救運動のイデオロギー的性格をよく示している。こうした見方の反面は当然に、「われわれは決して今日の都市のもつ文明を否定せんとするものではない。……しかしわれわれは今日のような支配階級の社会的存在のための機構でしかない……ような都市様式は絶対に否定排撃しなければならない。そしてわれわれはこの排撃運動に当つて、都市プロレタリア等がその経済的理由から支配階級に加担する要素を充分に持つていることを知つてゐる。これわれわれが単純に階級闘争主義によつてのみ都市プロレタリアと握手し得ない所以である」（伊福部隆輝、山川均氏の新農村運動に対する認識とその誤謬――上掲座談会と共に、権藤成卿『君民共治論』附録所収[20]）という対労働者観となって現われるわけである。

〔6〕この点、J・グルーが一九四一年二月頃の日本について「娯楽いや実際問題として人生のたのしみのすべてを極度に制限された結果、日本人が荒模様になってきたのだ。例のドイツのスローガンは日本では Kraft durch Unfreude（苦しみを通じての力）と変えねばならぬ」（〔石川欣一訳〕『滞日十年』〔（上）（下）、毎日新聞社、一九四八年、「丸山文庫」図書〈0186201-2〉〕下巻、一一

五頁)といっているのは必ずしも労働者についてだけの事ではないが、参考になろう。

〔7〕いわゆる近代日本の「勃興」とアジア・ナショナリズムとの関連、その特殊的な表現として玄洋社―黒龍会系統の大陸浪人と中国革命との関係、さらに「大東亜」戦争が東南アジア民族運動に与えた影響、といった問題はそれぞれが歴史的にもまた、今日の意味からいってもきわめて重大かつ興味あるテーマであることはいうまでもない。日本ファシズムのイデオロギーにおける第三の特徴をここで単に暗示するにとどめたのは、問題があまり巨大であるためでもあるが、一つには当時(昭和二三年)には、こうした問題については占領政策による著しい言論の制約があり、また事実、中途半端に論ずることは却《かえ》って誤解を生むと考えたからである。とくに東南アジア民族運動における日本の役割については、具体的資料に基く分析が今後必要であろう。差当っては、たとえば Willard H. Elsbree, *Japan's Role in Southeast Asian Nationalist Movements, 1940-1945* (Cambridge, Mass: Harvard University Press, 1953) などが比較的資料に富む。戦後日本の右翼運動は、まさにこの伝統的なアジア連帯意識と、「反共」の要請から来る西欧依存との板ばさみにあって昏迷を続けている。

〔8〕むろん二・二六事件における反乱将校の行動の客観的意味は、まさに彼等の主観と反対に、武装兵力を背景にして「大権」を動かして日本の国内・国際政治の方向を彼等の希望する方向に「革新」しようとするにあったので、これをしも政治的変革でないというのは自己欺瞞も甚だしいわけであるが、少くも上述したような彼等の「論理」は事後からの正当化ではなかった。「皇軍の私兵化」をいきどおった彼等が自ら命を待たずに兵を動かすについては、陸軍の「作戦要務

令」における「独断専行」の根拠づけがつねに彼等の念頭にあった。[21] したがって彼等は自分らがその点で罰せられるなら、満州事変の際の本庄軍司令官の措置も大権干犯になるではないかと――主観的な首尾一貫性をもって――抗議しえたのである。

〔9〕以上インテリ層の果した役割についての叙述はファッショ運動に対する精神的姿勢に捉われすぎて、いわゆる「消極的抵抗」の過大評価に導きかねない。むしろ今日の課題としては、当時のインテリの行動様式がさまざまの類型をもちながら等しく体制への黙従に流れこんで行った過程をヨリ微視的に追究する事が必要であろう。ただナチ型のファシズムと対比する限りにおいては、本文の分析は必ずしも誤っていないと信ずる。二・二六事件の被告安田優の獄中手記に、日本の現状分析をのべた個所で、「中間階級の思想的退敗《ママ》を論ず」として、「知識階級は徒《いたずら》に卑屈なる功利主義にかくれ、進んで自己の信念に徹するの勇なく、しかも只是れマルクスの福音に終始し、又所謂《いわゆる》プチブルは享楽的桃色的に終始す、国を誤るの大思ふべし」とあるのは、急進ファシズムに多かれ少かれ共通したインテリ観と見られる。昭和一八年に「東京都思想対策研究会」によって行われたアンケート『東京都ニ於ケル教員及ビ中等学生思想調査概況』[22]によると、決戦下の学校教育体制に対して教員の態度は、大体において現状を肯定する態度と、現状に対して批判的な態度とに大別され、後者はまた、教育者の時局認識が不徹底であるとか、戦時教育体制をもっと積極的に押進めよ、といった考え方(該調査はこれを「急進的態度」と呼んでいる)と、他方逆に現在の訓練が統制過剰であるとか、形式主義に陥っているとか、雑務が多すぎて研究ができないといった、全体としての「行きすぎ」に反撥する態度(該調査はこれを「保守的態度」と呼

んでいる）とに二分されるが、その際、一応現状肯定派つまり大勢順応派（調査人員の約半数）を除くと、批判的態度のうちの「急進派」が比較的に多いのは師範学校教師、しかもその若い層であり（五五パーセント以上）、「保守派」は中学校教師、しかもやはり若い層に最も多く（三七パーセント以上）、青年学校教師に最も少い。そうして調査の結果は一般的に、「急進派」は批判の事項を具体的に挙げることが少く、たとえば「自由主義を抹殺せよ」とか「決戦気風が不徹底である」とかいった観念的、一般的な事項を挙げているものが多く、これに対して「保守派」の批判は、経験的具体的な観察に基く行きすぎや欠陥を指摘しているものが比較的に多いのは注目されよう。これは大体において本文に指摘した第一と第二の中間層グループの行動様式にそれぞれ照応していると考えられる。同じ教師でも青年学校や師範学校教師は、急進ファシズムないし「翼壮」的イデオロギーへの収斂性が強く、旧制中学校教師は、むしろインテリ・サラリーマン的な意識への収斂性が強いわけである。

〔10〕この事情は、戦前固有の「層」をなしたインテリの、戦後における変質と解体によって著しく変化し、すくなくも大新聞はこぞって、アメリカのような「均《な》らされた」大衆社会におけるマス・コミュニケーションのあり方に著しく接近した。戦前の『朝日新聞』が他の大新聞に対してもっていた特異性の相対的減少は、その端的な表示である。

〔11〕この点も前註と関連して戦後著しく流動化し、両グループの文化的断層はかなり連続するようになった。というよりは、大学出身のサラリーマン層＝インテリという等式が破れ、一方サラリーマンが大衆化すると共に、他方学歴のない勤労者層から組合活動などを通じて実質的インテ

リが成長した。また戦前までの知識人ジャーナリストは、「文化人」というヨリ広汎なカテゴリーに吸収され、一方「芸能人」の文化人への「昇格」と、他方文化人の芸能人化（マス・メディアへの依存性の増大）をもたらしている。『文芸春秋』の「国民雑誌」化や週刊誌の氾濫は、そうした新たな流動化傾向を象徴するものといえよう。しばしば大新聞の保守性に対比される綜合雑誌の進歩的色彩は、一見戦前からの伝統の継続現象のようである――むろんそういう面もないとはいえない――が、その読者層の推移と関連させて見るときは、必ずしも社会的意味は同じでないと思われる。

〔12〕軍部内の派閥ではこの二派の名称が最もポピュラーになったため、ややもするとすべての対立は皇道派と統制派（あるいは之に加えて清軍派）の図式に分類されるが、現実はもっと複雑でアイマイである。比較的にこの両者の対立が顕著になったのは、犬養（毅）内閣の陸相に荒木が就任してから二・二六までであって、二・二六以後軍首脳部を形成した勢力は、必ずしもそれ以前の「統制派」の延長ではない（だから新統制派などといわれる）。ただ皇道派の方はどちらかといえば一貫したまとまりがあった。こうした留保の上で便宜上この言葉を二・二六以後の時期にも使用する。

〔13〕統制派の智将といわれた永田鉄山は、全陸軍を「無疵《むきず》のまま」国家改造の推進力とさせるという事を屢々《しばしば》揚言していた。重臣や新官僚への接近はこうした彼の大きな構想から出ていた。皇道派イデオロギーはきわめて観念的であるが、その中でただ一つ具体的なものは対外政策に関する対ソ戦第一主義で、それは単に戦略上の選択ではなく、彼等の国体至上主義の「論理的」反射

でもあった。その点で二・二六の直前に決定された、蹶起後の陸相に対する要望事項の中に、「蘇国威圧の為、荒木大将を関東軍司令官たらしむること」とあるのは看過できない。「日蘇会《ママ》戦ノ場合果シテ勝算アリヤ、内外ニ敵ヲ受ケテ如何《いかん》トス、右翼ヲ徹底的ニ清算セバ残ルハ中立（所謂無能力者）ト左翼トナラズヤ、残念千万ハタ又何ヲカ言ハンヤ」（中橋基明の遺書）という危機感は多かれ少かれ彼等に共通していた。したがって皇道派青年将校の手段における急進性もこうした対ソ戦の切迫性の意識を前提にしてはじめて理解されるのである。

その上、青年将校がいかに現実には社会組織の矛盾によって触発されたとしても、その根本の発想が「国体顕現」的なオプティミズムにある限り、「君側の奸」というパースナルな発想が、体制や組織の問題をそれ自体として提起する考え方を執拗におしのけることになる。それが一歩を進めれば、天皇のイニシアティヴに出《い》でないあらゆる体制改革の志向のなかに反国体性をかぎつけるからして（「幕僚ファッショ」に対する青年将校の攻撃の根拠はここにあった）、「承詔必謹」の論理は現実の政治過程のなかでは容易に絶対的保守主義として機能するのである。のちに柳川・小畑ら皇道派系の将軍が財界のヴェテランと声を合せて官僚統制経済のなかにいたるところ「赤の魔手」を見出し、「新体制」の骨抜き（いわゆる精動化（精神運動化））に貢献したのは、皇道派的イデオロギーの当然の帰結であり、その論理は青年将校の三月・一〇月事件および「幕僚ファッショ」に対する激しい攻撃のそれと全く共通している。こうした急進性と保守性の逆説的な結合を看過して、青年将校イデオロギーを「国体プラス社会主義」あるいは国家社会主義という規定でぬりつぶすことはできない。それはいわゆる主観と客観的役割との背反ということだけではなしに、イデオロギー自体のなかに(その急進性がせいぜい非合法的行動という形式性に限定されているために)、体制内容の問題を積極的具体的に提起しえない限界があったという点が重要なのである。

〔14〕ファシズム進行過程における「上から」と「下から」の型を決定する要因はこれだけではない。第二部の「ファシズムの諸問題」(『集』⑤所収)参照。

〔15〕いわゆる「赤化」問題が日本帝国にとって深刻な脅威として、支配層に意識されていたことは事実で、ただそのこととプロレタリア革命が日程に登る主体的＝客観的条件が存在したかどうかとは別問題である。「赤化」に対する過敏な反応は、第一にそれが隣邦ロシア勢力の浸潤という表象と結びついたからであり(その意味で「間接侵略」のシンボルをダレス国務長官にはるかに先んじて駆使した名誉は、日本支配層に帰する。青年将校があれほどの反財閥意識にもかかわらず、ヨリ根底的に反共であったのも、前述した国体観とともに、彼等の本能的職業意識からして、コンミュニズムの問題をロシアに対する軍事的戦略的観点から切り離して考えられなかったためである)、さらに第二には、「赤化」がまさに名士の子息や、インテリゲンチャ・学生など、本来日本帝国のエリートを構成する、あるいは将来構成すべき層を侵しつつあると判断されたことによる。右翼テロの誘因をのべた内務省警保局調書「諸事件概要」はいう、「ロシア革命の影響を受けて社会主義・共産主義思想の輸入を見るや、……関東大震災後に至りては、高等専門学校以上を卒業する所謂有識階層は最もこの赤化思想の洗礼を受け、遂に光輝ある我国体の変革をすら主張する日本共産党員の続出を見、皇軍内部に於てさへその事実を発見するに至れり」。労

働者農民の組織化は殆ど問題にならないほどに低くて、「有識者層」が「赤化」するという事態はマルクス主義の定石からすれば完全な変態であるが、まさにこの変態こそ日本の支配層にとって怖るべき脅威と映じたことは皮肉である。有名な「近衛上奏文」が示すように、日本帝国の支配者たちを最後まで悪夢のようにおびえさせたのは、「下から」の革命よりも国家機構の内側からの自己崩壊であった。しかもいわゆる「有識階層」ないし「良家の子弟」の赤化なるものも、全体からみれば、決して騒がれたほどのものではなかった。とすれば問題は、進んでイデオロギー的異化現象にすぐさまアレルギー的反応をおこす日本帝国の精神と構造に行きつかねばならない。この点第一論文〔「超国家主義の論理と心理」〕および補注〔16〕参照。

〔16〕ここの説明はいうまでもなく甚だ不十分で、服部之総氏によっていち早く批判されたように(同氏の「日本型ファシズムの特質の問題」後に著作集七に所収)、あまりに経済主義的である。この問題の解明のためには天皇制政治構造の特質、その強烈な同質化＝非政治化作用による忠良なる帝国臣民の造出過程のメカニズムが明らかにされねばならない。最近の研究として例えば石田雄『近代日本政治構造の研究』(未来社、一九五六年)参照。社会的底辺における非政治化(「醇風美俗」の本源地としての名望家秩序とそれを保証する地方自治制)、および頂点の超政治化(あらゆる政治的対立からの天皇及び天皇の官吏の超越)を体制的安定の支柱として来た日本帝国においては、およそ即自的な調和(和の精神)を破る政治的イデオロギー的分化自体が危険視される傾向が強い。この傾向は体制の危機意識の亢進と正比例する。その意味で「自由主義は共産主義の温床である」というファシストや国体主義者の口癖になっていた命題は、日本では特殊な妥当

性をもっていた。ファシズムがつねにその時々の状況における限界的イデオロギーに攻撃を集中することはその一般法則であるが、通常ファシズム運動の第一の課題である革命前衛組織の破壊は、日本の場合はすでにあらかた政党内閣下で実行されていたので、日本の右翼運動や国体明徴運動はきわめて早期に、その主要な攻撃目標をコンミュニズムや社会主義自体からその「温床」としての自由主義へと移行させていたのである。この特異性は昭和七、八年以後の日本の政治＝社会過程を辿る上にきわめて重要な意味をもっている。

軍国支配者の精神形態

一　問題の所在

「何故にミカドと総統《フューラー》とドゥチェが、モスコー前面におけるジュダーノフの反撃が成功しつつあるまさにその時にアメリカ合衆国に対して戦端を開いたのかという問題は、現在のところまだ明確な答が出ていない。狂熱主義《ファナティズム》と誇大妄想病に罹《かか》った死物ぐるいの狂人たちがなした選択は、外交とか戦略とかいった種類の問題ではなく、むしろ精神病理学の問題とした方が説明がつき易いのである」

アメリカにおける国際政治学の第一人者として知られるF・シューマン教授は近著*1のなかで真珠湾攻撃前後の国際情勢を分析しつつ、このように述べている。(1)われわれは是《これ》を以て単に同教授がフロイドの流れを汲むシカゴ学派に属するが故の言い廻しとして片付けてしまっていいだろうか。いな、東京裁判で巨細に照し出された、(2)太平洋戦争勃発に至る政治的動向は、開戦の決断がいかに合理的な理解を超えた状況に於て下されたかということをまざまざと示している。対米宣戦は世界情勢と生産力其他《そのた》の国内的条件の緻密な分析と考慮から生れた結論ではなく、むしろ逆にミュンヘン協定のことも強制収容所《コンツラーガー》のことも知らないという驚くべく国際知識に欠けた権力者らによって「人間たまには清水の舞台から眼をつぶって飛び下りる事も必要だ」という東条〔英機〕の言葉*2*3に端的に現われているようなデスペレートな心境の下に決行されたものであった。だから世界最高の二大国に対してあれだけの大戦争を試みる以上、定めしそこにはある程度明確な見透しに基づく組織と計画とがあったであろうという一応の予測の下に来た連合国人は実情を知れば知るほど驚き呆れたのも無理はない。「日本は一方に未だ終了せぬ対中国戦争を負担し且《かつ》又対ソ攻撃を準備しながら、どうして合衆国及《および》大英帝国に対し同時に攻撃を決し得たかと、充分な根拠を以て驚いている聡明な人々も極めて多くいますが、この疑惑は、もし我々が日本の支配者一般及び特に日本軍閥指導者達のドイツの威力とその必勝に対する盲信を見落すならば解き得ぬものでありまして、彼等《かれら》は……独逸《ドイツ》側が約束していたソ連邦の崩壊が今日明日にも到来するであろうとあてにしていたのであります」という〔S・A・〕ゴルンスキー検察官の言葉〔No. 85『速記録』第二巻、三九九頁〕は、東京裁判の検察側においてもこの「なぞ」がいかに不可解なものとして映じていたかということを暗示している。*4 だから最終論告においても〔ジョセフ・B・〕キーナン検事は、「この共同謀議の分析に関する困難の一つは、それが非常に広汎な範囲のものなるため、これが一群の人間により企図されたものとは考え難いことであります」(No. 371〔『速記録』第八巻、六二九頁〕)と率直に謀議を捕捉する困難性を認めた。況《いわ》んや米国側弁護人はこの多かれ少かれ連合国人に共通に懐かれている内心の驚きを百パーセントに弁護の根拠として利用した。〔ジョージ・〕ブルーエット弁護人は開戦までの陸軍航空機の毎年度製作実数を挙げて、検察側の「圧倒的軍備拡大」という主張を反駁し、「一カ年五万機以上の航空機を生産しつつあった米国から来た弁護人らにとっては、許多《そこらく》の公人の生死に関係するケースに以上の数字を以てする事は喜劇には非ずして真の悲劇であると思われるのであります。今日この時代に於てこの少数の航空機を以てして全世界の征服に乗り出すということはドン・キホーテに非ずんば誰か能くこれを実行し得る事でありましょうか」(最終弁論 No. 391〔『速記録』第九巻、五三四頁〕)といっているのは、米国人として偽わらない感想であろう。ドイツと並ぶ典型的「全体主義」の国として喧伝された日本帝国の戦争体制における組織性の弱さ、指導勢力相互間の分裂と政情の不安定性もまたナチズムとの対比において彼等を驚かせた。「被告席に列する被告等の間には現代史のこの悲劇的時代を通じ他の列強の偉大なる戦争努力に匹敵し或《あるい》はこれを凌駕する程の協調も、政治理念の一致も協力も存しなかった」(ブラナン弁護人No. 255(『速記録』第六巻、三〇一頁))。「日本政府そのものについての真の証拠とは何か。それは本起訴状の期間内(3)に日本では前後十五代の内閣が成立・瓦解したという事実に外ならぬ……。日本政府を構成したこれら十数代の内閣の成立、瓦解を通じて、十三人の首相、三十人の外相、二十八人の内相、十九人の陸相、十五人の海相、二十三人の蔵相が生れた。……証拠が明かに示すところは……共同計画又は共同謀議の確証ではなくして……むしろかえって指導力の欠如……である」(同上No. 386(『速記録』第九巻、三九八頁))。連合国とちがって日本の戦争体制をヨリ内側から眺める機会をもった「盟邦」ナチスにとっては、こうした政治力の多元性から来る対外政策の動揺は夙《つと》に悩みの種であった。一九四〇(昭和一五)年七月、(ヨアヒム・フォン・)リッベントロップ外相は佐藤(尚武)・来栖(三郎)大使及び河相(達夫)公使との会談で、「自分は独逸が何を欲するやの点に付いては明かなる認識を有するも、日本の企図が奈辺にありやに関しては遺憾ながら明確なる知識を持ち兼ぬる次第にして、両国間の協力も必要ながら先ず日本が果して具体的に何を希望せらるるやを承知致し度《た》し」と言っている。[*5] これがまさに軍事同盟が締結される僅か二カ月前のことである！　またある駐日ドイツ武官は陸海軍の対立の深刻さに驚駭して自ら調停に乗り出しさえした。[*6] われわれは満州事変を経て太平洋戦争に至る歴史過程の必然性を論証するに急なるあまり、こうした非合理的現実をあまりに合目的的に解釈することを警戒しなければならない。たしかに日本帝国主義の辿った結末は、巨視的には一貫した歴史的必然性があった。しかし微視的な観察を下せば下すほど、それは非合理的決断の厖大《ぼうだい》な堆積として現われて来る。問題はこうした日本政治の非合理性や盲目性を軽視したり抹殺したりすることではなくして、それをどこまでも生かしつつ、いかにして巨視的な、いわば歴史的理性のパースペクティヴに結合させるかということでなければならない。東京裁判において以上のような検察側の「共同謀議」の観点と弁護側の「非計画性」の観点が激しく対立した。それは法理論の上では互に相容れない主張でもあろう。だが現実の歴史的分析においては必ずしもそうではない。大東亜共栄圏を確立し八紘一宇の新秩序を建設して、皇道を世界に宣布することは疑いもなく被告らの共通の願望であった。彼等のうち誰一人として、これがドン・キホーテの夢であることを指摘したものはなかった。ただ彼等のうちの或る者はその夢を露骨に表白することに照れ臭さを感ずる程度の身嗜《みだしな》みを具えていたし、他のものは夢の実現を確《かた》く信じながらもその実現をもっと未来に嘱《しょく》していた。彼等のうち最も狂熱的な者でもいよいよ風車に近づくとそのあまりの巨大さとわが槍とをひきくらべて思わず立ちすくんだ。[*7] しかも彼等はみな、何物か見えざる力に駆り立てられ、失敗の恐しさにわななきながら目をつぶって突き進んだのである。彼等は戦争を欲したかといえば然りであり、彼等は戦争を避けようとしたかといえばこれまた然りということになる。戦争を欲したにも拘らず戦争を避けようとし、戦争を避けようとしたにも拘らず戦争の道を敢て選んだのが事の実相であった。政治権力のあらゆる非計画性と非組織性にも拘らずそれはまぎれもなく戦争へと方向づけられていた。いな、敢て逆説的表現を用いるならば、まさにそうした非計画性こそが「共同謀議」を推進せしめて行ったのである。ここに日本の「体制」の最も深い病理が存する。東京裁判の厖大な記録はわれわれにこの逆説的真理をあますところなく物語ってくれる〔補注1〕。法廷には所謂《いわゆる》第一級戦争犯罪人だけでなく、検察側と弁護人側の延数百人に上る証人喚問によって、当時の政治権力を構成した宮廷、重臣、軍部、政党等の代表的人物は殆《ほとん》どもれなく登場してそれぞれの角度から日本政治の複雑極りない相貌を明かにした。これらの人々の提示した事実内容だけでなく、彼等の法廷における答弁の仕方そのもののなかに、日本支配層の精神と行動様式が鮮かに映し出されているのである。それを手がかりにして日本の戦争機構に内在したエトスを抽出しようというのが以下の試みにほかならない。むろん問題はあまりに厖大であり、この論稿はただその若干の側面を提示するにとどまる。しかもそこで抽出された諸原則はきわめて平凡であり、われわれにとってむしろ日常的な見聞に属するかも知れない。もしそうならばいよいよもって、われわれはそうした平凡な事柄がかくも巨大な結果を産み出したことに対してつねに新鮮な驚きと強い警戒を忘れてはならないのである。

＊1　F. Schuman, *Soviet Politics at Home and Abroad*[New York: Knopf], 1946, p. 438. なお、シューマンがこの書を書いたときは、対米宣戦について予め日独伊三国の間にどの程度の諒解と協定があったかがまだ明かにされていなかったために、三国を平等にならべたのであろうが、少くも真珠湾奇襲に関する限り、いつもドイツに引きまわされていた当時の日本としてはめずらしく、イニシアティヴをとった。リッベントロップ外相はこの報を受けて「狂喜」したといわれる。

＊2　キーナン検察官に対する東条証人の答〔『速記録』第八巻、二二六頁〕。

＊3　近衛文麿『失はれし政治』〔朝日新聞社、一九四六〕一三二頁。

＊4　極東国際軍事裁判速記録第八五号（傍点はすべて筆者）。なお、この速記録は本論文でひんぱんに引用されるので、概ね本文のなかに割註で、号数だけ入れることにした。例えば（No. 100）とあるのは、速記録第百号の意味である。ただこの速記録は遺憾ながら誤植がかなりあるので、それは引用の際には気のついた限り正したし、また仮名遣いも不統一なので全部新仮名に統一した。本論文の主たる資料となったこの速記録は戒能通孝教授の御厚意によって利用しえたものであり、一年以上にわたって、貴重な記録を貸与された教授に対してここで深甚の謝意を表する。

＊5　一九四〇・七・一〇、来栖大使（丸山の誤記。佐藤大使が正しい）より有田（八郎）外相宛電報による（No. 106〔『速記録』第二巻、七九五頁〕）。

＊6　パウル・W・ヴェンネッカー大将の東京裁判での証言による（No. 256〔『速記録』第六巻、三二四頁〕）。

＊7　〔一九四一年〕九月六日の御前会議で決定された、「外交交渉ニ依リ十月上旬頃ニ至ルモ尚《なお》我ガ要求ヲ貫徹シ得ル目途ナキ場合ニ於テハ直《ただ》チニ対米（英蘭）開戦ヲ決意ス」という問題の期日が切迫したころ、荻外荘で開かれた近衛首相と陸（東条）海（及川〔古志郎〕）外（豊田〔貞次郎〕）三相及鈴木〔貞一〕企画院総裁との会談において示された当時の政府や軍部の態度は鈴木貞一の口供書〔No. 333『速記録』第八巻、二四頁〕がよく要約している。これは近衛手記〔『失はれし政治』一二七―一二九頁〕その他の資料でも裏書されている。

「海軍は日米戦争は不可能であるとの判断を内心有するが之《これ》を公開の席上で言明することを

希望せず、陸軍は戦争を必ずしも望むのではないけれど、中国からの撤兵には反対し、しかも外相は中国の撤兵を認めなければ日米交渉は成立しないというのでした。従って首相が戦争を回避しうる途は、海軍にその潜在的な意向を明かに表明せしめるか、或は陸軍に海軍の内心有する判断を暗黙の中に了解させ、日米交渉成立の前提条件たる中国からの撤兵に進んで同意させるかの何《いず》れかでした」

つまり三者の立場が三すくみだったのである。東条はここで撤兵に強硬に反対して遂《つい》に内閣を瓦解させるのであるが、その際でも彼は皇族(東久邇宮内閣)の力で部内の強硬論を押える可能性にいくぶん心を動かしている。

二　ナチ指導者との比較

フロイド学派をまつまでもなく、ファシズムはどこでもアブノーマルな精神状況と結びついており、多かれ少かれヒステリー的症状を随伴するものである。この点では東西のファシズムはさして変らない。しかしその異常心理の構造や発現形態はナチス独逸《ドイツ》と軍国日本ではかなり――というより著《いちじる》しくちがっている。なによりナチ指導者の出身とわが戦犯のそれとがまるで対蹠的である。ナチ最高幹部の多くは大した学歴もなく、権力を掌握するまでは殆《ほとん》ど地位という程の地位を占めていなかった。[*1] ところが市ケ谷法廷にならんだ被告はいずれも最高学府や陸軍大学校を出た「秀才」であり、多くは卒業後ごく順調な出世街道を経て、日本帝国の最高地位を占めた顕官である。それだけではない。ナチ指導者はモルヒネ中毒患者（ゲーリング）や男色愛好者（ヒムラー）や酒乱症（ライ）など、凡《およ》そノーマルな社会意識から排斥される「異常者」の集りであり、いわば本来の無法者（Outlaws）であった。わが被告たちのなかにも大川〔周明〕や白鳥〔敏夫〕のように本物の精神病者もおり、松岡〔洋右〕のように限界線《ボーダー・ライン》に位置するものも見受けられるが、全体としてみれば、いかにその政治的判断や行動が不可解かつ非常識であっても、彼等《かれら》を本来の精神異常者とは考え難い。ノーマルな社会意識から排斥されるどころか、彼等の多くは若いときから末は大臣・大将を約され、或《あるい》はもともときらびやかな祖先の栄光でかざられ、周囲から羨望される身上であった。人間の型としても純粋な「無法者」は彼等のなかにはいない。軍閥とくに陸軍の被告には多かれ少なかれその要素はあるにはある（例えば満州事変当時の板垣〔征四郎〕・土肥原〔賢二〕の現地での行動や、三月・十月事件の橋本〔欣五郎〕など）が、彼等も半身は小心翼々たる俗吏であり、とくに地位の上昇と共にますます後者の面を強くした。「無法者」タイプはこの国のファシズムにも重要な役割を演じたが、彼等は「浪人」というその別名が示すようにまさに権力的地位に就かぬ所に特色があり、その代りに権力者のところに不断に出入りして彼等のうす気味悪い配下として彼等から不定の収入を得つつ〔補注2〕舞台裏で動いていた。*2 あの法廷に立った被告たちはむしろ彼等が地位の上で遥かに見下していた官民大小の無法者たちに引き廻された哀れなロボットであるといってもいいすぎではない。この東西ファシズム権力の相異は看過してはならない重要性をもっている。東西指導者の対照は検察側によっても注目されるところとなった。〔フランク・〕タヴナー検察官は最終論告を次のような言葉で結んでいる。

「これらの人達は、犯罪の方法を完全に鍛えられ、その犯罪以外の方法を知らない、犯罪環境の屑《くず》であるニュルンベルグ裁判に立った一部の有力者の如き破落漢（ならずもの）ではなかったのでありまして、これらの人達は国家の粋であり国家の運命が確信的に委任されていた正直にして信頼された指導者として考えられていたのです。これらの人々は善悪の別を知っていたのです。充分知悉《ちしつ》しながら、彼等は自ら悪を選択し、その義務を無視し……自ら数百万の人類に死と傷害を齎《もた》らし……破壊と憎悪を齎した戦争への途を辿るべく選択したのであります。……この選択に対し彼等は罪を負わねばならないのであります」(No. 416〔『速記録』第一〇巻、五七九頁〕)

被告らの心理と行動がファシズム精神病理学の対象となるならばそれは彼等が国内及《および》国際的な精神異常者に影響され感染した限りにおいてそうなのである。彼等はまさしく澎湃《ほうはい》たるナチズムに感染した。だが彼等にとって本来的なのはナチズムそのものではなく、むしろ感染し易い素地なのである。この相異の社会的経済的基底はすでに多くの優れた学者によって解明されつつある。筆者は端的に彼我の戦争指導者の言動の比較によって問題に近づいて行こう。

日独ファシズムが世界に対してほぼ同様な破壊と混乱と窮乏の足跡を残したにも拘らず、かしこにおける観念と行動の全き一貫性に対してここにおける両者の驚くべき乖離がまず顕著な対照を示している。ヒットラーは一九三九年八月二二日、まさにポーランド侵入決行を前にして軍司令官に対して次のように述べた。(4)「余はここに戦端開始の理由を宣伝家のために与えよう――それが尤《もっと》もらしい議論であろうがなかろうが構わない。勝者は後になって我々が真実を語ったか否かについて問われはしないであろう。戦争を開始し、戦争を遂行するに当っては正義などは問題ではなく、要は勝利にあるのであるる」*3。何と仮借のない断定だろう。そこにはカール・レーヴィットのいう「能動的ニヒリズム」(5)が無気味なまでに浮き出ている。こうしたつきつめた言葉はこの国のどんなミリタリストも敢えて口にしなかった。「勝てば官軍」という考え方がどんなに内心を占めていても、それを公然と自己の決断の原則として表白する勇気はない。却《かえ》ってそれをどうにかして隠蔽し道徳化しようとする〔補注3〕。だから、日本の武力による他民族抑圧はつねに皇道の宣布であり、他民族に対する慈恵行為と考えられる。それが遂《つい》には戯画化されると、「言うまでもなく皇軍の精神は皇道を宣揚し国徳を布昭するにある。すなわち一つの弾丸にも皇道がこもっており、銃剣の先にも国徳が焼き付けられておらねばならぬ。皇道、国徳に反するものあらば、この弾丸、この銃剣で注射をする」(荒木貞夫の一九三三年における演説 No. 270〔『速記録』第六巻、五八六頁〕)というように、個々の具体的な殺戮行為のすみずみまで「皇道」を滲透させないと気がすまない。ところが他方、ナチ親衛隊長ヒムラーによると、「一ロシア人、一チェッコ人にどういう事態が起ったかということに就いては余は寸毫《すんごう》の関心も持たない。……諸民族が繁栄しようと、餓死しようと、それが余の関心を惹くのは単にわれわれがその民族を、われわれの文化《クルトゥール》に対する奴隷として必要とする限りにおいてであり、それ以外にはない」[*4](6)と。これはまたはっきりしすぎていて挨拶の仕方もない次第だ。むろん国内、国外に向って色々と美しいスローガンをまきちらす点ではナチもひけをとらない。しかしナチの指導者はそれがどこまでが単なるスローガンであり、どこまでが現実であるかというけじめを結構心得て用いているようである。これに反してわが軍国支配者たちは、自分でまきちらしたスローガンにいつしか引きこまれて、現実認識を曇らせてしまうのである。元朝鮮総督南次郎大将の次の答弁を見よ（No. 197（『速記録』第五巻、四七頁））。

裁判長　どうしてあなたはそれを聖戦と呼ばれたのですか。

南証人　その当時の言葉が一般に「聖戦」といっておりましたので、その言葉を申したのです。

コミンズ・カー検査官　その「聖」ということ、対中国戦争のどこにその「聖」という字を使うようなことがあるのでしょう。（後略）

南証人　そう詳しく考えておったのではなくして当時これを「聖戦」と一般に云っておったものですから、ついそういう言葉を使ったのです。侵略的なというような戦ではなくして、状況上余儀なき戦争であったと思っておったのでありました。

さらに元上海派遣軍総司令官松井石根大将の場合を見よう。彼は口供書で日華事変の本質を次のように規定している。

「抑《そもそ》も日華両国の闘争は所謂《いわゆる》「亜細亜の一家」内に於ける兄弟喧嘩にして……恰も一家内の兄が忍びに忍び抜いても猶且つ乱暴を止めざる弟を打擲するに均しく其の之《これ》を悪《にく》むが為にあらず可愛さ余っての反省を促す手段たるべきのことは余の年来の信念にして……」(No. 320(『速記録』第七巻、六〇七頁))

これは必ずしも後でくっつけた理窟ではないらしい。上海に派遣される際、大アジア協会有志送別会の席上でも「自分は戦に行くというより兄弟をなだめるつもり(原文では「つもり」は「心理」)で行くのだ」とあいさつしている(No. 310下中弥三郎氏の証言(『速記録』第七巻、四三四頁))。可愛さ余っての打擲《ちょうちゃく》の結果は周知のような目を蔽《おお》わせる南京事件となって現われた。支配権力はこうした道徳化によって国民を欺瞞し世界を欺瞞したのみでなく、なにより自己自身を欺瞞したのであった。我国で上層部に広い交際を持ったグルー元駐日大使もこうした自己欺瞞とリアリズムの欠如に驚かされた一人である。いわく、

「私は百人中にたった一人の日本人ですら、日本が事実上ケロッグ条約や九カ国条約や連盟規約を破ったことを本当に信じているかどうか疑わしく思う。比較的少数の思考する人々だけが率直に事実を認めることが出来、一人の日本人は私にこういった――「そうです、日本はこれらの条約をことごとく破りました。日本は公然たる戦争をやりました。満州の自衛とか民族自決とかいう議論はでたらめです。しかし日本は満州を必要とし、話は要するにそれにつきるのです」。しかしこのような人は少数に属する。日本人の大多数は、本当に彼ら自身をだますことについて驚くべき能力を持っている。……日本人は必ずしも不真面目なのではない。このような義務（国際的な）が、日本人が自分の利益にそむくと認めることになると、彼は自分に都合のいいようにそれを解釈し、彼の見解と心理状態からすれば彼は全く正直に

こんな解釈をするだけのことである」

そうして大使はこう結論する。「このような心的状態は、如何《いか》に図々しくも自分が不当であることを知っているのよりもよほど扱い難い」[*5]。つまりこれが自己の行動の意味と結果をどこまでも自覚しつつ遂行するナチ指導者と、自己の現実の行動が絶えず主観的意図を裏切って行く我が軍国指導者との対比にほかならない。どちらにも罪の意識はない。しかし一方は罪の意識に真向から挑戦することによってそれに打ち克とうとするのに対して、他方は自己の行動に絶えず倫理の霧吹きを吹きかけることによってそれを回避しようとする。メフィストフェレスとまさに逆に「善を欲してしかもつねに悪を為」[(7)]したのが日本の支配権力であった。どちらが一層始末が悪いかは容易に断じられない。ただ間違いなくいいうることは一方はヨリ強い精神であり、他方はヨリ弱い精神だということである。弱い精神が強い精神に感染するのは思えば当然であった。

だから同じくヒステリックな症状を呈し、絶望的な行動に出る場合でも日本の場合にはいわば神経衰弱が嵩じたようなもので、劣等感がつねに基調をなしている。「著しい劣等感から生れ同様に著しい優等感の衣をまとう日本人の超敏感性は、空威張《からいばり》と盲目的愛国心と外人嫌悪と組織された国家的宣伝をともない、ある紛争を処理する手段と方法を、紛争そのものにくらべるとまるで釣合のとれぬほど法外に意味深く重大なものにする」というのはやはりグルーの観察[*6]であるが、このようにして明確な目的意識によって手段をコントロールすることが出来ず、手段としての武力行使がずるずるべったりに拡大して自己目的化して行ったところに、前に述べたような無計画性と指導力の欠如が顕著になったゆえんがある。ナチスの勃興する過程にも、ワイマール時代における下層中産階級の劣等意識が大きな役割を演じたことは事実である。しかし彼処《かしこ》においては、劣等意識はナチ権力者を支持した層に見られるのであって、指導者自体は逆に「権力への意思」そのものであり、ツァラトゥストラの現代版だった。ところがここでは指導的な政治力自体が表面の威容のかげに過敏で繊弱な神経を絶えず打ち震わせていたのである。

指導者におけるこうした「弱い精神」の集中的表現として誰しもすぐ思い浮べるのは近衛であろう。事実、第一次近衛内閣における日華事変の拡大や、大政翼賛運動の変質の経過、乃至《ないし》は第三次近衛内閣総辞職の経緯など、いずれをとってもそこには彼の性格の弱さが致命的に作用している。彼は木戸〔幸一〕の証言によると、「何か起るとよくやめるということを言った男」(No. 298〔『速記録』第七巻、二四八頁〕)であり、一九四一年十月初旬、まさに日米交渉が重大な関頭に達し、九月六日の御前会議で決定された期日が迫ったときも鈴木貞一に対し「政界を隠退して僧侶になりたい」などと洩らしていた(鈴木口供書〔No. 333『速記録』第八巻、二四頁〕)。彼が井上日召のような、これこそ典型的な精神異常の無法者を荻外荘にかくまって日夜接していたのもまさしく心理的な補完《コンペンセーション》にほかならない。近衛の弱さは或は単なる個人的性格の問題でもあり又いわゆる公卿の弱さの問題でもあろう。しかし弱かったのはひとり近衛のみであろうか。私がここでいう「弱い精神」とは決して近衛の場合のようないいわゆる性格の弱さだけを指すのではない。別の例として東条内閣と鈴木〔貫太郎〕内閣の外務大臣を勤めた東郷〔茂徳〕を挙げよう。彼は終戦時ポツダム宣言の無条件受諾を主張して軍部と抗争した立役者の一人であり、その際の態度などでは決して近衛のような弱い性格の所有者とは見られない。ところが開戦の日の十二月八日の朝、彼は外務大臣として〔ジョゼフ・〕グルー大使を呼んで例の帝国政府の対米交渉打切りの覚え書を手渡したのだが、その際単に会談期間を通じての大使の協力を感謝すると述べたのみで、宣戦のことも真珠湾のことも一言もいわなかった。グルー大使は大使館に帰ってはじめて開戦の事実を知らされたのである。法廷で、何故会見の際に、戦争状態の存在について一言もいわなかったかということを〔ベン・ブルース・〕ブレークニー弁護人から訊ねられた時、彼のあげた理由がまさに問題である。第一に、グルー大使が既にその朝の放送によって開戦を知っていたと予測したこと――これはまあいいとして、第二に、内地では宣戦の詔勅はまだ出ていなかったから、これを必要のない場合に話すのは不適当と思ったこと――これは既に少々おかしい。しかし法廷をいたく驚かせたのは第三の理由だった。曰く、

「私はグルー大使とは長年の知合いでありますから、この際あまり戦争ということを口にするのを控えたいという気持がありました。すなわち戦争ということを云う代りにすなわち両国の関係がこういうことになってお別れするのを非常に遺憾とするということを申したわけであります」(No. 342〔『速記録』第八巻、一七二頁〕)

これはどういうことか。間が悪い、ばつが悪いといった私人の間の気がねが、それぞれの国を代表する外相と大使との公式の、しかも最も重大《クリティカル》な時期における会見の際に東郷を支配して、眼前に既に勃発している明白な事態を直截に表現するのを憚らせたということだ。更にこの東郷の態度の裏には真珠湾の不意打ちに対する内心のやましさの

感情も入り交っていたかもしれない。いずれにせよ相手の気持の思いやりもここまで来ると相手に対する最大の侮辱と等しくなる。これを野村〔吉三郎〕・来栖大使との最後の会見の際の〔コーデル・〕ハル国務長官の態度(8)と比較せよ、まことに好箇の対照である。

ちょうどこれに似た状況が国内政治の場合にもある。米内〔光政〕内閣が三国同盟締結問題で陸軍と衝突して総辞職した時のことである。あの時最も微妙な立場に立ったのはいうまでもなく畑〔俊六〕陸相である。彼が首相に突きつけた覚書が内閣崩壊の契機となったのであるが、この行動がどこまで彼自身のイニシアティヴに出たものか、それとも弁護側が法廷で主張したように、もっぱら閑院宮〔載仁〕参謀総長や阿南〔惟幾〕次官以下軍務局内の意向に強要されたものかということは容易につきとめられない。それはともかく米内は次のような一場のエピソードを語っている(No. 391〔『速記録』第九巻、五四九頁〕)。

「内閣総辞職の後、畑を私の室に呼び、私の記憶では次のように言いました、「貴下の立場はよく分る、苦しかったろう、然し俺は何とも思っておらぬよ。分ってる、気を楽にして心配するな」。私は彼の手を握りました。畑は淋しく笑いました。此の笑は日本人に特有なあきらめの笑でありました。彼の立場は全く気の毒なものでありました」

まるで「リンゴの唄」(9)のような問答であるが、ここでも支配的なのは公の原則ではなくて、プライヴェットな相互の気持の推測である。畑の陸相としての行動が上述のいずれの場合に属するにせよ、恐らく米内との会見で彼のとった態度はここに語られているものからさして距離はないであろう。それにしても、中国派遣軍総司令官、第二総軍司令官として三軍を叱咤し、元帥府に列せられた将軍もここでは何と哀れにちっぽけな姿に映し出されていることか。

日本支配層を特色づけるこのような矮小性を最も露骨に世界に示したのは戦犯者たちの異口同音の戦争責任否定であった。これは被告の態度を一々引用するまでもなく周知のことだから、〔ジョセフ・〕キーナン検察官の最終論告によって総括して置こう(No. 371〔『速記録』第八巻、六二七頁〕)。

「元首相、閣僚、高位の外交官、宣伝家、陸軍の将軍、元帥、海軍の提督及内大臣

等より成る現存の二十五名の被告の全ての者から我々は一つの共通した答弁を聴きました。それは即ち彼等の中の唯一人としてこの戦争を惹起することを欲しなかったというのであります。これは一四カ年の期間に亘る熄《やす》む間もない一連の侵略行動たる満州侵略、続いて起った中国戦争及び太平洋戦争の何《いず》れにも右の事情は同様なのであります。……彼等が自己の就いていた地位の権威、権力及責任を否定出来ず、又これがため全世界が震撼する程にこれら侵略戦争を継続し拡大した政策に同意したことを否定出来なくなると、彼等は他に択《えら》ぶべき途は開かれていなかったと、平然と主張致します」

この点ほど東西の戦犯者の法廷における態度の相異がクッキリと現われたことはなかった。例えばゲーリングはオーストリー併合についていった。「余は百パーセント責任をとらねばならぬ……余は総統の反対さえも却下して万事を最後の発展段階にまで導いた」[*7]。彼はノルウェー侵略に対しては「激怒」したが、それは前もって予告を受けなかったためで、結局攻撃に同意するに当っては「余の態度は完全に積極的であった」と自認する。ソ連に対する攻撃にも彼は反対であったが、それも結局時期の問題、即ち英国が征服される迄《まで》対ソ作戦は延期した方がいいという見地からであるとし、「余の観点は政治的及び軍事的理由によってのみ決定せられた」と確言する[10]。何たる明快さか。これこそヨーロッパの伝統的精神に自覚的に挑戦するニヒリストの明快さであり、「悪」に敢て居坐ろうとする無法者の啖呵である。これに比べれば東京裁判の被告や多くの証人の答弁は一様にうなぎのようにぬらくらし、霞のように曖昧である。検察官や裁判長の問いに真正面から答えずにこれをそらし、或は神経質に問の真意を予測して先まわりした返答をする。米内光政証人のいつまで経っても空とぼけた返事に裁判長が業を煮やして「自分の聴いた証人のうちでこの総理大臣は一番愚鈍だ」（No. 276『速記録』第六巻、六七七頁）ときめつけたことは当然新聞種になった。「それでは答にならない。妥当なる答はイエス或はノーです」という言葉が一体幾度全公判過程を通じて繰返されたろう。職業柄最も明快な答弁をしそうな軍人が実は最も曖昧組に属する。大島（浩）中将・元駐独大使のごときはその顕著なものである。例えば一九三八年、三国同盟交渉の経緯に関するタヴナー検察官との問答の一節を挙げよう（No. 322『速記録』第七巻、六五二頁）。

検察官　私の質問に答えて下さい。私の今言ったような同盟（独英戦争勃発の場合、日本の参加を義務づけるような軍事同盟を指す——丸山）を主張いたしましたか、いたしませんか。

大島　いたしません（この前の問答で既にしばしばしかり或は否で答えるよう注意されている——丸山）……（中略）。

検察官　こういうふうな同盟を結ぶというリッベントロップの提案に対してあなたは反対したのですか。

大島　日本から反対してきております。

検察官　私の質問に答えて下さい。

大島　私は質問を避けませんけれども、かかる複雑なことはしかりとか否ではなかなか答えられない。

ここから更に検察官は、「防共協定を締結することによって日本がうる諸利益として若松（只一）中佐の語ったことはつまり大島自身の意見ではないか」と訊き、防共協定の狙いを追及するのに対して、大島は協定の利益は数えれば種々あるが協定の目的は口供書にある通りだと逃げるので、

検察官　私のあなたに聴いておりましたことは、……先ほどの質問にありましたような若松の見解というものはとりもなおさずまたあなたの見解であったのではないかというのであります。もしその見解にあなたが同意であるならば、そうであると言いなさい。そうでないならばそうでないと言いなさい。

大島　附帯しての利益としてはそういうことが浮んで参りましょう。

まだ他にも特徴的な答弁の例はあるが長くなるから省く。ともあれこうした曖昧な複雑なポーズが日本語――といっても特に漢語――のもつ特有のニュアンスによって一層拍車をかけられて法廷を当惑させたことは看過してならない事であろう。言霊のさきわう国だけあって「陛下を擁する」「皇室の御安泰」「内奏」「常侍輔弼」「積極論者」こういった模糊とした内容をもった言葉――とくに皇室関係に多いことに注意――がどれほど判事や検察官の理解を困難にしたか分らない。こうした言葉の魔術によって主体的な責任意識はいよいよボカされてしまう。「大アジア主義」の語義が論争になったとき判事側が「われわれは行動というものに対して関心をもっているのであって、言葉には関心を持っていない」(No. 176『速記録』第四巻、五六九頁〕)といったのは尤もな次第である。まったく弁護側のいうように八紘一宇が Universal Brotherhood を意味し、皇道が「デモクラシーの本質的概念と一致する」という風に変転自在の理念ではたまったものではないからである。

しかしこうした戦犯者たちは単に言葉で誤魔かしてその場を言い逃れていたとばかりはいえない。被告を含めた支配層一般が今度の戦争において主体的責任意識に稀薄だということは、恥知らずの狡猾とか浅ましい保身術とかいった個人道徳に帰すべくあまりに根深い原因をもっている。それはいわば個人の堕落の問題ではなくて後に見るように「体制」そのもののデカダンスの象徴なのである。それを探るためには、まず被告らが過去の自己の行動を総じていかなる根拠からジャスティファイしようとしたかということを見ることがなにより手がかりになる。そこに被告らが生きていた生活環境に内在するエトスが最も良く反映しているからである。

＊1　ハイデルベルグ大学の哲学博士(Ph. D)の肩書をもつゲッベルスはこの点「異色」のインテリだった。むしろナチ指導者の多くはそうした地位や学歴のないことを誇りとし、それを以

て大衆のなかに親近感を起させようとし、また事実それに成功した。権力獲得後まもなく〔一九三三年一一月一〇日〕、ヒットラーはベルリンのある工場で次のように演説している。

「ドイツの同胞諸兄ならびに諸姉よ、わがドイツ労働者諸君! 今日余が諸君ならびに諸君以外の数百万の労働者に語りかけるに際して、余は他の何人よりも正当な権利を持っている。余自身まさしく諸君の階級の出身である。……余は自己の所属せる諸君らの階級に今日呼びかけているのである……余はわが勇敢にして勤勉なる労働者ならびに我が勤労人民、数百万の大衆のための闘争をひきいている……余はなんらの肩書を必要としない。余が自力でえた余の名がすなわち余の肩書なのだ」(F. Schuman, *Nazi Dictatorship*[New York: Knopf, 1936], 1936, p. 259)。こういう演説を東条はたとえやりたくともやれない。

＊2 だから同じ「無法者」でもナチとは類型がちがう。参照、「日本ファシズムの思想と運動」〔『集』③、本書所収〕。我がファシズム運動で活躍した無法者のタイプを最も生々と示しているものとしてたとえば『日召自伝』〔日本週報社、一九四七年〕がある(後に『一人一殺』〔日本週報社、一九五三年〕と改題増補された)。

＊3・4 ニュルンベルグ軍事裁判判決録中の引用に拠る。なお、同判決録英語版の閲覧については、外務省条約局法規課吉野事務官より便宜を得た。

＊5 ジョセフ・グルー『滞日十年』(上)(下)、毎日新聞社、一九四八年〕石川欣一訳、(上)一一三―四頁(但し若干訳文を改めた)。

＊6 同上、一九五―六頁。

＊7　＊3に同じ。

三　日本ファシズムの矮小性――その一

被告の千差万別の自己弁解をえり分けて行くとそこに二つの大きな論理的鉱脈に行きつくのである。それは何かといえば、一つは、既成事実への屈服であり他の一つは権限への逃避である。

以下まず第一のものから論を進めることにしよう。

既成事実への屈服とは何か。既に現実が形成せられたということがそれを結局において是認する根拠となることである。殆《ほとん》どすべての被告の答弁に共通していることは、既にきまった政策には従わざるをえなかった、或《あるい》は既に開始された戦争は支持せざるをえなかった云々という論拠である。例えば白鳥は巣鴨で訊問の際「あなたは一九三一年から終戦に至るまで満州及び支那において侵略的であったところの軍閥に対して好感を持ち、その友達となっていたのではないか」という問に対して、「私は彼らの友達ではない。……彼らに左袒するというわけではないが、しかしながら彼らのすでにしたことに対しては表面上もっともらしくし……なければならなかったのであります」といい、また、「あなたはいわゆる中日事変に賛成でありましたか反対でありましたか」というサダンスキー検察官の問に対して「私はその事変を早く解決したいという考えでありまして、反対とか賛成とかいうことは起ってしまったことでありますから、適切にあてはまる表現でないように思いますが……」と答えている(No. 332〔『速記録』第八巻、二、六頁〕)。大島も三国同盟に賛成していたかと問われて、「それが国策としてきましたし大衆も支持しておりますから私ももちろんそれを支持しておりました」と弁明する(No. 323〔『速記録』第七巻、六六八頁〕)。大事なことはこの弁明が実質的に成り立つかどうかということではない。周知のように大島のごときは三国同盟でも最もイニシアティヴをとった一人である。ここで問題なのは、自ら現実を作り出すのに寄与しながら、現実が作り出されると、今度は逆に周囲や大衆の世論によりかかろうとする態度自体なのである。

次に木戸を取ろう。これも三国同盟である(No. 297〔『速記録』第七巻、二三六頁〕)。

検察官　次の問題に対しては、しかりか否かで簡単に答えることが出来ると思います。私の質問は平沼〔騏一郎〕内閣の存続中あなたはずっとドイツの軍事同盟に反対するところの立場を取続けていったかどうかということであります。

木戸　私個人としては、この同盟には反対でありました。しかしながら五相会議で非常に問題の研究が続けられまして、私がこの問題を総理から聴いたのは三月ごろでありました。そこで現実の問題としてはこれを絶対に拒否することは困難だと思います。

同じように東郷も三国同盟について東条内閣外相に就任したとき賛成だったか反対だったかを問われて（彼も口供書ではドイツとの関係強化に反対するため全力を傾倒したと述べている）「私の個人的意見は反対でありましたが、すべて物事にはなり行きがあります。……すなわち前にきまった政策が一旦既成事実になった以上は、これを変えることは甚だ簡単ではありません、云々」と答え、また第八十一議会で三国同盟礼讃の演説をした事を突っ込まれると、「この際個人的な感情を公の演説に含ませ得る余地はなかったわけであります……私は当時の日本の外務大臣としてこういうことを言うべく、言わなくちゃならぬ地位にあったということを申し上げた方が最も正確だと思います」といっている（No. 340〔『速記録』第八巻、一四四、一五三頁〕）。ここでも果して木戸や東郷がどの程度まで真剣に三国同盟に反対であり又反対行動をとったかという疑問はしばらく別として、重大国策に関して自己の信ずるオピニオンに忠実であることではなくして、むしろそれを「私情」として殺して周囲に従う方を選び又それをモラルとするような「精神」こそが問題なのである。

満州事変以来引続いて起った政治的事件や国際協定に殆ど反対であった旨を述べている被告らの口供書を読むとまるでこの一連の歴史的過程は人間の能力を超えた天災地変のような感を与える。フィクセル検察官が小磯〔国昭〕被告の口供書についてのべた次のような言葉はこうした弁明のカリカチュアを痛烈に衝いてあますところがない（No. 307〔『速記録』第七巻、三九一頁〕）。

「……あなたは一九三一年昭和六年の三月事件に反対し、あなたはまた満州事件の勃発を阻止しようとし、またさらにあなたは中国における日本の冒険に反対し、さらにあなたは三国同盟にも反対し、またあなたは米国に対する戦争に突入せることに反対を表し、さらにあなたが首相であったときにシナ事件の解決に努めた。けれども……すべてにおいてあなたの努力は見事に粉砕されて、かつあなたの思想及びあなたの希望が実現されることをはばまれてしまったということを述べておりますけれども、もしもあなたがほんとうに良心的にこれらの事件、これらの政策というものに不同意であり、そして実際にこれらに対して反対をしておったならば、なぜにあなたは次から次へと政府部内において重要な地位を占めることをあなた自身が受け入れ、そうして……自分では一生懸命に反対したと言っておられるところの、これらの非常に重要な事項の指導者の一人とみずからなってしまったのでしょうか」

そうしてこれに対する小磯の答はこれまた例のごとく「われわれ日本人の行き方として、自分の意見は意見、議論は議論といたしまして、国策がいやしくも決定せられました以上、われわれはその国策に従って努力するというのがわれわれに課せられた従来の慣習であり、また尊重せらるる行き方であります」というのであった。

右のような事例を通じて結論されることは、ここで「現実」というものは常に作り出されつつあるもの或は作り出され行くものと考えられないで、作り出されてしまったこと、いな、さらにはっきりいえばどこからか起って来たものと考えられていることである。「現実的」に行動するということは、だから、過去への繋縛のなかに生きているということになる。従ってまた現実はつねに未来への主体的形成としてでなく過去から流れて来た盲目的な必然性として捉えられる。この意味で、一九四〇年七月二六日、グルー大使と松岡外相との最初の会談の際、両者の間に交された会話はきわめて暗示に富んでいる。[*1]

「松岡氏はそこで、歴史は急激に動く世界にあっては必ずしも制御することが出来ない盲目的な勢力の作用に基づくことが大きいといった。私（グルー）はこの盲力が歴史上作用したことは認めるが、外交と政治の主な義務の一つはかかる力を健全な水路に導き入れることであり、近い将来、彼と私が日米関係の現状を、二人が正しい精神でそれに接近するという確信をもって探求するならば、彼が考えている盲力に有用な指揮を与えることに大いに貢献出来ると思うといった」

ここに主体性を喪失して盲目的な外力にひきまわされる日本軍国主義の「精神」と、目的―手段のバランスを不断に考慮するプラグマティックな「精神」とが見事な対照を以て語られていないだろうか。[*2]ではこの点ナチズムではどうだろう。ヒットラーは一九三九年五月二三日に既にポーランド問題に関して次のように言っていた[*3(11)]。

「本問題の解決は勇気を必要とする。既成の情勢に自己を適応せしめることによって問題の解決を避けようとする如き原則は許されない。寧ろ情勢をして自己に適応せしむべきである。この事は外国に侵入するか又は外国の領地を攻撃する以外には可能でない」

これはまたグルーのいうのとはちがった意味での、いわばマキアヴェリズム的な主体性であり、ここにも政治的指導性の明確な表現が窺われる。ポーランド侵入は、こうしてナチ指導者の十分な戦略的検討とイニシアティヴの下に進んで選んだところの方法であった。もとよりこのときのナチの情勢判断は必ずしも正しくなかったし、とくに欧州戦の後半期になればなる程、冷徹な打算はデスペレートな決断に席を譲って行った事は事実である。しかし、それにしても、終始「客観的情勢」にひきずられ、行きがかりに捉われてずるずるべったりに深みにはまって行った軍国日本の指導者とは到底同一に論じられない。この点では後にも触れるように、むしろ第一次大戦におけるドイツ帝国やツァール露西亜《ロシア》の場合が比較さるべきであろう。

前にのべたように、日本の最高権力の掌握者たちが実は彼等《かれら》の下僚のロボットであり、その下僚はまた出先の軍部やこれと結んだ右翼浪人やゴロツキにひきまわされて、こうした匿名の勢力の作った「既成事実」に喘《あえ》ぎ喘ぎ追随して行かざるをえなかったゆえんの心理的根拠もかくて自《おのず》から明らかであろう。戦前戦時中を通じて、御前会議、大本営政府連絡会議、最高戦争指導会議、と名前ばかりは厳めしい会議が国策の最高方針を決定するために幾度か開かれたが、その記録を読む者は、討議の空疎さに今更のように驚かされる。*4 実はといえば、そこでの討議内容は、あらかじめこうした会議の幹事――単に書記ないし連絡員にすぎないと武藤〔章〕らによって主張されているところの――たる陸海両軍務局長や参謀本部・軍令部次長によって用意されており、更にいえば幹事の下には軍務局員や参謀本部課員が幹事補佐として付いて実質的な案を決定していたことである。そうして軍務局には右翼のそれこそシューマンのいう狂熱主義者や誇大妄想患者が出入りして、半身は官僚であり半身は無法者である佐官級課員と共に気焔を上げていた。しかも彼らでさえ関東軍や中国派遣軍を必ずしもコントロール出来なかった。況《いわ》んや内閣や重臣はあれよあれよと事態の発展を見送り、ブツブツこぼしながらその「必然性」に随順するだけである。こうして柳条湖や盧溝橋の一発はとめどなく拡大して行き、「無法者」の陰謀は次々とヒエラルヒーの上級者によって既成事実として追認されて最高国策にまで上昇して行ったのである〔補注4〕。

　軍部を中核とする反民主主義的権威主義的イデオロギーの総進軍がはじまるのとまさに平行して軍内部に「下剋上」と呼ばれる逆説的な現象が激化して行ったことも周知の通りである。三月事件と十月事件が殆ど処罰らしい処罰なしに終ったということがその後のテロリズムの続発を促進した事実は到底否定出来ない。十月事件のごときは、近歩一、近歩三〔近衛歩兵第一連隊、同第三連隊〕の兵を動員し[12]、霞ケ浦から海軍爆撃機を出動させ、首相官邸閣議の席を襲って、閣僚を全部鏖し、参謀本部と陸軍省を包囲して上司を強要して軍命令を出させるという大規模なテロによるクーデター計画であるが、このときもはや南〔次郎〕陸相、杉山〔元〕次官らは暴徒を統制する力なく、この計画で首相に擬せられていた荒木〔貞夫〕に鎮撫をたのむ有様であった。だから首謀者を保護検束しても到底厳罰など出来ず、結局うやむやになってしまった。[*5] 翌年〔一九三二〕三月、永田〔鉄山〕軍務局長が木戸・近衛らから事件の始末を聞かれて、「本来ハ陸軍刑法ニヨリ処断セラレルモノナルモ其ノ動機精神ニ鑑《かんが》ミ且ツ国軍ノ威信等ヲ考慮シ行政処分ニテ済セタルモノナリ」と答えている（木戸日記）[13]。ギャングの処罰によってでなく、逆にこれとの妥協によって不法な既成事実を承認せざるを得ない迄《まで》に「威信」を失っている軍の実情がここに暴露されている〔補注5〕。

しかもこのような軍の縦の指導性の喪失が逆に横の関係においては自己の主張を貫く手段として利用された。陸軍大臣が閣議や御前会議などである処置に反対し、あるいはある処置の採用を迫る根拠はいつもきまって「それでは部内がおさまらないから」とか「それでは軍の統制を保証しえないから」ということであった。例えば、一九四〇（昭和一五）年はじめ阿部内閣が辞職したとき、軍部は近衛を押して、宇垣（一成）も池田（成彬）も不可なりと強く主張した。近衛は「宇垣は不可《いか》んということはこれまでの経緯もあり一応肯かれるが池田までもいかんというのではどうかと思われる。陸相が押えられたらどうか」と畑にいうと、畑は「微力で到底押えられぬ。強いて出したら二・二六のようなことでも起りはせぬかと憂慮している」と答えて近衛を驚かせている。*6 このエピソードは二・二六後の「粛軍」なるものの実体を示している意味でも興味がある。そうしてこのような論理は前述のヒエラルヒーに漸次転嫁されて下降する。軍務局長がおさまらないから――軍務課員がおさまらないから――出先軍部がおさまらないから〔補注

6）、という風に。そうして最後は国民がおさまらないからということになる。「国民」というのは先に触れたような、軍務課あたりに出入りする右翼の連中であり、更に背景となっている在郷軍人その他の地方的指導層である。軍部はしばしば右翼や報道機関を使ってこうした層に排外主義や狂熱的天皇主義をあおりながら、かくして燃えひろがった「世論」によって逆に拘束され、事態をずるずると危機にまで押し進めて行かざるをえなかった。三国同盟から日米交渉の決裂に至る過程にはとくにそれが甚だしい。一九四一（昭和一六）年の十月頃にはもはや軍部自体が「国民」に対してひっこみのつかぬ境地に追い込まれていたのである。日米交渉において最も難関だった問題が中国からの撤兵問題であったということは既成事実の重圧がいかに大であったかを語っている。東条は来栖大使の米国派遣の際にも、この条項だけは絶対譲歩出来ぬことを繰返し強調し、もしこの点譲歩するならば「靖国神社の方を向いて寝られない」と述べた（来栖三郎『泡沫の三十五年』二七頁）。松井石根もまた『大亜細亜主義』誌上で、「今にして英米と妥協しアングロサクソンとの協力によって事後処理に当ろうなどという考えを起して、どうして十万の英霊に顔向けを出来ようか。蓋し十万の英霊の名に於て吾人は絶対に対米妥協に反対である」（「事変処理と対米問題」同誌、昭和一六年七月号）と気勢を挙げている。国民がおさまらないという論理はさらに飛躍して「英霊」がおさまらぬというところまで来てしまった。過去への繋縛はここに至って極まったわけである。

ところでここに一つの問題がある。筆者はかつて日本の社会体制に内在する精神構造の一つとして「抑圧委譲の原理」ということを指摘した。*7 それは日常生活における上位者からの抑圧を下位者に順次委譲して行くことによって全体の精神的なバランスが保持されているような体系を意味する。この原理は一体、上にのべたような日本ファシズムの体制の「下剋上」的現象とどう関連するのだろうか。両者は矛盾するのだろうか。そうではない。「下剋上」は抑圧委譲の楯の半面であり、抑圧委譲の病理現象である。下剋上とは畢竟《ひっきょう》匿名の無責任な力の非合理的爆発であり、それは下からの力が公然と組織化されない社会においてのみ起る。それはいわば倒錯的なデモクラシーである。本当にデモクラチックな権力は公然と制度的に下から選出されているというプライドを持ちうる限りにおいて、かえって強力な政治的指導性を発揮する。これに対してもっぱら上からの権威によって統治されている社会は統治者が矮小化した場合には、むしろ兢々《きょうきょう》として部下の、あるいはその他被治層の動向に神経をつかい、下位者のうちの無法者あるいは無責任な街頭人の意向に実質的にひきずられる結果となるのである。抑圧委譲原理の行われている世界ではヒエラルヒーの最下位に位置する民衆の不満はもはや委譲すべき場所がないから必然に外に向けられる。非民主主義国の民衆が狂熱的な排外主義のとりこになり易いゆえんである。日常の生活的な不満までが挙げて排外主義と戦争待望の気分のなかに注ぎ込まれる。かくして支配層は不満の逆流を防止するために自らそうした傾向を煽りながら、却《かえ》って危機的段階において、そうした無責任な「世論」に屈従して政策決定の自主性を失ってしまうのである。[*8] 日本において軍内部の「下剋上」的傾向、これと結びついた無法者の跳梁が軍縮問題と満州問題という国際的な契機から激化して行ったことは偶然ではないのである。F・マイネッケはかつて、機械文明の生み出した大衆の登場と軍事技術の発達によって、本来政治の手段であるべき軍備機構がデモーニッシュな力として自己運動を開始するようになったこと、他方大衆の動向を政治家がコントロール出来なくなったこと、を指摘し、一九世紀後半から明晰な「国家の必要」(Staatsnotwendigkeit)が模糊とした「国民の必要」(Volksnotwendigkeit)に取って代られた旨を論じて、これを国家理性《シュターツレーゾン》の「危機」と呼んだ。[*9] ここでは彼は第一次大戦におけるドイツの例を念頭においているのであるが、果して彼の断定はそのように一般化出来るだろうか。少くも軍事機構のそうした政治をはなれての自己運動、乃至《ないし》は国民の間の無責任な強硬論など、第一次戦争直前のドイツと今度の日本との間に見出される著《いちじる》しい類似性は、両帝国が国家および社会体制においてともに権威的＝階層的《ヒエラルヒッシュ》な構成を持ち、しかもそこでの政治的指導者が揃って矮小であったという事実と切り離しえないように思われるのである。

＊1　グルー、前掲書(下)、四九頁。

＊2　なお、松岡は、一九四〇(昭和一五)年〔九月二六日〕三国同盟に関する枢密院会議でも「日米戦争は宿命的なり」と述べ(No. 76〔『速記録』第二巻、二四六頁〕)、翌四一年五月、日ソ中立条約と三国同盟との関係につき、〔オイゲン・〕オット駐日ドイツ大使と会談した際にも「ドイツがソ連邦と衝突する場合、日本の如何なる総理大臣も外務大臣も日本を中立に保つ事は決して出来ないであろう。この場合日本は自然必然性を以て独逸側についてロシアを攻撃するように追込まれるであろう」(オットより独外相への電報 No. 107〔『速記録』第三巻、一一二頁〕)と、やたらに宿命的必然論を振り廻している。

＊3　ニュルンベルグ判決録より引用。

＊4　こうした最高会議の空疎さは一つには、各自がスローガン的言辞で心にもない強がりをいう上述の「弱い精神」に由来する。この傾向は、会議の内容が軍当局の出席者を通じてすぐ下

の「無法者」たちに洩れる可能性いな現実性によって一層促進された。一九四五（昭和二〇）年四月五日の後継内閣推薦に関する大臣会議〔木戸口供書 No. 294『速記録』第七巻、一八〇―一八三頁〕での各メンバーの発言の仕方などはその意味で実に「含蓄」がある。いわゆる重臣層の間でもいかに意思の疎通が欠け、腹のさぐり合いが行われていたかを示すものとして、木戸口供書に述べられている一例を挙げておこう。――終戦の年の六月一三日、木戸が鈴木（首相）と戦争終結について話した際、米内海相は「首相がまだ中々強気のようだ」と言っていたと伝えると、鈴木は笑って、「米内がまだ中々強いと思っておりましたがそうですか」と笑った。これで木戸は、「図らずも此両者の考えの一致していることが判った」――というのである〔木戸口供書 No. 294『速記録』第七巻、一八四頁〕。米内と鈴木の間ですらこの有様である。

＊5　この事件に躍った橋本欣五郎や長勇らは、満州事変勃発の翌日から殆ど連日連夜、東京各地の待合に起居し、時々尉官級の将校を集め「士気を鼓舞する目的を以て宴会を開」いていた（田中清少佐手記・岩淵辰雄『軍閥の系譜』六〇頁）。長勇などという将校は何かというとすぐ刀を抜く狂熱的な無法者だったが、この事件の計画では政権奪取後、警視総監(！)になる予定だった。もしこれが成功したら、まず日本にもナチ型のファシズムに近いものが出来たかも知れない。

＊6　近衛手記『平和への努力』〔日本電報通信社、一九四六年〕一三七―八頁。

＊7　「超国家主義の論理と心理」〔本書所収〕参照。

＊8　グルー元大使は一九四一（昭和一六）年十一月三日付で、国務省宛次のような報告を送っている。

「日本の政治思想は中世紀的なものから、自由主義的思想にまでひろがり従って世論は不定性を持っている。日本国外の出来ごとと情勢の衝撃は、ある時期に思想のどの派が優勢になるかを決定することがある」

そうしてグルーはこの後に註して曰く、

「民主主義国家では外交政策に影響しそれを指揮する一群の原則が同種同質であることにより、また意見の相違を惹起するものがむしろ方法なので世論は別の方法で構成される」と。

ここに外交政策がかえって民主主義国家において比較的に安定的で一元化されているゆえんが簡潔に示されている〔補注7〕。

＊9　F. Meinecke, *Die Idee der Staatsräson in der neueren Geschichte* [München: R. Oldenbourg], 1924, S. 527–529.

四　日本ファシズムの矮小性——その二

さて、東京裁判の戦犯たちがほぼ共通に自己の無責任を主張する第二の論拠は、訴追されている事項が官制上の形式的権限の範囲には属さないということであった。弁護側の申し立てはこの点で実に見事に歩調を揃えていた。賀屋〔興宣〕や星野〔直樹〕のような官僚中の官僚が「単に行政官たりし事実」「生涯一個の官吏」たることを根拠としたのはもとよりその他例えば大島の弁護人は「被告大島に関し告訴せられている行為は独立国の代表として彼の合法的な職務の行使に関して為されたものであること」「単に外交事務機構を通じて伝達及び暗号翻訳の任に当ったのみ」（カニンガム弁護人の公訴却下申立No. 161〔『速記録』第四巻、三三三、三三四頁〕）といい、岡〔敬純〕（元海軍省軍務局長）の弁護人も「被告に関し提出されている一切の証拠は、彼の地位が常に秘書官又は連絡官的のものであって彼が未だ嘗《かつ》て政策決定線上に坐するに至らなかった事を示しております。彼に依って伝達され、又は彼又は彼の下僚に依って立案されたる諸通牒には彼の上官の色々の決定が含まれていました」（ワーレン弁護人No. 161〔『速記録』第四巻、三二八頁〕）と申し立て、武藤（元陸軍省軍務局長）についても、「彼は軍人としての経歴の大部分を通じて、従属的地位に在ったということが明白に立証されています。……即ち政策を決定するのは彼の上官であり彼の任務は世界の如何なる所にも承認された軍の概念が示すごとく、上官の命令を実践に移すことであった」（ロジャー・F・コール弁護人No. 161〔『速記録』第四巻、三二六頁〕）と弁護されている。これらの弁護はそれぞれ被告自身のイデオロギーの反映にほかならない。例えば武藤章の訊問調書から引いて見るならば、彼はそこで日本軍の南京・マニラにおける残虐事件について訊ねられて、そのような不祥行為の発生がシベリア出兵頃からはじまったこと、軍の素質を高めるための教育方法が将校の間で討議されたこと、自分が永く教育総監部にいたので、真の軍隊教育に深い関心を持っていたこと、などを述べた後に、訊問に対して次のように答える(No. 159(『速記録』第四巻、二六四頁))。

問　一九一八年シベリア出兵後現われて来たのを貴方が気付かれたというこれらの欠陥を匡正するために、これから陸軍に入ろうとしていた青年の訓育及教育にどのような改革を加えましたか。

答　日本軍がシベリアに派遣された当時は私が単なる一少尉でしたから、たといそのことを知ったとしても何ともする事が出来ませんでした。

問　しかし貴方が軍の訓練を担当する高級副官の役に伴う力を持った際、ずっと昔の一九一八年に気付かれたあの弱点を改善するためにどのようなことをなさったのですか。

答　陸軍中将になった後といえども、私は師団長でなかったから何ともすることが出来ませんでした。如何なることを実行するにしましても師団長とならなければなりません。

問　軍務局長となった時は如何でしたか。

答　軍務局長は単に陸軍大臣の一下僚に過ぎません。そしてかかる問題に付て命令を発する権能はありません。

問　もしも貴方が師団長であったと仮定しあるいは学校における教育なり訓育なりを担当したとすれば、貴方は一九一八年以降承知しておられたこの弱点を改善強化するために学校に対し命令を発せられたことでしょう。

答　はい。（証人笑う）

最後の問を肯定しつつ武藤が笑ったのは恐らく照れ臭かったのだろう。しかし被告らの単に中央の役所における行動だけでなく、第一線の司令官としての行動についてもまた「法規」と「権能」が防塞とされるのである。これまた南京残虐事件についての〔H・G・〕ノーラン検察官と松井石根元大将との問答を、やや長いが掲げて見よう（No.

320〔『速記録』第七巻、六一六頁〕。

検察官　ちょっと前に、あなたは軍紀、風紀はあなたの部下の司令官の責任であるというようなことを言いましたね。
松井　師団長の責任です。
検察官　あなたは中支方面軍の司令官であったのではありませんか。
松井　方面軍の司令官でありました。
検察官　そういたしますと、あなたはそれではその中支方面軍司令官の職というものは、あなたの麾下《きか》の部隊の軍紀、風紀の維持に対するところの権限をも含んでいなかったということを言わんとしているのですか。
松井　私は方面軍司令官として部下の各軍の作戦指揮権を与えられておりますけれども、その各軍の内部の軍隊の軍紀、風紀を直接監督する責任はもっておりませんでした。
検察官　しかしあなたの麾下の部隊において、軍紀、風紀が維持されるように監督するという権限はあったのですね。

松井　権限というよりも、むしろ義務というた方が正しいと思います。（後略）

検察官　というのは、あなたの指揮する軍隊の中に軍司令官もあったからというのですね。そうしてあなたはこれらの軍司令官を通じて軍紀、風紀に関するところの諸施策を行ったのですね。懲罰を行ったわけですね。

松井　私自身に、これを懲罰もしくは裁判する権利はないのであります。それは、軍司令官、師団長にあるのであります。

検察官　しかしあなたは、軍あるいは師団において軍法会議を開催することを命令することは、できたのですね。

松井　命令すべき法規上の権利はありません。

検察官　それでは、あなたが南京において行われた暴行に対して厳罰をもって報ゆるということを欲した、このために非常に努力したということを、どういうふうに説明しますか。（後略）

松井　全般の指揮官として、部下の軍司令官、師団長にそれを希望するよりほかに、権限はありません。（！）

検察官　しかし軍を指揮するところの将官が、部下にその希望を表明する場合には、命令の形式をもって行うものと私は考えますが……

証人　その点は法規上かなり困難な問題であります。

この問答をよく読むと、まるで検察官の属する国よりも、松井の祖国の方がヨリ近代的な「法の支配《ルール・オブ・ロウ》」が行われていたかのような錯覚が起って来る。あの「上官の命は即ち朕が命なりと心得よ」という〔軍人〕勅諭をultima ratioとした「皇軍」の現地総司令官が、ここでは苟《いやしく》も法規を犯さざらんと兢々《きょうきょう》とし、直接権限外のことは部下に対しても希望を表明するにとどまる小心な属吏に変貌しているのである。

これらの被告の態度も決して単にその場の思い付きの責任逃れではない。被告の大部分は実際帝国官吏なのであり、彼等《かれら》がどんなに政治的に振舞っても、その魂の底にはいつもM・ウェーバーのいう「官僚精神」(Beamtengeist)[14]が潜んでいる。だから自己にとって不利な状況のときには何時でも法規で規定された厳密な職務権限に従って行動する専門官吏(Fachbeamte)になりすますことが出来るのである。なかんずくこの「からくり」のために百パーセントに利用されたのが、旧憲法の規定する統帥大権と編制大権の区別であり、更には国務大臣の単独輔弼制度及び国務・行政大臣の重複制であった。軍の政治関与が軍務局という統帥と国務の触れ合う窓口を通して広汎に行われたことは更めて述べるまでもなかろう。その意味で武藤が軍務局の役割を述べた次の言葉は実に含蓄に富んでいる。「陸軍大臣は閣議で決定した事項を実行せねばなりません。これがためには政治的事務機関が必要であります。軍務局は正しく此の政治的事務を担当する機関であります。軍務局の為すのは、この政治的事務でありまして政治自体ではないのです」(口供書 No. 313『速記録』第七巻、四九七頁)。これが武藤の軍務局長としてのめざましい政治的活躍の正当化の根拠である。彼の仕事は政治的事務なるが故に政治に容喙《ようかい》しうるのであり、政治的事務なるが故に政治的責任を解除されたのであった。軍政系統の陸(海)軍大臣―次官―軍務局という系列と、作戦用兵を司る参謀総長(軍令部総長)―次長―参謀本部(軍令部)各課という系列との間にも所管事項について当然幾多交錯する面があったが、東京裁判では両者が互に他に責任をなすり合う場面がしばしば見られた(例えば俘虜待遇規定のごとき)。とくに国防計画の決定や現地での戦争拡大に関する責任が時の陸(海)軍大臣に対して追及されると、きまって統帥大権に容喙しえないという理由がもち出された。ところが統帥部側にいわせれば、「一国の作戦計画というものはその国の国策に基いて作られるものである。しかして陸軍省に於てこの国防政策ということを担当していることになっております。また国防の大綱に関することも陸軍省の主管する所であります。しかして参謀総長の担任する所は国防用兵に関することである……作戦計画なるものが国策や国防政策から全然不羈《ふき》独立に決定されるということは、理論上ありうべからざることであるのみならず、事実においても、そういうことはないのです」(田中新一証人の証言No. 159〔『速記録』第四巻、二六七頁〕)ということで、結局責任主体が宙に浮いてしまうのである〔補注8〕。

我が旧内閣制がいかに政治力の一元化を妨げたか、戦争遂行の必要上それを克服し合理化しようという企てがいかに試みられいかに成功しなかったかということは、この共同研究の中の辻教授の論稿[*1]によって明らかにされる筈《はず》である。ここにはただそうした政治力の強化の目的で作られたインナー・キャビネット的な組織も、ついに国務大臣の「精神」を変革しえなかった事をタヴナー検察官の論告に総括された被告の主張によって示すにとどめよう(No. 416〔『速記録』第一〇巻、五七三頁〕)。

「広田、平沼、板垣、賀屋等のごとき有力な四相会議及び五相会議のメンバーの主張する所では、彼等は他の閣僚の諒承ないし承認なくしては無力であった。しかも他の閣僚の承認を得られなければ何一つとして重要な事はなし得られなかったというのであります。他方、荒木及木戸のごとき右会議のメンバーでなかった閣僚はこれらの事項がその実施に当り彼等に報告されなかったという理由で、あるいは又仮りに報告されたとしても、彼等は単に右会議出席者の専門的見解に基づいてこれを承認した迄《まで》だという理由で、自分等は責を問わるべきでないと主張しているのであります。かくしてこの共同計画の実施中に執られた最重要な行動のあるものに対して、内閣の中に誰一人として責任をもつものがないということになる」

要するにこのような「官僚精神」をいくら積み重ねてもそこからは言葉の本来の意味での政治的統合(political integration)は出て来ない。それに代って文書や通牒の山が築かれ、法令が頻発され、官制が新設される。この点において一九四〇年、勅令第六四八号の官制で出来た総力戦研究所の創設に関して法廷で行われた論争はきわめて興味がある。この研究所は、「総力戦研究所ハ内閣総理大臣ノ管理ニ属シ国家総力戦ニ関スル基本的調査研究及官吏其ノ他ノ者ノ国家総力戦ニ関スル教育訓練ヲ掌《つかさど》ル」(第一条)という堂々たる目的を掲げて陸大や各省ないしは実業界からの代表者を学生として華々しく開校した。そこでは日米戦勃発の想定の下に、純軍事的な作戦から国内の政治・経済・教育・文化の総動員体制に至るまでの計画樹立が研究され学生に課せられたりしたのだから、検察側がこれを重視したのは当然である。ところがその実態はどうだったろう。当時の学生であった堀場〔一雄〕証人の言によれば（No. 100〔『速記録』第二巻、六六五頁〕）、

「この研究所の官制は成程《なるほど》総理の管轄ということになっておりますが、大体顔を出されるのは入校式と卒業式という程度であり、何等の指示も指導もありませぬ。私等は現に一年間研究所にいたのでありますが、もう少し面倒を見て貰いたいという希望は持っておりましたが、大体この研究所の性質は生み放しの状態が事実でございます。そこで研究所としましては先ず店は開いたが何をするのだろう、何とか恰好を付けねばならぬだろうというのでその職員に命ぜられた者が先ずその場限りの事柄から始めたのが発足であります。……職員は集ったものの……何を一体教えたらよろしいかということに没頭して到底調査研究の方には手が延びなかったのであります。この間政府からは何等の指示も指導もありませぬ」

この表現にはあるいは誇張があるかもしれない。しかしいわゆる「お役所仕事」という言葉を知っているわれわれ日本人には直感的にそこに含まれている真実性を感得しないだろうか。これに対して、ランバート検察官が「一九四〇年九月、日本は単なる学究的討論学校に於て、時間と精力を浪費したと信ぜられるでありましょうか……あの時期に於てかかる重要なる人物〔関東軍参謀長から研究所所長に任ぜられた飯村〔穣〕中将のこと――丸山〕を、何等実際上の目的を持たぬ重要ならざる仕事に、その時間を空費せしめるため、東京に招致したと真面目に考え得られるでしょうか」〔No. 379〔『速記録』第九巻、一五七頁〕〕と反駁しているのは、無理もない疑問であるが、民主主義国の物差では到底理解出来ないような非合理性がこの世界では立派に通用するのである。なおこれに関して、星野や鈴木〔貞一〕・木村〔兵太郎〕等がこの研究所の「参与」となった責任を問われているのに対して、清瀬〔一郎〕弁護人が行った反対訊問の結びの言葉とこれにたいする堀場証人の答も注目されてよいであろう〔No. 100〔『速記録』第二巻、六六八頁〕〕。

清瀬　最後に一つだけ、あなたは二十五年間も官吏生活をしておられますが、我が国では参与とか顧問とかいったような有名無実のものが時々現われる経験をお持ちですか。

堀場　特別な例外を除けば、大体顧問とか参与というものは有名無実のお飾り物の代名詞になっております。……有名無実の存在の方が私は多いと思っております。

さてまた、「権限への逃避」はそれぞれ縦に天皇の権威と連なることによって、各自の「権限」の絶対化に転化し、ここに権限相互の間に果しのない葛藤が繰り広げられる。官僚には一貫した立場やイデオロギーはないし、また専門官吏として持つことを許されない。迫水久常氏はあるとき、「官僚は計画的オポチュニストでなければならぬ」という名言を吐いた。一見あるイデオロギーを持っているようでもそれは彼の「人格」と結びついたものではなくしてむしろ彼の「地位」と結びついたものである。軍部ファシズムの勃興がロンドン軍縮条約の兵力量決定をめぐる海軍部内の軍政派と軍令派の相剋から口火を切られたことは周知の通りだが、あの対立について水野広徳が次のように言っているのは問題の核心を衝いている。「軍政系と言ひ軍令系と言ふもそれは人の問題ではなくして椅子の問題である。末次〔信正〕が海軍次官で山梨〔勝之進〕が軍令部次長であったなら、売国の非難は或《あるい》は末次が負はされたかも知れない」(「新台湾総督小林躋造」『中央公論』昭和一一年一〇月号〔一五二頁〕)。これは多かれ少かれ、軍部官僚内部の種々の「イデオロギー的」対立に妥当する。しかしそのことは内部的な抗争対立が激しくないということを少しも意味しない。むしろ逆である。挙国一致と一億一心が狂熱的に怒号されるに比例して、舞台裏での支配権力間の横の分裂は激化して行った。しかもそれが事務官意識に発する限りにおいてそれは無限にアトム化する。文官と武官が対立するかと思うとその下で陸海軍が対立し、陸軍は陸軍でまた、陸軍省と参謀本部、更に陸軍省内部で軍務局と兵務局というごとく。……企画院官僚、満州官僚、内務官僚相互の抗争もよく知られている。そうしてこのような政治力の多元性を最後的に統合すべき地位に立っている天皇は、擬似立憲制が末期的様相を呈するほど立憲君主の「権限」を固くまもって、終戦の土壇場まで殆《ほとん》ど主体的に「聖断」を下さなかった。かくして日本帝国は崩壊のその日まで内部的暗闘に悩み抜く運命をもった。それにはむろん一つには天皇の弱い性格の故もあるし、また敗戦よりも革命を恐れ、階級闘争よりも対外戦争を選んだ側近重臣*2〔補注9〕の輔弼も与って力があろう。だがむしろそこには絶対君主制とくに頽廃期のそれに共通した運動法則があることを看逃してはならない。M・ウェーバーは宮僚制の政治的機能を述べつつこういっている。*3

「職務上の秘密という概念は官僚制の特殊の発明であり、まさにこの態度ほど官僚制によって狂熱的に擁護されるものはない。それは特にそれが許されている領域以外では決して純粋に即物的《ザハリヒ》な動機から出た態度ではないのである。官僚制は議会に対立する場合には、官僚制は議会が自己特有の手段(例えばいわゆる調査権《アンケーテンレヒト》)で当事者から専門知識を得ようとする一切の企画に対して確実な権力本能でもってたたかう。だからあまり事情に通ぜず従って無力な議会は、官僚制にとって自《おのず》からヨリ望ましいものとなる……絶対君主でさえも、いなある意味ではまさに絶対君主こそ官僚の優越せる専門知識に対して最も無力なのである……立憲君主は社会的に重要な一部の被治層と意見を同じくしている限り……インフォーメーションを全く官僚制のみに頼っている絶対君主に比してヨリ重大な影響を行政面に及ぼしうる場合が極めて多いのである。帝政ロシアの皇帝《ツァール》は彼の官僚の賛成しないこと、官僚の権力利害と衝突することを引続き実現することはまず殆ど出来なかった。絶対支配者としてのツァールに直属した大臣たちは……相互にあらゆる個人的陰謀の網を張りめぐらせて暗闘し、特に山なす「奏議」を次々と提出して攻撃し合ったが、これに対して皇帝は素人《ディレッタント》として全くなすすべを知らなかったのである」

一般に君主制の下で政治的統合を確立し、上述したような君主に直属する官僚の責任なき支配とそこから生れる統治の原子的分裂を防遏《ぼうあつ》する可能性は二つ、或はせいぜい三つの場合しかない。一つは君主が真にいわゆるカリスマ的資質をもった巨大な人格である場合（或は、君主に直属する官僚がそうである場合、つまり彼がもはや単なる官僚でない場合）であり、もう一つの場合は民主主義国におけると変らないような実質的に強力な議会が存在していること、このいずれかである。ところが前の場合はいうまでもなくきわめて稀であるし、後の場合も、よほど特殊の歴史的条件（例えばイギリス）がない限り、君主の周囲に結集した貴族層がそうした民主的立法府の勃興を本能的な権力利害からして抑制するために、近代の君主制は表面の荘厳な統一の裏に無責任な匿名の力の乱舞を許すいわば内在的な傾向をもっているのである。帝政ロシアの場合は既に右に見た如くである。ドイツ帝国においても、ヴィルヘルム一世とビスマルクのコンビが失われた後はやはり相似た経過を辿った。「外交の巨匠としてのビスマルクが内治の遺産として残したものは、いかなる政治的教養もいかなる政治的意思もなく、ひたすら、偉大な政治家が己のために万事配慮してくれる期待によりかかっているような国民であった。彼は強力な諸政党を打壊した。彼は自主的な政治的性格の持主を許容しなかった。彼の強大な威容の消極的な産物は恐しく水準の低い卑屈で無力な議会だった。そうしてその結果はどうなったか——官僚制の無制限な支配すなわちこれである」[*4]。

絶対主義国家としての日本帝国の行程も畢竟《ひっきょう》こうした法則に規定されていたのである。明治藩閥政府が自由民権運動をあらゆる手段によって抑圧し、絶対主義のいちじくの葉としての明治憲法をプロシアに倣って作り上げた時に既に今日の破綻の素因は築かれてはいた。「官員様」の支配とその内部的腐敗、文武官僚の暗闘、軍部の策動による内閣の倒壊等々は決して昭和時代に忽然《こつぜん》と現われた現象ではなかった（例えば明治二五年、第一次松方〔正義〕内閣改造に際しての大山〔巌〕・仁礼〔景範〕・川上〔操六〕ら軍首脳部のボイコット、或は大正元年の二個師団増設問題における上原〔勇作〕陸相の単独帷幄《いあく》上奏などは、後年の軍部の政治的常套手段の見事なモデルを示している）。他方、帝国議会は周知の通り一貫して政治的統合が最終的に行われる場ではありえなかった。それどころか議会開設後の政党はそもそも「打壊す」のにビスマルク的鉄腕を必要とするほどの闘志と実力を持たなかったのである。政治力の多元的併存はかくて近代日本の「原罪」として運命づけられていた。にも拘らずそこで破綻が危機的な状況を現出せず、むしろ最近の時代とは比較にならぬほどの政治的指導と統合が行われていたのは、明治天皇の持つカリスマとこれを輔佐する藩閥官僚の特殊な人的結合と比較的豊かな「政治家」的資質に負うところが少くない。伊藤博文がビスマルクを気取ったのは滑稽ではあるが、しかし彼にしても其他の藩閥権力者にしても、一応は革命のしぶきを浴びつつ己れ自らの力で権力を確立した経験を持っていた。彼らは官僚である以前に「政治家」であった。彼らは凡《およ》そ民主主義的というカテゴリーから遠かったが、それなりに寡頭権力としての自信と責任意識を持っていた。樺山資紀の第二議会での「我が国の今日あるは薩長の力ではないか」云々という有名な放言はこの内心の自負の爆発にほかならない。そうした矜持が失われるや、権力は一路矮小化の道をたどる。政治家上りの官僚はやがて官僚上りの政治家となり、ついに官僚のままの政治家（実は政治家ではない）が氾濫する。独裁的責任意識が後退するのに、民主主義的責任意識は興らない。尾崎咢堂（行雄）は「三代目」という表現で戦時中不敬罪に問われたが、三代目なのは天皇だけではなかった。そうして絶対君主と立憲君主とのヤヌスの頭をもった天皇は矮小化と併行して神格化されて行ったので、ますますもってその下には小心翼々たる「臣下」意識が蔓延した。イソップ物語のなかにこういう話がある。――ごましお頭の男が二人の愛人を持っていたが、一人の愛人は男より若く一人は年寄りだった。若い女は年寄りの恋人を持つことを嫌って、通うごとに男の白髪をだんだん抜いて行き、年増の方は年下の男を持っていることを匿そうとして逆に男の黒い毛を抜きとって行った。それでとうとう男は禿頭になってしまった――というのである。日本の「重臣」其他上層部の「自由主義者」たちは天皇及び彼ら自身に政治的責任が帰するのを恐れて、つとめて天皇の絶対主義的側面を抜きとり、反対に軍部や右翼勢力は天皇の権威を「擁し」て自己の恣意を貫こうとして、盛に神権説をふりまわした。こうして天皇は一方で絶対君主としてのカリスマを喪失するとともに、他方立憲君主としての国民的親近性をも稀薄にして行った。天皇制を禿頭にしたのはほかならぬその忠臣たちであった。

＊1　辻清明「割拠に悩む統治機構」(『潮流』昭和二四年五月、後に『日本官僚制の研究』所収)。

＊2　いわゆる重臣イデオロギーの分析はそれだけとり出して論ずる価値と重要性をもっているが、本稿ではそうした重臣とか軍部とかいった政治力のそれぞれのイデオロギー内容を論ずる

のが趣旨でないので立ち入らないで置く。

＊3　*Wirtschaft und Gesellschaft*, Kap. VI, S. 672.

＊4　Marianne Weber, *Max Weber: Ein Lebensbild*, 1926, S. 596.

五　むすび

ほぼ以上のごときが日本ファシズム支配の厖大《ぼうだい》なる「無責任の体系」の素描である。いま一度ふりかえってそのなかに躍った政治的人間像を抽出してみるならば、そこにはほぼ三つの基本的類型が見出される。一は「神輿《みこし》」であり二は「役人」であり三は「無法者」(或《あるい》は「浪人」)である。神輿は「権威」を、役人は「権力」を、浪人は「暴力」をそれぞれ代表する。国家秩序における地位と合法的権力からいえば「神輿」は最上に位し、「無法者」は最下位に位置する。しかしこの体系の行動の端緒は最下位の「無法者」から発して漸次上昇する。「神輿」はしばしば単なるロボットであり、「無為にして化する」。「神輿」を直接「擁」して実権をふるうのは文武の役人であり、彼等《かれら》は「神輿」から下降する正統性を権力の基礎として無力な人民を支配するが、他方無法者に対してはどこか尻尾をつかまえられていて引きまわされる〔補注10〕。しかし無法者もべつに本気で「権力への意思」を持っているのではない。彼はただ下にいて無責任に暴れて世間を驚かせ快哉を叫べば満足するのである。だから彼の政治的熱情はたやすく待合的享楽のなかに溶け込んでしまう。むろんこの三つの類型は固定的なものでないし、具体的には一人の人間のなかにこのうちの二つ乃至《ないし》三つが混在している場合が多い。だから嘗《かつ》ての無法者も「出世」すればヨリ小役人的にしたがってヨリ「穏健」になり、更に出世すれば神輿的存在として逆に担がれるようになる。しかもある人間は上に対しては無法者としてふるまうが下に対しては「役人」として臨み、他の人間は下からは「神輿」として担がれているが上に対してはまた忠実小心な役人として仕えるという風に、いわばアリストテレスの質料と形相のような相関関係を示して全体のヒエラルヒーを構成している。ただここで大事なことは、神輿―役人―無法者という形式的価値序列そのものはきわめて強固であり、従って、無法者は自らをヨリ「役人」的に、乃至は「神輿」的に変容することなくしては決して上位に昇進出来ないということであって、そこに無法者が無法者として国家権力を掌握したハーケンクロイツの王国との顕著な対照が存するのである〔補注11〕。

これは昔々ある国に起ったお伽話ではない。

『現代政治の思想と行動』追記・補注

「軍国支配者の精神形態」はさきに触れたように昭和二四年、雑誌『潮流』五月号に、同誌に連載された「日本ファシズム共同研究」の一つとして掲載された。同号は主として日本ファシズムの政治過程の解明に充てられ、中村哲教授が既成政党の崩壊過程を、辻清明教授が官僚制を中心とする統治機構の問題を、私が支配層の人権構造ないし行動様式をそれぞれ担当した。この「共同研究」においては、一般的な問題についての共同討議やヒヤリングは重ねられたが、必ずしも視角や解釈についての統一的な見解は求められず、したがって実質的にはそれぞれの項目は各執筆者による単独論文であった。

補　注

〔1〕私がこの論文で軍国支配層の意識形態と行動様式の特質を抽出するにあたって、資料の多くを極東裁判の公判における供述書や陳述に仰いだことの妥当性については、おそらく今日少からぬ疑問が提起されるであろう。とくに二つの疑問が重要と考えられる。第一には極東軍事裁判そ

のものの政治的性格に対する検討をぬきにして、そこで提出された資料や、公判記録をどこまで信憑できるかという問題である。さらに第二には、死刑の可能性を多大に含む裁判における被告の供述や答弁はあまりに特殊な状況の下での言動であって、そこから被告の日常的な行動様式は抽出しがたい、という点である。一般的には、この二つの疑問はもっともである。しかしこの論文が書かれた当時において、極東軍事裁判記録は、一九三〇年以後の日本の政治経済および社会過程について、これまでわれわれの眼から遮断されていた厖大な資料を一挙に明るみに出した点で、劃期的な意味をもっていた(今日——一九五六年——でもこれほど包括的に集成されたものはない)ので、これを全面的に利用したい衝動は私にとってきわめて大きかった。その上に、記録の信憑性ということも、なるほど政治構造や経済過程の全般的把握のためとか、あるいはきわめて微細な事実を確証するためには、これに無批判的に頼ることは危険であるが、当面の私の問題視角である支配層の精神構造や行動様式を探るためには、この裁判の政治的性格から来る「証拠」の偏向がそれほど障害になるとは思われない。さらに第二の問題である被告の立場という特殊状況による制約も、この観点から見るならば必ずしも決定的なものとはいえまい。つまり問題は、私が抽出したような行動様式の特質が、もっぱら極東裁判の被告に立たされたために特殊な一回的現象として出て来たものかどうかという点にかかっている。私はむしろこの裁判の強烈なフラッシュを浴びて、平素はあまりに普遍化しているために注目を惹かない日常的な行動様式の政治的機能が、浮彫のように照し出されたと解釈するのである。

〔2〕 彼等がどういう方法で、どういうルートからどの程度の生活費を得ていたかは個人差もあり、

具体的にはなかなかつきとめられないが、ある「浪人」が直接語った表現をかりれば、「右翼の言動は大部分食道に直結していた」ことは否定できない。二・二六事件の取調に対して三井の常務理事池田成彬が随時金銭を供与していた者として挙げたなかには、北一輝をはじめとして、中野正剛、松井空華、岩田富美夫、秋山定輔、赤松克麿、津久井龍雄、橋本徹馬などの名が見られる。陸軍機密費への寄生はいうまでもなく大きかったので、その「輸血」の増減と彼等の活動の昂揚沈滞とはほぼ正確に比例している。

〔3〕この点本書〔現代政治の思想と行動〕第一章一九頁以下〔「超国家主義の論理と心理」、本書所収、一三頁以下〕参照。これは精神構造の一般的傾向性の比較であって、個々の人間をとって比べれば彼我で逆の場合もむろんある。日本でもいわゆる無法者型には比較的にこうしたシニカルなリアリズムが見られるし、とくに「裏話」では結構大義名分とちがったシニシズムが発揮される。陸軍省経理局にいたある大佐の話では、仏印進駐問題の際、参謀本部側の武力進駐論に対して軍務局は「平和」進駐を主張したが、その際、軍務局員は「強盗は刑が重いから一つ今度は詐欺犯で行こうじゃないか」といったという。しかしこうした「実のところは」という話は私的な会話に限られ、公式の会議や「外部」への説明では忽《たちま》ち「ヨソユキの言葉」に一変する。

〔4〕といっても、そうした「下部」あるいは「出先」でつくられた既成事実が、上部の支配層の価値感情や利害、ないしは日本帝国主義発展の基本的方向と背反していたら、それは決して「国策」にまで上昇しないであろう。その意味で国内政治の「翼賛化」と対外的な戦争突入とを、独占資本のプロットの着々たる実現とみる見方が非歴史的であると同様に、「昭和の精神史」を軍

部や右翼などの全体主義が重臣やブルジョアジーの「自由主義」を排除して行った過程とみることは、裏返しの公式主義であり、むしろその「自由主義」なるものの内実と歴史的コンテクストが問題なのである。ここでその問題を詳論する暇はないが、一つの参考として、財界の重鎮で後に枢密顧問官となり、上層部の最も信頼に値する「リベラリスト」とされた深井英五が、「平生立国の原則として把持し来れる所」と自ら称する三カ条を挙げておこう。

(1) 個人は其の属する国家を至上の存在として之に奉仕すべきこと。

(2) 政治上、社会上の機構及び之に対する個人の心構へは時によりて変遷すべく、一定の形態を墨守すべきにあらざること。

(3) 対外的には我が国運の伸張を目標として不断に画策し、機に乗じて勇往邁進すべく、場合により武力を以て我が主張を貫徹すべきこと（深井英五『枢密院重要議事覚書』（岩波書店、一九五三年）、一三頁）。

とくに(1)と(3)を見れば、その国家観が本来のリベラリズムの信条といかに遠く、他方国体主義者のそれとはいかに根本的なへだたりがないかが知られる。

〔5〕同時に、木戸が三月事件後に近衛・原田（熊雄）・白鳥などと情報を交換した際、「昭和二年頃ヨリノ計画ニシテ、政党ヲ打破シ一種ノ「ディクテーターシップ」ニヨリ国政ヲ処理セムトノ計画ナルガ如ク、実ニ容易ナラザル問題ナリ……兎《と》モ角《かく》モ如此計画モ出来得ルナラバ国ノ根幹ヲ害スルコトナク、且ツ余計ナ無駄ナキ様、善導スルノ要アリト思フ、真ニ困難ナリ」（木戸日記、傍点丸山）と誌しているのは、こうした軍部内の革新的動向に対する後の重臣層の対処の仕方をほ

ぼ標準的に示している点で重要である。一方で、こうした急進ファシズムを既成の天皇制秩序のワクに「善導」するという方向と、他方での、第二論文〔「日本ファシズムの思想と運動」、本書所収〕で述べたような「急進性」の限界――つまり「善導」される素地――とが相俟《ま》って、木戸が予測したような「困難」な道程を経ながらも、漸次日本ファシズム体制の基本型が打ち出されて行ったのである。

〔6〕これも一例をあげれば、昭和一四年五月、日独伊防共協定強化問題について、小磯拓相は原田熊雄に「戦争を早く終局に導くためには、日独伊の同盟が出来なければ駄目だ。戦線の将士が英仏の蔣介石援助に非常な不満をもつてゐるので、少くとも独伊と一緒になつてやつたといふことで、多少その気持を緩和し、その後で英仏を使つて支那の問題を解決するならばよいだらうが、それでないと前線の将士がなかなかきかない」と語り、原田は「これは陸軍の常套語だ」と評釈している〔原田熊雄述、近衛泰子筆記、丸山眞男、林茂校訂編纂〕『西園寺公と政局』〔全九巻、岩波書店、一九五〇―五六年〕、第七巻、三五五―六頁、傍点丸山〕。

〔7〕しかしグルーの祖国でも、戦後の国際的な冷戦の激化と、国内的な「赤狩り」・忠誠審査による恐怖の雰囲気の蔓延と共に、ルーズヴェルト時代のような強力なリーダーシップは減退していることを考慮すれば、この問題はヨリひろく大衆社会におけるリーダーシップの機能、さらには政治状況と政策決定過程との関連として追究されねばならない。しかし少くもここで対象としている時代においては、日米両国のこの点での対比はあまりに鮮かであったし、一般に大衆社会の進展と民主主義の発展との間の落差が大きいか、もしくは後者が形骸化しているところに、本文

にいうような病理現象が生れ易いということはいえよう。

〔8〕国務大臣と行政大臣の使い分けによる責任回避の典型として、昭和一四年八月の五相会議における板垣陸相の態度を挙げておこう。「原田日記」はつぎのように述べている。「結局陸軍の主張は、情勢の変化は（日独伊）攻守同盟を必要とする、しかし第一段として既定方針で行く、これができない場合は第二段で行く、即ち攻守同盟を結ぶといふことになるのである。総理（平沼）が陸軍大臣に対して、「一体陸軍大臣自身はどう思ふか」ときいたところ、陸軍大臣は「自分は一面において国務大臣であると同時に、他面においては陸軍大臣である。既定方針で行くことについては自分は国務大臣として無論賛成であるけれども、他面陸軍の総意を代表する意味において、第二段で行くことにも自分は賛成である」と答へた」（『西園寺公と政局』第八巻、四二―三頁）。

〔9〕岡田啓介は戦後の回想でこういっている。「それを（二・二六事件以後日本が一路戦争に突入したコースを指す――丸山）止めることができなかつたことは、重臣とかいわれていたわたしどもとして恥入る次第であるけれども、これは簡単には出来ないのです。……止めるのは力でもつてするほかはない。そうなれば内乱です。もし内乱となれば、国家の基礎少くとも維新以来の日本をつくり上げた根本のところにひびが入ることになる。わたしだけではなく、当時の責任の地位にある人たちが一番心配したのは恐らくこの点だつたと思います。……同じ敗戦にしても、日本が二つに割れることなしに、やはり一つの日本として、この不幸と艱苦を共にしえていることはせめてもの幸せではないかと考えられる。わたしはそれを思うと、やはり内乱に至らなかつた、又そうはさせなかつたことをよかつたと思うのです」（「二・二六のその日」『中央公論』昭和二四

年二月、傍点丸山)。

たとい戦争による破滅を賭しても、「内乱」の危険(＝国体損傷の危険)だけは回避するというこの考え方こそ、上述した既成事実への次々の追随を内面的に支えた有力なモラルであり、それは国体護持をポツダム宣言受諾のギリギリの条件として連合国に提出したその時まで、一本の赤い糸のように日本の支配層の道程を貫いている。

〔10〕たとえば井上日召と近衛、あるいは橋本徹馬(紫雲荘首領)や松井空華などと木戸との間の「奇妙な関係」のごとき。宮中某重大事件などで重臣を恐喝するのを常業としていた宅野田夫(政教社同人)が検挙されたとき、木戸日記は「足裏ニ飯粒ノツイタ様ナ存在」がとれた気がすると誌している(昭和八年三月三日)のは、下部の「無法者」に対する支配層の関係と感情とを見事に表現している。

〔11〕上の三つの類型とその構造連関はそれぞれファシズム期だけでなく、日本帝国の政治的世界の分子式でもあった。したがってたとえば既成政党の内部構造についていえば、総裁は「神輿」的存在であり、総務や幹事長は党官僚として実権をにぎり、院外団が無法者の役割をつとめた。右翼運動は全体構造のなかでは無法者的地位を占めるが、その内部ではまたこの三者のヒエラルヒーがあり、たとえば頭山満などはいうまでもなく神輿的存在である。既成政党がこの三つの類型と別な独自の政治的人間像を打ち出しえなかったところにも、その民主主義的性格の稀薄さが窺われる。森恪などは党の地位は最高官僚であるが、その政治的足跡と機能の点ではむしろ無法者のそれに近いといえよう。彼が死の直前に「一生のうちで世界を二分することについて貢献し

得たのは本懐だ」と語ったのは、無法者的な思考様式をよく示している(〔山浦貫一編〕『森恪』〔森恪伝記編纂会、一九四〇年〕、八四六頁)。

「無法者」は特定の社会の反逆者であると同時に寄生者であるという二重性格をもっており、一方ではその育った環境や文化のちがい――国民間のちがいだけでなく、一国のなかでも都市と農村、「上流」の子弟か下層の出身かというような相異――によって、その生活態度や行動様式にはそれぞれ異った特性があるけれども、他方ではまたそれを超えた著しい共通性が見られる。こうした無法者の「理念型」を定義することは甚だ困難であるが、一応次のようなメルクマールが挙げられよう。

(1) 一定の職業に持続的に従事する意思と能力の欠如――つまり市民生活のルーティンに堪える力の著しい不足。

(2) もの(Sache)への没入よりも人的関係への関心。その意味で無法者は原則として専門家に向かない。向くとしても大抵はラスウェルのいわゆる「暴力のエキスパート」である。

(3) 右の二点の裏側として、不断に非日常的な冒険、破天荒の「仕事」を追い求める。

(4) しかもその「仕事」の目的や意味よりも、その過程で惹起される紛争や波瀾それ自体に興奮と興味を感じる。

(5) 私生活と公生活の区別がない。とくに公的な(あるいはザハリヒな)責任意識が欠け、その代りに(!)私的な、あるいは特定の人的な義務感(仁義)が異常に発達している。

(6) 規則的な労働により定期的な収入をうることへの無関心もしくは軽蔑。その反面、生計を献金、たかり、ピンはねなど経済外的ルートからの不定期の収入、もしくは麻薬密輸などの正常でない経済取引、によって維持する習慣。

(7)　非常もしくは最悪事態における思考様式やモラルが、ものごとを判断する日常的な規準になっている。ここから善悪正邪の瞬間的な断定や、「止めを刺す」表現法への嗜好が生れる。

(8)　性生活の放縦。

むろんこれらの要素が化合する割合と程度には無限のニュアンスがあるので、現実の人間について絶対的な弁別は不可能であり、たかだかヨリ多い、またはヨリ少い無法者的性格を指摘しうるにとどまる。しかしこうした理念型の抽出の試みは、第二部で述べるようなファシズムの一般的なダイナミックスを、特定の国の特定の政治的状況に適用する際に有効である。たとえば共産党の党員構成において、ルンペン・プロレタリアートや各社会層の脱落分子の占める割合が、組織労働者や専門知識層に比して多くなればなるほど、一般に無法者的要素が濃くなり、その現実の政治的行動様式はファシストのそれと区別しがたくなる傾向がある。

II　戦後世界の革命と反動

ファシズムの現代的状況

一

本日は現代のファシズムを中心としたお話をするお約束をしたわけですが、御承知のように、ファシズムというのは、歴史的にも論理的にもきわめて複雑多岐な現象で、今日お話することはごく限られた角度から、限られた範囲でのファシズム論だということを先ずお断りしておきます。

このようにファシズムが複雑な現象であるところから、自然その定義や解釈も多岐に分れています。ことに第二次大戦の結果、国際的に最も尖鋭なファシズムを代表していた日独伊三国が敗北し、その罪状が天下に明るみになったので、もう表向きにファシズムを主張する力は非常に弱まり、その反面として、ファシズムという言葉が政治的敵手を罵倒するスローガン化してしまったところから、いよいよもってファシズムという概念が混乱してしまいました。そういう政治的タクティックとして使われる場合を度外視して、一応社会科学者の議論に限定しても、見解は区々《まちまち》に分れています。一々は申しませんが、これを大別すると大体広狭二つの考え方があるように思います。ファシズムを比較的狭く解釈する考え方によりますと、ファシズムとは、スペインとか東欧諸国とか南米のような後進国、あるいはドイツとかイタリーとか日本のように高度資本主義国ではあるが、比較的に近代国家の形成が遅れ、それだけ急激な資本主義化が行われたために、国内、ことに農業部面に封建制が根強く残り、政治にもデモクラシーの経験を長く持たないような国にだけ見られる特殊現象であって、英・米のような先進国には、原則的に起り得ないものだというのであります。こういう考え方から必然的に導き出されるのは、ファシズム国家というのは必ず一党独裁であり、必ず議会制を否認し、必ず全体主義を唱え、必ず自国至上主義・排外主義を主張するものだという解釈です。これは主としてアングロ・サクソン系の国において支配的な考え方でありまして、従って日本でも西欧的教養に育った人々の間に一般的に見られる考え方です。戦後の日本は政治・経済・文化あらゆる分野でアメリカの影響が圧倒的に強いので、自然右のような狭いファシズム観は常識化、あるいは俗流化しております。保守政党などが、「極左、極右を排す」という場合の、極右が――それだけがファシズムに当るというわけです。これに対して、非常に広い解釈としては、マルクス主義者の間に――必ずしも全部ではありませんが、有力にある、あるいはあった定義を挙げることができます。それは、ファシズムを現段階における独占資本の支配体制とほとんど同視する考え方です。ここでは例えばブルジョア民主主義・社会民主主義・ファシズムの三者の間の差はミニマムに押し下げられ、例えば「ファシズムは社会民主主義の積極的支持によるブルジョアジーの戦闘的組織だ」といわれます。この最広義の規定と最狭義の規定との間に、いろいろのニュアンスを帯びた多様な見解があるわけです。しかしここではその定義の問題には深く立ち入らぬことにします。およその私の考えは、御参照をお願いしておきました雑誌『思想』の「ファシズム特輯」〔一九五二年十一月号〕に書いた小論〔「ファシズムの諸問題」、『集』⑤所収〕の中に述べたつもりです。ただ日本の現状から見まして、ファシズムを問題にする場合、広すぎる解釈に陥る危険と、狭すぎる解釈に陥る危険とどっちが大きいかと言えば、私は国民全体としては、狭すぎる解釈に陥る危険の方をヨリ警戒しなければならないと思います。ファシズムというと、もっぱらドイツのナチスやイタリーのファッショのようなもの、あるいは日本で言えば戦争までの右翼や東条〔英樹〕のような勢力ないしイデオロギーだという考え方が一般には非常に強い。逆にいえば、ああいう極端な形態になりさえしなければ、ファッショじゃない、ということになると、もうファシズムというのは過去の問題にすぎないとか、あるいはそこまではいわなくても、ともかく議会があって政党が対立している限りは、ファッショなんてまだまだ縁遠い話だというような呑気《のんき》な気持にどうしても陥ってしまう。ことに問題を国際的に見る場合、われわれは国際政治をリアルに見る訓練が乏しく、とかく建て前と現実とを混同して、図式でもって割り切る傾向がつよいので、アメリカは自由民主主義の国柄である、自由民主主義とファシズムとは正反対である、故にアメリカはファシズムと縁がない——というような簡単な三段論法が存外大手《おおで》をふって通用しております。私は、一部の論者のように、現在のアメリカの支配形態を完全なファシズム体制だとは毫《ごう》も思いませんが、あとで二、三例示しますように、あらゆる徴候から見て、そこには歴然としたファシズムの傾向が現われており、しかもそれはますます増大していると判断します。それで、今日は、一つには右のような狭い解釈が当らないということ、つまり、ファシズムという現象が、決して近代社会の外部から、その花園を荒しに来た化け物ではなくて、むしろ近代社会、もっと広くいって近代文明の真只中から、内在的に、そのギリギリの矛盾の顕現として出て来たということを中心として若干お話してみたいと思います。

二

さきほどの『思想』に書きました論文の中で、私は、ファシズムの政治的機能の最も重要なモメントの一つとして、「社会の強制的同質化」あるいは「強制的セメント化」という言葉を用いましたが、まずその意味をもう少しハッキリさせることが、とくに今日のファシズムを理解する手がかりとなるでしょう。ファシズムは、ある場合には公然たる暴力により、ある場合には議会立法の形をとり、またある場合には教育・宣伝等心理的手段によるなど一切の政治的手段を駆使して、その社会を反革命と戦争の目的のために全面的に組織化しようとする内在的傾向をもっております。そのためにファシズム勢力がある程度浸潤したところでは、どこでもこうした「強制的同質化」ということが大きな規模で組織的に行われるのです。例えば最も顕著な場合としてドイツのナチズムの場合でいいますと、ナチスはこれまであった民間のいわゆる自発的グループないし結社(voluntary association)を、政党・労働組合はもとより、宗教団体や文化団体に至るまで、しらみつぶしに解体させた上で、あらためて指導者主義に則った上からの単一的な階層組織のなかに強権的に統合しました。これによって国家全体をば、一つの軍事的組織――いわば全く等質的な粒子からなる巨大な火の塊《かたまり》――に改造したのです。反対勢力を弾圧したり、言論を抑圧したりするだけなら、古来無数の政治権力がやって来たことで別に珍しくもないのですが、ファシズム的抑圧の特質はどこにあるかというと、第一に、それがなんら積極的な建設や理想目標の達成のための「止むをえぬ害悪」として行われるのではなく、むしろ国内国外の反対勢力の圧服ということ自体が目的化しており、そこから容易にこうした反革命なり戦争なりの組織が組織自体として絶対化されるというニヒリズムが発酵するという点、第二に、その抑圧の仕方が、単に反対勢力をつぶすだけでなく、およそ市民の自発的活動の拠点やとりでとなるグループ結成を妨げ、こうして社会的紐帯からきり離されて類型化されたバラバラな個人を「マス」に再組織するという行き方を多かれ少かれ取る点、この二点にとくにその顕著な特色が見られるように思います。この第二の点がつまり私のいう同質化にあたるわけです。ナチでは「グライヒシャルトゥング」(Gleichschaltung)という言葉が盛んに使われましたが、この言葉はファシズムに内在する強制的等質化の傾向を最もよく表現しております。ヒットラーは政権獲得の前にも後にも何万人といった大集会を好んで行いました。彼が「大衆集会では思想が除去される。これはまさに私の要求する精神状態であり、こうした大集会では私の演説にとって絶好の反響板ができるから、私は誰彼となくこういう集会に出るように命令する。そこでは人々は、インテリもブルジョアも労働者もみんな好むと好まざるとに拘らずマスの一部となる。私は人民を混ぜ合せる。私は彼らにただマスとしてのみ語りかける」(H. Rauschning, *Hitler Speaks*, p. 209–210)[1]といっているのは、ファシズムの右のような傾向を実に端的に露呈しています。ここでいうマスとは、労働者とか技師とか教師とかいった職業的・階級的規定、あるいは何々教会の信者とか何々クラブの会員とかいったおよそ人間の社会的活動に個性を付与する要素を一切取りさった、砂のように無性格・無規定な人間の量的な塊です。それぞれの社会的規定を荷《にな》った人間は「混ぜ合せ」られることによって、このような個性を洗い落した「マス」になるのです。こういう「マス」の状態におかれた人間は最も受動的であり最も非理性的に外部からの刺激に反応します。ここにファシストのデマゴギーが猛威を発揮する素地があるわけです。ファシズムが大集会を好む反面、自発的な小グループの結成に最も警戒的であるのも、またおよそ「インテリ臭い」理性的批判とか客観分析とかを軽蔑し憎悪するのも、もちろん、それらが反ファシズム勢力の培養基となる可能性があるからですが、根源的にはそうしたものが右のような意味での人間の「マス」化を食いとめる働きをするからにほかなりません。

ファシズムは一方でこのように人間を等質的なマスに解体すると同時に、このマスでつくられた社会組織をセメントのように固めます。このプロセスがファシズムの「革命」とか「新体制」とかいわれるものですが、本来ファシズムは現代社会構造を科学的に分析して、そこから社会的矛盾を解決する積極的建設的なプログラムを立てて行くといった合理的なイデオロギーではなく、むしろ現代社会の矛盾から発生した社会主義や共産主義に対するヒステリックな痙攣的反応とでもいうべきものですから、そうした矛盾、例えば階級対立・恐慌・失業・植民地問題といったものを根本的に解決する理論や施策をもたず、現実にも日独伊などのファシスト国家は戦争に訴えるほか、これを解決できなかったので、本当は「革命」でも「新体制」でもないのです。最も急進的なナチズムの場合でさえ、従来の資本家的生産様式には一指も触れず、ただこれまでの企業経営者が指導者という名に、労働者が従者(Gefolgschaft)という名にそれぞれかわり、各々ナチス党の指導下にある一種の身分組織のなかに編成されただけのことでした。ただ資本主義の自由競争段階にみられたような資本の投下や輸出、商品生産流通の自由が広汎に制限され、他方労働者もストライキ、ピケッティングその他の資本に対する一切の自主的闘争手段を奪われたわけです。近代社会の階級構造を根本的には維持しながら、近代の中世に対する最も大きな特色である社会的流動性《モビリティ》をなくして身分的に固定させたところに、社会的セメント化の核心があります。経済の分野だけでなく教育や文化の領域でも自由競争が廃止されて同様な階層的身分的編成ができました。

近代階級を身分的に固定するというところに現われているファシズムの倒錯した中世主義はなかんずく国民のイデオロギー的統制において最も顕著に現われます。すなわちそこでは政治的イデオロギーはもちろん、学問芸術分野に至るまで、厳格に「正統」とされた考え方に画一化され、一切の「異端」は非アリアン的とか反国体的という名で統制的に排除されます。こういう上から定められた規準への画一的な服従においてファシズムの等質化傾向は最も露骨に表現されます。

三

ナチスのような場合は、強大な社会主義政党とそれを支持する組織労働者の勢力を徹底的につぶさなければ、右のような強制的同質化とセメント化ができなかったので、いきおい手荒な変革が行われ、それだけ「革命」的な外観を呈したのですが、条件がちがえば、ファシズムにおける同質化のやり方や程度もいろいろちがって来て、もっとなしくずし的に、つまり「革命」的でなく行われるのは当然です。この点でとくに注目すべきは第二次大戦以後、つまり現在の世界におけるファシズムのあらわれ方です。はじめにも申しましたように、第二次大戦における枢軸の敗北によって反ファシズム勢力は戦前と比較にならないほど高まったので、もはや戦後のファシズムはファシズムの看板では出現できず、却《かえ》って民主主義とか自由とかの標語を掲げざるをえないことになりました。そこできわめて事態は複雑になって来て、民主的自由や基本的人権の制限や蹂躙がまさに自由とデモクラシーを守るという名の下に大っぴらに行われようとしているのが現在の事態です。もちろん、健全な、というか本来のリベラル・デモクラシーの建て前でも、野放しの言論・集会の自由が主張されるわけではなく、直接的な暴力行使や基本的人権を原則的に否認するようなイデオロギーにまで自由を認めることはデモクラシーの自殺になることが、ナチスの権力獲得のにがい経験からも確認されているのですが、この「自由を否認する者には自由を認めない」という論理は現実には屢々《しばしば》今日の段階におけるファシズムの強制的同質化の口実として使われる結果となっています。しかも今日では反革命の世界的総本山が嘗《かつ》ての枢軸国から、多年自由民主主義の祖国と自他ともに許して来たアメリカに移ったので、いよいよもって、どこまでが自由民主主義の範囲内での、止むを得ぬ最小限としての自由の制限なのか、それとも自由の看板の下での実質的なファッショ化か、という弁別が実際に見分け難くなってしまいました。しかし弁別の基準そのものは、本来ハッキリしています。自由民主主義の本来の建て前ではアメリカの独立宣言や、ジェファースン、リンカーンの伝統をみても分るように、人民が圧政に抗する最後的手段としての革命権が肯定され、権力に対する批判が許容される——というよりむしろ進歩の原動力として積極的に歓迎され、とくに少数意見が尊重されます。嘗てのアメリカの大審院の判決中の有名な言葉として、「意見を異にする自由は大した問題ではないような事柄にだけ限定されるのではない。(言論自由の)実質的なテストは現存秩序の心臓に触れる事柄について見解を異にする権利にある。われわれの憲法の星座のなかに恒星があるとすれば、それは、上下いかなる官吏といえども、政治……宗教ないし他の意見に関する事柄において、何が正統《オーソドックス》であるかを命じたり、言葉や行動でそうした事柄についての信条を告白することを市民に強制したりするようなことが出来ないという点にあるのである」(2)といっておりますのは、簡潔に本当の自由民主主義の原則を表現しております。現存秩序の心臓に触れる事柄が公然と論議され対立意見が闘わされる自由があるかないか――それが凡《およ》そ一国に市民的自由があるかどうかのテストだというのです。自由の名の下における強制的等質化はまさにこれとちょうど逆です。ナチスが天下をとって間もなく、ドイツ新聞全国連盟の指導者ヴィルヘルム・ヴァイスは、共産党・社会民主党系はもとより自由主義系の新聞についても大規模なパージが行われたことを回顧して連盟大会での演説で次のように述べました。「一年前においても既に、国民社会主義革命の後に、ドイツの新聞は少くも一三〇〇人のユダヤ的およびマルクス主義的ジャーナリストから自由になった旨私は報告することができた」(3)と(Robert A. Brady, *Spirit and Structure of German Fascism* [New York: Viking Press, 1937], p. 94)。つまりここでは自由は異端・異質的なもの(赤・ユダヤ人・黒人等)を排除することであり、同質者――同じ意見・同じ考え方・同じ信条をもつ者――の間だけに自由が認められます。現秩序に反対するどころか、現秩序を積極的に礼讃する者だけに認められる自由――これは自由の完全な同語反覆《トウトロジー》化であり形骸化にほかなりません。「思想の自由」はアメリカで名判事と謳《うた》われたホームズがいっていますように、己れの憎む思想に対して自由を認めるところにこそ核心があるので、(4)「俺と同じような考えの奴には自由にしゃべらせる」というのは実質的には無意味だからです。

さて、こういう基準に照して今日のアメリカを見ますと、この「自由世界」の元締の国での社会的雰囲気は、色々な資料に表われているところでは、前者の意味での「自由」観から、後者の意味での「自由」観に驚くほどの勢で移行しているのを認めないわけには行きません。官界・財界・労働界・教育界・文化界等あらゆる分野での「忠誠審査」はまさに大審院判決のいう信条告白の強制であり、F・B・I(連邦捜査局)や非米活動委員会の「赤」や「同調者」の摘発は、アメリカ国内に未だ嘗て見られなかったほどの規模で思想的恐怖をまきおこしているように見えます。例えばアメリカではこの二、三年の間に相ついで各州が教師の忠誠審査法を制定しました(現在三三州)が、連邦大審院判事のウィリアム・ダグラスは、この法律を違憲とする少数意見を代表してこういっております。「この法は不可避的に学校をスパイ機関に変えるものである。校長は探偵となり、学生・父兄・一般社会は密告者になる」[5]。このダグラスの意見は果して思いすごしでしょうか。必ずしもそうはいえないようです。すでに一九四七年七月の『ハーパーズ・マガジン』には、次のような記事が出ています[6]。「新しく登場した忠誠とは何か。それは就中《なかんずく》画一性《コンフォミティー》ということである。それはアメリカの現状——その政治制度・社会関係・経済的現実——を批判せず文句をつけずに承認することである。それは人種問題や医療の社会化や公営住宅やないしわが国の外交政策の賢明さや正当さを問題にすることを排斥する。それはいわゆる「私企業制度」をアメリカニズムと同視し、これに対するいかなる挑戦をも極悪非道なものと看做《みな》す。それは進化を放棄し、かつては人気のあった進歩の観念を非難し、アメリカを以て完璧な完成品とみるのである」。カリフォルニア州の非米委員会がブラック・リストに載せた書物のなかには、チャールス・ビアードの『アメリカン・リヴァイアサン』やルイス・マンフォードの『技術と文明』のような、碩学の定評ある名著まで挙げられ、現に、こういうリストに載った本を教科書につかったということがパージの一理由になった大学教授もあります。『ニュー・リパブリック』の今年〔一九五三年〕の一月一九日号の社説では、マッカーシー旋風のすさまじい影響をのべて、この調子では、いまにだんだんリストが過去の人物にさかのぼって、ジョン・デュウイからジョン・スチュアート・ミルに及び、さらにトーマス・ジェファースン、ミルトン、しまいには聖書まで「破壊的」「反アメリカ的」ということになるだろうと皮肉っておりますが、こういう「反国体的」というレッテルの拡大は、とっくにわれわれ日本の方が「先進国」ですので、色々のアメリカからの報道を読むと、そぞろに感慨をさそわれます。まことに『〔マディソン・〕キャピタル・タイムズ』の主筆ウィリアム・イーヴヂューが一九五二年九月のシドニー・ヒルマン賞授賞式の演説で述べましたように、「多年にわたって健全な理性を維持して来た偉大な国家が、いまやヒステリーとデマゴギーに屈伏している光景を見てはまさに瞠目せずにはおられない。……もし彼〔シドニー・ヒルマン〕が今日生きていたならば、彼は今日アメリカ人の生活に跳梁せる恐怖によって勢づけられた全体主義のおぼろげな輪郭がアメリカの地平線に現われたことに深い憂慮を抱くにちがいない」(〔William T. Evjue, "The Weapon of Fear,"〕 *The Nation*, Oct. 11, 1952〔, pp. 327–329〕)。

こういうように「正統」と「異端」という考え方が社会的に蔓延すれば、別に国家権力による直接的弾圧をしないでも、つまり、憲法の建て前の上では言論・集会・結社の自由がちゃんと認められていても、人々は「赤」や「同調者」とみられることの恐怖から自発的に触らぬ神にたたりなしという態度をとるようになり、実質的には権力による強制的同質化と同じ結果が出てまいります。自由主義者はデリケートな問題には極力沈黙を守るようになり、さらに次の段階には、「沈黙の自由」もなくなって、大声をあげて俺は反共だと怒鳴らないと完全に安全ではない、ということになる。これは決して誇張ではありません。『ニューヨーク・タイムズ』の有名な軍事記者を二十年もやっているハンスン・ボールドウィンという人がいます。よく日本の新聞にも記事が出る人ですから、ご承知の方もあるでしょうが、まあ以前の日本でいえば平田晋策とか伊藤正徳とかいった人に当ります。この人が一九四七年十二月の『ハーパーズ・マガジン』に、アメリカ政治に対する軍部の圧力の増大を論じた論文を載せましたが、その際冒頭につぎのように言っています。「私が強調しなければならないことは、私はヘンリー・ウォレスの追随者でもなければ、況《いわ》んや共産主義者ないしその同調者ではない。私にとってロシアは全体主義的独裁制である。私はトルーマン・マーシャル政策に同意し、共産主義の脅威を押し止めねばならぬと信じている。私は『赤い星』(赤軍の機関紙――丸山)で漫画化され、『プラウダ』で罵倒され、『デイリー・ワーカー』(アメリカ共産党機関紙――丸山）で非難されているのだから、この点はこれ以上くだくだのべる必要はないと思う」(7)。ハンスン・ボールドウィンですら、これだけの前置きをしなければうっかり物がいえないとは驚き入った次第ではありませんか。一九四七年まだトルーマン＝アチソン・ライン華やかなりし頃にして既に然りです。アメリカの政治学者や評論家の最近書くものをみておりますと、べつに言わなくてもいいような個所で一言ロシアや中国や共産主義の悪口を一席述べておいてそれから徐《おもむ》ろに自説を展開しているような文章がますます殖えております。この点も日本のインテリの多くは多少とも身に覚えのあることで、戦争中に、ほんの一寸《ちょっと》した批判をいうときには、まず大東亜戦争の意義とか米英の野望とかいうことを述べたてて厄払いのおまじないをしたのを思い出させます。しかし恐ろしいのは最初は東亜協同体とか共栄圏ということを「おまじない」のつもりで使っていても、いつの間にか自己欺瞞によってそういう思考法が身についてしまうことです。俺は赤じゃないということで左に一線を引くことにだけ気をとられている中に本人の立場は自ら意識しないでも段々右に移行するということは例えば最近話題になっているオーエン・ラチモアの場合(8)にも見られることで、この点でもマッカーシーやヒッケンルーパーなどの無茶苦茶な赤呼わりは着々と成功しているといわなければなりません。彼等はさしずめアメリカの蓑田胸喜や菊池武夫というところでしょう。

現在のアメリカの思想的雰囲気を最も露骨に示す例をもう一つだけ挙げておきましょう。昨年の六月に『デイリー・ニューズ』[9]が「あなたの友達の一人が共産党員だということが分ったら、あなたはどうしますか」という質問を出したとき、マンハッタンのある技師長は次のように答えました。「私は恐らく世界でもっとも驚愕する人だろう。なぜなら私の生涯を通じて私は神を愛する人々とつき合って来たから。ある友人の一人が正式の党員証をもった共産主義者だということを発見する場合、私は私が扶養して来たすばらしい家族一同と共に非常な失望を味わうことになろう。私は法を遵守する市民として彼を射殺するであろう」。ここで「法を遵守する市民(の本分)として」(as a law-abiding citizen)という但し書きに注意して下さい。この技師長によれば「法の支配」あるいは「法の前での平等」という立憲主義の最も重大な原則が、コンミュニストのアメリカ市民には全く適用されないだけでなく、さらに進んで彼の生命自体を抹殺することがむしろ「法の支配」の当然の帰結とされています。実際に彼がそういう行動をとるかどうかということは問題ではなく、こういう答に表現されている考え方が重要なのです。異質的なものの排除イコール自由の表現という論理のこれ以上に「見事」な例証があるでしょうか。

以上もっぱらアメリカの例を挙げたのは、何も好んでアメリカの暗黒面を並べたてるというつもりではなく、ただ反革命のための強制的同質化というファシズムの機能が戦後自由民主主義の仮面の下に現われるときに、どういう形をとるかということを、自由民主主義の伝統が最も強い——従って思想的伝統からいえばファシズムの思想とは最も遠いはずのアメリカについて検討したまでのことです。つまりアメリカのように本来の、自由主義の原則が長く根をおろしていたところでさえ、自由を守るために自由を制限するという考え方は、現在の客観情勢の下ではズルズルとファシズム的な同質化の論理に転化する危険があるとするならば、わが日本のような、自由の伝統どころか、人権や自由の抑圧の伝統をもっている国においては、右のようなもっともらしい考えの危険性がどれほど大きいかは言わずとも明らかであろうと思います。

四

ところで、ファシズムの強制的な同質化とセメント化のプロセスによって、個性も理性的批判力もなく、外部からの刺激に受動的に反応するだけの、砂のように画一的なマスが造り出されるということを先ほど申しましたが、実はこうした意味における国民のマス化は、現代の高度資本主義の諸条件の下で不可避的に進行している傾向なのであって、ファシズムはただその傾向を急激に、また極端にまで押しつめたものにすぎないということを忘れてはなりません。この点は掘下げて行くと大変に大きな問題になって、とても短時間に立入ったお話はできませんので、ごく大づかみのことだけ申し上げますが、大体近代社会はその産業組織にせよ政治体制にせよ、組織化がすすむに従って一方、ピラミッドの尖端がますます鋭角的になり、そこに権力が集中すると共に他方、ピラミッドの底辺はますます末広がりになってそこに原子的な大衆が形成されて行く内在的傾向があります。よくいわれる資本の集中と集積に伴う階級の両極分解はその最も大規模な表現ですが、資本陣営内の相互関係においても、いわゆるカルテル・トラスト・コンツェルン・シンヂケート等の結合組織が強固になるにつれて、そうした企業連合体の最高執行部(peak association)――大抵巨大企業の代表者によって構成されています――が企業運営についての根本方針、例えば政府や議会に産業立法についての圧力をかけたり、労働組合に対する対策を定めたりする権限をにぎって、それに加入している多くの会社の経営者は実際にはますます従属的地位に置かれ、自分の会社の独自な手が打てなくなります。アメリカの National Association of Manufacturers やイギリスの Federation of British Industries、ドイツのナチ以前の Reichsverband der Deutschen Industrie などはこうした実業界の中央権力として最も著名なものです。つまり会社相互間に指導者と大衆の関係がますますあてはまるようになって来るわけです。ナチの経済体制はすでにワイマール時代に広汎に「自主的」に進行していたこのような企業間のピラミッド的組織化を徹底させこれを法制化したにすぎません。さらに一企業の内部組織においても官僚化つまり階層制の発展が顕著に見られること御承知の通りです。一体資本主義体制は自由企業などという名で呼ばれますが、資本主義が今日のように独占段階に達しない前でも、およそ資本制企業の内部構造ほど本来権威主義的なものはありません。このことはA・D・リンゼーのような人でも「近代産業は寡頭制的かまたは君主制的であって、いずれにしても民主制的ではない。……一方民主的な政府と他方寡頭制的なコントロールの下にある生産組織をもった近代社会は、内部が二つに割れた一軒の家のようなものである」(A. D. Lindsay, *Religion, Science & Society in the Modern World*, p. 56)として指摘しているところです[10]。会社の人事は全く経営者の自由な判断で上から任命され、権威は上から下へ、責任は下から上へという仕組になっています。アメリカの経済学者ロバート・ブレイディーはアメリカをはじめ各国の実業界が出している色々の文章を詳細に分析して、それが「内容と観点においてドイツ・ナチの綱領と立論の線が殆《ほとん》ど同一である」(Brady, op. cit., p. 380)という断定を下したのも決して突飛ではありません。藤原銀次郎氏がその著『工業日本精神』(日本評論社、一九三五年)をドイツのクルップ社長に贈ったところ、クルップ社長は「あなたの書いている日本精神というものが、私の会社のクルップ精神と全然一致している。……これが自分には非常に喜ばしい」という感謝の手紙をよこし、その著を全会社重役に回覧させたということです(藤原『実業人の気持』〔実業之日本社、一九四〇年〕、四三頁)。こういう素地があればこそ、資本制が組織労働者の強力な挑戦に脅かされる場合には、どこでも実業と軍部ないしファシズム政党との同盟が比較的ナチュラルにできるわけです。

リンゼーのいう政治的デモクラシーの進展と経済的寡頭制によって引き裂かれた近代社会の矛盾は、結局デモクラシーの理想を経済組織にまで及ぼすか、それとも、いっそ政治の面でもデモクラシーを切り捨ててしまうかしなければ、縫い合せられないのですが、その後の方のやり方がとりもなおさずファシズムの途にほかなりません。

しかし実は政治的デモクラシーの方にも問題があるので、近代の議会政治という仕組自体の中からも執行権の集中や指導者主義の傾向が出て来ており、議会政治を動かす政党の内部がまた中央執行部と「陣笠」とのピラミッド的なひらきが大きくなりつつあるのですが、こうした点を述べる余裕がもうないので略することにして、ただこの近代デモクラシーを支えている国民の日常的な生活環境自体が先にのべた「マス」化を促進するあらゆる条件を具えていることを最後に一言付け加えておきます。つまり近代生活の専門的分化と機械化は人間をますます精神的に片輪にし、それだけ政治社会問題における無関心ないし無批判性が増大します。簡単にその重要な契機を例示しますと、まず技術的専門家に特有なニヒリズムが挙げられます。凡《およ》そ特殊分野のエキスパートに通有の心理として、自分の技術なり仕事なりを使ってくれさえすれば、それを使う政治的社会的な主体が何かというようなことについては、全く無関心で、いわば仕事のために仕事をする。毎日仕事に忙殺されるということそれ自体に生きる張りを感じる。これは単に自然科学の技術者に限らず、官庁とか大会社のような厖大《ぼうだい》な機構のなかで一つのデスクを受持っている事務のエキスパートにも屢々見られる精神傾向で、これが結果的にはいかなる悪しき社会的役割にも技術を役立て、いかなる反動的権力にも奉仕するということになり易い。これをテクノロジカル・ニヒリズムとでも呼ぶことができるでしょう。これとちょうど相表裏して、現代政治の技術的複雑化からして、政治のことは政治の専門家《エキスパート》でないと分らないから、そういう人に万事お任せするというパッシヴな考え方が国民の間に発生し易い。エキスパートに対する度を超えての無批判的信頼が近代人の特色の一つだとエーリヒ・フロムも指摘していますが、(11)これが政治の分野にまで及んで、政治的無関心を増大させ、デモクラシーを内部から崩壊させて行くのであります。一体、デモクラシーとは、素人が専門家を批判することの必要と意義を認めることの上に成立っているものです。アリストテレスが、『政治学』の中で、「家の住み心地がいいかどうかを最後的に決めるのは建築技師ではなくてその家に住む人だ」ということを言っていますが、(12)まさにこれが民主主義の根本の建て前です。同じように料理がうまいかどうかを決めるのも、腕自慢のコックではなくて、それを食べる人です。どんなに最新の技術的知識をふるって作った料理でも、主人やお客さんがまずいといえば、コックはその批判に従わねばなりません。「そんなはずはない。それはあなた方の嗜好のレヴェルが低いからだ」とか、「文句があるならお前が作ってみろ」というような言い分は通りません。デモクラシーもその通りで、政策を立案したり実施したりするのは政治家や官僚でも、その当否を最終的に決めるのは、政策の影響を蒙る一般国民でなければならぬというのが健全なデモクラシーの精神です。政治のことは政治の専門家に任せておけという主張はこの精神と逆行するものですが、とかく近代社会の分業と専門化に伴ってこういう考え方が起り易く、これがファシズムの精神的培養源になるわけです。

さらに現代生活において国民大衆の政治的自発性の減退と思考の画一化をもたらす大きな動力があります。それはいうまでもなくマス・コミュニケーションの発達によるわれわれの知性の断片化・細分化であります。現代の新聞・ラジオ・映画・大衆雑誌等は、多かれ少かれ人々の知性を原子化《アトマイズ》する作用をします。言わば質的知識が量化されると申しましょうか。一例をあげますと、ニュース映画などで、最初に、朝鮮戦争でのナパーム弾による凄惨な被害のシーンが出ると、忽《たちま》ちその次には「今年のパリの流行は」というようなテーマで華やかなファッション・ショウの場面に変る。議会の問答が一寸《ちょっと》出るとすぐフット・ボールの試合場面が続くと言った具合です。こういう風に全く無関連な印象を次々と短時間に押しつけられると、一つの事柄について持続的に思考する能力というようなものは段々減退して刹那々々に外部からの感覚的刺激に受動的に反応することだけに神経をつかってしまう。ある事件や事柄の歴史的社会的な意味というようなことはますます念頭から消えて行くのです。こういう知性のコマギレ化に並行して、思考なり選択なりの画一化が進行します。今日のマス・コミュニケーションは必ずしも露わに画一的な結論を押しつけない、むしろ素材そのものを巧妙に取捨して、人々があたかも自主的に一つの意見を選択したかのように信じこませる。これは近代の広告技術などに最も端的に現われています。昔の広告のやり方は、あの「がまの油」という落語にあるように、例えばインチキでも大衆の面前で、直接薬の効果を実験して納得させた。だからああいうヘマな失敗もやる。現代の最も進んだ広告は、非常に間接的な方法をとります。例えば、何々石鹼が一番いいとは露骨にいわないで、良い石鹼と悪い石鹼を見分ける基準を教えたり、美人に化粧品を持たせたり、「二十歳以下の人は使ってはいけません」というような逆説を用いたりして、購買者が暗示や自己欺瞞によって、自主的な判断でもってある商品を選んだかのように錯覚させるのです。現代のマス・コミュニケーションとそれに支えられた政治権力は、基本的には全くこれと同じ手段によって国民の政治的思考を類型化し画一化し、いわゆる「世論」を作り出して行くといえるでしょう。

こういうようにファシズムの強制的同質化を準備する素地は近代社会なり近代文明な

りの諸条件や傾向のなかに内在しているものであって、それだけに根が深いといわなければなりません。これに抵抗するためには、国民の政治的社会的な自発性を不断に喚起するような仕組と方法がどうしても必要で、そのために国民ができるだけ自主的なグループを作って公共の問題を討議する機会を少しでも多く持つことが大事と思われます。ファシズムが一番狙ったのが労働組合を先頭とする自主的結社であることは、それ自身、こうしたグループが国民の受動的なマスへの転化を食いとめる機能のいかに重要な担い手であるかを物語っているものといえましょう。

大変いろいろの問題をつめてお話しましたので、繁簡宜《よろ》しきを得ずお聴き苦しかったと思いますが、その点御諒承をお願い致します。

E・ハーバート・ノーマンを悼む

無名のものへの愛着

毎日新聞社学芸部からノーマンのことについて書くように依頼されたのはもう一週間以上も前であるが、私は伊豆の旅先で真夜中にかかってきた電話によって、彼のいたましい死を知らされたときに陥った衝撃の谷間から、いまだにはい上ることができないでいる。あれから数日というものは、手当りしだい新聞を買って、ノーマン関係の記事ばかりむさぼるように読みあさったきりで、ほかの見出しにはまるで関心が向かなかった。こうしてペンをとってみたものの、私の脳裏に幾重にも映る彼のイメージは、たえまなく寄せる錯雑した感情の波に洗われていっこうに明確な焦点を結びそうもない。はなはだまとまらぬ感想になることを最初にお断りしておく。

私は戦前にはただ一度ノーマンと会っただけであるが、その折の印象は今も昨日のように鮮かである。四一年の何月かはおぼえていないが、すでに戦争気構えのうつろな叫喚がちまたに満ち、重苦しい雲が「帝都」の空にたれこめていた。私は「敵性」国の外交官に招かれることにちょっとした緊張と昂奮を感じながら、高木八尺先生に伴われてノーマンの私邸を訪れた(彼は当時カナダ公使館のランゲージオフィサーでまだ三〇そこそこであった)。昼餐の御馳走になりながら、私は太平洋問題調査会(I・P・R)から出版されたばかりの彼の新著『日本における近代国家の成立』(1)について生意気な感想をのべ、ノーマンからも私の研究テーマであった徂徠や宣長についていろいろきかれた。ノーマン夫人も同席されていたため、会話は自然英語で行われ、高木先生のあざやかな話しぶりに対して、私の方はときおりドイツ語が飛び出して夫妻を笑わせるというていたらくだったので、ノーマンの日本語のお手並のほどはついにこの時は十分知る機会がなかった。いまでもよく覚えているのは話題が音楽に移った時のことである。私がトスカニーニの指揮するベートーヴェンはレコードで聞くかぎりではどうもテンポを急ぎすぎるような気がする、というと、ノーマンは、それはトスカニーニのリズムが鋭いから、せかせかしているように聞えるのじゃないか、といって、やおら席から立上ると奥から大きな辞書をとり出して来て、しきりに頁をくっていたが、やがてある個所を指で示した。見ると著名な指揮者がエロイカを演奏する時間の比較がでていて、それによるとトスカニーニの演奏時間は何十分とあったか忘れたが、ともかく他の人に比べて決して早い方ではなかった。辞書の名もおぼえていないが、きっとグローヴの音楽大辞典のようなものだったにちがいない。こんなちょっとした事にさえ、しっかりした文献で確かめるという歴史家の本領を発揮されたのには少からず驚いた。

戦後、私が復員してふたたび研究室に通い出したある日、書庫から室に戻ろうとすると、ドアの前に軍服をきた大柄の外人がニコニコしながら立っていて、私が近づくと「しばらくでした」と日本語で言って手をさしのべた。それがノーマンだった。私は正直にいって一瞬懐しいというより、おもはゆい気持を抑えることができなかった。しかしノーマンの態度や話し方はいささかのこだわりもまたわざとらしい心遣いも感じられず、その笑顔はまるでこの五年の間、お互の置かれた運命やそれぞれの属する祖国の関係になにごともなかったかのように自然な親しみがあふれていたので、こんどはおもはゆさを感じたこと自体がはずかしくなった。ノーマンはその折に厖大《ぼうだい》なタイプ原稿を持参していて、それには『日本政治の封建的背景』という標題がつけられていた。これは仮題で内容もまだこれから勉強していろいろ直さなければ……と彼は例の謙遜な口ぶりで言っていたが、その一部が玄洋社の研究として発表された[2]ほか、ついに完成の日を見るに至らなかったのはかえすがえすも残念なことである。

私が最後にノーマンと会ったのは、二年前の五月であった。そのときノーマンは休暇をとって、ごく短かい期間日本に滞在した。私はまだ療養所から出たばかりで、自宅に静養していたので、彼はニュージーランドへの帰任の直前に寸暇をさいて、大窪〔愿二〕さんと一緒に私を見舞ってくれた。近所の中野好夫さんも合流して久しぶりに楽しいおしゃべりをした。

五〇年に別れたころにくらべると、ノーマンはかなりふとって血色もよく、みるからに現在の境遇をエンジョイしているふうであった。勉強の方はどうですかというと、ちかごろはもっぱらディレッタントになりました、といって、お得意のルクレチウスの逸話やらルネッサンス時代の教会異端派の活動などについて、例によって興趣に富んだ歴史のこぼれ話をいろいろきかせてくれた。外交官がいよいよ象牙の塔にこもり、大学教授がいよいよ行政的な仕事に追われるようになるといって皆で大笑いした。ただ日本語を話す機会が乏しいので、だんだん下手になります、とほほえむノーマンの表情には、やはり一抹のさびしさと諦観が宿っていた。

また長期間日本にいられるようになる日は、いつのことか見当がつかないという話であったが、このあわただしい滞在が、彼のあんなにも愛した国土に印した最後の足跡になろうとは……。その折に、現代イギリスの長老作家E・M・フォースターの随筆・詩・批評などを集めた『アビンジャー・ハーヴェスト』(3)をおもしろいから読んでごらんといってみやげにくれた。私にはねこに小判の形見であるが、西欧的自由の最良の伝統を継承し、しかも東洋へのヒューマニスティックな愛情と理解によって知られるこの作家を愛読していたことは、いかにもノーマンの晩年にふさわしい気がする。

外国人の日本研究者とのつき合いは、たいていの経験者は覚えがあると思うが、少なくも学問に関する限り、事柄の性質上どうしてもこちらからの一方的サービスになりがちである。だから無精者の私などはつい面倒になって、なるべく敬遠する、ということになる。

ところがノーマンは、戦後、続々とわが国にやって来たヨーロッパの文化や歴史のこともロクに知らないような日本あるいは東洋「専攻」の学者などとは同日の談ではなかった。彼は日本史研究者である前に文字どおり、世界史家であり、話をうまくひき出すと、その学殖からはほとんど無尽蔵に学ぶことができた。しかもトロントとケンブリッジ仕込みの古典の深い素養が、片々たる会話の底にいつもいぶし銀のような光を放っていた。私は誇張なしにそこにJ・S・ミルのいう完璧な「教養人」(4)を見たのである。

ノーマンは歴史の幹線から離れた入りくんだ路地や、そこに人知れず咲く野草にも似た雑録、あるいはエピソードのたぐいに飽くことない興味をいだいており、そうした話題の豊富さは、彼を知るすべての人の舌を巻かせた。一体にノーマンは史上の人物にしても、表通りを堂々とカッポする政治家・将軍・あるいはオーソドックスな碩学などよりは、その時代の異端者やちょっとひねくれた遁世の諷刺家など、歴史のあわただしい授業の中ではとばされてしまうような傍役に、より多くの関心と嗜好を示した。プラトン、アリストテレスよりもエピクロス、ルクレチウスを、クロムウェルよりもレヴェラーズを、孔・孟よりも墨・荘を、朱・陽よりも李卓吾を——これが彼の一貫した個人的選択であった。安藤昌益に対するノーマンの早くからの着目と共感も、たんに昌益の論理や主張というようなことだけでなしに、まさに昌益が「忘れられた」、しかも異端の思想家であったところに根ざしていたように思う。『クリオの顔』(岩波新書〔現岩波文庫、一一七—一五四頁〕)という随筆集のなかに出て来るジョン・オーブリなども、もっともノーマンの愛好した人物で、食卓の話題にしばしば登場したのを覚えている。

ノーマンは温厚醇正な紳士として知られているが、偽善的なところは少しもなく、気のきいた艶笑譚などの方面でも相当の蘊蓄《うんちく》があった。彼は前述のようにエピクロスを愛読したが、ノーマン本来の面目が、もっとも正しい意味でのエピキュリアンではなかったろうか。音楽などの好みも、激情的なロマン派やリズムの強烈な現代音楽よりも、典雅なバロック音楽にひかれていた。いつか療養所にくれた手紙にも、ラモーやヴィヴァルディやモーツァルトのあまり知られない——ここにも無名への愛着がある！——小品のレコードを収集して激務の暇にきいて楽しんでいるとあった。

彼の心は歴史の神クリオのように、いつも謙虚で繊細な神経が働いていたが、いわゆる内向性の性格とはむしろ反対で、陽気で上品な社交的な雰囲気を好んだ。もしノーマンがもともと孤独で沈鬱なタイプであり、あるいはS・ツヴァイクのようにみるから虚無のかげをただよわせた人物であったら、いやせめてもう少しドクトリネアの面を持っていたならば、彼の最後の報道がこれほどまでに私たち友人にたえがたい思いを感じさせなかったであろう。ノーマンを日ごろ「静かな楽天家」として、どこまでも人生や歴史の明かるい側面や発展的なモメントを見失わぬ心構えの持主として知っていただけに、死の断崖の前に行きつ戻りつした際に彼の心を占めたものを追想すると、顔をおおわずにはいられないのである。

不寛容にとり巻かれた寛容

ノーマンの歴史観や世界観というようなことはここで立ち入って論ずる限りでないし、また彼自身がそうした一般的な史観のようなものをあげつらう趣味も持たなかった。ノーマンの嗜好はいつも「哲学というような寂しい学堂に参入する」よりも「歴史という親しみやすい門をくぐる」ことにあった(『忘れられた思想家』岩波新書(上))。[5] 彼はむろんアカデミシャンにありがちな、牡蠣《かき》のように史料にへばりつくだけで想像力の羽ばたきを頑くなに拒む「実証」史家ではなかったが、他面において、プロクルステスの寝台のような「法則」でもって歴史を裁断するには、その豊かさを愛撫し多様さをいとおしむ情があまりに深かった。彼はこう述べている。「歴史はすべての糸があらゆる他の糸と何かの意味で結びついているつぎ目のない織物に似ている。ちょっと触れただけでこの繊細に織られた網目をうっかり破ってしまうかもしれないという恐れがあるからこそ、真の歴史家は仕事にかかろうとする際にいたく心をなやますのである」(『クリオの顔』(文庫版、一二三頁〕)。むろん他方「大きな統一的なテーマ」をとりあげる場合、歴史家はつねに複合する諸契機のなかでより本質的なものと派生的なもの、決定的なものと付随的なものを選りわけなければ、木を見て森を見ない結果におちいってしまう。歴史叙述にとって不可避的なこうしたディレンマ、「つぎめのない織物を引きさく」ことのツラサを自らのうちに感じないような粗雑な神経の持主は、それだけで歴史の神クリオに仕える資格を欠いている――これがノーマンがケンブリッジ時代の師メイトランドにたたきこまれた教えであり、またノーマンの本来のはだ合いでもあった。

歴史的対象へのこうした繊細な気くばりは、思想家や作家のスタイルに対する彼の関心にも通じている。「文章を吟味することはいばらの茂みに花を求めてそれをつむに等しい。……花をつんで人の前にさし出すときは、やぶのうす暗い物陰に咲いていたときほどに美しく見えはしない。文章もまた同じである。熱心な崇拝者から……ある作家の詩的形象や言葉の選択のニュアンスを鑑賞させられるときは、これまで知られなかった作家の特有の味わいを自分でもって見付け出す場合ほどには感服する気になれないものである」(『忘れられた思想家』〔新書版(下)、五頁〕)。彼の著『日本における近代国家の成立』(岩波現代叢書)に代表されるような本格的な歴史叙述のあざやかな手ぎわにだけ着目して、織物の裂け目からこぼれ落ちる一すじ二すじのほつれ糸のゆくえに対するノーマンの執着と、そのよって来るものを理解しなければ、人間ノーマンはもとより、歴史家ノーマンの本当の姿はとらえられないであろう。

歴史観察においてもまた政治的事象に対する考え方でも、ノーマンはすべてを「黒と白にぬりわける」ような単純化や、問題の一挙な解決の仕方に対してほとんど本能的に警戒、いな嫌悪を抱いていた。彼は少年の時にアレクサンダー大王がゴルディウスの結び目を一気に切断した話に反感を覚えたことを語り、それは「代数学の難問題を解くのに、巻末についている答を調べてかかるのに似ていた。問題を解く過程にこそ代数学の本質はあるのだ」(『クリオの顔』(文庫版、四七頁))といっている。同じところから「歴史の審判」というようなドギつい言葉も彼はきらった。しかし、その半面、彼が田沼時代の政治的気候を叙述する際のように「すべての役人が賄賂をとっていたわけではないが、たまたま清廉な役人は清廉以外にとりえがなかった」(『忘れられた思想家』新書版(上)、七七頁)というような寸鉄の警句のうちに体制の堕落をいきいきと表現するすべを心得ていた。これは一つには彼の教養目録の少なからぬ部分を占めたフランス百科全書家からの影響もあるように思われる。

ノーマンの歴史観が英仏の史学の伝統に深く根ざしていたように、その政治的思考にもJ・ロック以来の経験論の血筋がくっきりと現われていた。かつて『展望』誌上でノーマンと都留重人氏と私と三人でやった座談会(6)(「歴史と政治」昭24・6)の中でも、彼は日本の近代化過程をイギリスと比較しながら、日本の場合はシチュエーションの複合性と移行性が少なく、選択の可能性が狭かったので、明治の政治的指導者に「デモクラティックでなかったことについて道徳的な非難を浴びせることは適当でない」といい、自分の観点にとっては「もっぱらある政治的な決断がある状況に適合していたかどうかだけが問題」だと語っている。一般に封建制についても彼は絶対に悪いとか暗いとか判断せずに、ただそれが「現実に必要であった以上に長く生きのびた」ところに種々の病理が生まれたとみるのである。彼がバークやトクヴィルをひきながら、歴史における皮肉や悲劇は「大きく抗いがたくなった変化を暴力によって押えつけようとする場合」に起こると述べている(『クリオの顔』(文庫版、一一頁))のも右の考え方とつらなるわけである。アングロサクソン国家の伝統として誇った政治的叡智と成熟した判断力が恐怖と憎悪によってくらまされようとしているまさにその時に、ノーマンがアジア・アラブ民族主義のあらしのただ中にあって「大きく抗いがたくなった変化」に対する適応能力を西欧側に取り戻させるために渾身の精力を傾けたと推察しても、おそらく彼の霊を冒瀆することにはなるまい。

ノーマンの自殺を一つの「事件」としてその原因や背景を穿鑿することは、いまの私にはそれ自体何かたまらない抽象化のように感じられるし、こんどのアメリカ上院国内治安委員会の報告や、いわんや都留証言を一直線に彼の死に結びつける気にもなれない。が、それにしてもアメリカのマッカーシーないしその亜流の数年にわたる執拗な、しかも遠巻きの攻撃がノーマンの名誉をはなはだしく傷つけ、彼の心身をさいなんだことは否定できない。はだ合いからいっても、思想からいっても、彼に共産主義者のレッテルをはることがどんなにバカバカしいかは以上の拙いポートレートからでも察しがつこう。しかし問題は共産主義者とは客観的に何を意味しているかというようなことではない。〔ロバート・〕モリス、〔ウィリアム・〕ジェンナー（上院国内治安小委員会における査問議員）の徒輩がある人を共産主義者というときにどういう意味を含ませているかということなのだ。彼らによるとそれは第一に通常の品位さえ欠いた人間、つまりギャングやゴロツキと同義であり、第二にソ連のスパイということにひとしい。およそジェントルマンの道を解する者にとって、またおよそ一国を代表する外交官にとって、こうした呼ばわりがどのように悪質な人格的讒謗であるかは言葉に尽せない。昔なら即座に決闘というところであるが、当の相手こそまさにカナダの〔レスター・〕ピアソン外相の言をかりれば、ただ「彼らにふさわしい軽蔑の念をもって遇する」ほかない、つまり、決闘にも値しない政治ゴロなのだ。人間性の美しさをあのように愛し、知性による説得の可能性にあのように信頼をかけていたノーマンが、この長からぬ生涯の最後を、狂信と偏見と不寛容にとりまかれながらその命を断ったとするならば、残された我々は何をすればよいのか。

（後　記）

この追悼文はE・H・ノーマンの自殺の直後、『毎日新聞』に載り、同文が雑誌『世界』に、また、R・P・ドーア氏の翻訳によって、「太平洋問題調査会」の機関誌"Pacific Affairs"に転載された。しかし、初めて発表された際には新聞紙面の制約からして、戦前におけるノーマンとの初対面から、戦後の再会に至る個所〔二四五頁九行目から二四八頁二行目まで〕はカットした。この部分はのちに『我が友』という書物に収録される際に復元されたので、ここには全文を収める。なお、文中の二つの副題は、新聞に二日にわたって載った折の、毎回の見出しをそのまま生かしたものである。

「みすず書房」の元来の編集では、一九五六年の「断想」が末尾になっていたのであるが、この追悼文で区切りにしたのは、私の希望である。そのために、私の結核療養期間を収録の下限にする、という本書〔『戦中と戦後の間』〕の方針からはみ出る結果となった。私が昨年秋にアメリカ東部に行ってまもなく気付いたのは、日本あるいはアジア研究の若手の間にあるノーマンへの再評価、もっと露骨にいえば「名誉回復」の空気であった。「名誉回復」といっても、もともとノーマンはアメリカ国籍の人でないから、法的な意味でいうわけではない。ただ、彼は嘗《かつ》てハーバード大学に学び、又「太平洋問題調査会」を通じて、アメリカの日本あるいはアジア研究者と密接に交流し、そのことがまた外国人の彼をマッカーシィイズムの旋風にまき込んで悲劇的な結末に導く背景になっていた。それだけに、私のもっとも敬愛したこの友人にたいする評価が、六〇年代初頭に私がハーバードに赴いた頃と一変していたことは、私にとって大きなよろこびであった。私が今春、ペンシルヴァニア大学に立寄った折に、旧知のコンロイ教授(7)は、この文のなかから、「無名のものへの愛着」という句を引用して若い人々に私を紹介した。「みすず書房」から本書のゲラがアメリカに届いたとき、私はすぐこの稿のことを思い出して、収録稿の時期下限が一年長くなっても、これを末尾に置くことを提議した次第である。

（一九七六年）

「スターリン批判」における政治の論理

一

円や線の比較でなくて人間を比較する場合には、真理と利害が衝突するために何時まで経っても幾何学のような確実な認識ができない、といってトーマス・ホッブスが慨歎した(1)のはもう三百年も前のことであるが、ホッブスのこうした歎声がまさに十七世紀イギリス革命の醸し出した激情の真只中で発せられたことは意味深い。

人々の拠って立つ生活基盤の安定性が大幅に喪われ、あれこれの問題ではなくて、社会の「原理」そのものが問われているような時代には、挑戦し、挑戦されるインタレストは決して狭い意味の経済的なそれにはとどまらないで、多年にわたってその社会に根を下した生活様式や人々が自明として疑わなかった価値感情が、同時に根底的な動揺に曝されるために、いわば慢性の熱病状態がその時代の精神的風土の特徴となる。眼前の変化があまりにめまぐるしく、あまりに巨怪であるために、次々と起ることの意味をヨリ広い文脈との関連で理解しようとする前に、事件の心理的衝撃がまず人々を圧倒する。今日ではどんな熱烈なカトリック教徒も中世末期の宗教裁判の非道さや、教皇政治の腐敗や、聖バーソロミュー虐殺の残忍さを指摘されたところで、直《ただ》ちに顔色を変えて怒ったり、必死になって弁護したりはしないだろう。また長老派教会の牧師に対して、カルヴィンがジュネーヴで創設した政治体制が典型的に「全体主義」的な権威制であること、彼がセルヴェトゥスを焚殺したやり方はどう見てもキリスト教精神にふさわしくないことを主張しても、おそらく彼はすなおに承認するにちがいない。そうして旧教徒も新教徒も、「宗教戦争は分析すればするほど元来の意味での宗教の要素は稀薄になる」というイギリスの一歴史家の言葉(2)に含まれたある真実を拒否しないと思われる。フランス革命についても、歴史学的な解釈こそ今日でも盛んに争われているが、そうした学問的論争が直接に政治的意義を帯びた時代はもうとっくに過ぎ去った。フランス革命とそれにつづく干渉戦争の過程で冒された数多くの愚行や残虐をどんなに力をこめて弾劾する人々も、人権宣言の諸原則が今日文明世界の公理として通用していることを承認するし、他方バスチーユ獄襲撃の日を国祭日としラ・マルセイエーズを国歌とする国で、マリー・アントワネットの運命に紅涙を絞らせるような映画が作られても、誰もべつに不思議とは思わない。

　ところがロシア革命とその諸々の連鎖反応については、残念ながら今日の世界はまだその与えた心理的ショックから回復するだけの時間的距離をもっていないようである。それは革命後四〇年というような自然的時間についていうのではない。四〇年はまだ四〇年とも考えられるし、もう四〇年ともいえるだろう。むしろ問題はロシア革命が投げかけた挑戦に対して、今日の世界が――資本主義世界はむろんのこと、当のソヴェート同盟を中心とする社会主義世界も含めて――いまだに十分な結着を与えていないこと、従ってそこに含まれた諸々の争点《イッシュー》が今日なお生々しい現実性を帯びてわれわれの全存在を揺がしていることから来ている。ソヴェートや中国革命の達成したものをどんなに高く評価しても、そこから直ちに彼等《かれら》の方式を自分の国に輸入すべきだという結論は出て来ないし、逆にソ連や中国のあらを必死になってあばき立てたところで、それによって日々の新聞紙面をにぎわす権力の腐敗やスキャンダル、失業や貧困のもたらす惨事などが少しでもなくなるわけではない。にも拘らず、そうした「新しい世界」の辿る一つ一つの過程は、文字通り「ひとごとでない」渦紋を呼び起す。ラスキのいうロシア革命の

「莫大な成果」と「莫大な代償」(3)はいまだに人々の心の中に適当な平衡点を見出しえず、利害と立場と局面の衝撃とに応じて、あるいはプラス面が心理的に自乗され、あるいはマイナス面が大映しにされる。国際的にも国内的にも政治的緊張が高度化するほど言論や批判についても敵味方両極への収斂性が強まり、双方の側で少しでも「味方」に有利であり「敵」に不利であると判断される言動を細大洩らさず宣伝材料に動員しようとするし、また事実動員されるから、コンミュニズムないしソヴェート制についてのあらゆる認識や評価はその真偽性の見地よりもまずその社会的効果——と敵味方において判断されるもの——から顧慮され、また認識者や判断者の「背後の意図」が臆測される。そうして一方の陣営に「加算」された見解は直ちに他方の陣営の憎悪に満ちた反撃を呼び起すために、いわゆる厳正な客観的批判者として出発したものも、いつしか政治的磁場の作用を受けてその立地を移動させてしまうことが少なくない。それぞれの陣営の内部では「敵に利用される」ことへの警戒と恐怖から半ば自発的、半ば強制的に同調化が進行する。冷戦の激化と共に国内体制の兵営化においで米ソがますます近似した様相を帯びて来る皮肉はすでにしばしば指摘されたが、それは上述のようなヨリ広くヨリ長期的な危機的状況の一つの——際立った——局面にすぎぬ。ソヴェート制とコンミュニズムの根本問題については夙《つと》にトータルな攻撃とトータルな擁護、いいかえれば認識と価値判断の「全体主義化」の傾向がロシア革命以来の世界に内在していたのである。ソ連や世界の共産主義運動の足跡を、その背負った歴史的諸条件やその置かれた社会的・政治的状況との相互作用から観ないで、すべてをマルクス主義世界観とその「本質」からの演繹、ないしは「必然的」発展に帰し、クレムリンの指導者の目的意思——それが「科学法則」に立脚するとされるにせよ、「邪悪なる世界征服意図」と同視されるにせよ——を万能視するという点で、ゴリゴリの共産主義者とゴリゴリの反共主義者の論理が奇妙な「反対物の一致」を示して来たのも、それ自体が現代の政治的状況とそこに醸成される精神的気候の表現にほかならない。

二

第二〇回ソ連共産党大会における「スターリン批判」[4]から中国共産党の「百家争鳴」の提唱[5]にいたる広汎なコンミュニズム陣営内部の「自由化」の動向は、このような慢性的な熱病状態に歴史的な転機をもたらそうとしている。一般に革命勢力は、国家権力だけでなく、社会の伝統化された習慣や象徴、人心に浸みついた生活様式や文化形態など、いわば非組織的な社会力をいつでも広汎に動員できる立場にある旧体制に対抗し闘争しなければならないので、つねに組織的にもイデオロギー的にも強固な団結と規律が要請され、またそこから指導部への権力と象徴の集中が正当化される。その必要度は当然に旧体制の抑圧や包囲が強いほど強いし、また革命と反革命の力関係が不安定で局面の変化が激しいほど高くなる。その意味でクロムウェルのピューリタニズムもフランス革命のジャコバン主義もコンミュニズムに劣らず「一枚岩的」だったし、その生理も病理も似ていた(といっても、むろんそれぞれの歴史的社会的性格と思想的武器の特性から来る相異を無視するのではない)。右のことは革命政党の内部組織だけでなく、国際的な革命運動における集中と分化の関係にも妥当する。コミンテルンの歴史の峻烈な批判的研究者の一人F・ボルケナウはすでに三〇年代の著で、各国共産党の基本的性格を単に「モスコーからの命令」の結果とみることは重大な誤謬であり、むしろ「ロシア以外の地域で相対的に強力な革命運動が存在したかぎりは、ロシア革命のもつ威信の強さにも拘らず、これらの運動はモスコーからの指令を必ずしも受け入れなかった」ことをベラ・クン、ローザ〔・ルクセンブルク〕、パウル・レヴィ、中国共産党などの例で実証し、

「革命の現実のチャンスが背景に遠ざかれば遠ざかるほど、ロシアにおいて既に達成された革命の崇拝がとって代った」(*Communist International*[London: Faber and Faber], 1938〔「丸山文庫」図書〈0181768〉〕, p. 416 & p. 418)といっているのは興味がある。

集団の強さはそれだけ安定感を生み、安定感は自主性――必ずしも排他性ではない――を強め、内部の構成員の個性と自発性が団結を危くするのではないかという恐怖感をとりのぞき、そのことがまた多様化を促進する。こういう一連のラセン的発展過程は、何も共産主義の国家と運動だけを例外とするものではない。ソヴェート共産党第二〇回大会において示された二つの大きな事実は、ソヴェート国家の指導者がいまだ嘗《かつ》て経験しなかったほどの国際的・国内的な安全感を享受していることと、もう一つはあの世界を瞠目させたスターリン批判をはじめとする「新路線」の提示であった。この二つはいうまでもなく密接に関連している。そうして、このスターリン批判の仕方と内容について国際的な共産陣営の内部で最もオリジナルな批判的見解を発表したのが、西欧で最も強大な勢力をもつイタリー共産党とソヴェート以外のもっとも強大な共産主義国家(便宜上俗称に従う)としての中国であったことも偶然ではない。むろん「スターリン批判」の波紋は現在の国際情勢のもとでそれ自身の政治的力学をもって拡がっていった。二〇回党大会自身が上に述べたロシア革命の「巨大な収穫」と「巨大な犠牲」の両面を改めて世界に生々しく提示したので、反ソ反共勢力は忽《たちま》ちソヴェート指導者自身によってはじめて「公認」された後者の側面にとびついて大々的にキャンペインした。アメリカ国務省によるフルシチョフ秘密報告の入手と一部発表(六月四日)は、このドラマのクライマックスであった。ソヴェートの指導者はむろん「スターリン批判」のもつ政治的なプラスとマイナスの効果を十分考慮した上で敢てあの挙に出たのであるが、やはりその国際的波紋に逆影響されて、漸次「敵による利用」に対する警戒面を強調するようになり、各国共産党機関紙の論調にもそれが反映している。

「スターリン批判」の思想的意義は本来、スターリンを半神化し、ソヴェートの国内国際政策を百パーセント弁護して来た世界の共産主義者およびその無条件的な同伴者たちに対する鉄槌だっただけではない。それは同時に、ソヴェートとコンミュニズムのある歴史的段階における形態を固定化し、あるいはいかなる政治にも共通する法則ないし傾向性をことごとくソ連ないしコンミュニズムの原理または本質的属性に帰着させて来た少からぬ反共主義者に対して歴史が下した批判でもある。ところが前者がその受けた衝動を少くも当初は隠さなかったしまた隠せなかった(例えば六月二四日アメリカ共産党全国委員会声明はいう、「われわれはフルシチョフ演説で明らかにされた実情に深刻なショックを受けた。……わが国の労働者階級と人民に対してわれわれは、今日誤謬であることが判明したソ同盟の多くの外交及び内政を無批判的に弁護したことを率直に容認する」(*Political Affairs*, July 1956[, pp. 35-36])のに対して、後者は大部分依然として本質的不変論を固執しているように見える。むろんソヴェート及び共産圏諸国の「自由化」の下にいわゆる「自由企業制」や西欧の政治制度としての議会制への完全な復帰を理解するならば、それはないものねだりに等しいであろう。こうした制度論にはいまは立ち入らないが、むしろ重要なことは、そうした「不変論」の一方的強調は逆にまた共産主義者の「不変論」——後述のように、社会主義の「本質」は変らない、という命題で「スターリン批判」に含まれた問題をできるだけ局限しようとする傾向——を強化し、双方のイデオロギー的硬化の悪循環を招くという現実的な作用である。アメリカのある大学教授がインドへの旅行の途次、偶然に二〇回党大会前後にモスコーに滞在して広汎な市民や学生と接触した印象として、「ある者は自由に……話し、今こそ前には論議できなかった色々の事を話し、胸の中にしまっておいた事をぶちまける多年待望した機会が到来したといわんばかりの様子であった」が、「他の者は四角ばって控え目で一語一語を慎重に考え、きわどい問題や不謹慎と解されそうなことはすべて故意に避けようとし……まるで一国の代表者が他国の大使に話しかけるかのようだった」(Paul Baran,“On Soviet Themes,” *Monthly Review*, July-Aug. 1956[, p. 84])といっている。これは多かれ少なかれ現在各国の共産党員のなかにある二つのタイプであり、またソ連の国際政治の場での行動様式にも現在この二側面の交錯が見られる。そのいずれの態度が今後支配的になり、いずれの方向が伸長されるかを決定するのは、単に共産主義陣営の一方的な選択ではない。問題が深く基底的な世界政治の状況に根ざしている以上、「スターリン批判」に含まれた思想的意義が十分に歴史的に開花するかどうかの岐路は、同時に西欧陣営ないしは非共産主義者の対応の仕方如何《いかん》にもかかっているわけである。

したがって「スターリン批判」に対するいかなる批判も、いかなる評価も、もしそれがロシア革命以来コンミュニズムをめぐって醸成された精神的気候の単なる継続の上になされるならば、それ自体、「スターリン批判」の生起したそもそもの歴史的意義を埋没するものといわねばならない。反対に、「スターリン批判」の批判を、右のような精神的気候の下で醱酵《はっこう》する思考と行動の形態《パターン》への考察にまで掘り下げることによってはじめて、そこに含まれた問題をマルクス主義者と非マルクス主義者に共通な基盤の上に検討し、そこから共通の学問的課題と政治的教訓を引き出すことができる。そうでない限り、非スターリン化をめぐるかまびすしい国際的な論議は、一方ではマルクス主義の「福音」の解釈をめぐる旧態依然たる教義学的問答と、他方における全く超越的な「ここまでおいで」式の「批判」という、二つの相交わらぬ平行線を描くだけであろう。そこに鳴りひびくメロディーは凝固した両極化の新たな変奏曲以外のものではない。

　こうした反省を前提とし、また結論ともしながら、ソ連はじめ各国共産党が「スターリン批判」のテーマに関連してこれまで発表した文献を素材として、そこに政治の認識論としてどのような問題がはらまれているかについて若干の検討を加えてみたい。問題は自《おのず》から政治過程に対するこれまでのマルクス主義者の思考法の批判に導かれて行くであろう。しかしそれはなんらかの実体的なイデオロギー又は世界観を拠点とするマルクス主義の原理的批判でもなければ、またソヴェートないし人民民主主義体制それ自体の検討でもない。むろん私の提出した問題をそれぞれの立場からする、マルクス主義あるいはコンミュニズムの「本質論」に結びつけることは自由だし、また私の「批判」のなかにも必然的にある種のイデオロギー的選択が含まれていることを否定しようとは思わない。ただ私の試みは一応そうした世界観的立場や本質論を括弧に入れた上で、今度の問題をめぐるコンミュニストの――しかも国際的に第一級のコンミュニストの所論をできる限り普遍的な政治法則の現像液に浸し、ある種の定型化した思考と行動の様式を浮き立たせようというところにある。繰り返しいうように、そうした思考＝行動様式は必ずしもマルクス主義ないしコンミュニズムに特有のものではない。にも拘らずマルクス主義のもつ体系性とその党派性の見解が、上述したような両極化の精神的状況の中で機能する場合には、自己を一つの閉鎖的な完結体として表現する傾向が強く、そのために、特定の政治状況に制約された精神傾向なり政治的手段までも「世界観」自体のなかに繰り入れ、もしくは一切を「闘争」の必然性によって合理化しやすい。そうした傾向が今日まで異なった学問的立場とのコミュニケーションを阻害して来たばかりか、実践の場においても、政治的手段の自主的コントロールを困難にし、結果において反共論の「全体主義化」をいよいよ促進したことは否定できない。「政治の論理」を世界観から分離し、それとして突き放して認識することをまずコンミュニストに対して要請する根拠はまさにここにある。これこそイデオロギー的硬直からの解放――本当の意味の雪どけ――の第一歩であり、しかもその決定的な一歩はすでに意識すると否とを問わず、「スターリン批判」の論議において踏み出されているのである。

三

ソ連の現指導者によるスターリン批判の最初の仕方のうちには、既に各方面から指摘されたように個人崇拝の裏返しのようなところがあり、過去の大量粛清や恣意的な決定や官僚主義や戦争指導の失敗などマイナス面をスターリン個人に帰し、ソヴェート社会主義の急テンポの発展や対独戦の勝利などの善い面は、悉《ことごと》くボルシェヴィキ党の周囲に結集したソヴェート人民大衆の英雄的奮闘の賜にするという単純化に陥っていた。歴史の生産者が個人でなくて大衆であると力説しながら、歴史における悪の要素の生産についてだけ大衆の関与を否定するのはたしかに馬鹿げている。と同時に、そこには個人跪拝の原因を集団指導の欠如に帰し、逆に集団指導の無視を個人跪拝から説明するという循環論法が潜んでいた。

そうした疑問に対しては、まず中国の『人民日報』が「プロレタリアート独裁の歴史的経験」という論説[6](四月五日付)で個人跪拝が「数千万人の習慣の力」だという含蓄のある表現で問題の解明に一歩をすすめたが、とくに六月四日アメリカ国務省が暴露したフルシチョフ秘密報告のショックによって、トリアッティはじめ世界の主要な共産党指導者は、否応なくそれぞれ自己の問題としてスターリン崇拝のよって来る原因の検討に乗り出さざるをえなくなった[7]。そのいずれもがこれまでのソ連当局の発表ないし説明の仕方に対する不満の表明から出発していた。「敵」からの批判に対しては黙殺し、あるいは相手の意図を暴露をもって応じていたソ連首脳部も、こうした友党から一斉に提起された疑問や希望に対しては答えないわけには行かなくなり、それが六月三〇日のソ連共産党中央委員会による「個人跪拝とその諸結果の克服に関する決定[8]」となって現われた。

右のソ連共産党中委報告では、個人跪拝を生み出した原因として、(1)ソ連で社会主義建設が行われた客観的な歴史的諸条件と、(2)スターリンの個人的資質と関連した若干の主観的要因という二者を挙げている。例示された個々の具体的原因——ソ連の国際的孤立とか、国内の反革命派と国際的なファシズムの脅威とによって余儀なくされた集権化、その反面としての「若干の民主主義的形式の制限」など——の歴史的検討はしばらく措くとしよう。むしろここでの問題は、この客観と主観の両因がどのような媒介要因によって結び付くかというところにはじまる。そこにパーソナリティと状況との関連とか、指導と被指導との機能的な相互作用関係とか、公式《フォーマル》な組織内部における非公式グループの意義とかいった政治上の核心的な諸課題が介在しているのである。この問題が理論的に取り上げられない限り、個人崇拝に限らず、重大な政治的事象は一方では巨視的な客観情勢論ないしは「体制」論と、他方では指導者の先天的内在的素質――その極限としての悪玉論――の二つの方向に解消してしまう。たとえばスターリンは「個人的な謙譲さというものをもち合せなかった」(『プラウダ』三月二八日論文)とか「初歩的な謙譲心さえ欠けていた」(フルシチョフ秘密報告)とかいわれるが果してそうか。改めてスターリン性格論を持ち出す余裕はないが、少なくも彼があれほど長期にわたって最高の権力を掌握し、またあれほどの歴史的大業を遂行した政治家にしては虚栄心の虜にならず、史上の独裁者と比較しても自己抑制の能力において劣っていなかったことは、色々の証拠から明らかである。むしろトクヴィルがルイ・ナポレオンに下した「彼は人民に対する抽象的尊敬はもっていたけれども、自由ということにはあまり好意を示さなかった」という評価(9)の方がまだしもスターリンにはふさわしいであろう。また彼の「病的な猜疑心」の例がフルシチョフによって挙げられているが、もしそれを認めるとしても、それを単に個人の属性に帰することでは、すこしも問題は解決されない。現に世界中のあらゆるコンミュニストは「革命的警戒心」の強化を高唱しているが、緊迫した政治状況の下で革命的警戒心と猜疑心とがいかに実質上区別が困難になるか——むろん、反革命的な警戒心も同じことである——は、日共の分派問題[10]を回想しただけで十分であろう。事実ユージン・デニス[11]は三四年以後の大粛清について「〝人民の敵〟に対する追及は事実上いかなる反対や対立意見をも疑わしいとみられるほどヒステリックな規模に達した」といい、また「それ(虚偽の自白ないし証言のデッチ上げ)は熱にうかされたような疑惑とヒステリーの雰囲気のおそるべき産物で、イェジョフ、ベリアその他の帝国主義の手先たちが自分の目的のためにこの雰囲気を利用したのである」(六月一八日付『デーリー・ワーカー』紙論文)といっている。

しかも、一定の緊迫した政治的状況が生み出した心理的雰囲気はそれ自体の自律的運動をもち、その中で刻印された思考や行動の形態《パターン》は、客観的諸条件が変化した後にもなお惰性として生きつづける。三四年キーロフ暗殺事件にはじまる共産党及び国家諸機関に対する大粛清と恐怖時代は、第一次五カ年計画が完了し、農業集団化を通じて富農《クラーク》が一掃され、国内のトロツキストがすでに「武装解除」されて反革命の社会的基盤が大幅に消失したのちに、つまり社会主義が体制としてはその基礎を固めた——スターリン憲法はその法的確認であった——のちに絶頂に達したことを忘れてはなるまい（もっとも他方で、日独ファシズムの脅威の増大がスターリンとＯＧＰＵへの権力集中を合理化する根拠となった）。

フルシチョフ報告も、「党、ソヴェートおよび経済上の指導者たちが多数逮捕されたために、多くの労働者が仕事の確信を失いはじめ、過度の用心深さを示すようになり、すべての新しいことに恐怖を抱き、自分自身の影を恐怖するようになり、彼等《かれら》の仕事においてイニシアティヴを示すことが少くなりだした」といって、粛清によって醸成された心理的なインパクトの自己運動が逆に新たな「事実」を産み出して行くことを——彼自身その理論的意味をどれだけ意識しているかは別として——実質的に認めているが、このような猜疑・不信・恐怖などの政治的ダイナミックスは特定の個人の性格や心構えに帰するにはあまりに重大な問題であり、またそれは必ずしも特定の社会体制や組織に固有のものでもない。たとえば上のデニスの言葉のうち、「人民の敵」を「国家の敵」に代え、「ベリアその他の帝国主義の手先たち」を「マッカーシー上院議員その他チャイナ・ロビイの手先たち(12)」とかえれば、殆《ほとん》どそのまま四〇年代末期から五〇年代前期にかけてのアメリカにあてはまるだろう。

一般に今回の「スターリン批判」を契機とする各国共産党の国際的な自己批判は、コンミュニストの政治行動にまつわる心理的傾向についていちじるしい類型性を証示している。たとえばユージン・デニスはアメリカ共産党がこれまで、「おおくの労働者や自由主義的活動家の批判的発言や見解にたいしては狭量な態度をとったことがしばしばあった。……労働組合活動家や自由主義者からの真剣な批判まで、職業的反共分子や反ソ中傷家の批判と同じように扱った」(前掲論文)といっているし、イギリス共産党のジェームス・クルーグマンは「われわれはその政策を間違っていると判断した人々、いな、破滅的(disastrous)だと判断した人々に対してでさえも、裏切り者という烙印を押してはならない場合があるのに、そういう烙印を押す傾向があまりに強かった。個人的意図というものは事実問題ではない。人格的誠実さを正確に測りうる誠実測定器(sincerometer)などというものはまだ発明されたことがない。破壊的政策を抱いた個人が完全に誠実であるということは十分ありうることである」(James Klugmann,"Communists and Socialists," *Marxist Quarterly*, vol. 3, no. 3, July, 1956, p. 155)と「反省」しているが、このように異った見解や政策に対して一律にレッテルを貼る傾向や、すぐさま相手の「悪しき意図」を臆測する思考態度を、アメリカやイギリスのコンミュニストだけの現象と思うものはまずあるまい。また、「そこでは（スターリン体制の下ではという意味――丸山）理論を発展、前進させ、なにか独創的な新しいことをいうことのできる者はスターリンただ一人で、残りの者はスターリンの語った思想を普及し、彼がたてた方式を解釈すべきだとみなされたのである」とプラウダ論説（三月二八日）がのべていることも、つい先ごろまでは、ほとんどあらゆる国のあらゆる共産主義者に共通した事実上の傾向であった。したがって、こうした「欠陥」を単に特定の国のコンミュニズムの水準の低さのせいにしたり、あるいは個々の共産党員の修養の足りなさということだけで片づけること、いいかえれば、特殊性への逃避と道徳主義への解消は問題を本当に解明する途とはいえない。右の最後の例をとれば、しばしば――共産主義者の自己批判としてもまた反共論者の批判においても――権威への盲従がいけないという「教訓」が引き出される。権威への盲従がよくないのは分り切った事だ。だがそれなら権威への盲従を改めてもっと自主的になりましょうという事で済むだろうか。個人崇拝が単に特定人格の崇拝ではなくて、ほとんどすべての共産主義者によるスターリン理論の絶対化として現われたことは、なにも全世界の共産主義者が揃いも揃って先天的に「権威主義的性格」の持主だったからではなかろう。そこではスターリン理論はプロレタリアートの組織的団結のシンボルとして機能していたからこそ、同じ陣営内における「理論」へのいかなる疑惑も団結に水をさすものとして取り扱われたのである。党の路線《パーティ・ライン》から偏向しないだろうかという恐怖と警戒のあるところ、思想と言論の上部への同調化の傾向は不断に発生する。そうして各国の党員の党幹部への同調化は、党幹部の社会主義の祖国ソ連への同調化に、それは更にソ連共産党の最高権威への同調化にまで上昇して行かざるをえない。シドニー・ウェッブのいわゆる「正統病」(disease of orthodoxy)[13]がこうして蔓延する。むろんソ連における正統病は特殊的に帝政ロシアにおけるギリシャ正教と国家権力の合一の思想的遺産に帰せられる面があろう。ちょうど日本共産党が「国体」的正統性の思想的遺産を——裏返しにして——受けついでいるように。しかし世界的規模におけるコンミュニストの正統病は本論の冒頭に暗示したように、一つには未だ相対的に自己の劣勢を意識している革命団体の心理的習性であり、一つには政治状況の緊迫性が対抗する両極に等しく刻印する思考様式の産物なのである(その意味で「自由主義」における忠誠審査など一連の正統主義化に見合っている)。そうして右のような「異口同音」化の反面は、「社会主義諸国における重大な不正を物語るような情報は何でも信ずることを拒否し、そのような情報は中傷だと考」(デニス、前掲論文)える、これまた通有の傾向として現われる。スターリンを書記長に据えることを警戒したレーニンの有名な「遺書」(14)も、強制収容所の存在も、大粛清がスターリン憲法の規定する法手続をさえ無視して行われたことも、――一言でいえばプラウダやフルシチョフ秘密報告が今回明らかにした大半の事柄は「ブルジョア世界」では殆んど既知のことであって「秘密」といわれるほどのものではなかった。ただそれがソヴェートの最高責任者によって確認されたとき、はじめて全世界の共産党もまたこれを確認しただけのことである。事はジャーナリズムの情報だけではない。敵からも学べということが繰り返しいわれるにも拘らず筋金入りのマルクス主義者は、一般に非マルクス主義の立場からの学問的業績に対しては、自己の見解を確証するためとか、反駁のために以外には「学」ぼうとしない傾向が――同じく国際的に――顕著である。それはソ連や人民民主主義国の体制に関して最も甚だしく、また、マルクス・レーニン主義で既に理論が「出来上っている」領域、ないしは古典的定義が与えられている問題ほどその傾向が強い。それもとくにマルクス主義者が性癖として狭量だからでもなければ、先天的に自由な思考が欠けているせいでもあるまい。マルクス主義が封鎖的体系として現われる論理的必然性は必ずしもないとしても、両極化の精神的インパクトが続く限り、学問的論争の次元とイデオロギー闘争の次元とは実質的に交錯するから、それだけマルクス主義は善かれ悪しかれ現実には全一体《トタリティー》としてのシンボル価値において機能する面が大きく、自《おのず》から非マルクス主義的業績の大胆な摂取よりは「修正主義」への堕落に対する警戒の方がいつも先行する結果になるわけである。こう見て来ると、右のような一連の行動様式の類型性はいずれも多かれ少なかれ現代の政治状況と函数関係にあり、したがって、共産主義者のザンゲによって消滅するものでもなければ、また非共産主義者が往々自己欺瞞によって想定しているほど自己の陣営に「無縁」なものではない(現にマルクシストの学問的閉鎖性をわらう西欧側の非マルクス主義学者が、たとえば独占資本というような用語自体に心理的に反撥し、「公式」の妥当性を十分吟味もしないで公式=誤謬という彼等なりの「公式主義」に安住している例はいくらもある)。けれどもこうした心理的傾向性が深い状況的根源をもっているからこそ、意識面でこれを不断に「隔離」して認識することがいよいよ必要となるのである。共産党やソヴェート制に関する「ブルジョア学者」の研究やマス・コミュの報道がどんなに偏見に支配され、どんなに中傷やデマを飛ばして来たからといって、そうしたテーマの認識と判断にあたってもっぱら自己の陣営の研究や報道に頼っていると、今度の場合に顕著なように、「知らぬは亭主ばかりなり」という結果を招いたり、いきなり不利な事実に当面して急激なショックを受けることになる。なによりそうした態度では、イデオロギー的嗅覚だけは鋭くなっても、あらゆる研究や資料のなかから積極的に真偽を見分ける能力は一向に鍛えられない。ヴァイタルな問題に対する多様な見解の提出や理論解釈の多義性が団結を弛緩させあるいは利敵行為となる――その可能性は多少ともつねに存在する――ことに対する警戒心が一方的に亢進すれば、先天的には権威主義者でないコンミュニストも、しだいに同調化が習性と化し、ますます権威主義になって行く。上にのべたような政治状況と人間関係との相互連関やそこに打ち出される行動様式は決して宿命的な必然性をもって生起するものではない。しかしその次元の問題を一応特殊的個別的条件から切り離して「法則化」しなければ、客観情勢論は「あれはあの時のことでした」ということで、また個人的資質論は「だからみんな立派な人になりましょう」ということでおしまいになってしまう。それでは右のような種々のマイナス効果を大衆的規模で制御する方向は、到底期待されないであろう。

したがって、さきのスターリンの欠陥や粛清の問題に立ちかえるならば、当面の問題は、良い心掛と悪い心掛を区別することでもなければ、「主義」や「世界観」の先天的正当性や完結性に救いを求めることでもない。革命的警戒心は甚だ結構だが猜疑心はいけないというだけでは、実は何事も言わないに等しい。どういう状況の下で、前者が後者に転化するか、そのデリケートな移行の地点を具体的な政治過程に即して究明することによってはじめて事柄は今後の教訓として蓄積される。指導者のタイプや素質の優劣は組織の性質によって異り、また組織化の段階——権力獲得の段階と安定化の段階、攻勢の段階と守勢の段階、危機的状況と平時的状況といった——に応じてその政治的機能は転変するので、それ自体としては善良なものもなければ「悪質」なものもない。ところがすぐれたマルクス主義者は、実践の場ではこれまでもそうした政治的人格の動態や組織化の過程が、巨視的な「客観情勢」ないし経済過程と、具体的な政治行動とをリンクする媒介項として重要な意味をもつことを直覚していたにもかかわらず、そうした次元の問題はもっぱら個別的具体的な戦術として処理されて来たので、複雑な政治的状況は一般的な典型にまで十分抽象化されなかった。つまり本来もっとも高度に政治的であるべきマルクス主義が皮肉にも政治的次元の重要な問題を、「経験主義」に放置して来たといっても過言ではなかろう。とくにパースナリティや行動様式の相互作用関係を把えるる努力は唯物論の立場からは唾棄すべき「心理主義」として斥けられやすい。その結果はしばしば具体的な人間行動の理由づけに関する恐ろしく素朴で非現実的な「説明」

となって現われる。事は決してスターリン性格論だけではない。たとえば、ベリアや伊藤律のような「裏切者」についての公式発表には、殆どハンコで押したように、彼等が抑々《そもそも》の出発点から邪悪な素質と意図をもって運動に入り、組織の中で着々その目的を実現して遂《つい》に党や国家の最高幹部にのし上ったというような「遡及法」的な論理が使用される。彼等が本当に裏切者であったかどうかは別として、こういう「論理」が殆ど説得力をもたないことだけは確かである。そうして問題をここまで押しすすめて来ると、どうしても今日までマルクス主義者を――意識すると否とを問わず――現実に規定して来た思考法をヨリ一般的な構造連関の下で取り上げなければならない。

四

右に述べたような遡及論の醱酵《はっこう》する泉源を掘り下げて行くと、必ず行き当るのが、いってみれば「本質顕現」という思考様式である。平たくいえば「ついにその正体を暴露した」というあの考え方である。これは悪い面の場合だが、逆に大衆の政治意識や社会主義体制の歴史過程に適用されると、「ますますその本来の性格が――外部からの暗雲を排して――発現する」ということになる。先天的内在的なものの顕在化という論理は、発展の論理としては有機体の論理であり、規範論理としては自然法的思考であって、外(状況)からの衝撃によって内(主体)そのものが変動し、また「内」の運動と作用によって「外」自体も推移して行くというモメントがなければ弁証法的な思考とはいえまい。

たとえば敗戦後のアメリカ対日占領政策に関するコンミュニストの規定のし方は、当初の「解放軍」的見方から、急激に「独占資本の世界支配」という見方に変り、しかも例の遡及論で、あたかも戦後の「民主化政策」の一切がアメリカ支配層の「本質目的」から流出するかのように説かれた(ちかごろは大分訂正されたが)。むろんそこには学問の問題を超えた「政治の必要」が作用していたのであろうが、マルクス主義者の分析の仕方にこういう傾向性があることは否定できないし、また「政治の必要」としても、アメリカ支配層の政策決定がしばしば状況変化に対する機会主義的な対応にすぎない場合まで、それをまるで碁の名人のように、計画的布石の結果と看做《みな》し、その見透しを恐ろしく過大評価する結果になっている。大衆の政治意識にしても、本質顕現的論理から来る「しだいに革命化する」という長期観測のために、経済状況や政治状況の転変に応じて、大衆の意識と行動が描く高潮と沈滞の波動が十分に追跡されない。プロレタリアートが

「本質的に」革命的であり、しかも共産党がつねに革命の前衛であるならば、具体的な革命の失敗は共産党以外の社会民主主義の指導者の裏切りによってしか説明できなくなるのも当然である。大衆にいきなり高度のプログラムを押しつけてはいけないということが昔から繰り返し言われながら、実践的には押しつけて来たのは何故か。誰が自ら押しつけと思って押しつけるだろう。押しつけている当人は大衆のなかにアプリオリに内在している革命的なものを顕在化しているつもりなのである。私は、コンミュニスト全体がそうだとか、これがすべてだとかいっているのではない。少くも経験的に見て、そういう思考傾向が執拗にまつわり、しかも——程度の差こそあれ——そこには、単に日本のコンミュニストの幼稚さということだけに帰せられない問題があると思うのである。

政治意識や人格構造のダイナミックスを追求することに対するマルクス主義者の「警戒」は、なお次のようなところから来ている（そういうアプローチが頽廃した帝国主義の科学への降伏であるというような政治的理由づけは論外とする）。第一にそれがどうしても人間の下意識や行動の非合理面を浮び上らせる結果となるので、マルクス主義のなかにある合理主義にひっかかるということ。第二にはいわば「基底体制還元主義」とでも名付くべき思考傾向である。第二の問題はあとで組織論の問題に関連して取り上げることとして、最初の点について簡単に触れておこう。

一般にマルクス主義に依拠する社会主義国家及び政党はつねに思想的原則を尊重し理論とテーゼの上に政策と実践を立てる。これはたしかに資本主義国家ないしブルジョア政党に見られない大きな特色であり、また長所でもある。資本主義国の大多数の政治家やジャーナリズムは、いわゆる共産圏諸国や自国の共産党の出来事を観察するにあたって、ニヒリスティックな権力への野望とか指導権の争奪とか大衆操縦とかいった、手持の道具にだけ頼って判断しているために——彼等《かれら》に歴史的な見方と展望が欠けていることと相俟《ま》って——、裏返しの公式主義に陥ってしまい、こうした世界の大きな流れを発展的につかむことができない。けれども、他方コンミュニスト——とくにその中のインテリはそうした原則やテーゼが現実の政治過程においてもつ意味をややもすると過大評価し、「われわれにおいては政治は科学の現実への適用である」というオプティミズムによりかかるために、現実に犯された誤謬や愚行は究極的には思想や原則に対する無知もしくはその誤った適用に帰せられる。そこでそれ自体は正しい思想や理論に依拠しながら、現実の行動がそれを裏切って行くという問題が真正面から考察されなくなり、あるいは文学の領域に押しやられてしまう。

スターリンは集団指導の原則を蔑視したというが、「単一の人物の決定は常に乃至《ないし》は殆《ほと》んど常に一面的である。集団的に検証され是正されずに、単一の個人によって行われた決議の百のうち九〇は一面的である。ソヴェート及び党組織の一切を指導する指導体たる党中央委員会には約七〇名の中央委員がおり、各自がそれぞれの経験を寄与できる。もしそうでないならば、もし決定が個人によって行われるならば、われわれは極めて大きな誤謬を犯すであろう」(エドガー・スノウ『ソヴェート勢力の型態』(木下秀夫訳、時事通信社、一九四六年)、訳、二四七頁による)とは、ほかならぬ彼がつねに力説していたところであった。スターリンは異る意見の表明に対してつねに不信であったように非難されるが、「鉄の規律は党内の批判と意見の闘争を排除しないでむしろこれを前提とする」(「レーニン主義の基礎[15]」)ということも、「意見の闘争なくして、批判の自由なくしていかなる科学も発展し進捗しないということは一般に認められているところである」(「言語学におけるマルクス主義について[16]」)ということも原則としては彼は承認していた。説得し教育するというレーニンの方法をスターリンは「無視」したともいわれるが、『レーニン主義の諸問題』を読めば、いかにスターリンが、まず説得、止むをえないときにのみ強制という方法を繰り返し説いていたこと、少しもそうしたやり方がスターリンに「無縁であった」(フルシチョフ秘密報告)とはいいきれないことがわかろう。スターリンほどのボルシェヴィキがマルクス・レーニン主義の諸原則と全く「無縁」な数々の指導や実践を行ったとすれば、そのことは逆にいえば、誤りない原則や理論への帰依ということが、それだけでは正しい行動の保証としていかに頼りにならないかを物語っていないか。誤った実践や指導には必ず誤った理論やテーゼが照応するという建てまえからして、ソ連はじめ各国共産党指導者が、スターリンによる大量粛清と法手続の侵犯の基礎としてもち出したのが、「社会主義建設が進行するにつれて階級闘争は激化する」というスターリンのテーゼであった。たしかにこれはスターリンがトロツキーの国際的な永久革命論を駆逐した代りに、国内をいわば永久革命化したことの根拠づけにはなったであろう。しかしあの長期にわたる惨憺たる粛清とテロがこうしたテーゼから必然的に「流出」したとは到底考えられない。私自身はこのテーゼのなかにもある意味で真理が存在すると思っている。むしろ恐るべきは、政治過程を隅々まで科学や原則が支配するという想定と政治的信条との癒着なのだ。

サルトルの戯曲「汚れた手」のなかでインテリ党員のユーゴーとその妻ジェシカが次のような会話をするところがある。

ユーゴー　「客観的には」あの男は、社会の裏切者として行動しているんだ。
ジェシカ　（よく判らぬ面持で）客観的に？
ユーゴー　そうさ。
ジェシカ　ああ！（間）ところであの人があんたが何をしようとしているかを知ったら、あんたを社会的裏切者だと考えたでしょうか？
ユーゴー　判らんね。
ジェシカ　だけどそう考えたでしょうか？
ユーゴー　それがどうだっていうんだ？　恐らくそう考えただろうね。
ジェシカ　ではどっちが理屈にあってるの？
ユーゴー　僕の方さ。
ジェシカ　どうしてそれが判るの？
ユーゴー　政治は科学だ、君は君が正しく他の者が間違っていることを示すことができる。

（邦訳〔白井浩司訳『サルトル全集』（七）、人文書院、一九五一年、所収〕、九九頁、傍点は筆者）

党執行部の多数によって裏切者と断ぜられ、最後にユーゴーのピストルに斃れる元党首エドレエルは（彼の路線の正しさは後になって証明されるのだが）、あるときユーゴーに「ああいう女たち（オルガという女党員のこと）はまったくできあいの思想を受け入れてそれを神を信じるように信じる。わしらは原則論だけで引金をひくことをためらう。なぜなら思想をつくるのはわれわれだし、その製造所をしっているからだ。わしらは自分たちが理屈に合っているということにまったく絶対に確信は持てない」と語り、ユーゴーを「君は人間を愛していない、原則しか愛していないんだ」（同一一一頁）と批判する。むろんエドレエルは無原則の日和見主義者ではなく、ただ現実の非合理面をすなおに見る眼と、「あるがままの人間を愛する」心とを具えた革命家なのである。ドストエフスキーが『悪霊』の中で戯画化したシガリョーフ的社会主義[17]はまさにユーゴーの精神的祖先にほかならない。それがコンミュニズムのすべてだと断定できないことは、中国共産党の考え方と実践が比較的にエドレエル的なものに近いところから見てもわかるが、ここに伏在する問題も、いわゆる教条主義がつねに排撃されながらどうして教条主義的実践が出て来るかという疑問と関連して、ヨリ突っ込んだ考察が必要であろう。

五

「個人崇拝」とそれに関連して明るみに出されたスターリン独裁の諸側面は政治心理の次元で重要な問題を提起しているだけでなく、それとならび、あるいはそれを超えて組織の問題を登場させずにはおかない。ルカーチは既に二〇年代の著で、指導の誤謬と欠陥に関する批判と自己批判のあり方について次のように説いている("Methodisches zur Organisationsfrage," in *Geschichte und Klassenbewusstsein*[Berlin: Der Malik-Verlag, 1923], S. 303)。第一に、起ったことの抽象的な「必然性」という見方は宿命論に導いてしまう。第二に、個々の人間の誤謬や巧妙さが成功と失敗の原因であるという偶然論は、ただその人間がその地位に適任または不適任だったということに終ってしまい、未来の行動にとって教訓にならない。第三に、「その行動の客観的可能性、およびまさにかかる人物がこのポストに据っていたという事実の客観的可能性は、果して何であったかという原因を探究するとなると、問題はすでに組織論として提示されているのである」。これはほとんどそのまま「スターリン批判」の課題としてもあてはまるであろう。つまりルカーチがいうように、理論は組織論を媒介としてのみ実践に転化されるので、ある理論を組織的効果からきりはなして正しかったかどうかを議論しても、理論自体は抽象的でアイマイだから、どんな実践でも正当化できるからである。

スターリン独裁の問題を組織問題まで掘り下げてきわめて慎重な仕方で、しかし鋭く提起したのはトリアッティであった。むろん彼は立ち入った分析を提唱しているのであって、回答を与えているのではない。にも拘らずトリアッティが個人崇拝にすべての原因を帰する見解を非マルクス主義的と批判しつつ、ソヴェートの経済的・政治的生活における官僚機構の比重の異常な増大にふれ、「民主的制度に対する有害な諸制限や官僚的組織形態が漸次優位をしめたことは党にその萌芽をもつ」と指摘し、害悪が制度全体に影響を及ぼしたと断じたことは、さきにのべた批判の国際的な波紋の増大に警戒心を深めつつあったソ連首脳に敏感な反応を起した。ソ連共産党中委決議は、「トリアッティがソヴェート社会が〝若干の改革〟に面していないか、という問題を提起していることには同意できない」といって、個人崇拝の諸害悪が社会制度の本質に「無縁」であることを強調し、その根拠として、社会制度の本質を決定するものは生産様式のあり方、生産手段の所在だというマルクス主義のイロハを講義している。これではトリアッティの問題提起を発展させるどころか全く逆もどりである。

もし個人崇拝を集団指導に代えたところで、集団指導自体の組織論が具体的に提起されなければ、それは反共的立場から一斉に挙げられている「一人の指導が百人の指導にふえたといってそれがどうして弊害除去の保障になるだろうか」という疑問に答えることは困難であろう。目的意識性と自然成長性の結合というレーニンの素晴らしい政治的リアリズムも、もしそれが一方的に、目的意識性＝党、自然成長性＝プロレタリアートというふうに固定化されるときは、すでに指導者主義への転落の第一歩となる。「はじめに党ありき」ではなく、また党はそれ自体どんな状況でも前衛なのでもなく、党がプロレタリアートを指導する過程において、その組織活動を通じて前衛党であることを不断に証示して行くというのがレーニンの弁証法であった。中国共産党がすでに一九四三年において決定した「大衆路線」の認識論にはこの思考法が見事に貫かれている。したがって前掲『人民日報』の論文でもこの決定を引用して、大衆路線の指導方法を正しく実行するために、「一つの制度をつくり、大衆路線と集団指導の徹底的実施を保障」する必要を強調しているわけである。この考え方は「個人崇拝防止の制度的保障などというものはない。ソヴェート人民のたゆまぬ努力がその最大の保障である」というような卒伍《ランク・アンド・ファイル》のモラリズムに問題を解消する思考(たとえば『世界』〔一九五六年〕一〇月号のアンケートに対する川崎巳三郎氏の回答〔三九—四五頁〕)と鋭い対照を示している。

トリアッティを反駁した右のソ連共産党の決議にしても、個人跪拝が「社会主義的民主主義の発展」を阻害したこと、また複雑な内外情勢のため「鉄の規律、ゆるぎなき警戒心の強化や峻厳きわまる指導の中央集権化を必要とした結果、若干の民主主義的形式の発展に悪影響を与え」たということは認めている。「民主主義的形式」の発展や「社会主義的民主主義」の発展の阻害が、党・労働組合・国家機関等々の組織活動と無関連に真空のなかで行われるわけではなかろう。指導の過度の「中央集権化」は機構化を伴わずに可能であろうか。にも拘らず、制度や組織を問題にすると、すぐさま基底の社会主義の「本質」が疑われたかのように、ほとんど生理的な反応を呈するのは、まさしく「一枚岩」的観念の典型的な表現である。

しかもそこには、この場合だけでなく、マルクス主義者の思考を深く規定するところの、すべての問題を基底体制へ還元——関連でなく——させ一元化する傾向が流れている。個別的な組織体の次元の問題は、「究極的」には政治的上部構造全体の問題となり、更に「本質的」には下部構造の問題に帰着させられる。こういう拡大主義が学問的立場の取扱いに適用されると、例えば、個別科学の諸学派↓プラグマティズム↓帝国主義段階の哲学↓帝国主義の哲学、という還元法になる。基底体制への還元はイデオロギー性への還元と相即しているので、このプロセスを逆にすると、前にのべた本質顕現的思考になるわけである。それは弁証法的ではないかもしれぬが「一枚岩的思考」であることは確かである。さらにこの思考法はしばしば歴史過程の観方のなかにもすべりこんで、いわば歴史的単線主義として発現する。歴史観察における複線あるいは複々線の架設を、止むをえない個所にしか容認せず、できるだけ本質としての単線（生産様式・生産関係・階級という系列）に流れ込ませようとする。そうしてそこには、複線あるいは複々線で捉えられるような対象は、究極的もしくは本質的には単線から「派生」した現象であり、またその領域に登場する範疇や概念は基礎範疇に比べて二次的な意味——あるいはヨリ低次の科学性しか持たないという想定が潜んでいる。階級を縦断する社会集団や、キリスト教文明とか回教圏とかいったいくつもの生産様式にまたがって存続する問題あるいはカテゴリーに対する扱い方にそれが見られる。こういう思考法が「理論」の物神崇拝《フェティシズム》によって亢進すると、基礎過程の科学としての経済学と経済史が第一義的な本質究明の学問であって、上部構造に関する理論は現象をなでまわすだけだという風に、学問のジャンル自体に――あたかも中世における女王としての神学と奴婢としての諸科学という関係に似た――価値のスケールが設定されるようになるのである。そうして歴史的単線主義が進歩のイデーと結びつくとき、同時的＝多層的に存在して相互に規定し合っている問題は本質規定に基く歴史的段階に従って配列され、後の段階に帰属されるイデオロギーは本来的に前の段階のそれを吸収し通過していると考える傾向が自《おの》ずから胚胎する。たとえば現代の学問的立場はしばしばマルクス主義者によって近代主義とマルクス主義に二分されるが、その際、近代主義→マルクス主義という進化が資本主義→社会主義という基底体制の対立と進化に照応して想定されているわけである。この場合、プラグマティズムを近代主義に入れるのはよいとしても、現代の大きな潮流であり学問的にも甚大な勢力をもつカトリシズムを近代主義と呼ぶのはどんなものか。実存主義にしても、思想史的には明らかに反近代主義として生れて来たものである。問題が拡がりすぎたようであるが、事は決して「スターリン批判」に無縁ではない。現に党ないし国家機関の恣意的な権力行使を立憲的手続によって保障する必要に対してコンミュニストが多年示して来た軽視の思想的基因は、単に革命的もしくは非常事態的状況からの直接的要請だけではなくて、立憲主義→ブルジョア民主主義→プロレタリア民主主義という単線的進化の思考化から来るオプティミズムもまた作用していなかっただろうか。これに関連して中国共産党が個人崇拝の淵源を、「幾百千万の人々の一種の習慣の力」に求めたことは、さきにも触れたように、ソ連指導者の説明に比してはるかにリアルな認識であるが、さらに進んでその「習慣」の根拠ということになると、やはり右のような思考法から免れていない。すなわち『人民日報』（一九五六年四月五日）は「個人崇拝は、これまで長いあいだの人類の歴史がのこした、くされはてた遺物である。個人崇拝は搾取階級のなかにその基礎があるばかりでなく、小生産者のなかにもその基礎がある。周知のように、家父長制は小生産経済の産物である。プロレタリアート独裁がうちたてられたのち、たとえ搾取階級が絶滅され、小生産経済が集団経済にとってかわられ、社会主義がうちたてられたのちでも、古い社会のくされはてた毒素をふくんだある種の思想の残りかすは、なおも人々の頭脳のなかで非常に長いあいだ生きのびる」といっているが、これによると個人崇拝は「小生産経済」に立脚する小ブル・イデオロギーということになる。それでは小生産者が数的にも多く、典型的な小ブル根性が蔓延しているフランスなどは、個人崇拝が流行しそうなものだが、むしろここでは「個人主義」は蔓延しても、いや個人主義が蔓延しているから、個人崇拝に対する心理的抵抗はきわめて熾烈である。

個人崇拝が「遅れた」意識であることは確かだが、プロレタリア独裁を最も早く打ち立てたソ連でさえも、ではなく、まさにソ連において、ブルジョアもしくは小ブルジョア意識に骨の髄までむしばまれた西欧社会では到底考えられないほどの規模で、個人崇拝が繁茂した所以《ゆえん》は、こうした生産様式の歴史的段階への還元では説明されないだろう。

国際政治における国家理性《レーゾン・デタ》の役割とか、テクノロジーと官僚化の関係とかいうような、ちがった体制に共通する次元の問題をとり出すことに対する根深い抵抗感も、右のような思惟様式と関連するわけである。例えば、国家機関の集権と分権の問題や「抑制《チェック》と均衡《バランス》」の問題などはブルジョア民主主義国家だけの問題で、社会主義体制は本来人民の国家であるからそういう保障は必要としないといわれて来た。それならば、最近ソ連で盛に行われている中央機関の諸権限の地方機関への移譲や、中国共産党で提唱されている諸政党の長期的な併存と相互監視は何故必要となるのであろう。むろんそうした問題が資本主義国と同じ意味内容をもっているというのではないし、集中権力がそれ自体有害なのでもないが、国家権力が「本来的に」人民のものであり、共産党が「本来的に」人民のための政党なら、むしろベンサム主義者のように、「権力がよい目的のために働いているのなら、なぜそれを分割するのか。権力が悪い目的のために用いられているのなら、なぜそれを存続させるのか」(cf. C. Friedrich, *Der Verfassungsstaat der Neuzeit* [Berlin: Springer], 1953, S. 197)と開き直れば済みそうなものである。立法府や裁判所などの国家機関やマス・コミュニケーションの機構をブルジョアジーが階級支配の目的のために「所有」し運転する道具とみるのは、いうまでもなくマルクス主義の基本命題の一つであるが、こういう見方が体制還元(ないし本質顕現)的思考法に結びつくと、支配階級とそれら機関との関係は実体——属性関係として固定化されるからして、具体的状況の下でそうした道具の主人への反逆の客観的可能性を押しひろげて行く認識態度が生れにくくなり、あるいは、いわゆる目的の他生(Heterogonie der Zwecke)[18]——元来Aという目的で発生したものが発展してBC……というような異った目的に仕えるようになる現象——を十分に掌握することが困難になる。その結果一方では「どうせ本質的に敵のものなのだ」という規定と、他方では全くその場その場の機会主義的利用という二つの方向が無関連に併存することになる。議会のような、発生的にも支配機構と代表機関という二重性をもっている制度については、「実体」への一方的な帰属は比較的に抑制されて来たし、議会を通ずる社会主義革命の可能性の問題が二〇回党大会における提起と前後して各国とくに西欧の共産党で喧《かまびす》しく議論されるようになってからは、事実上には影がかなり薄くなったが、認識論の問題としては、たとえばイギリス共産党の「社会主義へのイギリスの途」でいうところの「イギリスの歴史的な闘争の産物である議会」という観点と、支配階級の所有物という観点とがどのように組み合されるのかは必ずしもつねに自覚されているとはいえない。それは基本的にはさきにのべたアメリカの占領政策における流出論的観点と力関係の反映という観点との関係にもつながる問題である。

こうした点でスターリン批判はマルクス主義国家論でこれまで看過され、もしくは意識的に伏せられていた制度のさまざまの横断面をみずから明るみに出す機会となったが、それはとくに暴力機構や諜報機関のような政治手段の場合に貴重な実践的教訓を残した。たとえば、ユージン・デニスは国家保安局の権力肥大と権限濫用について、「独裁的全権をにぎり、憲法を侵害し、議会にさえ責任を負わぬ連邦検察局〔FBI〕、中央諜報局〔CIA〕といったわが国（アメリカ）の諜報機関とおなじように、ベリアとその一味はあきらかに、〝国家の安全〟への配慮という口実のもとに、国民に対する犯罪をおかすことができたのである。すべてこうしたことは、〝社会主義の産物〟ではなく、社会主義に無縁な、そうして社会主義社会がゆるすことのできない矛盾と悪用の産物だった」（前掲）と述べている。ここには政治警察機関が体制の如何にかかわらず持つ共通の危険性が認められている。

しかしデニスの後半の言は、半ば正しく半ば十分でないように思われる。諜報機関が国家構造と全く無関連に存在し、その活動がいわばちぎれたとかげの尾のように胴体の機能に影響しないと想定することは、それこそ非弁証法的であろう。こういう矛盾と悪用はもとより社会主義体制にのみ内在するものでもなければ、そこから先天的な必然性をもって発生するものでもない。しかし第一に、それは社会主義建設のある段階の上部構造としての政治制度には起り易い矛盾であり、第二に、いかなる体制でも一定の政治的状況の下では殆《ほとん》ど確実に発生する矛盾である。OGPU(合同国家保安部)の機構と権限は、農業集団化の過程において富農の反抗と反革命企図——現実にあった危険性——を抑圧する過程において急激に増大した。しかも「ソヴェート社会が安定しても保安機関の諸活動はそれに比例して収縮しなかった。とくに戦争以後は、すこしでも変ったところを示したり、あるいはあまりに思想の独立を示したりする無辜《むこ》の市民をますますその活動対象とするようになった」(Bob Davies, "The New Stage in Soviet Democracy," *Marxist Quarterly*, July 1956)。政治警察機関は、高度の秘密性と機動性が要求されるから、一旦造られ膨脹すると一種の自己運動を開始して、その収縮廃止はきわめて困難になる。これこそあらゆる政治警察が基本的人権にとって最大の危険性をもつ所以であり、ほぼ同じことは軍隊についても当てはまるわけである。

「社会主義社会で、個人と集団のあいだに矛盾した現象があるというのは、何も不思議なことではない」(『人民日報』一九五六年四月五日)とすれば、トリアッティがいうように、「社会主義制度はそれ自体では誤りや危険から保障されているわけではない。そう考えるものは無邪気な小児病に陥ることになるだろう」。したがってもはや「社会主義社会では、国家が勤労者の利益、社会のヨリ一層の発展と繁栄の利益を具現している以上、国家自体が最高の道徳原理を反映している」(ペ・ア・シャリア『共産主義モラル』(園部四郎訳、筑摩書房、一九五二年)、邦訳、五頁)といった体制への「無邪気」なオプティミズムは許されなくなった。これは社会主義にとって恥辱ではなくてむしろ大きな前進である。人間にとっても制度にとっても、つねに鋭く意識している危険よりも、意識しない——もしくは十分に意識しない危険の方が実はヨリ危険である。アメリカにとっては、共産主義の危険よりは自らの「自由民主政」の惰性化・形骸化の危険の方がヨリ大きいし、ロシアはブルジョア的イデオロギーの悪影響による危険よりも、社会主義体制の歴史的進歩性にあぐらをかく危険をヨリ警戒しなければならないであろう。

「スターリン時代」の歴史的足跡を偏見なく吟味するものは、そこに偉大なものと恥ずべきもの、巨大なものと卑小なもの、正しさと誤謬が共生し、しかも同じ根から生じていることを認識するにちがいない。スターリンは一九三一年二月に経営管理者の集会で演説して言った。(19)「われわれは先進諸国から五〇年ないし一〇〇年遅れている。われわれは一〇年間にこの距離をうめなければならない。さもないと彼等《かれら》(帝国主義者)はわれわれを押しつぶすだろう」。そうして彼に率いられたソ連は想像を絶するような困難な環境とたたかいながら孤立無援でこの「距離をうめ」る事業をやりとげた。そうでなければどうしてあの圧倒的なナチ・ドイツの攻勢をささえるのみか、これを押し返して第二次大戦の勝敗の転機をつくり出すエネルギーは生れただろうか。それは青写真も先例もない世界史上最初の社会主義建設の実験であった。この過程において革命的独裁はスターリン独裁へ移行した。しかし「スターリン批判」の国内的な基因をなしたソヴェート社会の変化――生産力の急速な向上と近代的熟練労働者及《および》技術インテリゲンチャの大量的創出――はまさに「スターリン時代」の所産であった。スターリンはビザンチゥムの野蛮と怠惰と非能率に蝕まれたロシアの後進性をば、後進性にふさわしい手段で打破したことによって、自己の絶対権威の「墓掘人」となったのである。と同時にそうした「手段」――スターリンの敵手にも決して無縁でなかった――の自己運動と共にそこに随伴する非道と残虐と蛮行もまた次々と連鎖反応を生んで行った。「スターリン批判」にあたって、この一連の過程を検討した『プラウダ』も『ユマニテ』も、トリアッティもデニスも、一様にこのプラスとマイナスの歴史的な絡み合いに直面してそれを「悲劇」という言葉で表現しているが、この「悲劇」は、(1)ロシアの悲劇、(2)革命の悲劇、(3)「政治的なるもの」の悲劇という三者の複合であり、したがってそれは一回限りのものでもなければ、また彼等だけのものではない。問題はこうした事態を「批判」するにあたって悲劇の「悲劇性」がどこまで思想的に自覚されているかということである。弁証法という言葉と同じく「悲劇」という表現も安易に用いられると内面的な緊張を失って一片のフラーゼ〔常套語〕に堕する。そこからの途は一方では道徳的感傷主義に、他方では言葉の通俗的意味でのマキアヴェリズムへ通ずる。道徳的感傷主義は起った事態に対して、抽象的に、あるいは自己責任の意識なしに道徳的非難を放つだけであるから容易に偽善を生むだけでなく、政治的行動の内面に浸透して行く力をもたない。逆にいわゆるマキアヴェリズム的思考はすべてを「止むをえない」とか「ほかに仕方がない」

ということで直接に合理化しようとする態度である。「政治的なるもの」に伴う悪はどこまでも悪であり、それをその時点と状況において正当化することはできない。しかし他方それは先天的な宿命ではない。ある時点においてある範囲で避けえた悪は、政治的指導の錯誤と政策の失敗によって次の時点ではもはや避けられなくなる。逆にある状況で避けられなかった悪しき政治行動も、そこから将来に向って善い結果を導き出すことによって相対的に償われる。また一つの文脈と次元での悪はヨリ広い文脈では別の悪を防止する意味をもちうる。その場合でも前者の次元ではどこまでも悪たることには変りはない。その意味で政治は福沢の言葉をかりれば常に「悪さ加減」の選択であるという運命を免れないであろう。その選択の範囲と結果が大きければ大きいだけ政治行動――とくに政治的指導――に内在する右のようなアンチノミーは拡大する。共産主義の指導者たちはスターリン崇拝の歴史的条件を説明する際に申し合せたように、「上述のことはスターリン個人崇拝とその諸結果をただ説明しただけであって決してこれを正当化するものではない」と付け加えて、歴史的説明と倫理的合理化の混同を戒しめている。これは健康な徴候である。ファシストはどんな場合にも自らの陣営の犯した行為について、「法の侵犯と道徳的に唾棄すべき違法な予審方法の適用」(トリアッティ)などとはいわないし、「真理を発見するために欠くことのできない、あの寛容の基準のための再教育」(同上)[20]を党員に提唱したりしないだろう。なぜなら、そこでは「政治の必要」の上に立ち、これをコントロールするいかなる理論も規範も存在しないから……。マルクス主義の既成の理論のなかでモラルの占める地位についてどんな疑問が提出されるにせよ、コンミュニストのなかにこうした緊張感覚が生きている限り、その要素が実践的に助長され、それが「思想」にはねかえることを喜ばないものがあろうか。革命の進展が革命勢力をも捲き込み、革命者自身がその過程の中で革命されて行くのが、「世界」革命の性格であり、またそれこそ現代において本当に進歩の名に値する革命なのである。

『現代政治の思想と行動』追記

「「スターリン批判」における政治の論理」は『世界』(昭和三一年一一月)に「「スターリン批判」の批判――政治の認識論をめぐる若干の問題」として掲載された論文が原型であるが、この論文は締切に迫られて論旨を十分に練る余裕がなかったので、今回収録に際してかなり大幅に手を入れ、全体の長さもほとんど倍近くふえた。しかしどこまでも執筆時期とその当時の意図を尊重するというこの書物全体の趣旨に従って、書き加えた部分はいずれも、当時の下書によっており、もとの論文の論旨をヨリ詳しく敷衍《ふえん》したものか、あるいはそこから内在的に演繹される論点に限定されている。したがって、(1)「スターリン批判」を政治の認識方法の観点から再批判することがここでの一貫した問題意識であって、二〇回党大会をめぐって論議にのぼった社会主義への平和的移行の問題とか、多数中心体制とか、集団指導の制度論といった個々のテーマの検討には入らない。前の問題に関する限り今度の増補で一応論点は完結したと私は思っているが、もっぱら後のテーマに関心がある人にとっては、この論文は相変らず尻切れとんぼに見えるかもしれない。(2)『世界』の論文を執筆した直後にハンガリー動乱が起り、ソ連と東欧における「非スターリン化」は全く新たな局面を迎えるに至った。しかしこの新しい重大な事態によって、前の論文の基本的な観点や展望をべつだん修正はしなかった。むしろハンガリー事件とスエズ侵入問題が描いた国際的波紋とそれが共産圏の「自由化」に与えた、また与えるであろう反応についての一応の予測はこの論文のなかに暗示されていると思う。ハンガリー動乱をめぐって再燃した「スターリン批判」に関するチトー・プラウダ論争(『中央公論』一九五七年一月号、二一四—二二九頁)及びごく最近の『人民日報』の「再びプロレタリア独裁の歴史的経験について」(『中央公論』一九五七年二月号、三八三—三九八頁)などを資料に用いればこの第五論文の趣旨も一層具体的になったかもしれないが、上記のような趣旨から敢て引用を避けた。ここに示されている思考法の問題が、読者自ら「ハンガリー事件における政治の論理」を考察される際に、いくぶんでも示唆となれば幸甚である。

ただこの論文で留保した「自由化」の実質的な課題、とくにマルクス・レーニン主義の原理的な問題についての私の考え方をのべておくことはこの際著者としての最小限度の義務とも考えられるので、以下ごく基本的な展望を付け加えておこう。

ソ連及び人民民主主義諸国における「自由化」の発展を考察するには、それぞれの国内問題と国際関係とを一応区別する必要があるし、また政治と経済と文化といった領域別に応じて、その課題と進行のテンポもまた必ずしも同じではなかろう。たとえばソ連と他の人民民主主義国との関係とか、国際的な革命運動における分権化《デセントラリゼーション》――トリアッティのいわゆる多数中心体制《ポリセントリスム》[21]――という問題は最も敏感に世界政治の状況を反映して頓挫または進捗することは本文にのべたところからも容易に理解される。ポーランドにおけるゴムルカ復活の際にいち早く之《これ》を支持激励し、大国主義を戒めた中国――『ニュー・ステイツマン・アンド・ネーション』誌一月一九日号によれば、あの最も危機的な時期にソ連の武力干渉に反対した毛沢東の電報のコピーが現在ワルシャワで秘密に回覧されているという――が、ハンガリー動乱に対して徹頭徹尾ソ連の立場を擁護し、ユーゴー共産党の見解を以て団結をみだすものとしてきびしく斥けていること、昨年末から今年にかけて周恩来のソ連東欧旅行に際してのメッセージや共同声明においても、ソ連を中心的指導力としての国際帝国主義に対する闘争という点にもっぱら力点がおかれていること、イタリー共産党も先頃の大会において多数中心体制の問題をすこしも積極的に展開しなかったこと――こうした微妙な変化は、ポーランド十月政変当時から今日までの世界情勢の推移と函数的に対応していることはいうまでもなかろう[22]。『サンデー・タイムス』のワルシャワ特派員ニコラス・キャロルが一月一三日の通信に、「鉄のカーテンのこちら側(東欧側)でスエズ干渉と新しいアイゼンハワー・ドクトリン[23]が与えた衝撃《インパクト》を見ると真に驚くべきものがある。あらゆる国の共産党中央委員会の内部におけるスターリン主義的反動派を力づけ最近の中国及びロシアの硬化路線をもたらした責はまさに二つの事件にあった」と書いているのは、右のような冷厳な国際政治の論理が現地にある西欧側記者によっても直截に認識されていることを示している。この次元における「自由化」は、現在のように共産圏内におけるあらゆる微細な動きを反共キャンペインに動員しようと西欧側が待ち構え、全神経をとぎすまして注視している間は、決して本格的に進展しないだろう。しかし逆に東欧諸国の動揺の程度と範囲がある程度可測的になり、「冷戦」のインパクトがふたたび退潮期に入るならば、社会主義国と革命政党が構造の点でも機能面でも多元化し独自化する傾向はいかなる力をもってしても押しとどめることはできない。戦後の東欧諸国における重工業の無理な建設が少からずソ連の国家理性《レーソン・デタ》に基く要求から発しており、その主導力が各国の「ソ連以上の親ソ派」といわれるスターリニストにあったことは事実であるが、こうした工業化の生み出した(物的人的な)社会的変化をソ連が現在すでに完全にはコントロールしえないことはポーランドやハンガリーにおいて実証されている。ここにも歴史のアイロニーがある。

さし当っては、とくにNATOが厳存する限り、東欧諸国の「自由化」は、(1)ワルシャワ条約に基くソ連との軍事同盟関係の維持、(2)現在の(対西欧及び東欧諸国相互間の)国境線の不変更、(3)共産党を主導力とする社会主義体制の保持というほぼ三つのワク内で進行するであろう。国際的な再緊張によって多数中心体制への発展が頓挫しても国内面での「新路線」はソ連を含めて現在でも着々押しすすめられている。それはこうした国内面での「自由化」への要求は社会主義建設の一定の段階から内在的に生れたもので、必ずしも「スターリン」批判から突然変異的に局面が変ったのでもなければ、いわんやある一時期の国際的なジェスチュアではないからである。たとえばソ連についていえば、二〇回党大会で強調された新路線の重要な面はほとんどすべてその「前史」をもっている。ソ連の歴史で最も暗い印象を与えて来た司法手続を例にとれば、すでに五一年七月に生産における怠業や遅延に関する刑罰は大部分廃止されたし、五二年のベリア事件以後M・V・D〔内務省〕に対する党の統制の強化が決定され、政治犯を通常の裁判手続なしに流刑に処する権限をもったM・V・D特別会議も廃止された。「いかなる刑事裁判においても裁判官の判決に対して命令を下す権限は何人にもない。政府の行政機関の官吏も司法省の職員も、社会のいかなる組織も個々のケースの決定に干渉してはならない。裁判所の判決に対する地方の党機関の干渉はソ連憲法で確立された裁判官の独立の原則を冒すものである」というようなことが五五年に『コンミュニスト』誌(第二号)で強調されている。こういう一連の過程が二〇回党大会以後における革命裁判的法規の大幅な廃止と、同盟司法権の一部の各共和国への委譲につらなっているわけである。マレンコフ時代(24)における消費財生産の強調は、彼の辞職により「逆転」したように伝えられたが、具体的な率やテンポについては論争があったけれども、五一年以後軽工業と食糧工業の生産増加率は重工業のそれにほとんど追付くようになり、農民購買力もこの数年間に急激に向上したことは西欧側でも認められている。労働組合のヨリ積極的な任務という点についても、第二〇回大会以前から、「プロレタリアート独裁の下でも、行政機構による官僚主義的歪曲との闘争は必要だ」というレーニンの言葉が盛んに引用され、経営と労組との間には「時折盛んに喧嘩することが必要だ」(『コンミュニスト』誌、五五年一一号)ということが唱えられていた。その限りで二〇回党大会はスターリンの死の前後から徐々にまた断片的に進行して来た「雪どけ」を公式にまた体系的に宣言したにすぎず、したがってその基本的な方向は個々の指導者間の勢力関係の変動によって左右されるものでもなければ、一時的な国際情勢の悪化でたやすく「逆転」するような性質のものとは考えられない。著名なソ連研究家アイザック・ドイッチャーは「普通なら半世紀間に国民生活におこる変化よりもはるかに徹底的で深刻な変化がロシアの国民生活に最近十年毎におこっている」といっている(『ロシア――マレンコフ以後』(Isaac Deutscher, *Russia: What Next?*, New York: Oxford University Press, 1953〔山西英一訳、光文社、一九五三年〕、邦訳、六四頁)が、たとえば過去五年間に都市人口が一千七百万も増加したほどの急激な都市化《アーバニゼーション》と「産業革命」の進行がどうして政治過程の中に反映しないでおられよう。ロシアでは「プロレタリア革命のあとにブルジョア革命が来るというアイロニー」が見られる、というアメリカの一評論家の言葉(Marshall Schulman, "The Meaning of 'Change'," *New Republic*, June 11, 1956〔p. 12〕)もあながち無稽の表現として片づけられない意味を含んでいる。つまり「スターリン批判」を下から支えている基因はまさにソヴェート体制の新たな受益者層でありかつ明日のエリットを生む基盤であるところの技術インテリゲンチャ・学生・熟練労働者・工場ないしコルホーズ指導者などによる国家機構と統治過程の合理性と可測性への要求であり、それはまさに歴史的には先進資本主義国における原蓄期を通過して生誕したミドル・クラス(産業資本と知識層)の要請に類比される性質のものだからである。そうしてソ連と同じく社会主義の課題と産業革命の課題とを同時に果さねばならぬ立場にある大多数の人民民主主義国家が、今後辿るコースも、いろいろ時期的なズレやまたジグザグの過程はあっても、基本的にはこれと変らぬであろう。

こう考えて来れば、これら諸国の政治・経済・文化の領域における「新路線」の具体的個別的な内容はともあれ、そこでの「自由」の発展と範囲は革命過程一般の政治的ダイナミズムによって規定されることもまず自ずと明らかになる。

いうまでもなく、あらゆる革命政権が権力を掌握してまず直面する政治的課題は、旧体制の社会的支柱をなして来た伝統的統合様式を破壊し、反革命の拠点となるような社会集団――共同体・地方組織・反動的結社――などを解体して社会的底辺に新たな国民的等質性を創出することである。それは同時に新たな価値体系とそれを積極的にになう典型的な人間像（たとえばフランス革命における「市民《シトワイアン》」、人民民主主義における「人民」）に対する社会的な合意《コンセント》をかちとる道程でもある。この過程がどの程度スムーズに行われるか、またどれほどの期間続くかということは、革命の歴史的社会的条件、国際関係、旧支配層の対応の仕方などによってさまざまであるが、ともかくこの段階では形式的民主主義のある程度の制限が少くも歴史的に避けられなかった（たとえば民主主義の前提条件をつくり出す過程を純粋な民主的手続の下で行うことが一定の社会的条件の下では事実上不可能なことは、戦後日本の農地改革をはじめとする一連の民主化措置が果して手放しの――つまり旧権力関係に対する前もっての超法的打撃なしに――自由選挙でどこまで行われたかという問題を考えてみればよい。これを革命の「外から」と「内から」という問題と混同してはならない）。民主主義的諸形式はこの国民的＝社会的等質性の基盤の上にはじめて円滑に機能し、後者の拡大と共に前者の拡大も可能となる。ルソーの社会契約説における原初契約が「全員一致」を条件とし、この基盤の上に多数決原則を正当化したことの意味はここにあり、それはまさに来るべきブルジョア革命の論理化であった。そうしてこの論理は中国の「百家争鳴」や諸政党の共存の前提にもそのまま継承されている。そこではまず「政治上においては敵味方をはっきり区別せねばならない」という原則が立てられ、複数政党の許容や百家争鳴は革命的等質性の内部においてのみ妥当する。「反革命は鎮圧し打倒すべきである」が「社会主義建設に反する有害な思想をもっている人もただ反動的政治行動さえなければ、単に生存の自由をもつだけでなく、討論の自由をも与えられる」(六・一五郭沫若報告[25])。そうして「われわれは人民政権の強化につれてこの種の自由を拡大することを主張する」(陸定一)(『中央公論』一九五六年八月臨時増刊号、一八五頁)。したがってここで敵味方を区別し異質的な「敵」に自由を否定するという際にも、「敵」は相対的であって、その具体的状況に応じての移行が前提されているわけである。こういう考え方が現実政治の場で硬直したり、あるいは逆に無規定的に氾濫するといかに恐るべき結果をもたらすかは、ソ連の「粛清」問題で試験済であるが、その基底にある論理はブルジョア民主主義の中にも内在しているダイナミックスであり、限界状況においてはつねに発動されることを看過してはならないだろう。アーネスト・バーカーもデモクラシー――むろん彼の意味するのは西欧民主主義である――の前提条件として、物的社会的条件における国民的同質性と、一定の「公理」の承認および遵守を挙げ、後者における「意見を異にする自由についての承認」は根本のイッシューに関する全員一致が基盤となるとし、「一致がまさに空気のように存在し、べつに反省するまでもなく当然と受取られているところでは、さまざまの相異が寛容され、さまざまの党派が出現し、嗜好や意見の個人的ヴァラィエティが承認され、期待されさえする」(Ernest Barker, *Reflexions on Government* [London: Oxford University Press, 1942], p. 143)といっている。[26] すでに西欧で長い歴史をもちその伝統と慣行が国民の中に広く根を下している西欧国家体制においてもこの法則が妥当するならば、社会主義的生活様式について「一致がまさに空気のように存在し、べつに反省するまでもなく当然と受取られている」段階を急速に期待しえないことは明らかである。そうした「一致」の社会的政治的基盤が拡大される段階と範囲に応じて「自由化」もまたその具体的な相貌を変ずるであろう。したがって、今日の形態における「自由化」の限界をもって本質的な限界として水をかけたり、あるいは逆にこれを悉《ことごと》く社会主義そのものに帰属させて合理化することは早計を免れない。プロレタリアート独裁というマルクス・レーニン主義の核心的な命題にしてからがすでに、今日の中国共産党の定義はレーニンやスターリンのそれから著《いちじる》しく拡張されている。「社会主義への多様な途」が現実の日程に登るにしたがって、逆にいえば「モスコー路線」の正統性の独占が弛緩するにしたがって、「プロレタリアート独裁」の具体的な政治形態も——もっとリアリスティックにいえば、プロレタリアートの独裁という概念に帰属される社会主義の政治形態も——また多様化せざるをえないであろう。同じことは、生産手段の社会的所有とは具体的にどんな形態かという問題についてもいいうる。嘗《かつ》てベルンシュタインは、資本主義はマルクスが予想した以上に、現実に対する適応可能性(Anpassungsmöglichkeit)をもつ、と言って論議を呼び起した。[27] いまやコンミュニズムが世界的規模でその適応可能性を実証せねばならぬ時代が訪れようとしている。

逆説的にひびくかもしれないが、共産圏における「自由化」の最も困難で、しかも核心的な問題は、経済や政治の領域よりもむしろ最上部構造の次元――イデオロギー面にあると私は思う。これは結局のところマルクス・レーニン主義という世界観からの自由と、社会主義からの自由をはっきり区別し、「社会主義はある特定の世界観に結びつくものではない。それは種々雑多な世界観からの同質的な結論である」(ラートブルフ『社会主義の文化理論』(Gustav Radbruch, *Kulturlehre des Sozialismus*, Berlin: Dietz, 1922〔野田良之訳、みすず書房、一九五三〕、邦訳、一三二頁)ということを、そのことの意味を世界のコンミュニスト指導者たちが本格的に承認するようになるかどうかという問題である。「われわれはマルクスの理論を何か完成したもの、不可侵のものとは考えない」とレーニンは言った。同じことはレーニンの理論についても妥当する筈《はず》である。しかしながらマルクス・レーニン主義が国家権力によって正統化され、国家の公認信条となるや否や、それは事実上あらゆる学問と芸術の上に最高真理として君臨するようになる。マルクス主義が在野の反対科学(Oppositionswissenschaft)である間は、たとえマルクス主義の思想的影響がどんなに大きくても、それは原理的には多くの学派のなかの一つの学派という性格を保持し、したがって思想や学問の自由市場で他の立場と絶えずその真理性を競わねばならない。ところが権力の座についたマルクス主義は、もはや多くの方法のうちの一つの方法というようなものではない。少くもソ連でマルクス・レーニン主義者が権力の座にあるということの思想的意味は、ブルジョア国家で大統領や首相がたまたまカトリックであったり、ケインズ学者であったりするのとはまるでちがう。プロレタリアートの独裁がマルクス・レーニン主義に唯一の思想的根拠を求めている限り、それは思想史的にいえばプラトンの理想国家や中世におけるローマ「普遍」教会の政治的支配と内面的に類似した「真理の独裁」という性格を帯びるのである。そうして、たしかにこの二十世紀の大衆社会の段階における新しい「哲人政治」は――大衆の経済生活の保障の面は別として――文化面においても、「悪貨は良貨を駆逐する」とめどない低俗化への「自由競争」によって日々蝕ばまれている資本主義社会の大衆との顕著な対照において、勤労大衆の文化水準の質的な向上という問題に劃期的な解決の方向を示した。けれどもまさにその反面において、かつてヴィンデルバントがプラトン国家を批判して、どのように高い真理性をもった学説もそれが唯一最高の真理として政治的支配と癒着した場合には、実質的にドグマの支配に転化し、確定された「真理」への良心の強制をもたらすと警告した問題（Wilhelm Windelband, *Platon*[Stuttgart: Frommanns Verlag, 1920], S. 177）は原理的にコンミュニズム国家にも妥当するであろう。その危険性はロシア正教と国家権力との長い癒着の歴史をもつソ連において最も大きいと考えられる。という意味はこうした国家で非マルクス主義者が存在を許容されていないという事でもなければ、学者や芸術家が自由感をもたないというのでもない（その意味ではカール・ベッカーが「中世の大学はわれわれに顕著なパラドックスを示している。大学は不思議に拘束を受け、同時に奇妙に自由であったように思われる。中世の教会は異端を仮借なく弾圧したが、而《しか》も殆《ほとん》どすべての偉大な学者はアベラールからオッカムに至るまで、教会の後援した大学に関係していた。……この謎の鍵は、当時において一般の人も、既成の権威も学者仲間もすべてキリスト教の信仰……をあらゆる知識、あらゆる秩序ある高潔な生活の欠くべからざる基礎であると認めていたという事である」（『自由と責任』(Carl Becker, *Freedom and Responsibility in the*

American Way of Life, New York: A. A. Knopf, 1945〔山田文雄・土屋弘訳、社会思想研究会出版部、一九五二年〕)、邦訳、八二―八三頁)といっているのがやはり示唆的である)。むしろ問題はこうした最高真理の正統化が一定の思考の型《パターン》として、あらゆる学問や芸術の領域にちりばめられ、各々の領域でなんらか一つの理論や学説が「真理」の具象化として、あるいは一つの様式が「模範」として、権威づけられる(なぜなら真理は一つとされるから)傾向性のうちにあるのである。私はオイストラフやオボーリンを聴き、また映画でウラノーワの舞踊を見た折に、その間然するところのない技術と清潔でしかもヒューマンな精神性に打たれながらも、まさにその完璧性のうちにソ連文化の当面する最大の問題性を感じないわけには行かなかった。マルクス・レーニン主義という「最高の真理」の客観的具象化としてのソ連国家というイメージと、「模範」的な美の客観的様式化の傾向との間に果して内面的な関連はないだろうか。

まさにこの点で最も注目に値するのはさきに触れた中国共産党における「百家争鳴」の提唱である。共産主義指導者が政治的リアリストである限りにおいて、事実問題としては、イデオロギー面での自由化はすでにソ連でも「スターリン批判」以前からはじまっていた。また個別的領域――たとえば文学――では「雪どけ」の理論的根拠づけもなされた。しかし「百家争鳴」の場合のように最高指導部が公の席上であらゆるイデオロギー分野における「自由化」を理論的に定式化したことは未だ嘗てなかった。これが革命勢力の権力獲得後数年を経ない国で始められたというのはたしかに驚嘆に値する。百家争鳴の論理を詳細にのべることはこの場所ではないが、上のような問題との関連において最も注目すべきことは学芸上の批判と論争における一種の「独占禁止法」を指示したことである。すなわちこの領域では何人も特権的地位を持たず、少数は多数に服するという原則は妥当せず、自己批判発表の義務がないことを明確にした。また「中共中央は党史教科書を編纂する用意はない。ただ党の大きな事件の記録や文献類を引続き編輯して出版することしか考えていない。だから近代史の研究家は独自に近代史の諸問題を研究すべきである」(陸定一報告)(『中央公論』一九五六年八月臨時増刊号、一九二頁)といっているのは、ソ連におけるスターリン版党史の書きかえの教訓を学んだものであろうが、権威的正統的な歴史解釈という考え方の否定がここに内包されているとすれば、その意義は大きい。しかし政治の次元と文化の次元との機能的区別がこれほど公然と明確にされたことは共産主義国ではなかったとはいえ、上記の根本問題がすべて原則として解決されたとはいえない。たとえば、「芸術をはじめ学術・技術の性質に関する問題についても意見の相違が起りうるが、そうした相違はまったく容認されている」(同上、〔一八六頁〕)といわれるとき、それはマルクス主義の哲学や理論自体に対する批判にも適用されるだろうか。「人民の内部では唯心論を宣伝する自由もある」(同上)といっても、同じ政府当局者の口から「人民内部の遅れた唯心論に対する闘争」が説かれ「唯物論の思想が一歩一歩唯心論の思想を克服する」(同上)ことが期待されるとき、たとえそれが行政命令の方法でなく公開論争を通じてなすべきことが注意されても、両者の論争はハンディキャップなしの、自由論争とはいわれない。「すでに初めから結論が存在している場合には学問は発展しない」という陳伯達の言葉(小椋広勝氏との談話[28])がもし原理的な意味でいわれているのなら、それはマルクス・レーニン主義の学問的正当性自体に対しても当てはまる筈である。私は何も揚足取りをしているのでもなければ、今日の段階の中国指導者に事実上無理な要請をするつもりもない。ただ「百家争鳴」でもって権力による一定の世界観ないし学説の正統化という問題がめでたしめでたしになったわけではない、というだけのことである。それは前に述べた革命の「敵」に対する自由の否定というブルジョア民主主義にも共通した政治の論理を認めた上で、なお残る問題なのである。

マルクス・レーニン主義がプロレタリアートの国際的団結のシンボルとして政治的に機能している間は、その世界観的な相対化が直《ただ》ちに社会主義体制への疑惑として受け取られ、正統性からの逸脱が資本主義ないし反革命への屈服として弾劾される傾向が消滅することは事実上容易に期待しがたい。世界観的基盤を同じくしない――いやおよそそういった単一の世界観的指導をもたないような社会主義の方向が国際的に否定できない有力な地歩を占めた暁において、そうした現実の重みによって、共産主義指導者もささのラートブルフの言葉を心底から承認するようになるであろう。

けれどもその間にも共産圏における単一の世界観に基くイデオロギー的一枚岩からの分化現象は、政治的経済的安定性の増大という条件が与えられるならば徐々に進捗する。現代のコミュニケーションの諸条件の下では、一国民の周囲に思想的文化的な万里の長城を築くことは到底不可能である。すでに世界の古典文学だけでなく、グレアム・グリーンやヘミングウェイを愛読し、ガーシュウィンの「ポギーとベス」に熱狂するソ連の若い世代の教養財産は筋金入りの古いボルシェヴィキのそれとは著しくちがって来ている。大衆の知的水準の向上が――当初どのような目的から発し、どのような溝条化《キャナライゼーション》が試みられるにせよ――それ自体の弁証法をもって全政治＝社会過程にその波紋をひろげて行くことは到底避けられない。たとえばドストエフスキーが実質上「解禁」されたことは今日まだそれだけの単なる事実にとどまっている。しかしドストエフスキーが広く読まれるようになったとき、その「事実」のなかにある潜在的可能性を何人が今日予測しえようか。

共産圏諸国における文化諸領域が「自由化」される具体的様相やテンポはむろんそれぞれの国によって一様ではないが、その基本的な順序は大体次のような三つの指標で考えられる。第一は人格的内面性のなかに座を占めるジャンルほど、正統的世界観から相対的に早く解放される。その意味で、宗教は最も早く芸術がこれにつぎ学問は最後となる。マルクス主義はなにより社会体制についての科学であり、したがって内面性に近いジャンルほどイデオロギー的支配が事実上困難だからである。ソ連でも革命初期の反宗教運動は教会が旧体制との癒着から解かれると共に後景に退いた。東欧諸国でとくにカトリックとの関係が問題になるのも、無神論とキリスト教の世界観的対立よりもヨリ多く、カトリック教会の土地所有関係ないし政治的勢力に関連している。芸術の領域では社会主義リアリズムという方法が依然「正統」的地位を占めているが、もとより唯物弁証法から創作方法を一義的に規定することはできないので、社会主義リアリズムの具体的規制力は次第に弛緩し、実質的には人民に奉仕し、前進的な方向をとる文学というほどのワクが存するにすぎない。〔イリヤ・〕エレンブルグの『作家の仕事』(鹿島保夫訳、未来社、一九五四年)が作家的内面性の解放を理論づけたことは周知のとおりである。中国では「社会主義リアリズムこそもっともよい創作方法と思う。しかしそれはただ一つの創作方法ではない。工、農、兵のために奉仕するという前提の下に、どの作家でも自分がもっともよいと思う方法によって創作することができるし、互に競争することもできる」(陸定一報告)として、リアリズムが「多くの方法のうちの一つ」にとどまることが公然と宣言された。しかしたとえば右の言葉の中の社会主義リアリズムを史的唯物論または弁証法的唯物論にかえ、創作方法を学問の方法論にかえたらどうだろう。どうもそこまでは原理的に認められてはいないようである。

第二に思想性あるいは政治的イデオロギー性が直接に現われない領域ほど早く自由化される。たとえば同じ芸術のジャンルでも文学の自由化が遅れたのはここに由来している。自然科学が社会科学よりも自由なのもむろん同じ理由である。こう見て来ると自ら第三の規準が出て来る。つまりマルクス主義体系のなかで既に権威的な理論や業績が存在している領域ほど、自由化は遅れる。その意味では、哲学と経済学と歴史学の領域で、マルクス主義以外の立場やアプローチが対等の市民権を認められるのはなかなか困難であろう。ここでも問題は単に研究発表の自由が許されているということでなしに、マルクス・レーニン主義との間に平等な条件に基いた、思想や方法の相互関係があるかどうかということなのである。

世界観的正統性からの解放ということは、マルクス主義の哲学なり科学なりにふくまれた真理性の否定ではむろんない。その意味では逆説的にひびくけれども、マルクス主義の右のような世界観的な自己限定がかえってまさにその中の真理をいよいよ確実にして行くのである。J・S・ミルが古典的に明らかにしたように、「真理」は「誤謬」を通じてはじめて真理になるのであって、「誤謬」はない方がいいものではなくて、真理の発見のために積極的な意義をもっている。(29) 多様性は政治の必要からは「止むをえざる悪」とされても、真理にとっては永遠の前提である。マルクス主義がいかに大きな真理性と歴史的意義をもっているにしても、それは人類の到達した最後の世界観ではない。やがてそれは思想史の一定の段階のなかにそれにふさわしい座を占めるようになる。そのとき、歴史的なマルクス主義のなかに混在していた、ドグマと真理とが判然とし、その不朽のイデー(人間の自己疎外からの恢復とそれを遂行する歴史的主体という課題の提示)ならびにその中の経験科学的真理とは沈澱して人類の共同遺産として受けつがれて行くであろう。ちょうどあらゆる古典的思想体系と同じように……。

第二部の表題(イデオロギーの政治学)に関連して、イデオロギー論の問題を最後に一言しておこう。イデオロギーあるいは「イズム」についての考察は嘗ての政治学界では過剰なほど盛んであったが、今日では、一方で意識=行動調査と、他方で政治過程論及びコミュニケーション理論に光彩を奪われて、前景から退いてしまった。イデオロギーの問題を正面からもち出すのは何か泥臭い仕事として、もしくは「十九世紀的」学問形態として敬遠する傾向さえ若い研究者の間には生れている。日本の知的社会のように——実質的な左翼勢力の弱さと対蹠的に——、イデオロギー的雰囲気がまるでこやしの臭のようにあたりかまわずたちこめ、しかもその実は単に行動の「たてまえ」や後からの合理化としてだけ思想や主義が通用して来たところで、実証性と科学性とを——しかもほかならぬ政治の科学として——確保しようとするものが、高級低級あらゆるイデオロギーの騒音に精神をかきみだされぬよう警戒の姿勢をとるのは十分理由のあることである。距離をおいて見ることと(detachment)と傍観との区別が学問の世界でもコモン・センスになっておらず、酔っぱらった認識が「実践」的観点と取りちがえられ、党派性がたやすく感傷化する精神的風土の中では、イデオロギーの問題を政治学の対象とすることにどんなに慎重であってもありすぎることはなかろう。

しかしながら、政治学が、とくに日本の政治学がイデオロギーの問題を全く括弧に入れ、あるいはこれを実質的価値あるいは歴史的意味から捨象して、記号あるいは象徴にまで完全に相対化することは可能であろうか。可能としてもそれが学者の知的興味以上の意味をもちうるであろうか。私は疑なきをえない。「デモクラシー」や「西欧文明」の妥当性が国民感情として昔からほとんど重大な挑戦を蒙ったことのないアメリカでさえ、最近では、たとえばD・イーストンやE・フェーゲリンのように、それぞれ方向は異なりながら、近代政治学の実証的研究の前提となっている価値構造やイデオロギー的背景をえぐり出し、思想原理の歴史的評価と現実の経験的考察とを再結合する「新しい政治学」の樹立を提唱する声があがっている(cf. D. Easton, *The Political System* [New York: A. A. Knopf], 1953; E. Voegelin, *The New Science of Politics* [Chicago: The University of Chicago Press], 1952)。早い話が、政治過程からイデオロギーの歴史的意味や実質的価値をすべて捨象し、政策に対する政治理念の指導性を全く否定したならば、革命の政治過程と反革命のそれとを識別することは困難であり、革命過程は「現状」の打倒という形式的な規定を出ることはできない。事実歴史の発展方向に対する不可知論に立ち、政治理念をすべて権力のまとう扮装ないしはシンボルに解消する「実証」的立場からはファシズムの行う強制的同質化と、革命権力が——とくに国際的国内的悪条件の下で急テンポに——行う同質化とは全く等視される。むろんそういう共通した次元の設定も上にのべたように一定の限度で学問的に有効だし、実践的にも意味がある。革命と反革命もいかにデリケートな相互移行関係にあるかは幾多の実例で証明される。目的や理念の正当性やイデオロギー的正統性にすべてを還元することの危険性という側面を私は本文でとくに力説した。だからといって、イデオロギーや政治理念は等価値なものでもなければ、またその相異が現実の政治過程に対して無関係《イレレヴァント》とはいえない。政治原理のもつ重要性は、D・リースマンのいわゆる内面指向性の人間類型が支配的であった時代に特殊的な現象ではない。かえって大衆社会における「原理」の「通信効率」への転化といわれるものこそ、現代の特殊的な歴史的断面の抽象であり、しかもそこに伏在する頽廃性はドグマの危険性に比べて必ずしもヨリ好ましいものではなかろう。とくに日本のように、組織や制度がイデオロギーぐるみ輸入されたところ、しかも政治体制の自明性がなく、その自動的な復元力が弱いところでは、政治の問題が思想の問題と関連して登場して来るいわば構造的な必然性があると考えられる。一方ではイデオロギー論が過剰のように見えながら、他方では「思想」の形をとらない思想が強靭に支配し、思想的不感症と政治的無関心とを同時に醱《はっ》酵《こう》させているこの国で、イデオロギー問題を学問的考察から排除することは実際にはその意図する科学的な見方の方向には機能せず、むしろ「いずこも同じ秋の夕暮」という政治的諦観に合流するであろう。したがってわれわれは「価値から自由な」観察と、積極的な価値の選択の態度を、ともに学びとらねばならぬという困難な課題に直面している。その意味でイデオロギーが政治過程のなかに介入してこれを変容させて行く力と程度とについて過大評価にも過小評価にも陥らないで、正しく認識するためにも、また、真理性や倫理的正当性の見地からさまざまのイデオロギーを弁別するためにも、政治思想史と理論政治学の分野は——混同されてならないと同時に——全く他から離れて「独走」することはできない間柄にあるように思われる。これはむしろ第三部で触れるべき問題かもしれないが便宜上ここに付け加える。

反動の概念
——ひとつの思想史的接近——

私の生涯はもっとも厭うべき時代と一致した。私はあまりに早くこの世に生れたか、さもなければあまりに遅く生れた。もっと早く生れたならば私は時代の幸福に与ることができたであろう。もっと遅く生れたら、私は再建の仕事に一役買うことになるだろう。ところが事態がこの有様なので、私は腐朽しつつある建物に突かえ棒をすることに生涯を費しているのである。

——メッテルニヒの覚え書[1]——

はじめに

自分は保守であると名乗る人間や党派はあっても、自らを反動と宣言する者は——冗談や逆説としていう場合をのぞいて——まず見当らない。つまり反動というのは、歴史的にもまた現在でも、他からの呼称であり、しかも多くの場合敵称である。およそ社会科学上の主要な概念はすべて具体的な政治的状況から発生した論争的《ポレーミッシュ》な概念だといった学者(2)があるが、およそ「反動」とか「反動的」という表現ほど論争性を帯びたものも少いだろう。とくに進歩と反動という歴史の方向づけが常識化し、それが唯一とまでいわなくとも圧倒的な価値規準として通用しているような精神的風土においてはそうである。しかも一般に学問・宗教・芸術・教育・経済など一応非政治的なジャンルにおける見解の対立もある程度まで緊張度が高まると、政治的対立に転化する傾向をもつから、現在のような国内的国際的な政治的闘争が巨大な規模で展開されている時代には、「反動」という攻撃と貶下の調性を帯びた言葉は容易にあらゆる領域に侵入し氾濫するようになる。外国に例をもとめるまでもなく、戦後十年の日本のイデオロギー的状況をふりかえってみればよい。『共産党宣言』の冒頭の有名な言葉をもじっていうならば、あらゆる分野のアクチヴな発言者あるいは行動者で(コミュニストも含めて!)自分の反対派からかつて一度も「反動的」とか「反動に奉仕する」とかいう烙印を押されなかったものがあろうか。そうしてこのような形容詞が無差別に氾濫すればするほど、その学問的規定の有効性がうたがわしくなるのはむろんのこと、ひろく社会的にこの概念に対する反撥や嫌悪をよびおこすことによって、その政治的な効果自体も減退するのを免れない。こうした状況をどう理解するかは別として、すくなくもそれを真先に双手をあげて歓迎する者が誰かといえば、もっとも反動的な勢力や党派――もっとも反動的であるがゆえに「反動」という範疇それ自体の消滅にもっとも利益を感ずる者――であることだけは確かである。「反動」のレッテル化によって実は最大の損害を受ける陣営においてまさにその濫用の傾向性が甚だしかったという事態にもまして、現代政治のパラドックスを象徴しているものはなかろう。

こうした用語の濫用による空疎化を避け、その学問的有効性を吟味しながら、同時に現代の錯雑し転変する政治状況のなかから「反動的なるもの」を識別して行くのは容易ならぬことである。その手がかりとしては差し当り二つの方法が考えられる。一つはたとえばナチズムのようにすでにその「実績」によって、さまざまの思想的あるいは政治的立場の相違をこえて相対的にもっとも広くその「反動性」を認められているような対象をとらえて、これを他の比較的近い事例とひきくらべながら「反動」の作業仮説をつくり、それをさらに現実にてらして検証しながら練りあげて行くことである。もう一つは、今日用いられているような歴史的および政治的な範疇としての「反動」が、何時どこでどのような状況の下に発生し発展して行ったか、さらに、歴史的に特定の階級・党派の動向、あるいはパースナリティーにまつわるどのような特徴が「反動派」あるいは「反動的」という呼称を成立させたか、といういわば「反動」の思想史的な系譜をあとづけるやり方である。そうして本巻〔『岩波講座現代思想第五巻』〕の序論を受けもたされた私がこの小稿で試みたのはもっぱら後者のアプローチであり、しかも論点は主として範疇の形成過程に限定される。

一　歴史的範疇としての反動

作用《アクション》に対する反作用《リアクション》という用語はいうまでもなく元来、物体相互の間に働く力の関係を指す物理学的な範疇である。もっとも有機体の外部からの刺激に対する反応、あるいは熱さと寒さの急激な交替とか、活気のあとに消耗が来るというような対蹠的な状態が続発する際にも、医学や生理学の用語として伝統的に reaction という言葉が使用されて来た(cf. *New English Dictionary on Historical Principles*, ed. by J. Murray, Oxford. = N・E・D)。そうしてこれらの自然科学的な使い方をそのまま社会事象の上に類比する場合も、けっして珍らしくない。たとえばミシュレーの『フランス革命史』(J. Michelet, *Histoire *de la Révolution Française* t. 1-7, 1847-53)[3]がその第一巻の序説で、革命を「法の君臨」と「権利の復活」と「正義の反動」(Réaction de la Justice)の三契機で定義しているが、この際の「反動」が歴史的にまた価値的に中性的《ニュートラル》な概念であることはあきらかであろう。しかし特殊歴史的な範疇としての、また一定の政治的党派性や思想的傾向性を意味する言葉としての「反動」はいうまでもなくこうした価値中性的な範疇にとどまらない。むろんその場合にも、本来の力学的な意味が保存されているが、それにプラスアルファが加えられている。

反動という範疇にこうしたプラスアルファの調性が与えられ、とくに体制変革期の政治的状況に適用されるようになったのはフランス革命以後のことであった。古来の社会的＝政治的な諸変革にも、今日から見て「反動」と呼びうる諸現象の存在が認められる。近世のヨーロッパに限定しても、宗教改革をめぐる政治過程、たとえばドイツ農民戦争や、イギリスのピューリタン革命の場合、やはり教会・封建領主・絶対君主などを中心とするさまざまな形の「反動的」な運動や政策が出現し、「反動派《レアクシオネール》」として一括しうるようなグループの結集が見られた。にも拘らず、そのような動向や党派は当時にあってはそうした名称で一般に呼ばれることはなかったようである。ところがフランス革命においてはじめて、革命過程における逆行的な動向や旧体制の復活をめざす党派が、同時代人によって réaction とか réactionnaires とかいう呼称を冠せられ、一八三〇年から四八年頃までの間に広くヨーロッパで用いられるようになった[*1]。しかもフランス革命はイギリス革命のように、イギリス人の伝統的権利の擁護という名分ではなくて、普遍人類的な理念（自由・平等・博愛）によって指導された史上最初の「イデオロギー的」革命であったところからして、そこでの「反動」的動向や党派は必然的にこうした理念とそれを具体化した人権宣言の諸原則に対する反動として現われざるをえず、これが「反動」に一定の伝統化した意味内容を賦与する契機となったのである。つまりフランス革命は、(1)「反動」という今日的意味の範疇をはじめて生んだことと、(2)現実的に反動を代表した王党派《ロワイアリスト》たちの政策・政治手段・思考様式がその後の反動派の原型となったこと、という二重の意味で、「反動」の歴史的起源となったわけである。一七八九年から二月革命にかけてヨーロッパ社会の激動の真只中から、「反動」の概念と実体が一定の鋳型にまで凝固して行く過程を吟味することが、たんなる語源学的な興味をこえた切実な意味をもつ第一の根拠はここにある。現代反動のイデオロギーは究極のところ、「一七八九年の理念」とさらにはその思想史的前提としての啓蒙精神の否定と抹殺にまで遡らざるをえない。ナチ随一の宣伝家ゲッベルスが「われわれの任務はフランス革命の事業を根こそぎにすることにある」と叫んだとき、(4)彼はフランスとロシアをとりちがえたわけでもなければ、単なるその場のハッタリを思いついたのでもない。そこにはあらゆる形態のファシズムの終着駅が、凡百の反対派の論証よりも鋭く直覚されていたのである。

しかも現代世界における進歩と反動の問題をめぐってもっとも論議の的となっているのは、なるほど反共のロジックが究極的には啓蒙と人権宣言の思想の否定に辿りつくことはあきらかだとしても、逆に現代のコミュニズムがはたして無条件に歴史的進歩を代表するといえるのか、という問題である。マッカーシイズムがどんなにカール・マルクスの名を「自由世界」から締め出そうとしても、マルクスがまぎれもない「啓蒙の子」として西欧の思想史のなかに確固とした座を占めている事実を動かすことはできない。にもかかわらずロシア革命とその齎《もたら》したものについて、進歩と反動の価値規準(後述のように進歩と反動の範疇は必ずしも日本で単純に考えられているようにつねに対語的関係にあったわけではないが、それはしばらく別として)の適用をめぐって甚だしく見解が分裂しているのは、必ずしも階級的党派性の問題に還元できない歴史のアイロニーがその基底に横たわっているからである。あまねく知られているように、「一、七、八、九年の理念」がもっとも根付かなかった土壌——専制と正統教会が結合し、市民的自由にも、自主的結社にも、地方自治にも法の支配にもほとんど全く無縁であった国——に「一九一七年の理念」が植え付けられ、そこで生い立った体制・組織原則・思考様式がコミュニズムの支配する地域と集団で正統化されて来たことが、少くも現実のコミュニズムを丸ごと進歩と反動をわかつリトマス試験紙として通用させることを著《いちじる》しく困難にする歴史的原因となっている。スターリン批判以後の諸変革の動向のうちに、「プロレタリア革命のあとにブルジョア革命が来るという皮肉」を見出したアメリカの一評論（Marshall Schulman, "The Meaning of 'Change'," *New Republic*, June 11, 1956〔本書、三一一頁参照〕）は必ずしも全く無稽の言を語っているとはいえない。レーニンが定式化した資本主義発展の不均衡は、今日まさにソ連や東欧圏における体制内部の不均衡的発展——とくに生産関係と政治制度との間の甚だしい「進歩性」のギャップとして現実化している。ここに潜む矛盾をふまえて現代反動の問題を考えるためにも、われわれはやはり古典的な反動の現実に、また反動についての規定に、立ちかえることが要請されるのである。

＊1　ここで、ほとんど同時代に起った反動・反革命・保守というような一連の政治的用語の関

連を一応語源的に触れておこう。このうち最も早く誕生したのは反革命(contre-révolution)であった。ブロックの *Dictionnaire Étymologique de la Langue Française* によると、この言葉は、一七九〇年にダントンがはじめて使用した。さらに一七九二年十二月に国民公会《コンヴァンシオン・ナシオナール》に提出されたルイ十六世に対する起訴理由のなかにも、王が「パリにおいて特殊団体をして、自らの反革命的計画に有用な種々の活動を遂行させた」ことが挙げられている(J. Hall Stewart, *A Documentary Survey of the French Revolution*〔New York: Macmillan〕, 1951, p. 386)。また一七九三年四月パリのジャコバン・クラブが地方の支部にまわした廻状のなかで「反革命派(Contre-révolutionnaires)は政府のなかに、国民公会のなかにいる」といっている(Ibid., p. 423)ように、反革命または反革命派という用語が「人民の敵」「祖国の敵」「裏切者」「王党派」などという表現と並んで広く用いられたのは、まさに革命指導におけるジャコバン派のヘゲモニーが確立された時期と一致している。「反動」という表現が登場したのはこれよりやや遅れ、テルミドール(一七九四年)以後であった(もっとも後世歴史家の慣用語になった「テルミドール反動」という言葉は当時はまだなかったようである)。「ブロック」辞典によると、「反動」は九五年、「反動派」は九六年とあるが、出処は分らない。すくなくもこの範疇を使用して当時の政治状況を分析した最も早い例が、後述するバンジャマン・コンスタンの『政治的反動論』(*Traité des Réactions Politiques*, 1797)である。さらに、一八一六年——といえばフランスの王政復古《レストラシオン》直後である——の『エディンバラ評論』(*The Edinburgh Review*, vol. XXVII〔no. LIV.〕, Dec.〔, 1816〕)にはウィリアム・ウォーデン〔William Warden〕の『セントヘレナからの手紙』の書評とナポレオン評伝を兼ねた一文が載っているが、そのなかで、ブリュメール十八日以後のナポレオンの施策をのべてつぎのように言っている。「彼の統治の最初にとった処置は賢明で礼節をわきまえていた。万人が強力な政府の必要を認めていた。そうしてまさに彼等《かれら》はそれを持った。万人が過去の統治者の腐敗と不正義に反対する声をあげていた。ナポレオンは公金の使込みを禁じ、法の正当な施行を実施した。……万人がフランス人のいわゆる反動(原文イタリック)を恐れていた。ナポレオンはあらゆる反動の兆候をチェックし、法を守るものに誰彼の別なく保護を与え、法を破る者を公平に処罰した」(p. 480)。

さきの「N・E・D」辞典には政治的意義の反動の史上の用例としてこの『評論』を挙げているので、恐らく「反動」という特殊の意味を帯びたフランス語がドーヴァー海峡をこえてイギリスに輸入されたのは、このへんがはしりであろう。有名なミニェの『フランス革命史』の初版が出たのは、一八二四年であるが、そこで彼は「テルミドール」期について、「穏和な共和主義者に率いられていた反動は一般に王制主義的になった」といい、さらに王政復古期から革命過程をふりかえって、「この時期に新たな一連の事件がはじまる。一八一四年はそれにさきだつ二十五年間(つまり革命勃発からナポレオンの没落まで——丸山)におこった大きな運動の区切りであった。革命は宮廷の絶対権力と階級の特権に対して向けられたものとして政治的であったし、ヨーロッパがそれを攻撃したゆえに軍事的となった。やがて現われた反動は帝制へと到達した。……さらにそれはのちに人民に対する神聖同盟と憲章《シャルト》に反対する党派の政府を生んだ。……この逆行運動(Ce mouvement rétrograde)は自らのコースの終点をもたねばならぬ」とのべている(F. Mignet, *Histoire de la Révolution Française depuis 1789 jusqu'en 1814* [Paris: Didier et Cie], vol. II, p. 145 及び p. 341–342. 但し引用は一八六九年版によった)。こう見て来ると、歴史的社会的範疇としての「反動」はテルミドール期から王政復古期にかけて形成されたもので、マルクスやエンゲルスがこの言葉を用いた二月革命前後にはすでに政治用語としてかなり一般化していたことが推察される。

「保守」という言葉の政治的使用はもっとも遅れた。シャトーブリアンがラムネーなどと共に、機関紙 *Le Conservateur Littéraire* を創刊したのは一八一八年である(5)。イギリスでは一八三〇年に、J・クローカー〔John Wilson Croker〕がはじめてトーリーズにこの名を適用し、やがてサー・ロバート・ピールに率いられた党内改革派の称となった。そうしてほぼ同じ頃〔一八四八年〕に、ドイツ〔プロイセン〕でもユンケル層を基盤として、"Die Konservative Partei" が結成された。このように反革命・反動・保守の三つの言葉が僅かではあるが、時間的なずれをもって順次に政治的舞台に登場して来たということは、単なる偶然といえばそれまでだが、そこには各々の本来の意味合いが象徴的に暗示されていないだろうか。すなわち、「反革命」は革命と対語であり、現実にもつねに革命過程の開始にほとんど踵を接して現われる。これに対して「反動」という範疇は「動」の過程がある時間的な幅で継続し、しかもそれが社会の深層までゆるがすものだという感覚が一般化してはじめて、それを押しかえそうという動向との揉み合いが、なまなましい力学的イメージをよびおこすわけである。最後に、保守は文字通り conserve することであるから、反革命や反動の概念がもともと消極的で反対的なものにとどまるのとちがって、保存すべき価値の積極的な選択が前提されている。したがって、単に衝動的、感情的なものがある反省にまで高まらぬと出て来ないので、革命過程などでは前二者に比して登場が遅れても不思議ではないことになる。右はむろん純粋な理念型の場合であって、現実にはたとえば保守の名を冠する党派が必ずしも本来の意味で保守的とは限らない。

なおこうした用語の日本への移植過程についてはとくに詳かにしないが、党派名としては、明治二十一年に鳥尾小弥太らが結成した保守中正派(機関誌『保守新論』)が最初であろう。彼が、保守と頑固とを区別し、「保守は破る、ことを嫌ふ、必ずしも変ずることを嫌はず、されど変ずべからざるものを変ずる時は破るゝなり」(『得庵全書』〔鳥尾光、一九一一年〕、四九八頁)といっているのは、その実質的なイデオロギーが保守の名に値するかどうかは別として、よく保守主義の核心を衝いた言葉である。この区別に現われているように維新直後には、「頑固」とか「守旧」とかいう名称が多く用いられた。「反動」という表現はたとえば、「反動的論派は大抵その正を得ること難し、福沢氏の説実に旧時の思想に反動して起りたるもの多きに似たり」(〔陸〕羯南「近時政論考」明治二十三年)というように、独立に使われるときは多く動に対する反動という意味で用いられたが、同時に「保守的反動」という保守と反動を一緒にした言葉が比較的早くから登場したことは興味がある(これも一例だけあげれば、竹越〔与三郎〕の『新日本史』(明治二十四年)が谷干城らの条約改正に対する反対運動の勃興を「保守的反動の時代」という表題の下に扱い、また森有礼の国家主義も保守的反動と呼んでいる。その際彼がこうした風潮の台頭の原因の一つとして、「欧州三十年間は反動の時代にして、仏国革命の余焔漸《よう》やく消へて、世、民権自由に熱中する者少なく、君権の勢、漸やく回復し来るの影響なり」といっているのは、西欧の古典的な反動範疇がすでに理解されていたことを示している）。このように「保守」と「反動」のカテゴリーが早期的に癒着したことと、わが国で前記鳥尾らの場合のような少数の例外をのぞいて、今日まで保守がおおむね自称として通用せず、およそ実際上自由主義でも進歩主義でもなく、むしろ反動への傾斜の大きい政党までが「保守」の名を敬遠して来たという事態とはおそらく関連があり、そこには近代日本の重要な精神史的特質が反映されている。そうして大正末期以後、知的世界にマルクス主義的用語が急速に普及したために——そうしてマルクス主義の政治的立場からは、保守主義はせいぜい反動に水を割った観念として消極的に位置づりられるにとどまるので——ますます保守反動という一括した使い方と考え方が定着した。日本に保守主義が知的および政治的伝統としてほとんど根付かなかったことが、一方進歩「イズム」の風靡に比して進歩勢力の弱さ、他方保守主義なき「保守」勢力の根強さという逆説を生む一因をなしている。

二　反動概念の古典的定式
——バンジャマン・コンスタン——

一七九四年七月のクーデタで権力を掌握したテルミドール派は当初は山岳党《モンタニアール》と国民公

会右派の反ロベスピエール連合であって、彼等はただ恐怖政治《テルール》の「行きすぎ」をチェックしようとする共和主義者であったが、一旦振子が逆戻りを開始するとジロンド派やフゥイアン派はむろんのこと、生残った王党派が急激に頭をもたげ、続々帰国した亡命派《エミグレ》と合流するに至り、革命派に対する血腥い「白色テロ」が国内いたるところで荒れ狂った。そうしてテルミドール派も、さらに共和第三年憲法で生れた総裁府《ディレクトワール》も、山岳党左派による反撃を警戒し恐怖するあまり、このとめどない反動化をコントロールしえず、むしろ情勢にひきずられて自らの性格をも次第に「右翼化」させて行った。若き日のバンジャマン・コンスタンの小著『政治的反動論』(一七九七年)[8]はまさにこうした状況の渦中から生れた。この書[*1]は前述のように「反動」という政治用語のもっとも早い用例に属するばかりでなく、そこに展開された分析は反動の政治学的解明として今日なおみずみずしい新鮮さを湛えている。

政治的反動は何故、またどのような条件の下でおこるか。コンスタンはそれを解明するためにまず革命のあり方を問題とする。彼によれば革命というのはある国民の理念《イデー》とそこでの制度《アンスティトゥシオン》との間の均衡が破壊されたときに勃発する。理念と制度がつり合っている限りは、権力者の交替や党派の顚落はあっても、制度自体は存続する。この両者の一致が破れると、革命は不可避となる。革命は理念と制度の一致を再建する方向にすすむ。それが必ずしも革命派の意図とはいえないにしても、革命の傾向はつねにそうである。ところで、もし革命が一挙にしてこの目標を達成し、そこで停止する場合には、反動は生れない。なぜなら、それはほんの短期間にすぎず、到達した瞬間は同時に休息の瞬間だからである。スイス・オランダ・アメリカの革命をコンスタンはこうした「反動なき革命」の例にあげる〔七一頁〕。けれども、革命がさらに進行して当時の国民に支配的な理念(les idées régnantes)をのりこえた制度を打建てたり、あるいは支配的理念に照応している制度を打倒することになると、それは不可避的に反動を生み出す。というのは、「その場合には均衡が存在しないので、新制度は引続く努力によってしか維持できず、そうした努力がガックリとなる瞬間に、すべては弛緩し、後戻りする」〔七二頁〕からである。かつてのイギリスのクロムウェル革命、また現在のフランスの政治過程がまさにそうである。フランス革命は封建的な諸特権(les privilèges)に反対しておこされたものだが、その条件をこえて財産権(la propriété)を攻撃するにおよんで、おそるべき反動が現われた〔七二頁〕。

本来の限界をこえた革命が停止すると、それはまず限界線にまでつれもどされる。けれどもひとは革命をその本来の場に位置させるだけでは承知しないで、革命が進みすぎただけの分を、限界地点からさらに後戻りさせるのである。こうして穏健化(modération)が終って反動《レアクシオン》がはじまる〔七二頁〕――コンスタンはあらましこのように反動発生の政治過程を定式化するのである。

　コンスタンの問題提起で重要なのは、さらに彼が、政治的反動のジャンルを「人間に対する反動」と「理念に対する反動」とに区別している〔七二頁〕点である。つまり前者は革命派に対する復讐行為として出現する反動であり、後者は革命のイデオロギー及び制度に対する反動にほかならない。コンスタンによれば革命が穏和化の過程に入り、恐怖政治《テルール》時代に犯罪的行為を犯した者を法に従って処罰し、あるいは行きすぎた理念を健全なそれに復帰させるのはさきほどの規定から明らかなように反動ではない。「本質的に反動を特徴づけるのは、右と反対に、法の代りに専断であり、理性的な論議に代る激情である。反動は人々を審判《ジュジェ》する代りに法の手続なしに誅戮《ちゅうりく》する。理念を吟味する代りにそれを排斥する」〔七二頁〕。とくに「人間に対する反動」の、ロベスピエール時代をもしのぐ暴虐性を彼は委曲をつくしてのべる。「対人反動は報復というただ一つの目的しか持たず、法の侵犯というただ一つの手段しか持たない」〔八一頁〕。しかも対人反動はそれに先立つ行動の結果であるが、さらに将来の反動の原因となる。「本来身から出た錆として非合法的に憤怒の犠牲となった者がふたたび権力を奪取しようと努力する。彼の勝利が到来すると、彼は権力を濫用する根拠を一つでなくて二つもっている。第一は彼に最初の犯罪を行わせた彼の自然的性向であり、第二はその結果起った犯行――彼の犯行に対する懲罰としての犯行――に対する彼の怨恨《ルサンチマン》である」〔七三頁〕。そこからして「すべてのブレーキがなくなり、すべての党派がひとしく犯罪者となり、すべてのけじめが解放される。……一世代全体が……恐怖・復讐・憤怒・悔恨などあらゆる動機によって、法から遠く押しながされる」〔七三頁〕――ここには人間にたいする反動が連鎖反応によって政治過程全体をおしつつんで行くダイナミックスが生々しい実感で語られている。

理念《イデー》に対する反動の発生根拠をコンスタンは『アドルフ』の作者にふさわしく心理的分析によって説明する。それは「人間が未練を感ずるものの周辺にあるすべてのものを、一緒くたに自分の未練の対象として理解する人間精神の傾向」から生れるものである〔七四頁〕。「ちょうどわれわれの幼時の思い出、あるいは失われた過去のある幸福な時期の思い出の中では、われわれが最も貴重にしていたものが、どうでもよい事柄と混り合い、過去の魅力がすべての細部に付着するように、一般的動乱の下で、自分の個人的幸福の建物の崩壊を目のあたり見た人は、一緒に崩れ落ちたすべてのものを再建するよりほかには、それを回復することはできないように信じこむ。不都合や弊害の明らかなものまで彼には貴重に思われる。距離をおいて見ると、彼がその喪失を歎く長所と密接につながって見えるからである」〔七四頁〕。各部分を吟味すると結局それをバラバラに解体してしまうのではないかという恐怖からして、盲目的に一つの構成物（旧制度）全体に迷信的な崇敬がいだかれるようになる――ここでコンスタンが直接には亡命貴族や王党派のイメージを念頭においていることはいうまでもない。けれども、同時にそこには社会的変革によって「何物」かを失った者が、「部分的反動」から結局二者択一の「体制的反動」に行きつく一般的傾向性が意味深く示唆されている。

二つの反動のジャンルはそれぞれ現象形態を異にするが、禍害においてはいずれを少いともいえない。「人間に対する反動」の最大の禍害は、コンスタンによれば、それが「革命の源泉である抑圧を永久化することによって、革命そのものを永久化する」〔七二頁〕ことにある。「イデーに対する反動」は対人反動ほど血に塗《まみ》れてはいないが、旧体制の偏見を固定化し、その弊害をふたたび出現させることによって、革命の成果を台無しにさせてしまう。対人反動は激烈に作用するが、理念反動は長期的に緩慢に苦痛を与える。前者の対象とするのは個々の人間であるが、後者のそれは全人類である。

二つの反動を区別する政治的含意は、コンスタンがそれぞれに対して異った処方箋を与えていることで一層ハッキリする。すなわち、対人反動に対しては断乎たる積極的行動に出ることが政府の義務とされるのに反して、理念に対する反動の場合には彼は逆に政府の控え目(réserve)を要望するのである。何故か。対人反動は前述のとおり報復を唯一の目的とし、必然的に恣意的な暴力行使に立ち到るから、政府の手段はただ一つ、司法(justice)によって、これを峻厳に抑止することだ。「反動にひきずられぬためには、反動をとらえる以外にない」〔七六頁〕。コンスタンは「嘗《かつ》ての加害と新たな侵犯行為との間に中立を維持し、こうした恥ずべき中立性の下で自己を維持するためにしか権力を行使せず、統治の義務を放棄してひたすら己れの存続に汲々としているような政府に禍いあれ！」と叫ぶ〔七七頁〕のである。これとちがって理念反動は「制度に関係するかまたは意見に関係したものである」〔八〇頁〕。制度が安定するには一定の時間的経過が必要だし、意見には自由が必要だ。新らしい制度に反対してわめく者がいても政府は勝手にわめかしておき、違法な行動だけを取締って、ひたすら制度を守り続けるのがよい。

「法と形態《フォルム》が存し、貸すに時をもってすれば制度はやがて勝利する」〔八〇頁〕。人間に対する反動は目的も手段も単一だから、政府はこれを予見して備えができるが、理念に対する反動には無限のヴァリエーションがあり、その手段も一層変化に富んでいるから、政府がこれに積極的に介入したが最後、あらゆるニュアンスに対処し、きりのない骨折《ほねおり》を費す羽目となる〔八一頁〕。その揚句は奔命につかれてやがて行動も恣意的になり、不正と錯誤に陥るのが関の山だ。理念に対する反動と闘い、意見を指導して制度を擁護するのはまさに理性を代表する文筆家や知識層の任務なのである——。

コンスタンはこのような一般的考察にひきつづいて、当時の政治的反動の具体的様相に鋭い照明をあて、とくに革命独裁時代に蒙った痛苦に対する怨恨からして、いま述べた知識層本来の任務を裏切って王党的反動に奉仕する当時のジャーナリストに対して、縦横の批判を展開するのであるが、これ以上深入りすることは避けよう。要するに反動がはじめて独自の範疇としてフランス革命の煮えたぎる渦の中からすくい上げられたとき、それがどのように定式化されたかを見るのが差当っての関心なのである。コンスタンの基本的な政治的立場は「政府は個人と個人の間に対してはある抑止的な力（une force répressive)を、個人と制度との間にはある保存する力(une force conservatrice)を置くべし、個人と意見との間には何ものも置いてはならぬ」〔八〇頁〕という言葉に簡潔に表現されているように、明らかにブルジョア自由主義に貫かれている。しかしそうしたイデオロギー的制約をこえて、ここには反動の政治過程一般に内在するダイナミズムの深い洞察が各所にちりばめられていることは右の短い紹介のなかからも窺われるであろう。たとえば彼が「破壊するのが当面の問題なときには禍害のあるものだけを破壊し、再建が問題である場合には有用なものだけを再建せねばならぬというけじめ」〔七四頁〕が見失われる点に「理念に対する反動」の特徴を見出しているのは、まさに本来の保守(そこでは保守すべきものとすべからざるものとの弁別の感覚が存する)の反動への転化を識別する標識として現代の学者の説くところ(一例として、C. Rossiter, *Conservatism in America*[New York: A. A. Knoph], 1955, p. 13)を先取りしているし、また、反革命派がその不倶戴天の敵への攻撃でますますその政治的手段を「急進化」させて行く過程を「王制派的山岳党」(montagnard pour la royauté)という逆説的表現を用いて描き出している個所にも、ひとはワイマール・ドイツの政治過程や現代アメリカのマッカーシー的反動に共通するアイロニーを読みとるにちがいない。

コンスタンの反動概念のなかには——とくに対人反動のそれには——力の作用と反作用という文字通りの意味がそれ自体まだかなり鮮明に浮き出ており、必ずしも進歩—反動という歴史の方向づけの観点に一元化されてはいない。それは一つには史上空前の社会的激動の渦に巻きこまれた知識人のなまの実感の表現であり、こうした実感はやがて十九世紀の「社会物理学[9]」にまで昇華される原素でもある。しかし革命過程における「反動」現象を、実質的なイデオロギー的契機（彼のいう理念）から一応区別された次元で法則化したことは、単純にこれを社会（または歴史）科学的観点の未熟さとしてだけは片づけられない問題を含んでいる。それはこういうことである。「理念に対する反動」の場合においては、一方には自由と平等の理念と制度が、他方では旧体制のそれが対峙するから、現実の党派にはさまざまのニュアンスはあっても基本的には一本の線の上に（ヨリ進歩的なものとヨリ遅れたものとして）配列される。そこでもし中央に線をひいて両者を区切るならば、「自由と平等」を代表する側は本質的に反動のモメントを内包しないことになるわけである。価値と反価値（たとえば理性と迷蒙）の二元的対立が歴史的進歩観と結合する場合にはつねにこうした想定が生れる。ところが、コンスタンによって「人間に対する反動」としてとらえられた過程は既に見たように、たとえ最初の起動が旧体制派にあったとしても、それは進歩派あるいは革命派に本質的に無縁であるどころか、むしろあらゆる党派をまきこみながらも自己肥大を遂げて行くのがその本来の傾向なのである。したがってこの次元においては対立する陣営はその実質的価値を捨象されて、著《いちじる》しく共通した行動様式を身につける。革命と反革命がともに「受難でなくて恐怖の動機から」テロルに訴える。ここではもはや自由と抑圧の闘争が問題なのでなく、自由の一般的喪失が問題なのである(つまり対人反動も自由にかかわる限り、決して純粋に価値中立的な物理的範疇ではないことがわかる)。コンスタンの二種類の反動の区別は機械的な分け方に見えて、実はそこに市民的自由(civil liberties)が形式的自由とよばれる内奥の根拠が暗示されていないだろうか。それは「自己の憎む思想に対する自由」というホームズ判事の有名な言葉[10]に象徴されるように、本来イデオロギー的または体制的対立を横断する平面において成立するものであるからこそまさに「形式的」なのである。対人反動の形式性はこの市民的自由の形式性に対応している。もし後者の形式性のまさに「形式」なるがゆえにその特質を見失って、これを歴史的進歩の段階のなかに解消させるならば、対人反動の問題も「理念に対する反動」に一元化されることになろう。しかしその場合は必然に、革命(進歩)派のテロルを「抑圧に対する自由の専制」

として合理化するロベスピエールの帰結を避けることができない。人類の自由を代表し歴史的進歩を体現する党派は抑圧者を抑圧することこそあれ、人権を抑圧することは先天的、本質的に(!)ありえない筋合となるからである。ここでコンスタンが理念に対する反動は全人類を対象とし、対人反動は個々の人間を対象とするといっていることを想起されたい。それはまた究極には『罪と罰』のラスコリニコフ的理念につらなる問題でもある。形式的自由を実質的自由に比してヨリ「遅れた」ブルジョア的段階に帰属させ、個人的人権の問題を大衆・プロレタリアート・民族・人類というような類的人間の中に埋没させる「進歩的」考え方が、ファシズムとの闘争においていかに致命的なマイナスとして作用したかを考えるならば、政治的反動の古典的定式のなかに含まれる示唆の重大性をもはや何人《なんぴと》も看過しえないであろう。

＊1　のちに彼の政治論を集めた *Cours de Politique Constitutionelle* (avec une introduction et des notes par Éduard Laboulaye, 2 tomes, deuxième édition[Paris: Guilaumin], 1872) の下巻に収録された。コンスタンは周知のように、王政復古期から七月王政にかけて、自由派《リベロー》の指導的人物として活躍したが、この所論を書いたころはまだ九五年憲法の立場に立つ共和主義者だった。そこで一八一九年にこれを再版した際、彼は統治形態に関連した一部を削除修正してそ

の理由を序言でのべている。大事なのは、自由と秩序と人民の幸福であって、政治組織はそのための手段である。だから共和制と立憲君主制の差は形態の差にすぎないが、立憲君主制と絶対君主制との間には本質的なちがいがある。識見ある共和主義者が立憲君主主義者になる傾向性は、絶対君主主義者が立憲君主主義者になる可能性よりはるかに大きい――というのが彼の「転向」の弁である。その当否は別として、コンスタンが早くもここに心理的傾斜の観点から、進歩右派→リベラル(もしくは保守)という移行に比して反動→保守(もしくはリベラル)という移行が困難なことを主張しているのは興味がある。なお、"Cours" の一八七二年版の編者〔Édouard Laboulaye〕は「穏和化したコンスタンでなく、共和主義的観念の沸騰のさ中にあるコンスタン」を示すために、削除個所を復元した。以下の引用はこの七二年版による。

三　進歩と反動の弁証法
――マルクス・エンゲルス――

マルクスとエンゲルスがブリュッセルにあって活潑な執筆活動と革命的実践を展開しはじめた四〇年代の中ごろには全ヨーロッパにメッテルニヒ反動の嵐がふきすさんでおり、すでに反動あるいは反動主義者という言葉が国際化して急進民主主義者や社会主義者の間でひろく通用していた。彼等はその既成の範疇を用いて、それを彼等の基本的な哲学と史観によって練り直したのである。この科学的社会主義の創始者においてどのような指標が「反動的なるもの」の規定としてとられたであろうか。進歩的↕反動的という対語が後世マルクス主義によって常識化され俗流化したにもかかわらず、それに答えることは一見するほど簡単ではないようである。

マルクスにおいては、きわめて初期の著作から、たとえば「反動に対しては荒れくるい、進歩に対しては反作用をする」(「道徳的批判と批判的道徳」『マルクス＝エンゲルス選集』二巻上、大月書店、一九五〇年、四九頁)というように、反動と進歩はほとんど一義的に対語として用いられている。しかし反動範疇の発生したフランス革命時代にあっては、さきのコンスタンの規定にも現われているように、両者は必ずしも対概念ではなかった。コンスタンの理念反動という際の理念はいうまでもなく、具体的には革命の理念としての自由と平等(及びその制度化)を意味していた。そうして自由と平等の理念が啓蒙主義における「進歩の観念」(l'idée du progrès)から発していることは周知のとおりである。したがって「理念に対する反動」が結局歴史的進歩の方向に対する逆行を意味するという想定は、彼をはじめ当時の——穏和急進を問わず——革命派に共通していたであろうことは推察される。にもかかわらず、何故彼等においてマルクスの場合のように、直接かつ明確に反動が進歩の、進歩が反動の、対概念にならなかったのか。ここに至ってこれまでの叙述で伏せて来た「進歩の観念」の問題がようやく登場する。

「反動」は範疇としても現実的にも、革命を直接的な与件として登場したが、「進歩の観念」は必ずしもそうでなかった。それはフランス革命の思想的な背景とはなったが、それ自体が十八世紀全般を通じて徐々に形成された観念であるばかりでなく、そこでの歴史的進歩の内実はテュルゴーの著名な『人間精神の継続的進歩の哲学的叙述』(*Tableau Philosophique des Progrès Successifs de l'Esprit Humain*, 1750)という題名がなにより物語っているように本質的に連続的発展として把えられていた。したがって、革命という短期間における集約的なエネルギーの爆発と、歴史的進歩という長期的な過程を通じての価値の蓄積と——この二つのものは啓蒙的合理主義の立場に立つかぎり、たとえ革命の「理念」を通じて関連していても、必ずしもピッタリ合一したイメージを結ばないとしても怪しむに足りない。歴史的進歩が同時にaction(行動)の過程として、また本質的に飛躍=非連続を内包するものとしてとらえられたとき、はじめてそれはre-actionと一義的に対応するようになる。マルクスにおけるこうした進歩の観念の転回を可能にしたのは、いうまでもなく革命の論理としての弁証法であった。

ところで啓蒙的な進歩の理念はさまざまのニュアンスを含んでいるが、大ざっぱにいってそこには三つの契機が含まれている。第一は文明化であり、第二は技術化であり、第三は平等化である。この三つの契機に照応して歴史はそれぞれ、(1)人間の知性と教養の向上による因襲と偏見の駆逐、(2)科学の適用による自然の征服、および労働組織の発達に伴う生産力の発展、(3)教育と社会制度の改革を通ずる政治的隷属や社会的(人種的)不平等の打破という過程を辿ると考えられる。(11) そうしてその根底には人間性の開発についての無限の可能性(いわゆるperfectibilité)と、「人類」の理念が横たわっている。そうして「進歩の観念」の発展はまず歴史におけるこうした価値の定立にはじまって、「段階」の設定や「一般法則」の探究(コンドルセ→サン・シモン→コント)へと進んで行った。現実の歴史でも、ド・メイストルやボナール以来の「反動」が原則的に右のような諸理念を否定したように、「進歩」の陣営が基本的にこうした思想に立って来たことは事実である。マルクスもまた当然に後者の流れに属していた。しかし啓蒙主義が社会主義にまで発展したのは思想史的に見ても決してスムーズな直線的な過程を通じてではなかったことを看過してはならない。啓蒙における文明主義と進歩主義はルソーによるその激烈な否定を媒介としてはじめてプロレタリアートの立場と接続することができたのである。十八世紀の啓蒙は現実に宮廷貴族の「サロン」と結びついていただけでなく、論理的にも知的貴族主義をともなわざるをえなかった。つまりそこでの進歩が「知性と教育」の進歩を中核としている限り、その時間的な連続観は同時に社会的空間に投影されて、文明が粗野を、理性が無智を、科学が偏見を、開明が因襲を「教育」することによって前者の価値がしだいに社会の底辺へと浸透して行く過程として表象される。大衆の自由と平等へのめざめも、社会の再組織も、その成果としてはじめて可能になる。百科全書家が、あれほど「醜悪なるものの破壊《エクラゼ・ランファーム》」に急進的でありながら、同時に「人民は牛のようなもので軛《くびき》と突棒と秣《まぐさ》を必要とする」(ヴォルテール)から共和制よりも啓蒙専制がヨリ好ましいと考えた[12]としても、必ずしもその思想的矛盾を責めるわけに行かない。ところがルソーはその有名なディジョンのアカデミーへ提出した論文(「学問芸術論」)が示すように、思想家として出発した当初からして、まさに文明の洗練と人工性のうちに人間性と社会のもっとも深い頽廃を読みとったのである。彼は「哲学者《フィロゾフ》」たちとちがって「批評家」としてでなく、「コモン・ピープル」の一人として語り、諷刺家や人道主義者としてでなく、彼自らたえがたい不正義の意識になやんだ人間として書いた」(K. Martin, *French Liberal Thought in the 18th Century*, p. 195)。ルソーの思想がいかに矛盾を包蔵していようと、彼をつうじて、いまや価値のヒエラルヒーを根底から顚倒するエトスが形成された。進歩と見えるものがむしろ堕落であり、農民大衆の無智と粗野がかえってこの虚偽を「下から」くつがえすエネルギーとなった。フランス革命の指導理念のなかには、こうして「進歩の観念」から来た歴史的楽観主義とルソーのそれへの反逆とが、ともに流れこんだわけである。ここに内在する「精神(知性)の進歩」と「大衆の反逆」との矛盾はやがてヘーゲル左派において新たな段階で爆発する運命をもった。マルクスのつぎのようなブルーノ・バウアー批判を見よ——

「絶対的批判は「進歩」という範疇がまったく無内容な抽象的なものであろうとは思いもおよばないで、かえってむしろ如才なくたくみに「進歩」を絶対的なものと認める。そして退歩を説明するために、進歩にたいするある〝人間のかたちをとった敵対者〟がある、そしてそれは大衆である、としている。「大衆」とは精神の「進歩」の、批判の「対立物」にほかならぬのであるから、それはじつにこの架空の対立物によってしか規定されない。……

あらゆる共産主義的および社会主義的な著述家たちはつぎのような考察から出発した。すなわちそれは一方ではどんなにめぐまれた光輝ある行為もかがやかしい成果をおさめることなしに凡俗なことにおわるもののようにみえるという考察、他方では、これまで精神のあらゆる進歩が人間大衆に反対の進歩であって、この人間大衆はますます人間性喪失の状況においこまれている、という考察であった。そこから彼らは(フーリエを見よ)、〝進歩〟をふじゅうぶんな抽象的な空言だと説明したり、また彼らは(とりわけオーウェンを見よ)文明世界の根本的欠陥を推測したりして、こんにちの社会の現実的な基礎を決定的な批判にゆだねたのであった。この共産主義的な批判にはただちに数多くの大衆の運動が実践的に呼応した」(「神聖家族」前掲『選集』補巻五、一七九―一八〇頁、傍点――丸山)

いうまでもなくマルクスはこれら空想社会主義者たちによって手をつけられた「こんにちの社会の現実的な基礎」の批判を遂行するために、ヘーゲル弁証法を逆立ちさせて、ふかく市民社会の下部構造とその運動法則の分析に立ち入って行ったのである。しかしそれは単に「人間精神の進歩」のかわりに物質的な「生産力と生産関係の進歩」をおきかえたのでは決してなかった。そうした意味での「唯物論」ならすでに「進歩の観念」に本来内在している。人間精神の進歩と生産力の進歩とが本質的に同じ意味をもち、パラレルに進行するということがまさに「進歩の観念」の特徴なのだから……。「進歩」と「人間大衆」との敵対関係が止揚されるのは、進歩から大衆への一方交通によってでなく、また「大衆の反逆」の即自的な肯定によってでもない。「進歩」に対する大衆の反逆を通じて進歩が自らの矛盾を露呈し、新たな段階に飛躍することによってはじめて大衆もまた喪失した人間性を回復する条件を獲得する。「教育者は教育することによって教育される」という言葉（フォイエルバッハについてのテーゼ）[13]のもっともふかい意味がここにある。進歩が進歩主義に居据り、自己を完結的なものとみなすときには、それは進歩の主体が何であれ、実質的に反対物に転化する——これがまさに峻厳な進歩の弁証法である。進歩の観念の思想史的な転回の意味をこのように考えるとき、そこには一見するよりはるかに重大な含意が見出されないだろうか。それはたとえばヨーロッパ的「文明」に対するアジアの「野蛮」の問題にも、またいわゆる国内的国際的な「プロレタリアートの前衛」の問題にもけっして無縁ではなかろう。

右のような転換を前提として、つぎにマルクス・エンゲルスにおける具体的な「反動」範疇の種々な使用法を例にとりながら考察をすすめて行く予定であったが、すでに紙幅も残りすくないので、結論をいそぎ主要な問題点だけひろって行こう。

マルクスはみずから参加したなまなましい革命的闘争のなかで各党派の政治的性格をその階級的基礎との関連で解明して行く際にも、「反動」の規定にきわめて細心で、その濫用化の傾向にたいして警戒的であった。たとえば彼は『ブリュメール十八日』のなかで、

> 「民主派の見かたによれば、立法国民議会の時期には憲法制定議会の時期に問題となったこと、つまり共和派と王党とのあいだの単純な闘争が問題であった。運動それ自身を彼らは一つの合言葉にまとめる。〝反動〟(傍点原文ゲシュペルト)すなわちすべての猫が灰色であり、夜まわりのきまり文句を一本調子でうたうことが、その猫にゆるされる夜である」(前掲『選集』五巻下、三一四頁)

とのべている。二月革命からルイ・ボナパルトのクーデタに至る転変する政治過程と複

雑な勢力配置についての彼の光彩陸離たる分析は、まさにこうした進歩と反動のアプリオリな二分法に意識的に対決しながら進められるのである。プロレタリアートにたいしてほかの一切の階級が一つの反動的大衆(eine reaktionäre Masse)を形成する、という有名なラッサール主義にたいするマルクス・エンゲルスの激烈な攻撃(14)もまたよく知られている。彼らの現状分析全体を通じてつねにほとんど無条件に実体的に反動という名詞が与えられているのは、絶対主義の支配諸階級(及びそれを代表する党派)と、それから「もう一種の、最近大成功をおさめた……反動(15)」としてのボナパルティズムであった。そのほかの規定はとくに政治的次元ではどこまでも具体的な状況での具体的な機能にてらして下された相対的なもので、したがって進歩→反動の移行と反動→進歩の双方の移行の可能性がつねに着目されていた。*1

しかしながらマルクス主義が歴史的進歩の動因を生産力と生産関係の矛盾のうちに見出し、他の上部構造の諸領域の発展がこれによって「究極的に」制約されるという立場をとったことは、自《おのず》から進歩の対概念としての反動概念を一方歴史的な体制という幅にまで延長すると同時に、他方生産様式・所有関係・政治制度・観念形態というような社会構造の上下あらゆる次元にまで層化させ、全体として反動の規定づけをいちじるしく複雑化し、多義的にする結果となった。体制の歴史的推移の法則というきわめて長期的な規準と、具体的な革命的状況の対抗関係における進歩と反動の規準とは必ずしも照応しないどころか、往々矛盾する。比較をハッキリさせるために、前章でのべたテルミドールからナポレオン時代にかけての時期をとろう。この反動はフランス革命の発展過程からみればあきらかに後退期の開始である。テルミドールの実権者たちの政治的傾向やイデオロギーよりはジャコバン主義の方がヨリ「進歩的」であり、一七九五年の憲法が、ついに実施されなかった九三年八月憲法に比してヨリ反動化していることは否定できない。ところがマルクスはまさにこのテルミドール以後、社会のブルジョア的発展が本格的に進行したと見ている。彼はロベスピエールやサン・ジュストのイデオロギー的錯覚を批判したのちにこういっている――

「政治的啓蒙はそれまでは自分の力以上のことをしようとして過度であったが、ロベスピエールの失脚後はじめて散文的に実行されはじめる。五人の総統府の統治の下で市民社会は力強い生命のながれをなして現われる。――恐怖政治はこの市民社会を古代政治的生活(古代の民主的共和政のこと――丸山)の犠牲に供しようとしたが、革命それ自身はこれを封建的な諸紐帯から解放して公然と承認したのである。……ナポレオンはやはり革命によって宣布された市民社会とその政治に対する革命的恐怖政治主義の最後の闘争〔者〕であった。もちろんナポレオンはすでに近代国家の本質を洞察していた。……彼はこの基礎を承認し保護しようと決意していた。……しかしナポレオンはそれと同時になお国家を自己目的とみなし、市民の生活を自己意思をもつことを許されないただの会計課長であり、その下役であるとしか考えていなかった。彼は恒久的な革命のかわりに恒久的な戦争をおくことによって恐怖政治主義を完遂した。……

自由主義ブルジョアジーにたいして革命的な恐怖政治主義がナポレオンの形をとってふたたび対立したように、このブルジョアジーにたいしては、反革命が王制復古すなわちブルボン家のかたちをとってみたび対立した。ついに一八三〇年に自由主義ブルジョアジーは一七八九年来の希望を実現した……」(「神聖家族」前掲『選集』補巻五、三四三―三四五頁、傍点原文ゲシュペルト)

ここでは基底の経済的な発展と革命的状況における対抗関係との不整合がハッキリ認

められている。前者を指標にすれば、ジャコバン独裁はマルクスにおいてもコンスタンにおけると同様に、「過度」であり、したがってテルミドールはこの過度が本来の歴史的意義にまでひきもどされたにすぎない。政治的反動は必ずしも歴史的な幅で判断した場合の反動でない。ナポレオンの事業と足跡に至ってはこの矛盾はさらにはなはだしい。またエンゲルスは急進民主主義者のカール・ハインツェンのプログラムを生産様式の歴史的段階という指標にてらして、「反動的」と断じている(「共産主義者とカール・ハインツェン」〔一八四七年〕、前掲『選集』二巻上、二九頁)。「宣言」のなかで、シスモンディらにひきいられる「小ブルジョア的社会主義」が「近代的生産関係における矛盾をきわめてするどく解剖し」「小市民層の立場から労働者のがわについた」ことを認めながら、やはりその「積極的内容」がブルジョア的発展によって解体する運命にある生産様式や所有制(ギルドや家父長的経営)の維持と再興にあるところからして、これを「反動的社会主義」の分類のなかにいれているのも同じ観点からである(なおこれに対して、ブルジョアジーの社会改善論者や慈善家を保守的社会主義と名づけているのは興味がある。[17]マルクスらにおいて、階級として反動性を付与されているのは、全般的にいって、封建地主や絶対主義官僚に次いでは、小市民と農民であって、ブルジョアジーでないのは、必ずしも彼らの現実の政治的行動の傾向性からいうだけでなしに、それを制約する条件として、彼等の依拠する生産様式の歴史的段階というイメージがいつも働いているためであろう)。

このようにして、体制と状況とのいろいろな時間的な幅(長期と短期)に応じて、進歩と反動の規定がちがって来るだけでなく、おなじ時間をとって、全体構造を縦に割っても、ある層での進歩性は、他の層との関連では反動性を意味し、逆に一つの次元で反動的な要求や政策も、ヨリ大きな次元では進歩的役割を果すということになる。エンゲルスのドイツ農民戦争の分析などには、こうした複雑な交錯がよくあらわれている。後世から歴史を分析する際には、長期と短期、全体と部分といった諸関連における進歩と反動との交錯を、時間をかけてときほぐして行くことができても、現に自分が生きている現実のなかで、こうしたそれぞれ異った尺度をつかうことは容易なわざではない。マルクス主義者がしばしばこの尺度の意識なしに進歩と反動の規定を現実の過程に適用し、とくに体制や階級という歴史的(長期的)な尺度を具体的な状況に適用するところからして、どのような認識と実践の錯誤がくりかえされたことか。一方では「前向き」の実践的指針を、といいながら、いつも後から「歴史的」になった現実を追いかけて注釈する傾向、また、他方では政治過程における進歩と反動の紙一重の移行も、「本質的」規定に基く相容れない対立として固定化される傾向などはいずれも右のことと無縁でない。ルカーチが昨年九月号の“Aufbau”に「現代文化における進歩と反動の闘争」(Der Kampf des Fortschritts und der Reaktion in der heutigen Kultur)という論稿(18)を寄せているが、そこでは右のような問題に対するマルクス主義の立場からの反省として興味ある観点が窺われる。ここでその内容を詳しくのべることはできないが、彼は、

「議会主義は今日、〝歴史的な寿命以上に生きのびている〟。これは宣伝の意味では正しい。けれどもそこから実践的(現実的)適用までにはなおきわめて道のりがあるということを誰でも知っている。……ブルジョア議会主義の時代(Epoche)は終り、プロレタリアート独裁の時代がはじまった。それは論議の余地がない。けれども世界史的な尺度は何十年の単位で測られる。十年早いかおそいかは世界史的尺度で測れば大したことではない……けれどもまさにそれだからこそ、現実政治の問題にあたって世界史的な尺度を引用するのは、驚くべき理論的誤謬なのである」

というレーニンの『共産主義における「左翼」小児病』の言葉をひいて、進歩と反動の規定においてしばしば傾向性《テンデンツ》――法則が阻害的・助長的・抑止的その他さまざまの事情の下で現実化する過程――と事実とが混同され、また革命的状況と非革命的状況における大きな相違が無視されるところから、教条主義とセクト主義が発生するとのべる。そうして彼はファシズムの問題や平和共存の問題などに対する新旧教会あるいは実存主義者の態度を例にひきながら、文学芸術の領域まで立ち入って進歩と反動の具体的で実践的に有効な規準を探し出そうと努力している。ルカーチによれば、むしろ「(現代の)反動こそが現実の政治生活で核心となる具体的な諸矛盾から注意をそらそうと試みる。……それは一切のアクチュアルな問題を大きな一般的＝世界史的対立にまで、したがって資本主義と社会主義の対立にまで単純化しようとする」(S. 764)のであって、進歩陣営がこうしたヒットラーやアメリカの反動と同じ思考様式に陥ることは、その点からも重大な危険とされるのである。*2

ルカーチが歴史的範疇と具体的状況、全体と部分における矛盾あるいは敵対関係の可能性を検討し、進歩と反動の範疇の弁証法的な性格を再認識しようと試みたのは、論文を見ると、どうやら直接には「スターリン批判」問題が大きな動機になっているように思われる。しかしその彼自らがこの論文の発表直後にハンガリー動乱の渦中にまきこまれ、ソ連から見てはまがいもない反動あるいは反革命に移行したナジ政権と運命を共にしたのは皮肉というにはあまりにいたましい悲劇である。進歩と反動が体制の「世界史的」対立に究極的にもしくは原理的に還元され、そこから逆にもっとも直接的具体的な政治状況に適用されるとき、サルトルが痛烈に衝いたように、「歴史の過程によって導かれた（ソ連戦車の）砲弾はファシストをえらび、彼らだけを倒したのだ」（「スターリンの亡霊」『世界』一九五七年四月号、一二六頁、傍点は丸山）というパラドックスに繰返し直面せざるをえないだろう。

ここでもう一度「反動」範疇の起源にたちかえってみよう。反動はもと革命的状況から生れ、革命に対する反動を意味していた。マルクスが歴史を革命（生産力と生産関係の矛盾の爆発）を媒介とする非連続的な進歩として捉えることによって、革命に対する反動は同時に進歩に対する反動となった。それは「反動」をたんに政治過程においてでなく、ヨリ広い歴史的背景や社会的基盤との関連において捉える方向をきりひらいた点で、また逆に進歩を内在的連続的発展としてでなく、自らのうちに矛盾をはらんだ弁証法的な範疇としてとらえた点で、この二つの概念の思想史において劃期的な意味をもった。しかしここでもプラスはマイナスを伴わざるをえなかった。すなわち進歩という歴史的な幅をもった規準と、反動という政治的な集約性をになった範疇とが相交錯することによって、進歩は政治的になり、反動は歴史的となる運命をになったのである。

革命が歴史的意味をもつかぎり——逆にいえば、ロシア「革命」もナチ「革命」も、明治「維新」も戊戌「政変」も、「すべての牛が黒であるような闇夜」[20]のなかのたんなる騒乱として等視しないかぎり——反動もまたたんなる力学的範疇以上のものを意味している。しかし反動を第一義的に革命的状況にたいするものとして規定することの意味はやはりもう一度考慮されねばならぬであろう。革命的状況とはすぐれて政治的な概念である。だからこそルカーチも非革命的状況と対比しているのであって、もし革命的時期を生産力と生産関係の矛盾の顕在化した全期間にまで延長するならば、つまり反動の前提となる革命を歴史的尺度においてとらえるならば、反動はその特有のダイナミズムにおいて理解されることは困難である。マルクスにおいても、またレーニンにおいても、急速で激烈なプロレタリア革命への移行が日程に上っているという前提があったからこそ、反動を革命的状況に対すると同時に、歴史的体制的革命(=進歩)に対する対概念として通用させながら、そこに伝統的な政治的集約性のトーンを籠めることができた。体制の長期的共存が日程に上っている今日、この前提はそのままには通用しないことはあきらかである。革命的状況は現実的であれ、想定的なものであれ、はげしい両極化、社会的緊張、精神的不安を随伴する。反動はこうした雰囲気からその行動様式を受けとる。反動を特徴づけるのは、安定感ではなくて慢性的危機感である。「赤の不断の侵蝕とそれに対して無力に押しながされている世界」という状況判断、そこから生ずる「現状」への激しい不満と憤激が、したがってまた「永久反革命」が、いつ、どこでも反動に共通する精神傾向であり、その意味では保守主義的心情が政治的社会的状況の安定感と社会的伝統の連続性とを基盤にして発生するのとまさに対蹠的である。両極化を前提にした進歩↕反動の激烈な対抗というイメージのなかには保守の独自の存在理由は出て来ない。逆になにゆえ革命的状況の下において「過激」反動と「過激」進歩とがラディカリズムの次元において相会するという現象がしばしば起るか、なにゆえに極左の転向が「自由」や「保守」をとびこして極右になる傾向性(またはその逆)が生れるか、なにゆえに大衆の「急進化」がイデオロギー的また「歴史的」意義からは氷炭相容れない方向に組織化される両面性をもつか――というようなファシズムの経験においてなまなましい問題は、「本質的」対立づけの網の目からはことごとくこぼれ落ちてしまうであろう。

ことは単に抽象的な定義をめぐる問題ではないのである。

他方進歩の「政治化」から何が生れたか。ソ連を先頭とするコミュニズム体制は進歩の「体現」とされたために、ちょうどかつて進歩の理念がオーギュスト・コントに至って一つのそれ自体完結した体系にまで制度化されたように、ソ連的体制は自己充足的なものとして表象された。つまり進歩は政治化することによって独占(体制としても前衛としても)化の方向を歩んだ。社会主義体制はいわばオール進歩の代表となり、そのかぎりで内在的矛盾が進歩の原動力であるという進歩の弁証法は社会主義社会には適用されないかのような奇妙な想定が、毛沢東による「人民内部の矛盾」の定式化まで強力に支配したし、いまでも現実には支配している。進歩の弁証法が社会主義社会のなかでもいきいきした生命をたもつためには、矛盾の積極的意義が承認されなければならない。矛盾の積極性は反動という消極概念では尽されないだろう。それは政治機構としては、見解と政策の対立、少数派の存在、いな、進んで集団間の「争議」に「止むをえぬ害悪」以上の原理的な意味を肯定するかどうかの問題である。しかしヨリ広い思想的課題としてとりあげるとき、そこにおそらく伝統的な進歩反動という対極にたいして、抵抗という別の次元が設定されるのではなかろうか。抵抗の精神に支えられなければ——

「進歩」が「抵抗」を内包しない限りは――、「進歩」は停滞し制度は物神化する。さきに「進歩」と「大衆的エネルギー」の対立として表現された問題は実はここにふかくかかわって来る。福沢が「日本国民抵抗の精神」の貴重さを説いたとき、彼は、およそイデオロギー的には対蹠的で、「反動的」な西郷にひきいられた西南戦争を念頭においていたのである。そうして「抵抗」にイデオロギー的次元と独立な意味が認められる瞬間に、それはまた特定の政治的、社会的、経済的な制約をこえた人間そのものの意義への問いを呼びおこさずにはおかない。現代反動にたいする本当に根源的《ラディカル》な対決はまさにここにはじまるのである。

＊1　これは階級や党派の動向だけでなく、憲法その他のシンボルにも妥当する。その反動→進歩の移行の一例として、エンゲルスの「革命と反革命」のなかからひいておこう。「将来のドイツ憲法の第一の根本的諸原則が議決されたのは、一八四八年……すなわち民衆運動がまだたけなわな頃であった。当時採用された諸決議は――そのころとしてはまったく反動的なものであったが――オーストリアとプロシャの政府が専断行為をやってのけたいまでは、きわめて自由主義的でまた民主的であるように思われた。比較の尺度が変化したのだ」(前掲『選集』四巻上、一四一頁、傍点――丸山)

＊2　こうした範疇的対立の単純化とそのあらゆる微細な状況へのところきらわぬ侵入を、ホーフスタッターは「えせ保守主義」の特徴とし、アイクのタフトに対する勝利が確定したときに、ヒルトン・ホテルから大股に歩みながら、「これは社会主義(!)がもうあと八年もつづくことを意味する」と叫んだ一アメリカ婦人の言葉をひいている("The Pseud-conservative Revolt," in〔D. Bell ed.〕*The New American Right*[New York: Criterion Books], 1955, p. 36)のは、右と照応して興味がある。

(付　記)

本稿の意図は反動の範疇の思想史を現代まであとづけること自体にあるのでなく(もしそうならたとえばマルクス主義のレーニン以後の段階を当然検討せねばならぬだろう)、むしろ、冒頭にのべたように、その原初的な形態をたずねて、そこから今日の問題へのなにほどかの暗示をくみとりたいということにあった。当初は王制反動の政治過程やそこでの「ウルトラ」(極端王党)やロマン主義者の行動様式を第二章のあとにのべ、最後に政治的態度としての反動・保守・自由・急進のそれぞれの心理的関連と移行条件を問題にする予定であったが、いずれも時間と枚数の関係で省いたので、はなはだ中途半端なものになったことをお詫びしたい。なお本稿の準備にあたって、この巻の執筆者ならびに、岡義武・桑原武夫・埴谷雄高の諸氏からそれぞれ教示をうけたことを感謝する。

Ⅲ　現代世界への基礎視角

ナショナリズム・軍国主義・ファシズム

まえがき

一般に政治的イデオロギーは、国家・階級・政党そのほかの社会集団が国際ないし国内政治に対していだく表象・願望・確信・展望・幻想などの諸観念の複合体として現われる。それは通常目的意識性と自然成長性の両契機を具え、その濃淡はピラミッド型に分布し、頂点においては組織的=体系的な理論ないし学説が位置し、底辺においては非合理的で断片的な情動《エモーション》ないし行動様式に支えられている。イデオロギーの政治的エネルギーは底辺から立ちのぼり、政策への方向づけは頂点から下降する。したがって底辺に支えられない頂点は政治的イデオロギーとしては空虚であるが、反対に頂点の合理的指導性を欠いた底辺は盲目である。ところが諸々のイデオロギーはその発生の歴史的由来によって、またそれが働く場としての政治的状況の如何によって、頂点への収斂性が強いものもあれば、底辺からの牽引力が強いものもあり、その程度はさまざまである。一般的に言って、自由主義・民主主義・社会主義という系列のイデオロギーは、思想史的に見て多かれ少なかれ理論や哲学への収斂性をもっている。それはこうしたイデオロギーがそれぞれ封建制社会や資本制社会の体制的な変革をめざし、またそれを志向する明確な階級的選手によって担われて来たからである。既存の体制を擁護する側のイデオロギーは、主として体制に内在する習慣化した生活様式や惰性的な政治意識――殆《ほと》ど無意識になった政治意識――にアピールすれば足りるので体系性への志向が弱いのに対して、体制の積極的な変革をめざすイデオロギーは、どうしてもまず以て既存の権力構造や社会制度・文化についての綜合的な認識と、当面する政治的状況の全面的な展望を持たなければならないから、理論的武装への内面的な衝動がヨリ強いわけである。進歩的イデオロギーが「抽象的」に学説あるいは世界観として把えることが容易であるのに反して、保守や反動イデオロギーの理論的把握が困難なのは一つにはここに由来している。

ところがテクノロジーの飛躍的な発展に裏付けられた大衆デモクラシーの登場は、政治過程への厖大《ぼうだい》な非合理的情動の噴出をもたらしたので、イデオロギー闘争はこれまでに比べて底辺からの牽引力を急激に増大した。政治的象徴の意義の増大、マス・メディアを通ずる宣伝と煽動の圧倒的な重要性、総じてイデオロギーのデマゴギー化の傾向はその主要な指標にほかならない。第一次大戦前後からとくに顕著になったこうした大衆社会の問題状況に対して、本来大衆の自主的解決をめざすイデオロギーとして登場したブルジョア民主主義や社会主義が敏速な適応を欠き、むしろ超国家主義やファシズムのようにその解放を阻止する諸々のイデオロギーがこの状況を百パーセント利用したということにもまして大きな歴史的アイロニーはなかろう。なるほどボルシェヴィズムはロシアの思想史的伝統と、とくにその最大の理論家レーニンの驚くべき政治的リアリズムに助けられて西欧的民主主義の「甘さ」から免れ、厖大な地域に渉《わた》る社会主義世界の樹立に成功した。しかし二次にわたる大戦の衝撃を以てしても、革命が今日まで成功した地域は（チェコを除けば）いずれもテクノロジーとマス・メディアの発達のきわめて遅れた国々、したがって上述のような政治的状況の構造変化を十分に経験しなかったところに限られており、日本・ドイツ・イタリー・スペインなどでは反動的イデオロギーとの闘争にみじめに失敗した（この点、コンミュニズムに対するロシアや中国の大衆的支持の理由をファシズムの場合と同じように、もっぱら権力によるマス・コミュの系統的利用に求める通俗的見解が、歴史的に支持されないことをアイザック・ドイッチャーが明快に説いている(『ロシア――マレンコフ以後』邦訳、一四頁以下)のは示唆的といえよう)。民主主義者や社会主義者がR・ニーバーのいわゆる「光の子」(1)にふさわしく、合理性やヒューマニズムを政治行動の基礎に置き、大衆の能力の可能性に揺ぎない信頼を持つこと自体は当然であり、そこにこそ現代において自由と進歩の見せかけでない代表者たる資格があるのであるが、それが機械時代の精神的状況に対するリアルな洞察に裏づけられない場合には、一方では彼等《かれら》の依拠する思想や理論自体が大衆にとってシンボル化しつつある現実に対して自己欺瞞に陥ると共に、他方では理論性や体系性において劣るもろもろのイデオロギーのイデオロギーとしての掌握力を過小評価して、それを下部構造の問題に還元し、あるいはたかだか「遅れた意識」の所産として処理しようとする(それが裏返しになると、理論の領域と別個に全く現実政治の戦術上の顧慮から、そうしたイデオロギーや情動を「利用」する態度となって現われる)。政治過程に噴出するもろもろの非合理的要素は、これを無視したり軽蔑したりせず、いわんやこれを合理化することなく、非合理性を非合理性として合理的に観察の対象とすることによって、そのはたらきを可能な最大限にコントロールする途がひらけるのである。

以下の簡単な論考は、現代の比較的に非合理的な――反動的とは限らないが――イデオロギーとして最も重要と考えられるナショナリズムと軍国主義とファシズムについて、政治学的な接近の一例を示そうと試みたものである。私は自分の規定を唯一の正しい規定として押しつけるつもりは少しもない。むしろこうしたイデオロギーについて、検証《テスト》を俟《ま》たぬ真理性を具えたような「定義」をめざし、それをめぐってスコラ的な論争をすることは、政治的分析にとって百害あって一利ないというのが以前からの私の主張なのである。ただ本書〔『現代政治の思想と行動』〕の他の論文が多く日本や世界の現実の政治的状況や精神的気候を取り扱っているので、ナショナリズムなりファシズムなりについてそもそも一般的に私がどう考え、どういうアプローチを採っているかを示しておくことは――とくにこういうあいまいな概念の場合――読者に対する責任でもあるし、また他の所論の理解を助けると思ったので、『政治学事典』（平凡社、昭和二九年）のために書いた解説に若干の補訂を加えてここにまとめた次第である。具体的過程それ自体の叙述ではなくて、どこまでもそれを観察し分析する道具に資するつもりで書いた。現代の政治的イデオロギーのような複合現象は政治学だけでなく、社会学、経済学、哲学、心理学、歴史学などの立場からそれぞれの観点を提出し合って相互に立体的な理解を深めて行くことが必要であって、イデオロギー論に対するこうした多様な角度からの活潑な検討へ

の一つの刺戟になれば、というのが私のささやかな希望なのである。(一九五六年九月)

一　ナショナリズム

ナショナリズムは本来きわめてエモーショナルでかつ弾力的な概念であるため、抽象的に定義することは困難である。それは民族主義、国民主義、国家主義というように種々に訳されて、それぞれある程度正当な、しかし何《いず》れも一面的な訳語とされているところにも反映している。ナショナリズムは歴史的状況に応じて、あるいは憧憬ないし鼓舞の感情を、あるいは憎悪ないし嫌悪の感情をよびおこす。同じ概念のもとに一方では自由と独立が、他方では抑圧と侵略が意味されている。これは決してたんなる用語の恣意的な濫用ではなく、むしろそうした用語の混乱自体のうちに、近代の世界史の政治的単位をなしてきた民族国家(あるいは国民国家)nation state の多様な歴史的足跡が刻印されている。

一応の定義をあたえるならば、ナショナリズムは、あるネーションの統一、独立、発展を志向し押し進めるイデオロギーおよび運動である。したがってナショナリズム概念の多様性は、ネーションという範疇の多義性ないし曖昧性と相即している。しかしナショナリズムに生命力を附与するものは、ネーションの主体的契機ともよばれているところの民族意識 national consciousness にほかならない。ナショナリズムはこうして民族意識が一定の歴史的条件のもとにたんなる文化的段階から政治的な——したがって「敵」を予想する意識と行動にまで高まったとき、はじめて出現する。ナショナリズムの最初の目標がどこでも、ネーション内部の〝政治的〟統一（共通の政府の樹立）、および他国にたいする〝政治的〟独立（国際社会における主権の獲得）として表現されるゆえんである。普遍的規範によって結ばれた「国際社会」international community はまずヨーロッパに成立し、そこから全世界に拡がったから、近代ナショナリズムが思想としても現実の運動としても一九世紀ヨーロッパにその原型をもつことは自然であった。しかし今日それが集中的に問題とされる地点は、むしろアジア、アフリカなど近代帝国主義の侵蝕下におかれた地域である。

近代ナショナリズムの歴史的形成　ヨーロッパにおける民族意識は中世末期から数世紀にわたる長い期間に徐々に成熟したものであるが、ナショナリズムというイデオロギー及び運動が顕著な歴史的動力となったのは十九世紀以後のことである。その直接的な動機となったのはフランス革命であり、その展開の舞台は主として大陸諸国であった。イギリスは統一国家の早期的完成、ブルジョア革命と産業革命の先駆的な達成、強大な海軍力に護られた島国的地位などきわめて特殊な諸条件のために――現実の歴史的足跡は「国民的利益《ナショナル・インタレスト》」の一貫した追究を示しているにもかかわらず――、特殊なイデオロギーおよび運動としてのナショナリズムは、そこではむしろ実体的に凝集する機会が比較的乏しかった。フランス革命にたいする干渉戦争の過程は、まずフランス市民において愛国心と人民主権の原理との結合をもたらし、ついでナポレオンの侵略は、一方中南欧諸国の旧体制を破壊するとともに、他方諸民族の広汎な抵抗運動を惹起した。これを契機として、(1)対内的には政治的指導権を一部少数の特権貴族層の独占から解放してこれを「国民的」基盤に拡大する理想、(2)対外的にはながらく国際社会の組織原理として通用してきた王朝主義 dynastic principle を打破してネーションを基盤とする独立国家を形成する志向、という両面の動向が、やがて国民的自己決定 national self-determination という統一的な――しかし内実は必ずしも明瞭でない――観念へと合流していったのである。こうしたナショナリズムと自由民主主義との結合の推進力となったのは各国の新興ブルジョアジーと知識層であり、十九世紀のヨーロッパ大陸の歴史はこうしたミドル・クラスを担い手とするナショナリズムが王朝的正統主義を一歩一歩と排除していった過程にほかならない。その過程の最終的完成が第一次大戦におけるオーストリア・ハンガリア帝国──それは「諸民族の牢獄」とよばれていた──の解体であり、ヴェルサイユ条約において民族自決主義は公的に原則化された。

けれどもこの世紀におけるナショナリズムと自由民主主義の結合をあまり図式的に理解してはならない。ナショナリズムに特有の力学は、はやくからこれに複雑な陰影を賦与した。すでにフランスの王党派──たとえば思想家としてはド・メイストル de Maistre(2)──は革命によって点火された新しい国民感情を巧妙にブルボン王朝の反革命に利用することを怠らなかった。新興ブルジョアジーの力の本来弱いところや、それが産業革命によって急激に増大した大衆の圧力に恐怖を感じたような状況の下では、ナショナリズムのシンボルは「自由」や「解放」の表象よりもむしろヨリ容易に過去の王室の栄光に結びつき、国民的統一の象徴として君主が政治的生命を保った。一八四八年は正統主義の支柱としてのメッテルニヒの没落を記録すると同時に労働者階級の国際的団結をよびかけた歴史的宣言が発せられた年でもあることは象徴的といえよう。つまりナショナリズムの浸々乎たる発展の舞台裏では、多かれ少なかれ貴族的保守主義と市民的自由主義の双方からの歩みよりがおこなわれていたのである。この傾向を集中的に表現するのがドイツの統一（一八七一年）であり、しかもまさにこの頃から主要資本主義国は帝国主義段階に踏み入った。バルカンのナショナリズム運動の悲劇はこうした先進国との落差に由来するものであり、その矛盾はやがてここが第一次大戦の引火点となったことに表現されている。ヴェルサイユ体制におけるリベラル・ナショナリズムの観念的制覇が現実には全ヨーロッパのバルカン化をもたらしたのは、あまりに当然な歴史的帰結であった。

　しかし他方この世紀の後半期においてナショナリズムの焔は、「祖国を有《も》たぬ」はずの労働者階級をも厚くつつんでいった。義務教育の普及、選挙権の拡大、労働組合の発達、議会への労働者政党の進出、社会政策の実施——こうした諸々の過程は、一面ヨーロッパ諸国の労働者階級の政治的圧力を増大するとともに、それだけ彼等《かれら》を体制内存在《インズ》に転化させ、隠微のうちにその階級意識の内実は小市民化して行った。そうして植民地からの超過利潤がこれらプロレタリアート——とくにその上層部にもこぼれ落ちたことは、いよいよ彼らの「国民化」傾向に拍車をかけた。ドイツ社会民主党における修正主義の発生は、ただこうした底流の変容を露骨に「正直」に表白したからこそショッキングに見えたが、実は労働者・農民が徹底的に体制から疎外され、「国民的利益」への均霑《きんてん》に浴しなかった半封建的なロシアをのぞいては、各国の労働運動と社会主義運動はすでにこの頃には、表面的言辞の急進性にもかかわらず、実質的に階級的忠誠と国際的連帯性をば国家的忠誠に従属させていたのである。そうした実質的変容は、第一次大戦の勃発にさいしての第二インターの急激な崩壊によって端的に暴露された。このようにナショナリズムがミドル・クラスを枢軸として上層と下層の両方向へ伸長したことこそ、十九世紀後半におけるヨーロッパ国家内部の相対的安定の有力な要因であり、しかも国際秩序も、一方における政治的単位の多元化(主権国家の併存)は、他方における世界経済体制の単一性と「キリスト教文明」の共通性によってバランスされていたために、はなはだしい混乱を惹起しなかった。こうした事情は第一次大戦後に一変した。

現代ナショナリズムの様相　ヨーロッパを中心とし、独立のネーションが政治単位をなして国際社会を構成してきた十九世紀的世界は、(1)アメリカ合衆国の世界的強国としての登場、(2)ロシア革命による社会主義圏の成立、(3)いわゆる「アジアの勃興」という三つの契機によって根本的に震撼された。前世紀の中葉にマッツィーニが描いたような、そしてウィルソンが第一次大戦後に期待したような、個人主義＝国民主義＝国際主義のうつくしい調和の夢は無残に破れ、両大戦間の二〇年は社会的経済的動揺と国際的緊張の激化に明け暮れした。生産力と交通報道手段の飛躍的な発達は世界を一体化しただけに、そうした動揺や緊張の波動は規模においても衝撃の程度においても甚大となった。おそろしく厖大《ぼうだい》化した経済的および軍事的メカニズムの前に、群小民族国家は独立の政治単位としての意義をいちじるしく喪失した。国際連盟の「悲劇」は、それが一方において右のような現実を容認し法則化しながら(たとえば集団安全保障原理)、他方依然として前世紀のアトミスティックな国際秩序観を固執し、むしろそれを国際デモクラシーの名において極端化したところに胚胎している。新旧大小とりまぜた民族国家が目白押しにならぶヨーロッパで、この矛盾は集中的に露呈された。E・H・カーは、第二次大戦において、それぞれ古い国民的伝統をもった連合国の国民が、被占領地域で広汎に枢軸国に協力した事実を挙げて、古いナショナリズムの没落の徴候としている(*Nationalism and After*[London: Macmillan, 1945]. 邦訳『ナショナリズムの発展』〔大窪愿二訳、みすず書房、一九五二年、五二頁〕参照)。今日世界における四大国(米英ソ中)が、いずれも古典的な民族国家ではないこともまた象徴的である。

しかしこうした動向から、ただちにナショナリズムの歴史的役割の終焉を宣し、世界連邦や世界国家（世界政府）の問題を今日の日程に上せることは、「体制」の問題を一応別としてもなお飛躍を免れない。国際社会の組織化は差当っては、歴史的地理的経済的近接性にもとづくいくつかの超民族集団に向って権力単位が漸次に拡大してゆくという緩慢な過程で進行するであろう（たとえば西欧圏、ラテン・アメリカ圏、東南アジア圏、アラブ圏のように）。その過程においてナショナリズムは、帝国主義——帝国主義はナショナリズムの発展であると同時にその否定である——およびあらゆる形態での権力政治の推進力または対抗力として、なお生命を持続すると考えられる。これに関連して資本主義発展の不均衡の反面としてのナショナリズム発展の不均衡という問題が重要である。西ヨーロッパにおいてナショナリズムが老いて魅力をうしないつつあるのと逆に、アジア大陸・近東・アフリカ・中南米といった地域では、それはわかわかしい混沌としたエネルギーを湛えている。とくに今日世界の視聴を集めているのはアジアのそれである。

アジアのナショナリズム　十九世紀における世界市場の形成は、従来「世界史」の激動の彼岸にあった広大な「未開地域」を国際社会の中に引き入れた。この歴史的変動は、ふるくから独自の文化と伝統を形成してきた極東諸国にもっとも大きな衝撃として現われた。日本は種々の歴史的条件によっていち早くこの衝撃を主体的に受けとめて、一応ヨーロッパ型の主権的民族国家を樹立することに成功し、十九世紀末にははやくもヨーロッパ帝国主義と轡《くつわ》をならべて植民地分割競争に乗り出した。しかし他の極東諸民族は日本の勃興に刺戟されて民族的独立の方向に歩みだす以前に、あるいはその動向の脆弱な間に、集中的な帝国主義の侵略を蒙って植民地ないし半植民地の境涯に陥った。けれどもやがて帝国主義国による資本輸出は伝統的生産様式を押し潰し、交通網の発達は多かれ少なかれ閉鎖的な共同体秩序を破壊したために、資本と軍靴の無慈悲な足跡の下から、ほとんど不死身のエネルギーをもった民族解放運動が二十世紀に入って到るところに勃興した。ヨーロッパにおける民族自決主義の勝利、ロシア革命、両次の世界大戦における英・仏・独・オランダなど主要植民帝国の弱化と、今次大戦における日本帝国主義の崩壊といった一連の歴史的過程を経て、現在アジア・アラブの民族運動は世界政治のもっとも重要な因子の一つとなっている。これをヨーロッパ的なナショナリズムの範疇でどこまで捉えられるかは大きな疑問が存在するが、やはりそこにはナショナリズムとよばれて然るべき要素が作用していることも否定できない。むろん一口にアジア・ナショナリズムといっても、その間にかなり地域差があるが、その内部的相異を超えてこれをヨーロッパ・ナショナリズムから共通に区別する特性に着目すれば、まずこれら諸地域の社会構成において、ヨーロッパともっとも顕著な対照をなすのは、いわゆるミドル・クラスの欠如である。上層部には六〇パーセントから八〇パーセントにおよぶ超高率の地代を収奪する半領主的な巨大地主や、先進国の外国商社と結んだ買弁《ばいべん》資本が位し、そのすぐ下には人口の圧倒的多数を占め、ほとんど文盲な貧農と、恐ろしく劣悪な労働条件下にある鉱業その他、主として原料生産業および交通関係の労働者、および種々の雑役に従事する半プロレタリアの大群が位する。その間にわずかに小規模の民族資本、小商人、ヨーロッパ的教養をうけた知識層(官吏・軍人を含む)が擬似ミドル・クラスを形成するにすぎない。ナショナリズムの巨大なエネルギーを提供するのは、いうまでもなく下層の極貧大衆であり、彼らの非人間的な生活条件と擬似ミドル・クラスの不安定性とは、そのナショナリズムにきわめて急進的な、しばしば熱狂的な性格を賦与している。富と権力をもった少数の土着支配層は、外国帝国主義との取引を有利にするためにこうした大衆運動を利用し、ある場合には指導するが、決定的な状況ではしばしば帝国主義と結んでこれを押しつぶす役割を演ずる。したがってアジアのナショナリズムはイデオロギー的にも政治運動としても非常に屈折がはげしく、その「急進性」も、ときにはコンミュニズムとして、ときにはウルトラ・ナショナリズム（とくに激烈な反西欧主義）の様相を帯びて発動する。

けれども、一般にアジアのナショナリズムにはヨーロッパのそれに比して社会運動の性格がつよく、その綱領にも、国家資本による工業化、文盲退治、技術者および近代的労働者の養成、農地改革、福祉とくに衛生設備の拡充、といった共通の要素がみられる。そこでの非共産主義的指導者がソヴェート・ロシアの国内的実験に寄せる多大の関心と同情も、イデオロギー的なものでなくて、こうした後進地域の自主的近代化の最初の模範をロシアに見出すからにほかならない。要するにそれはマクマホン・ボールのいうように、(1)帝国主義への反抗、(2)貧困への反抗、(3)「西洋」への反抗という、三つの反抗の化合物なのである。(3) 民族運動の指導権を誰が握るかによってその化合の仕方なり強度なりは種々異るが、第一にそこでの階級対立が典型的な労資関係として現われないという事情と、第二にアジアがヨーロッパ帝国主義のもとに体験した歴史的運命の共同性の意識が広汎に存在するという事情とによって、アジア各地域の民族運動相互間には、たんにそれぞれの階級的性格では割り切れない漠然とした連帯感情が流れている（たとえばネールやスカルノの中国にたいする態度）。しかし他面この連帯性をなんらかの形で組織化しようとする動向は、アジア内部の伝統的な宗教的対立や世界政治のはげしい両極化の傾向などによって多くの困難に直面して来たことも否定できない。他方日本は、一面においてアジアにおける唯一の高度資本主義国としてほぼ西ヨーロッパと共通する発展をたどったが、同時に社会構造や歴史的文化的特徴などにおいてアジア大陸に近似した要素をも具え、ことに戦後アメリカ帝国主義に軍事的に従属し、政治的、経済的にも大きく依存したことは、いよいよ他の植民地・半植民地地域との問題の共通面を濃化した。したがって日本のナショナリズムには、西ヨーロッパ型のそれとアジア型のそれと、その上に伝統的な要素が複雑に錯綜して、とりわけ混沌とした様相を呈している（第一部の五「日本におけるナショナリズム」『集』⑤参照）。

ナショナリズムのイデオロギー的構成　ナショナリズムは本来国民的特性を主張するイデオロギーであるから、その内容は歴史的段階や民族差に応じてきわめて多様であるのが当然であり、ナショナリズムの代表的理論家をとっても、ルソーからトライチュケを経て孫文にいたるまで、その間ほとんど無限のニュアンスがある。ヘイズはそのイデオロギーを、主として歴史的順序にしたがって、人道主義的、ジャコバン的、伝統的、自由主義的、全体的《インテグラル》というように類型化している（cf. Carlton Hayes, *Historical Evolution of*

Modern Nationalism[New York: Macmillan], 1931)が、具体的にはこの相互間に複雑な移行関係があり、またアジアのナショナリズムにはこうした類型化は妥当しない。したがってここではそうしたイズムによる分類ではなく、むしろナショナリズムを他のイデオロギーから区別して、まさにナショナリズムたらしめる不可欠の構成要素を問題としよう。そうした観点からみるとナショナリズムのイデオロギーは、ほぼ三つの契機から成り立っている(この点 Friedrich Hertz, *Nationality in History and Politics*[London: Routledge & K. Paul], 1944 から示唆をえた)[4]。㈠国民的伝統 national tradition ㈡国民的利益 national interest ㈢国民的使命 national mission である。伝統はネーションを過去に結びつけ、利益はそれを現在に、使命はそれを未来に結びつける。この三者が合成されて、そこに国民的個性観念 national character が打ち出されるのである(イギリスの「ジェントルマン」とか、日本の「古武士」とか、アメリカの「コモン・マン」とかいった人格類型は、そうした国民的個性観念の具体的人格化にほかならない)。

㈠ナショナリズムにおける国民的伝統の主張は国語、習俗、芸術その他の民族文化の保存と伸長の要請として現われ、また自国の歴史における外敵撃攘の伝統の強調、進んで自国の威信や栄光を高めた過去の支配者や将軍——いわゆる民族的英雄——の顕彰として発現する。このような象徴がしばしば社会体制や階級を超えて求められることは、最近のソ連の例（イワン雷帝やピョートル大帝など）でも明らかである。ナショナリズムはこうした伝統の美化を媒介としてロマン主義に近づく。その政治的意味は状況によって一概にいえないが、少くとも歴史的には保守ないし反動勢力がナショナリズムを担うときに、こうした傾向がつよく現われている。伝統が民族の神話的起源にまで遡及する場合（建国神話の強調など）はとくにそうで、そのさいは使命観念と結びついてウルトラ・ナショナリズムの様相を帯びる。㈡国民的利益という観念は強度の現実性と強度の観念性との両面をそなえている。国内的には部分的地域的利害の克服、国際的には領土や権益の擁護・拡大の要請として現われることがもっとも多い。ナショナリズムが植民地からの独立運動として発現し、またはそれが上昇的な階級によって担われる場合、さらには植民地超過利潤を多少とも持続的に期待しうるような状況では、階級対立を超えた国民的利益の観念が現実性を帯びてひろい国民の間に根を下す。これに反して体制が下降ないし没落期に入るほどその観念は虚偽意識と化し、社会的矛盾を隠蔽し階級的忠誠を抑圧するイデオロギー的役割が前面に出る。一般にナショナリズムには国内の階層的秩序を平準化する傾向と、逆にそうした階層を固定化する傾向との、まったく正反対な方向がともに内包されているが、具体的な場合にそのいずれがヨリ支配的かを知る指標として「国民的利益」の観念の機能の仕方をみることが有効である。㈢国民的使命ないし抱負は、あるネーションの世界における存在理由と将来の行動目標を端的に提示して、国民を精神的に鼓舞し、あるいは潜在的顕在的な「敵国民」を精神的に武装解除する役割をはたす。伝統と利益が、どちらかといえば限定的、特殊化的な性格をもつのにたいして、使命感は普遍化への衝動がつよく、著《いちじる》しく外向的である(しばしば汎ゲルマン主義とか汎スラヴ主義といった形と結びつき、多く選民思想を随伴する)。とくにナショナリズムの帝国主義への発展と、さらに国際政治におけるイデオロギー戦の拡大は、相俟《ま》って使命感の国際化に拍車をかけ、それとともにデマゴギー化の傾向も顕著になった。未開人の文明化(アメリカの〝壮大なる使命〟Manifest Destiny)、正教の守護と宣布(帝政ロシアの〝第三のローマ〟という観念)、被抑圧民族および階級の解放(フランス、ロシアなどの革命政権の場合)、世界金権支配の廃絶(ナチス・ドイツの〝新秩序〟)、アジア人のためのアジア建設(帝国日本の〝大東亜共栄圏〟)など、その歴史的政治的役割はさまざまであるが、いずれも近代の国民的使命感の著名な事例である。

ナショナリズムの運動形態　ナショナリズムが政治運動としてとる形態も、もとより歴史的地域的に多様であり、ここではごく一般的な特徴をのべる。まず、(1)ナショナリズム運動は一般の政治運動と同様に、大衆の無定形《アモルフ》な国民感情を基盤としてこれを指導者が多少とも自覚的な意識と行動にまで組織化してゆく過程をとるが、そのさいナショナリズムはイデオロギーの理論性・体系性が弱いために、底辺の国民感情は素材のまま洗練・昇華されずに蓄積される傾向があり、運動の指導性はこの底辺の非合理的情動につよく牽制される。そこにナショナリズム運動の異常な強味と同時に弱味が存在する。すなわちナショナリズム運動は愛国心の精神構造からも窺われるように自愛主義(自我の〝くに〟への拡大と投射)と愛他主義(祖国への献身と犠牲)の感情をともに比較的無理なく動員できる点で、たんなる階級主義や人道主義に立脚する運動に比して著しく有利な面をもつが、他面点火された大衆の激情はしばしば盲目的なエネルギーとして爆発し、指導者自身これを制御しえなくなる危険性がある。指導者の権力がある程度安定的な社会層を基盤とせずに、大衆の「喝采」に直接依拠しているような場合はとくにそうである。歴史はナショナリズム運動が当初の指導者の意図と目的を超えて自動作用を開始した幾多の事例を教えている。(2)このことと関連してナショナリズム運動は他の政治力やイデオロギーによって「利用」される可能性が一般に高く、また多くは独立した運動としてでなく自由主義、社会主義、君主主義、ファシズムといったイデオロギーないし運動と結合して現われる。それも国民的統一と独立がまだ純然たる将来の目標である間はナショナリズム運動は比較的にそれ自体としてまとまった形態をもち、独自の役割を果すが、一応近代国家を樹立した後のナショナリズム運動や、また大国の権力政治の渦中に巻き込まれた地域のナショナリズム運動には、ほとんどつねに他の政治力や運動が複雑に介入する。そうした傾向が、(1)にのべた特質に重なり合うために、ナショナリズム運動の政治的性格は概して不安定であって、進歩性と反動性が同じ運動のなかに同時的に存在し、微妙な状況の推移によってその役割が逆転するというような場合が稀ではない。したがって学問的分析の上でも、また実践運動の観点からも、ナショナリズムの理解のためには、孤立した諸現象の孤立した観察や評価は危険であって、高度に文脈的な、また全体関連的な考察が必要とされるわけである。現在の日本のように戦前の統一的な帝国的精神構造が崩壊し、ナショナリズムの諸々のシンボルが分散して国民生活の底辺に複雑な形でうごめいているところでは、このことはとくに強調されなければならない。

二　軍国主義

軍国主義 militarism という概念もきわめて多義的に使用され、そこからしばしば論議の混乱が生れている。ナショナリズムやファシズムの概念が同じような不明確性を含みながらも、ともかく顕著な運動ないし政治体制として歴史的に発現しているのに比べて、ミリタリズムの場合は一層アイマイで「イズム」としての特性が稀薄である。したがって常識用語としてひんぱんに使用されるに拘らず、軍国主義をそれ自体研究対象とした学問的労作は内外とも非常に乏しく、その名を冠した書物の多くはドイツや日本というような具体的な国家についての歴史的実証的な研究である。ミリタリズムの社会学ないし政治学的分析はなお今後の課題に委ねられているといえよう。以下のスケッチも決して学界に公理として通用している見解ではなくて、軍国主義の政治学的アプローチの一つの見取図にすぎない。私の概念構成の試みにあたって念頭においたことは、一般的常識的な用語法からとびはなれた「厳密」な定義づけを避けて、むしろその言葉の歴史的経験的な使用のなかに含まれた意味をできるだけ精錬して行くことによって他の類似のイデオロギーに対する区別と関係を幾分でも明確にしようというところにある。

右のような tentative な意味で軍国主義を定義するならば、それは、「一国または一社会において戦争および戦争準備のための配慮と制度が半恒久的に最高の地位をしめ、政治、経済、教育、文化など国民生活の他の全領域を軍事的価値に従属させるような思想ないし行動様式」として規定されよう。したがってたんに強大な軍部の存在とか対外政策の好戦性とかいうだけでは軍国主義を成立させる充分な条件にはならない。R・H・トーニーがいうように、「軍国主義はある軍隊の特性ではなく、ある社会の特性」(*Acquisitive Society*[New York: Harcourt Brace and Company], 1920, p. 44)なのであって、その特性は社会の各層に浸透している特定の思考様式によって測られる。したがってまたそれは資本主義や社会主義のような社会経済的構成体でないことはもちろん、民主主義のように政治体制全体を蔽う概念でもない。つまり「主義」というよりはいろいろな政治体制と結びついて存在して来た一つの傾向性であって、ある社会はヨリ多く、またはヨリ少く軍国主義的なのである。ひとびとは通常スパルタの軍国主義、ローマの軍国主義、十九世紀プロシヤの軍国主義について語っているし、また語って差つかえない。しかし近代の軍国主義とくに高度資本主義下の軍国主義は、古代や中世のそれとの共通性と同時に、以前の形態といちじるしくことなった様相をもおびている。

近代軍国主義の歴史的前提　近代軍国主義は大体三つの段階を経て成立した。すなわち第一には絶対主義君主による常備軍 Standing army の創設であり、第二はアメリカおよびフランス革命における国民あるいは大衆軍 Mass army の登場であり、第三にはナポレオン以後における国民軍の官僚化の過程である。絶対主義時代における常備軍は主として上級貴族によって構成された将校団と、国籍の別なく徴募された傭兵とからなっていたが、貴族は本来孤立的＝個人的な性格をもった騎士《ナイト》道の精神をこの常備軍組織のなかに持ちこみ、そこから、⑴犠牲・忠誠・献身・勇敢といった道徳や、特殊の「名誉」観念、⑵軍事的英雄の崇拝、⑶軍刀・軍服・軍旗などの象徴にたいする尊敬、⑷その反面としての産業・貿易ないし生産労働にたいする軽蔑、⑸位階制（ヒエラルヒー）にもとづく距離感の尊重など、一般に軍国主義を特徴づける諸観念が軍隊精神の伝統として沈澱するようになった。ところがアメリカ独立戦争とフランス革命の経験は、精神的には下からの国民的エネルギーの結集の必要、技術的には少数精鋭主義にたいする大量圧倒戦術の優越を証示し、ここにいわゆる国民総武装 Nation in arms という観念がうまれた。近代の軍国主義はこのあたらしい国民軍の観念からその革命的性質を抜きとり、逆に上述した旧軍隊の身分的イデオロギーを国民的規模にまで拡大しようという動向のなかから発展したのである。したがってそれは十九世紀初頭における反革命とむすびついて各国に成長したが、とくに巨大な常備陸軍を擁する大陸諸国に発展し、そのなかでも下からのブルジョア革命を上からの「改革」に切り換え、強固な封建的ユンカーの指導のもとに近代化をおしすすめていったプロシヤにおいて、典型的に成熟した形態をとった。日本の軍国主義も根本的には同様な歴史的状況から育ったもので、ただ武士階級の長い政治的支配と「尚武」の精神の伝統がヨリ好適な土壌となったわけである。一般に近代の戦争技術は高度の組織性と機械性を要請するから、国民軍の養成は国民の知的水準のある程度の向上を前提とする。しかも他方軍国主義は合理的批判的精神の成長を抑制し、盲目的な絶対服従の精神を叩きこまなければならない。そこで一般に国民の間で技術的知識の普及と政治意識の成長のカーヴが平行せずむしろ鋏状差《シェーレ》を描いているようなところほど、軍国主義が成長しやすい。その意味で近代軍国主義は大衆国家と民主主義のギャップからうまれた畸形児にほかならない。

近代軍国主義の諸様相　近代軍国主義は前近代的なそれを機械時代の要請に適応し変質させたものであり、そこにはおそろしく時代錯誤的な様相とおそろしく現代的な様相とが奇妙に結合している。この矛盾した結合は、戦争が全体戦争（総力戦）の段階に入るとともにいよいよ顕著となる。軍国主義はもはや傲然と大衆を見おろしているわけにはゆかず、むしろ全力をあげて大衆に自己を売りこみ、世論の支持をえなければならない。軍事的な象徴はいまや自然発生的な名誉心の表現や外敵にたいする示威よりも、むしろ第一に国内向けの念入りな宣伝に奉仕する。瀟洒な軍服、きらびやかな階級章や勲章、華麗な軍楽隊――それらは戦闘の実用的目的によってではなく、もっぱら大衆の虚栄心を煽り「われらの軍隊」にたいする自負と羨望をかきたてる必要から制定される。軍隊的な組織――その厳重な位階制、権威主義、命令にたいする敏速無条件な服従――がもっとも模範的なもっとも自然的な人間関係とみなされ、他の一切の社会関係（たとえば労資関係）はこれを雛型として形成される。軍人教育が教育一般の理念となる（文弱！の排撃）。一方で戦友愛が高唱されながら他方ではスパイ組織が網の目のようにはりめぐらされる。「ドイツ国民はまさにいま正しい生活様式を見出そうとしている……それは行進する部隊の形式であり、そのさい、この行進部隊がどこに、どのような目的に用いられるかは問題にならない。……今日いかなるドイツ人も自己を私人として意識しないということこそ、まさにドイツ的生活様式の徴表である」とナチスのイデオローグがいっているように(A. Rosenberg, *Gestaltung der Idee* [München: Zentralverlag der NSDAP, 1938], S. 303〔『理念の形成』吹田順助・高橋義孝訳、紀元社、一九四二年、三四一頁〕)、ファシズムの全体主義においてわれわれは近代軍国主義の到達した最高の形態を見ることができる。それは両者が政治的及び軍事的手段の物神崇拝《フェティシズム》の点で内面的関連をもつからである。

軍国主義の浸透過程　軍国主義の直接的な発電所はむろんいわゆる軍部である。しかし軍部はそれ自体国家権力の一部を構成する特殊的な職業集団であって国民的基盤をもたない。そこでこの軍部のイデオロギーを国民に媒介し、社会的に軍国主義を宣布する純民間団体ないし半官半民団体が必要となる。こうした思想的ラッパ卒としてしばしば活躍する団体としては、在郷軍人会、超愛国団体、軍人援護や軍事研究を標榜するいろいろのクラブ、さらに青年団や少年団組織などがある。とくに近代国家では一般に――最高指導部を除く――、現役軍人の政治不関与のたてまえがとられているので、これらの団体はいわば軍部の身代りとして、公然たる政治運動によって軍部勢力の増大に貢献し、軍国主義にたいする自由主義や社会主義勢力の抵抗を打破する役割をうけもつ。さらに彼らの背後には大小の軍需資本家がいて資金を提供し、あるいはみずから新聞雑誌を経営して軍国熱を煽りたてる。これら「死の商人」の範疇に直接には属さない一般資本家も、増大する労働者階級の反抗に直面すると、労使関係の軍事的規制に利益を感ずるから、多かれ少なかれ軍国主義の支持にかたむくようになるし、一国の経済が戦時あるいは準戦時体制に編成されればされるほど、個人としてはアンチ・ミリタリストの資本家も機構的に軍国主義にコミットすることを余儀なくされる。しかし軍国主義の浸透にはまた大衆の側での精神的物質的な受入れ態勢ができていることが重要な条件である。軍隊という閉鎖的特権的なカーストは、社会的昇進の途をふさがれた下層民にとって、しばしば栄誉と権力の階梯をのぼりうる唯一の装置である。高度資本主義のもとで、「都市」に象徴される機械文明の恩恵にあずからずそれにたいする嫉妬と羨望をもっている農民は、機械化された軍隊に入ることによってその挫折《フラストレーション》を癒すし、逆にまた都市の小市民で機械的な生活のルーティンに堪えられず、その単調さから救いをもとめるひとびとも、やはり軍隊生活や国民生活の軍事体制化のうちに刺戟と変化を見出していく。一般的には軍国主義下の最大の被害者である労働者階級でさえも、工場閉鎖や大量整理の脅威が慢性化すると、企業の全面的な軍事的編成に「安定」へのデスペレートな希望を托することがまれではない。したがって軍国主義自体は一つのイデオロギーであるとしても、その解毒のためには単なる反軍国主義や平和主義のイデオロギーの鼓吹では足りないということになる。

軍国主義の内在的矛盾　軍国主義は手段としての軍事力と軍隊精神が、それ自体目的化するところにその顕著な特性がある。国民生活の一つの分野にすぎない軍事的配慮が他のあらゆる分野を圧倒して肥大し、綜合的な力としての「国力」がいつしか軍事力と等置される。その意味でヴァッツ Alfred Vagts が軍国主義をもって「均衡感覚の喪失」と評した(*History of Militarism* [New York: W. W. Norton & Co.], 1938, p. 135)のは正しい。とくにその不均衡が顕著に現われるのは国民経済との関連である。それは元来軍国主義が、自己の経済的依存性を意識せず、逆に生産労働を蔑視する武士ないし騎士階級の精神と行動様式に発していることと無関係ではない。しかも近代文明の高度化とともにそれぞれの国家機能の相互依存性は飛躍的に増大したにもかかわらず、皮肉にも同じ過程は軍事技術をますます専門化したために、そうした専門化にともなう軍部のセクショナリズムが伝統的軍人精神と癒着して、軍部ないし軍事組織のナルシシズム的傾向は近代国家にいたっても強靭に残存している。こうした手段の自己目的化は軍国主義のイデオロギーに本質的な矛盾を招来した。モルトケはかつて「戦争こそ神の世界の秩序をたもつ炬《きょ》火《か》である。戦争は人間の具有するもっとも貴重な徳操……を発揮する。戦争がなかったならば世界は物質主義に沈倫してしまうであろう」(一八八〇年一二月、ブルンチュリ宛書簡)とのべたが、(5) あらゆる軍国主義に共通するこの精神主義は、そこに内在する矛盾によってまさにその反対物に転化する宿命をもつ。すなわち軍人精神の高揚は、軍の規格性、劃一性の要請に面してもっとも没精神的で非個性的な「員数」に還元され、戯画化された形態においては日本の「皇軍」に見られたように、階級章・襟布《えりふ》・巻脚絆のつけかたや毛布の整頓などについてのまったく瑣末な形式主義として発現する。さらに軍国主義の宣伝する国家的国民的特殊性は、軍事力が優越性の規準となることによって、まったく質的規定を失なって兵力量の差に帰着する。一切をカーキ色に塗りつぶすところの「軍国主義的国家観の最頂点としての戦争は同時に国民的差異の最低点」(〔Gustav Radbruch, *Rechtsphilosophie*, 1950〕G・ラートブルフ『法哲学』邦訳〔田中耕太郎訳、小山書店、一九五一年〕、三〇一頁)なのである。物的にも心理的にも均衡を喪失した軍国主義はその表面の華やかさにもかかわらず、危機をもちこたえる粘り強さの点では意外に脆く、一旦下降線を辿ると急速に崩壊することは、近く日本やドイツの例に明らかである。しかしそれが本質的に戦争と侵略とに結びついており、おのれの没落の道伴《づ》れとして自国民だけでなく、他の多くの国民をも破滅的な境涯にひきずりこむところに、「規律ある発狂状態」（カール・リープクネヒト）[6]としての現代軍国主義の最大の禍害が存するのである。

三　ファシズム

周知のようにこの言葉はイタリア語が原語で、その語源は古代ローマの儀式用の棒束の名称から発し、それが転じて一般に「結束」を意味するファッショ fascio の語となった。直接には一九一九年三月ムッソリーニが組織した「戦闘者ファッショ」Fascio di Combattimento が今日の意義でのファシズム運動の最初であり、これが二一年正式な政党としての「ファシスト党」Partito Fascista にまで発展した。ムッソリーニは政権獲得後も「ファシズムは輸出品ではない」と言っていたが、イタリーの場合ときわめて類似した綱領と性格をもった運動が二〇年代から三〇年代にかけて、ヨーロッパをはじめ極東、南米諸国などほとんど全世界にわたって台頭し、若干の国では権力掌握に成功したところからして、ファシズムはこうした一連の傾向と運動を総称する言葉としてひろく用いられるようになった。しかし各国のファシズムはみずからの運動や支配体制をかならずしもファシズムとして規定しない。ファシズムのもっとも強力な国際的連帯がいわゆる枢軸国家群として形成されたあとでも、日本、ドイツ、イタリー、スペインのいずれの支配者もそれぞれのイデオロギー的独自性を強調していた。ファシズムが「元祖」イタリーをのぞいてはその名のもとにあらわれることがむしろ稀であったという事実は、その本質的な性格を暗示する重要な意味をふくんでいるが、それだけにファシズムの客観的な識別なり普遍的特徴の抽出はかならずしも容易でなく、多様な見解の対立を生む一因となっている。とくに第二次世界大戦がファシズムと民主主義の決戦としてたたかわれ、枢軸国家の敗北によってファシストの非行と残虐性が国際的に暴露されたために、戦後にはファシズムという言葉はほとんど悪政の代名詞のようになり、国内的国際的に政治的敵手を罵倒するスローガンと化したところから、いよいよ概念は混乱をきたした(例えば赤色ファシズム(7)というような用語)。一応社会科学上の論議に限定してもそこには広狭両極端の定義がある。狭い定義によるとファシズムは「極右」政党ないし軍部・官僚中の反動分子による政治的独裁であって、立憲主義と議会制の否認、一党制の樹立をその必然的なコロラリー〔系〕とし、イデオロギー的には自由主義・共産主義・国際主義の排撃と、全体主義・国家ないし民族至上主義・軍国主義の高唱を特徴とし、多くの場合、独裁者の神化と指導者原理にもとづく社会の権威主義的編成を随伴すると考えられる。それが勃興しやすい地域は資本主義発展の低度なところ(スペイン、ポルトガル、中南米、東ヨーロッパなど)か、または高度資本主義国であっても比較的に近代国家の形成がおくれ、それだけ急激な資本主義化がおこなわれたために、社会構造が重層的で、とくに農業部面に封建的諸関係が根強く残存し、政治的にも民主主義の経験が浅いような国家(ドイツ、イタリー、日本)におおむね限定される。ファシズムについての、こうした限定的な考えかたは、主としてアメリカ、イギリス、フランスといった西ヨーロッパの先進資本主義国に支配的である。これにたいして最広義の定義はファシズムを現段階における独占資本の支配体制と実質上同視する。したがってそこではブルジョア民主主義・社会民主主義・ファシズムの差は最低限まで押し下げられる。かつてのコミンテルンの理論家(たとえば〔ドミトリー・〕マヌイルスキー〔一八八三―一九五九〕)にあった見解で、いわゆる「社会ファシズム論」[8]と共に各国のマルクス主義者の間で永く通用していた。この二つの極端のあいだにさまざまのニュアンスを帯びた定義が多様に配列している。前者にかたむく見解にはアメリカ合衆国のようなところでのファシズム発展の可能性を原則的に否認したり、もしくは過小評価する危険があり、後者の見方はややもするとブルジョア反動に無差別にファシズムの烙印をおす結果におちいる。

ファシズムは国家独占資本主義の上部構造的表現であるかぎりにおいて、いかなる先進資本主義国家もそれから免疫されていないが、他方それが集中的に政治的領域に発現する以上、その具体的な発生なり進行なりの形態やテンポは、下部構造からの一般的制約ではとうてい尽しえないような、複雑な政治的および文化的諸因子の結合関係によって決定される。しかも従来のファシズム研究はナチスやファシスト党の個別的歴史的な研究において著《いちじる》しい進歩がみられたが、ファシズム一般の政治力学の解明は世界的にいまだ充分な成果をあげていないのが実状であり、これまた今後の政治学に課せられた重大な課題の一つといわなければならない。

一般的背景　ファシズムのもっとも広汎な背景は、第一次世界大戦後に資本主義の陥った一般的危機であり、その具体的な徴候たる慢性的恐慌と国際的な革命的状況の進展にたいして、資本主義世界の——相対的に——もっとも反動的な部分が示すヒステリックな痙攣《けいれん》としてファシズムはたちあらわれる。したがって近代社会の危機的様相は、ことごとくファシズム発生の温床となる。たとえば客観的契機としては、(1)国際的対立と戦争の危機の濃化、(2)国内政治の不安定、議会や既成政党の腐敗・無能・非能率など病理現象の蔓延、(3)各種の社会組織の硬化からくる自動的な均衡恢復能力の喪失、(4)階級闘争および政治的・社会的集団間の衝突の激化、(5)大量的失業および階級的ないし職能的組織から脱落したおびただしい分子の存在、というような要因があげられるし、そうした危機の精神的表現としては、(1)社会革命の緊迫性にたいする支配層の拡大された恐怖、(2)プロレタリアートの組織的闘争にたいする農民や都市小市民の嫉妬と反感、(3)インテリゲンチャや技術者のニヒリズムと政治的アパシー、(4)マス・コミュニケーションによる知性の断片化と方向感覚の喪失、(5)総じて政治・経済・社会問題の合理的調整の可能性にたいする懐疑と絶望、(6)失意と無力感の補償としての強大な権威あるいは超人的指導者への待望、などの諸契機が重要である。このような危機の集中的激化によって体制の安定と均衡が破壊され、もはや従来の指導力とノーマルな方法では恢復されないという感じが支配層だけでなく、国民のかなり広い部分にひろがり、しかも社会主義諸政党と労働者階級の組織が事態を自主的に収拾するだけの能力とイニシアティヴとを欠いている場合——そこに生じた政治的「真空」をみたす役割を帯びてファシズムが登場する。その意味でファシズムはなんら真の「新体制」を齎《もた》らすものではないが、他方たんなる消極的な現状維持の保守主義や時代錯誤の復古主義ではなくて、まさにテクノロジーの高度な発展を地盤とし現代社会の諸矛盾を反革命と戦争への組織化によって一挙に救おうとする旧世界の「命がけの飛躍」にほかならぬ。

発展形態　ファシズムは帝国主義の危機における「国際的反革命の鉄拳」（ディミトロフ）[9]であるから、その発生や進行のテンポ・規模・形態は一定の時と処における具体的な革命状況によって規定される（なお、この項については詳しくは前掲「ファシズムの諸問題」（『集』⑤）参照）。まず一国の内部ないしその「勢力範囲」における革命的状況が一定程度の緊迫性を帯びると、革命の前衛の破壊を第一目的とする戦闘的な反革命組織が、あるいは正式の国家機構の内部の非公式集団として、あるいは民間の政党ないし結社として、大抵の場合、複数的に誕生する。その指導者には現役または予備役将校、職業的政治ゴロ、暴力団長、転向した旧左翼運動の幹部などが多く、その周囲にいち早く馳せ参ずるのは落伍《デクラッセ》した知識人・復員軍人・失職官吏・没落貴族・半失業青年・浮浪人ないし街の無法者など、諸々の事情によって正常な社会的階梯のルートから脱落し「世の中」にたいするあてどない憤怒と憎悪に凝りかたまった分子である。こうした組織や団体の運動資金は、軍部官僚の機密費や実業家・地主のもっとも反動的な好戦的な一翼（多くの場合には重工業資本家）から提供される。しかしそれらの集団のあいだに自然淘汰がおこなわれて一つの大衆運動へと合流し、組織性をもった本格的なファッショ政党として発展するか、それともルーズな多元的集団としてとどまり、ただ社会の底辺で「赤狩り」と戦争気分の昂揚によって恐怖と憎悪の雰囲気をまきちらす「下働き」的役割に甘んずるか、ということはその国の歴史的社会的条件や内外の複雑な政治的状況によってかならずしも一様でない。また大衆政党として発展する場合でも、既存の政治形態のワクの中で一応複数的な権力主体の一つとしてとどまることもあれば、また国家権力を全面的に掌握していわゆる一党独裁の樹立に立ち到ることもある。この最後の場合がドイツ、イタリー、スペインなどにみられた古典的なファシズムであり、ふつうこれを「下から」のファシズム形態という。

ファシズムの発展形態が「上から」か「下から」かという問題と、ファシズムの進行のテンポの問題とは混同されてはならない。ファシズム発展のテンポを規定するのは、主として革命的状況の進行と国際的対立の激化の程度と早さであって、そうした条件が存在する際にはいわゆる上からのファシズムでも急激に発展するし、逆にそれが比較的緩慢である場合には「下から」のファシズムでも変革は必ずしも急激におこなわれない。たとえば二・二六事件前後の日本や朝鮮動乱勃発後のアメリカは前の場合であるし、イタリーのファシズムは後の例にあげられよう(ムッソリーニのローマ進軍による政権掌握から実質的なファッショ独裁の樹立までは四年の歳月を要した)。ブルジョア民主主義の地盤の浅いところほど、軍隊や官僚機構の下部組織がファシズム政党ないしファシズム前衛団体を代位する傾向があり、またその国の社会主義的伝統の弱い場合にも、ファシズム運動は独自の政治的組織としてよりもむしろブルジョアあるいは地主政党の一角に寄生する形をとる。要するにファシズムの発展形態は革命の国内的国際的状況に対応してきわめて機動的に変化するから、これを歴史的な一時期または一地域にあらわれた形態に固定して考えることは危険である。したがってファシズムを具体的に識別するには、独占資本とか軍部とか右翼政党とかいった社会的実体ないし制度だけでなく、つぎにのべるようなファシズムの政治的機能に着目し、その機能の普遍化の過程(つまり*fascism* というより *fascization*)を追跡しなければならない。「上からの」ファシズムにおいてはとくにそうである。

機能　ファシズムの第一目標は革命の前衛組織の破壊であり、それは直接的なテロや国家権力による弾圧によっておこなわれる。しかし革命勢力の抑圧は多少ともあらゆる支配階級の実行してきたことであって、ファシズムの特質はたんにその弾圧の量的な規模の大きさにあるだけではなく、その方法の質的な特異性にある。すなわちファシズムは革命勢力の直接的抑圧にとどまらずに、革命勢力の成長する一切の社会的な路線《ルート》や溝条《チャネル》自体を閉塞しようとする。そのためにファシズムは消極的には支配体制にたいする抵抗の拠点となりうるような民衆の大小あらゆる自主的集団の形成を威嚇と暴力によって妨害すると同時に、積極的にはマス・メディアを大規模に駆使してファシズムの「正統」とするイデオロギーや生活様式にまで大衆を劃一化するのである。ファッショ化の過程とはつまりこうした異質的なものの排除をつうじての強制的セメント化(ナチのいわゆるGleichschaltung)の過程にほかならない。これがそのまま帝国主義戦争のための国家総動員体制を確立する役割を果すわけである。そのさい既存の議会政党、宗教結社、労働組合その他圧力団体が存在を許されるかどうか、さらに議院内閣制、司法権の独立、大学自治といった主要な近代的制度や慣習がどの程度存置されあるいは廃止されるかということは、ファシズムにとっては何ら原理的な問題ではなく、ひとえにそれらがファシズムの意図する強制的同質化にたいしてもつ限界効用によって決定される。したがってイデオロギー的劃一化過程にしても、通常は共産主義、非正統宗教、社会民主主義、自由主義の順序にしたがって、そのときどきの状況における相対的な最左翼が「非国民」的存在として排除されるけれども、他方、反共闘争に精力を集中している社会民主主義団体や労働組合は放任され、自由主義的な文化機関や宗教団体がかえって「赤」の温床としてファシズムの集中攻撃の対象となることも稀ではない（たとえばマッカーシー主義）。この意味においてファシズムの進行をトする規準は立憲制や「自由」選挙制あるいは複数政党制の形式的存否にあるよりも、むしろ思想、言論、集会、結社、団結の自由の実質的確保と民衆の間における自主的コミュニケーションの程度如何にあるのである。

ファシズムのこうした機能は、体制にたいする一切の現実的反対だけでなく、反対勢力（状況により相対的であることに注意）の出現する合法的な可能性がふさがれたときにひとまず「完成」する。一国の政治状況がここに立ち到ったときが言葉の厳密な意味におけるファシズム支配の確立であって、それはかならずしもファシストの政権獲得の日時とは一致しない。「上から」のファシズムの場合はもとより、「下から」のファシズムでも、そういうファシズム支配の決定的確立に先立って、ある期間いわばファシズムの前期的段階 pre-fascist stage が続くのがつねである。その間には直接政治権力を把持しているのは本格的なファシストよりはむしろしばしば普通のブルジョア政治家ないしは反動的傾向をもった軍人や官僚である（たとえばドイツではブリューニング、パーペン、シュライヒェル内閣時代、日本では斎藤内閣から第二次近衛内閣まで)。この期間に弾圧立法や広汎な委任立法や思想警察・秘密警察の機構が着々と整備され、歩一歩とファッショ化の過程が進行する。この段階においてはいまだファシズムにたいする政治的抵抗および心理的反撥が国民のあいだに種々の形で存在しているので、ファシズム支配確立の直前には、いわゆる国民的なホープや英雄が各種の相互矛盾する要望を荷《にな》って登場することが少なくない。彼らにはファシズムの進行をチェックする期待もかけられているけれども、その歴史的役割はしばしば反対に彼らの声望によって同質化の過程をスムーズにし、本格的なファシズム支配に道をひらく結果となりがちである(ドイツにおけるヒンデンブルク大統領や日本における近衛首相の場合を見よ。アメリカのアイゼンハウアーが同様の役割をはたすかどうかは現在のところ(一九五三年)いまだ確かでない)。

ファシズムの強制的同質化とセメント化の機能はむろんつねにテロや暴力による脅迫をともない、スパイ・密告制度・忠誠審査など直接間接あらゆる方法による「恐怖の独裁」(10)としてあらわれるけれども、同時にファシズムは現代のもっとも発達したテクノロジーとマス・メディアを最大限に駆使し、宣伝・教育・大集会によって「大衆の思想と感情を系統的に変化させ」(ヒットラー)(11)いわば内面から劃一化をおしすすめる点に大きな特色をもっている。それは大衆の不満を一方において特定の贖罪山羊《スケープ・ゴーツ》(赤・ユダヤ人・黒人・仮想敵国)に集中し、他方では不満をスポーツ・映画・娯楽・集団旅行などによって霧散させる。それはまた失意の小市民を党官僚組織に吸収し、あらゆる職場に階層組織をはりめぐらせて彼らの中間層的自負心を煽り、大量の失業者、困窮した商人、小企業者、青年層を徴兵や勤労奉仕ないしは軍需産業労働力として動員して、変態的な「完全雇傭」を実現する。こうして大衆は不安と絶望と孤立感からの脱出をファシズム的統制への盲目的服従のうちに求めるようになる。ファシズムに対する抵抗を困難にする要因はその暴力と残虐さにあるだけでなく、むしろその強制的セメント化をまさに大衆の非理性的な激情の動員によって民主的擬装の下に遂行し、「合意による支配」government by consent という近代的原理をいつしか「劃一化の支配」government by uniformity にすりかえる点にあるのである。

イデオロギー　ファシズムには体系的な哲学や理論という意味でのイデオロギーはない。ヒットラーやムッソリーニのような典型的ファシストはつねに理論や体系をあからさまに軽蔑していたし、ノファシズム御用学者による「理論的基礎づけ」や思想的系譜の穿鑿《せんさく》は、むしろそれが古今のあらゆるイデオロギーの雑炊であることを証明している。

その意味で「古来いかなる大思想家もファシズムを欲しなかった」というE・ハイマンの言葉は(*Communism, Fascism or Democracy?*[New York: W. W. Norton], 1938.『共産主義・ファシズム・民主主義』邦訳〔土屋清・土屋弘訳、社会思想研究会出版部、一九五〇年〕、二四八頁)一見平凡だがファシズムの本質、とくにその社会主義や共産主義との根本的相異を一言で衝いている。しかし別の意味でならファシズムはファシズムなりにイデオロギーをもっており、それを無視もしくは軽視することは重大な誤謬と危険をおかす。まず、

(1) ファシズムの高唱する「イズム」やスローガンは体系性を欠き、論理的にもしばしば相互に矛盾しているけれども、その政治的機能からみれば驚くほど一貫している。つまりファシズムの一切のイデオロギーは反革命と戦争への動員、その前提としての国民の強制的同質化という目的に、「系統的」に奉仕しているのである。ファシズムは具体的状況においてその機能をはたすためにもっとも有効なイデオロギーでもって自らを扮装する。ナショナリズムと社会主義が根を張ったところではそれは「国民社会主義」としてあらわれ、自由民主主義の伝統がつよく、もしくはそれに正面から挑戦することが不利な環境のもとでは、ファシズムはまさに「自由」と「民主主義」の擁護を旗印にかかげる。それは一方でキリスト教文明の護持者をもって任ずるが、他方既成教会にた

いする不満が高まっているところでは、新宗教として自らを誇示することも辞さない。イデオロギーから政策がうみだされるのでなしに、逆にファシズムの「政策」に好都合なイデオロギーが動員されるのである。政治行動における「教条主義」の危険が、そもそものはじめからないところにまたファシズムとコンミュニズムとの原理的な相異が現われている。と同時に、

(2)　ファシズムのヴァライエティに富んだ観念的扮装の底には共通にひそむ一定の精神傾向と発想様式を指摘しうる。例示すると次のようなものである。(a)自国あるいは自民族至上主義的傾向(しばしば逆に自国の被害妄想として、また軽蔑する「敵国」にうまく獲物をさらわれたという挫折感としてあらわれる)、(b)「自然的」優越者の支配という観念(そこから人種的差別論や人間関係の階層的編成への嗜好がうまれる)、(c)大衆の潜在的な創造力や理性的思考力にたいする深い不信と蔑視(それは大衆をもっぱら操縦 manipulation の対象としてとらえ、したがって宣伝煽動はひとえに低劣な欲望の刺戟や感情的なアピールをねらう)、(d)婦人の社会的活動能力への疑惑(したがって婦人を家庭と育児の仕事へ封じ込める傾向)、(e)知性と論理よりも本能・意思・直観・肉体的エネルギーの重視、(f)一般に進歩の観念にたいするシニカルな否定、(g)戦争の讃美と恒

久平和にたいする嘲笑(この(e)、(f)、(g)に関連して、社会科学を無用ないし危険視し、自然科学、しかももっぱら軍事的な科学技術を「尊重」する傾向)、などである。もとよりこうした精神傾向の一つ一つはかならずしもファシズムに特有のものではないし、逆にファシストはいつどこでもそういう主張をあらわに公言するわけではない。しかしファシズム的な意識と行動には、一種の傾斜がついていて、ファシズムが高度化するほどその傾斜は急になり、一見多様なイデオロギーは否応なくこうした思考と感情の溝へすべりおち、流れこんでいく。

(3) 最後にファシズムの運動と体制に暗くまつわるニヒリズム的性格をあげねばならない。ファシズムの主張やスローガンの公分母をもとめていくと、いつも最後には反共とか反ユダヤとかいった否定的消極的な要素に行きあたる。それはファシズムが現代の社会的矛盾にたいして反革命と戦争をもってしか答えるすべをしらないからである。ファシズムがつくりあげるあらゆる組織や制度は、その積極的目標と理想の欠如によって必然的に物神化する。反対勢力の抑圧機構はそれ自身が自己目的となり、一党独裁が樹立されれば、それはイデオロギー的にも永遠化される。そうして最後には戦争体制を維持し再生産することが唯一至上の政治目的となってしまう。あるナチの領袖はいつも室の中をぐるぐる歩きながら「われわれは闘わねばならぬ《ヴィア・ミュッセン・ケンペン》」と絶えず口の中でつぶやいていたというが、この挿話は個人的な癖というにはあまりに鮮やかにファシズムの極限的な「精神」を物語っている。そこでは「何のための闘争」かという問題がいつしか消え失せているのである。カール・ベッカーがいうように、「ロシアにおいて共産主義の理想は事実上遵奉されていないとも言えよう。それは真実である。民主主義の理想が合衆国や英国やその他すべての民主主義国家においても遵奉されていないということもまた事実である。……（しかし）アメリカ人やイギリス人やロシア人について言いうる最悪のことは、彼らが自己の理想の目的に生き抜かないということである。ドイツのナチスについて言いうる最悪のことは、彼らが自己の〝理想〟とする目的を遵奉してあくまでやり遂げようとすることである」（*Freedom and Responsibility in the American Way of Life*. 邦訳『自由と責任』一四〇頁）。ファシズムがこのような「無窮動《ペルペトゥーム・モビーレ》」[12]に宿命づけられているところに、そのニヒリズムの最奥の根源が存する。

反ファシズム闘争の問題　ファシズムに対する国際的国内的な闘争が共産主義者から自由主義者まで含めた民主主義陣営の共同利害であり、そうした共同利害に基く広汎な戦線の結集のみがその制覇を防止しうることが、痛切に民主勢力に認識されるようになったのは、一九三三年ドイツにおけるナチ政権掌握の後のことであった。それまではコミュニストは一方で反ファシズムを高唱しながら革命の緊迫性を過信して、主力をブルジョア議会制の破壊に注ぎ、ある場合にはベルリンの交通ストライキの際に見られたように、ナチと共同して委員会を組織さえした(日本でも一九三一年頃、軍部を中心とする極右勢力の急激な台頭に際して『赤旗』は、ファシズムは否応なく国民の政治的関心を高めることによって革命の条件を熟させるだろうという、恐るべき「見透し」を述べていた)(13)。他方社会民主主義者や自由主義者はファシズムをもっぱらコンミュニズムの影ないし「反射」と見たから、反ファシズムの問題は反共闘争の中に埋没し、あるいは fascization の力学を読み取ることなくして、「ヨリ少ない害悪」のテーゼに固執した。資本主義国のうちで最強の共産党と社会民主党の勢力をもち、知識水準の高度をほこったドイツがほとんど見るべき組織的抵抗なしにヒットラーの軍門に降ったことは、それだけに深刻な衝動を世界の進歩陣営にあたえたのである。コミンテルン第七回大会において打ち出された反ファシズム統一戦線の課題——要約すれば、あらゆる傾向の労働組合組織の統一行動の確保を他の一切の考慮に優先させ、この基礎のうえに左は共産党から右はブルジョア立憲政党までふくみ、さらに知識人中間層の諸組織を広汎に糾合した人民戦線を結成する方式――はこの敗北の反省の上に成立したものであり、それ自身今日まで原則的な妥当性をうしなってはいないが、現実には一時、フランスやスペインで人民戦線ができ、また、中国で西安事件後日本帝国主義の圧力に抗する国共統一戦線ができたほかは、概して組織的な成功をおさめなかった。それは、(1)共産党の独善的セクショナリズム、さらに国際的権力政治の場面でソ連が取る「国家理性《レーゾン・デタ》」的行動に各国共産党がひきまわされたこと、(2)ファシズムをコンミュニズムに対する「保険」とみてこれを宥和しようという傾向が支配層や小ブルジョア層の間に根強かったこと、(3)人民戦線のイデオロギー的基礎があいまいで、便宜的「戦術的」結合の域を出なかったこと、(4)社民党およびその系統の労働組合の根強い反共もしくは恐共意識――などの諸事情が重なったためである。第二次大戦にソ連がひきこまれて、この戦争が民主主義を旗幟とする国家の反ファシズム連合戦線として戦われたことは、それぞれの国内における統一戦線のために有利な条件を生み出したが、それが内部的な成熟よりも戦争の圧力という外的な契機に依存していたところに、依然としてその脆弱性があった。むろん枢軸国の敗北は世界的にファシズムに大打撃を与えたし、他方戦時中の抵抗運動《レジスタンス》の実績と連合国の協調という国際的大義名分に助けられて、戦争の直後は多くの国で共産党と他の民主的諸党派との間の共働が維持されたが、「冷戦」の激化はたちまち国内にはねかえって、この蜜月を終らせると共に、ふたたび新たな形態のファシズムを生む条件ともなった。戦後のファシズムは、(a)国際的反革命の総本山になったアメリカ合衆国の内政におけるマッカーシー主義(マッカーシー個人の勢力と同じでないことに注意)、(b)アメリカ帝国主義への従属性を著しくした他の資本主義国における、主として国内消費用のファシズム、(c)旧来の植民地・半植民地の民族解放運動に対応する土着の反動勢力(これは実体としては伝統型の専制的性格が濃いが、国際帝国主義との関連ではファシズム的機能を営んでいる)、(d)主として旧枢軸国の一部に現われている、排外主義の伝統を継承したネオ・ファシズムというような種々複雑な発現形態をもち、しかも戦後世界の公約数になった「民主主義」を否応なく旗印にしているので、その鑑別は一層困難になり、したがって反ファシズム統一闘争の主要目標と力点の置き方についてもさまざまの論争を惹起している。しかしファシズムの本質的機能がつねに上述のような反革命と戦争のための強制的セメント化にある以上、これに対する有効な抵抗は、単に政党や労働組合のような公式集団間の連繫だけでなく、その基盤として、民衆のあいだに自発的な——かならずしも直接に政治的でない——小集団が多様に形成され、相互間の自主的なコミュニケーションが活潑におこなわれることが不可欠な条件であり、したがって思想・言論・集会・結社の自由の擁護は、いついかなる場合でも統一行動の最低にして同時に最高の綱領でなければならない。大衆国家を基盤にしたファシズムは殆《ほと》んどかならず民主主義のエネルギーから「大衆参与」という契機を盗みとって、その集団的圧力によって個人の固有権としての基本的人権を押しつぶして行く。大衆が自己の自由と権利の喪失を歓呼することはありえないという単純なオプティミズムは、ファシズムによる「マスの制度化」(cf. E. Lederer, *State of the Masses*, N. Y., 1940) の魔術[14]の前にはもろくも崩壊するという事実こそ、われわれが最近の歴史から学んだ最大の教訓といえよう。

『現代政治の思想と行動』追記

「ナショナリズム・軍国主義・ファシズム」については本文のまえがきでのべたことに大体尽きている。私はこれらの考案にあたって、主として上部構造から出発し、しかも政治制度それ自体よりも精神傾向や運動に重点をおいた。その根拠はファシズムの場合には右に若干のべておいたが、たとえばミリタリズムのような概念を純粋なイデオロギーもしくは思考様式から特徴づけることは当然異論が予想される。むろん軍国主義をある社会の思考及び行動様式の特性と規定するのは、それが制度的表現をとらないとか、下部構造と関係しないということではなくて、ただ、下部構造と一義的な対応関係をもたないという意味である。一般に下部構造の歴史的諸段階は全面的にある段階に入ったのち、ふたたび先行段階に戻るというような可逆性は存しない。たとえば独占段階に入った資本主義が産業資本の自由競争段階に体制として復帰するということは考えられないであろう。そこでもし軍国主義が独占資本主義のある段階に必然的に照応する政治制度を意味するとすれば、そういう政治制度もまた可逆的でないことになる。ファシズムについても同じことがいえよう(事実嘗《かつ》てはファシズムを一つの歴史的体制と見て、ブルジョア民主主義→ファシズムという移行は歴史的にヨリ高度の段階への移行であり、したがって、その後に来るものはプロレタリア革命以外にはないというような考え方が存在した)。現実にはファッショ化も軍国主義化も資本主義体制の基盤の上で十分可逆的でありうることは歴史によって証明されている。しかもファシズムよりも一層歴史的規定のあいまいな軍国主義を下部構造から規定しようとすれば、結局独占資本主義下における国民経済の軍事化を無差別に軍国主義の名の下に包括する結果になり易い。たとえば第二次大戦中における英米などの国防体制を軍国主義と規定することができようか。軍国主義は手段の目的化という本質からして軍事体制をノーマルな事態とみなすのが特徴であり、したがって、戦争による総動員体制をもってどこまでも臨時的なアブノーマルな状態とする意識が社会的に根強い場合にはどんなに軍部の発言権が増大し、どんなに国民生活の軍事化が行われても、それをミリタリズムと呼ぶことはできないというのが私の見解である。軍国主義というカテゴリー自体を否定するならば格別、もしそれを学問的な概念として生かそうと思うならば、類似の他の概念——たとえば帝国主義とか総動員体制とか——に容易におきかえられるような使い方をすることは極力避けるべきであろう。

現代文明と政治の動向

私のお話は皆様方の御仕事と、直接にはあまり繫がりのない話で、甚だ恐縮でありますが、むしろ公務員としての面でなく、市民としての面でお話するつもりで、この壇上に上ったわけであります。

御手許《おてもと》に差上げました日次にもちょっと書いておきましたように、現代われわれを囲繞《いにょう》しておる国際的、あるいは国内的な、政治的な状況というものは非常に厖大《ぼうだい》、錯雑を極めておりまして、これを判断するのに一体どこを手がかりにしたらいいか殆《ほとん》ど見当がつかない程複雑であります。しかも、ちょうど私達が街で聞いている広告塔と同じように、朝から晩までいろいろなイデオロギーが、われわれの耳のそばでガーガーどなり立て、ラジオのダイヤル一つ廻してみてもこのことがすぐお解りになる。こういう相争う政治的なイデオロギーをどう判断したらいいか、政治的基準をどう判断すべきか。勿《もち》論《ろん》個々の具体的な問題とか政策に対する個別的、具体的な検討が必要であることはいうまでもないのでありますが、しかし現代政治の大きな、いわば大森林の中にまぎれこんでしまった私共としましては、一体どこをどう抜けていったらいいのかということの大ざっぱなりとも見当をつける為には、一つ一つの木にとらわれていたのでは駄目なのであります。思いきって森全体の見当をつけることがどうしても必要になってきます。

現代政治が専門的に分業化してくるに従いまして、われわれはますます全体的、総合的な人間性を失って、いわば部分人となってしまう傾向があります。部分人は、総合的な、社会的な、政治的な判断力というものが、だんだん解体していくという危険性に、いつもさらされているのであります。ですから時々私達は、窒息しそうな日常生活の環境をつきぬけて郊外へいって大自然にふれて良い空気を吸う必要があると同様に、政治的判断においても、毎日の新聞記事から解放されて、あらかじめ、何十年、何百年後から現在という時代を振返ってみる時それがどういう時代になるか、あるいは極端にいえば、地球とは別な何等かの遊星から精巧な望遠鏡を以て地球の出来事をみたらどうなるだろう、そういった、いわば現実と一定の距離を意識的に保って現在の状況を全体としてつかまえる努力を時々しませんと、あまりに目まぐるしい現在の姿に圧倒されてしまうわけです。

こういう風ないわば意識的に距離を設定することにより、始めて、きわめて錯雑した現代的な複雑な動きの中から、何が本質的で何が現象的なものであるか、何が永続的なものであって何が一時的なものであるか、現在どんなに圧倒的な巨大なものにみえてもそれが将来しぼんでゆくものか、また反対に現在どんなに頼りないものにみえてもそれが逆に将来伸びてゆくものであるか、といったようなことの大まかな判断、そういったことを冷徹にみわける目を養うことが出来るわけで、そうでないと、現在のような時代は目前の現実に圧倒されて方向感覚を見失ってしまうことになる危険性が非常にあると思うのであります。

その意味では私は現代政治の底にある最も基本的な動向として、プリントに書きました三つの問題、即ち、第一に「テクノロジーの飛躍的発達」、第二に「大衆の勃興」、第三に、「アジアの覚醒」、この三つの指標をとりあげたいと思います。これを道標《みちしるべ》にして現代の政治を理解してゆくと、大体の見当がつくのではないかと考えているわけです。勿論、これが一番良いと申すのではありません。御承知のように現代政治の動向はいろいろの表現で表わすことが出来ます。

資本主義から社会主義へ、という人もありますし、あるいは自由から統制へ向っている、という人もあります。あるいは独裁から自由に向っているといったようないろいろなとらえ方があるわけです。そういうとらえ方は、勿論それぞれ相当根拠を持っておりまして、私はそういうとらえ方を排撃するものではありません。しかし、そういうとらえ方は何等かのイデオロギーと密接に結びつく。従ってそれぞれのイデオロギーに立たない人からみれば、そういう問題の提出の仕方自身がおかしい、といってしりぞけられてしまう。

右に例示した動向のどれをとっても共通の議論の種にならない恐れがあるわけで、出来るだけそういうイデオロギー的色彩のない、何人《なんぴと》といえども疑いえない社会的な事実を基底にして、その一番基底的な、社会的な事実から逆に現在のイデオロギーの争いを判断していくという方法をとった方がいいのではないかと思うわけです。

一　テクノロジーの発達

まず、第一の「テクノロジーの巨大な進歩」というものは現代政治にとってどういう意味を持っているか(テクノロジーとは強いて訳せば機械文明とか、技術文明といっていいと思います)。そういった機械文明、技術文明の飛躍的な発達が、現在われわれの生活に深刻な影響を及ぼしているということは、抽象的には解りきったことでありますが、しかしながらその発展のテンポがあまりに早い為に、どうかするとわれわれは現代のテクノロジーの基準でものを考えないで、きのうまでのテクノロジーの基準でものを考えるという恐れが現在でも決して無きにしもあらずと思います。

端的な例として、速度と人間の関係、これがどのように巨大に飛躍していくものかということについて少しお話してみたいと思います。このスピードという点をとってみますと、十九世紀の初期までの人類の歴史——歴史と称するに足らない人類の前史(歴史以前)といっても過言ではないのでありますが——、ギリシャ、ローマの昔どころか、バビロンの昔、古代中国文明からフランス革命に至るまでの長い人類の歴史を通じて、二つの空間を最も早く結ぶ交通機関は、馬であったわけです。カルタゴの闘将のハンニバルがローマ遠征の為にアルプスを越えた時間と、ナポレオンがアルプスを越えた時間とが殆《ほとん》ど同じであるといわれるのは、それまでの交通、運輸の技術、手段に殆ど変革がなかったからであります。ところが産業革命を境としまして社会の空間と時間は一変しました。蒸気力の利用をみ、ひいては原子力の解放に至るこの巨大なテクノロジーの進歩の為、今までの歴史と、それ以後の歴史とは全く質的な相違が出来てしまった。その進歩があまりに巨大な為に、われわれがこの進歩の真只中にいる為に、それが一体どういう意味を持っているかということを測定しかねているというのが現在の姿ではないかと思います。

イギリスの有名な歴史家にトインビーという人がありますが、彼はテクノロジーの発達ということに大きな意味を認めている歴史家の一人であります。この人の挙げておる例を若干並べてみますと、例えば一九二〇年代——つまり第一次世界大戦から、第二次大戦の間に、インドからイギリスまで飛行機が一週間で飛んだ時、世界が瞠目したというのであります。非常に画期的な記録破りだというので世界中が大さわぎをした。ところが今日は、ジェット機が同じ距離を二十四時間で飛んでしまう。

イギリスの長い間の国防上の利点は、英仏海峡の存在であった。ナポレオンも英仏海峡に妨げられてイギリス征服に失敗した。ヒトラーもまた同じ理由で英本土を征服することに失敗した。飛行機が英仏海峡においてイギリスのＲＡＦ〔Royal Air Force 英国空軍〕に撃墜されて英本土の侵入の目的は達せられなかった。またダンケルク撤退が可能であったことについてもそういったことがいえるのだと思います。

今日、ジェット機がこの海峡を越える速さは殆ど目でとらえることの出来ない程の速さだといわれております。

こういうスピードの速さによる世界の縮小ということは想像を絶するものがあります。今日ジェット機の基準でわれわれが空間的距離を計るとしますと、トインビーのいう所によりますと、昔の英仏海峡の距離に相当する所に今日の大西洋がある。ちょうど昔、ヨーロッパ大陸に対して英仏海峡の反対側にイギリスの島があったように、今日の基準でいうと、イギリスを含めた全ヨーロッパの反対側に大西洋があって、アメリカ合衆国という島がある。こういう感覚で世界の政治問題を判断していいのだ、といっているわけであります。

つまり、イギリスは数百年に亘る地理的に有利な状況を一挙に失ってしまった。今や残った唯一の大陸はユーラシア大陸――東はアリューシャン沿岸からスカンジナビヤに及ぶユーラシア大陸――で、この大陸に対して、アメリカは一つの島国に化したと、こういっていい。つまり、今日唯一の大陸はユーラシア大陸であると同様に、唯一の大洋は太平洋であります。

しかし、その太平洋ですら島伝い作戦により容易に侵攻される、ということは第二次大戦の経験によって示された通りであります。

アメリカの憲法は、大統領が当選した時に自分の故郷へ帰って、いろいろ事務を整理してワシントンへ出てこなければならない、その為に四か月の休暇を与えた。これはつまり、昔のテクノロジーの発達を前提にしていたのであるが、今日では殆どそういうバカバカしい規定は意味を失っている。今日アメリカのどんな僻地からもワシントンへは飛行機を用いれば日帰り出来ます。昔、ギリシャの都市国家というのを御存知と思いますが、このアテネならアテネの住民が直接民主政治を行っておりまして、アテネの市民全部が、議会の開かれる日には凡《あら》ゆる地域から中央広場に集って、政治を議して、その日のうちに各々自分の家に帰る。今日のアメリカ合衆国の領域は、ギリシャ時代のテクノロジーと今日の発達とを比較するならば、ちょうど都市国家並の大きさであるといっていいわけであります。

ヨーロッパ大陸が、今日では、アジア大陸からちょっとつき出した岬にすぎないとするならば、その中の非常にちっぽけな国家が、独立国家のような顔をして、国家主権を後生大事にかかえて威張っている姿は、どんなに滑稽な、時代錯誤であるかがわかる、ということをトインビーがいっておるわけです。

そういう風に、スピードというものが、われわれが今まで持っていた国際的な関係の感覚、あるいは国防上のいろいろなものの考え方、というようなものを一変してしまったにも拘らず、どうかすると、きのうまでのテクノロジーの基準、ものさしが頭にある為に、国防とか、軍備とかをきのうまでの基準で考えがちであります。

こういうテクノロジーを縦横無尽に駆使する現代戦争が、第一次大戦当時、あるいは第二次大戦当時とも、ある意味では殆ど様相を一変させてしまうということ、これまた私が改めて指摘するまでもないことだろうと思います。物的な、人的な、戦争による消耗の巨大さが殆ど想像もつかないということは、第二次大戦と、現在の朝鮮戦争と比べてみても解るわけです。あれだけの小さな、局地的な戦争でも、第二次大戦におとらず、ある場合にはそれ以上の物的、人的消耗を出しているのであります。

例えば、朝鮮戦争で去年の六月から十月までの僅か四か月間にアメリカ空軍が北鮮に投下した爆弾量は四十九万五千トンでありまして、これは太平洋戦争の全期間にアメリカが日本に対して投下した爆弾の総量の三倍に当ります。アメリカ軍が硫黄島を攻撃する為に使った火力は最高一日で三万発であった(アイゼンハワーがヨーロッパに上陸した時はこれより少なかった)。これだけの砲火を集中したわけです。ところが昨年十月の、北鮮軍の国連軍に対する攻撃においては、一日九万三千発、さらにこれに反撃する国連軍は一日十万六千発、まさに第二次大戦の四倍以上です。人的損害においては更に悲惨でありまして、ああいう局地戦争でありながら、アメリカは太平洋戦争以上に死傷者を出したわけです。第二次大戦のアメリカの死傷率は七・五パーセントでありまして、今度の戦争においては、これは国連軍を含めてですから死傷率が大きくなるわけですが、それにしても四十パーセントから六十パーセントにのぼっている。軍事費も、ジェット機の製造とか、原爆、水爆の製造によってこれまた桁違いに上昇し、第二次大戦当時から五、六年の間の変化はいろいろ数字をあげて説明するまでもなかろうと存じます。原爆一個の製造費は百万ドル、水爆が二千万ドル、邦貨にして、一個八十億円でありまして、仮に水爆一個の製造費で一戸五十万円の庶民住宅を建てますと、一万六千戸出来るわけです。ちょっと想像も出来ないくらいに軍備というものは高くつくのであります。

つまりテクノロジーの進歩によって、われわれの生活環境は非常に目まぐるしく変動しているにも拘らず、政治や社会を判断するわれわれの「ものさし」は、どうかするときのうのテクノロジーを前提においている。そこからいろいろな悲喜劇が生れてくるのであります。蒸気機関車に対して、馬で競走しようとした昔の人を、果してわれわれは笑う資格を持っているでしょうか。かつて、日本の軍備は、ワシントン会議で、対米英軍艦の主力艦の保有率を五、五、三と決められたが、国防の安全性を保つためには補助艦の比率は対米七割が最小限必要だと海軍軍令部は主張してロンドン軍縮会議に反対し、その為にロンドン会議に調印した内閣は統帥権を干犯したと非難し、その結果が浜口首相に対するテロ事件まで引起すというような騒ぎになった。ところが太平洋戦争の半ば以後の時期における日米の海軍力の比率は、アメリカの軍備拡張のために、五、五、三、どころではなく、何十対一くらいに開いてしまった。日本は四面海に囲まれておって魚は無尽蔵にあるから戦争になっても食糧には困らないと海軍軍人が語っていたのを聞いたことがあります。更にまた、日米海戦では日本独特の潜水艦戦で、アメリカの連合艦隊が日本列島に近づくまでに恐らくこれを半減させるだろうということが作戦参謀達の予想でありました。第二次大戦のような島づたいの決戦の様子を想像していたものは日本の指導者の中には殆どいないといっても過言ではない。

こういう風にきのうまでのものさしで、明日の戦争の様相を計り、そこからいろいろな政策をたてたりすることから笑えない悲喜劇が起ってくるわけであります。これは決して日本軍人が特に無智だったわけではありません。世界の指導者が総て、そういうような誤謬を犯す危険性があるのであります。アメリカにおいてもそうであります。朝鮮戦争が始った時に、アメリカの上院軍事委員長のタイディングスという人は、「この戦争は仲々簡単に片付かない、六か月から九か月位かかるだろう」といった時、一体彼は何と気の長い憂鬱な予想をするのだろう、といわれたのでありますが、現実はどうなったかは御承知の通りであります。

アメリカは太平洋戦争の経験によって、Ｂ29の戦略爆撃が日本の死命を制したという経験を非常に貴重なものと思って、Ｂ29型を大きくしたＢ36を大量生産した。ところが朝鮮戦争のなかばにおいて登場してきたソ連のミグ機がＢ29方式による飛行機をバタバタと落した為に、厖大《ぼうだい》なＢ36の貯蔵量がすっかり駄目になってしまって、航空機生産を改めてやり直した。その間のエネルギーのロスというものは大変なもので、人間の想像力というものはかくもみじめなものであります。

再軍備に賛成であるか、反対であるかを問わず、再軍備をいう人々は、どうか、昨日のものさしでなく、今日の、明日のものさしで、日本の国防ということを考えて貰いたいと思うのであります。日本海が昔の琵琶湖程の意味もなくなったということ、ソ連のジェット機が沿海州から日本本土をつきぬけて、太平洋に出るのに十分から、十五分位しかかからないという、こういう現実を前にして、また軍備というものが国民の経済生活を圧迫する度合は、三、四十年前とは比較にならないということを前提において、今日を考えて貰いたい。こういうことを真剣に考えているだろうかということを、われわれはそういう人に聞きたいわけです。

日本海海戦や奉天の戦いの頭で以て太平洋戦争を考えていた日本の軍人や政治家が、あるいは日華事変においても、ノモンハンにしても、独ソ戦、太平洋戦争にしても、何一つ見通しの当ったことがない、いわゆる自称軍事通たちが、突如として、今日に至って明日の世界を洞察するイマジネーションの力を身につけるようになったということは容易に信じられないのであります。例えば物資についても、日本は物資が貧弱で、アメリカは豊富であるというのが常識で、昔は持てる国、持たざる国、という有名な宣伝の言葉がありましたが、今日においては物力資源の最大を誇るアメリカでさえ、ニッケルとかコバルトとかの稀少物資が大量に必要になった為に、そういった物資に関しては持たざる国に転落した。それ程に事態の変化というものは著《いちじる》しいわけです。ですから今日、われわれ現実的な議論をしていると称している人が実は最も観念的な、最も時代遅れで、最も空虚なきのうの夢を持っているかもしれない。こういうテクノロジーの巨大な進歩がわれわれのもの、の考え方とどういう関連をもつか、ということが、私の今日の話が主として力点をおきたいことです。たんにそういったテクノロジーの進歩という事実についてお話するばかりでなく、これがわれわれの人間と、人間の関係をどんな風に変えていったか、そのことがどういう意味を持っているか、ということが大事な問題です。

これを国際関係をふくめて考えますと、いろいろな要素が入ってきて話が複雑になりますから、一応国内問題にしぼって考えてみます。こういう近代的な技術文明、機械文明の発達によって出現した社会的な現象のうちで、最も基本的な現象は何かというと、それは巨大な組織体、人間社会の組織体がわれわれの生活の中に登場するようになったこと、言葉をかえていえば人間社会がますます官僚化し、合理化していくということなのであります。官僚化という言葉を使いましたのは必ずしも悪い意味でいうのではないのでありまして(後で悪い意味の官僚化のことに触れますが)、ここでいうのは純粋に形式的に、つまり仕事の分化、あるいは権限や規則というものが、ますます細密に制定され、それによって多くの人間が秩序整然とピラミッド型に組織されて、機械のように正確に機構全体が運転されるようになる。こういう傾向を官僚化の傾向というので、これは官庁だけでなく、銀行、会社、学校、政党、労働組合等、およそ、あらゆる団体の近代的な社会的な発達には、まぬがれがたい傾向であります。

こういう官僚化の過程は、言葉を替えていえば、これは形式的な、機構的な合理化の過程と称することが出来る。形式的な機構的な合理化とは何か、というと、それがどういう目的に奉仕するか、それが実質的に良い目的か、悪い目的かは問題にならない。如何《いか》にして能率よく運転するか、また、そういう組織全体が能率のあがるような運転がなされているか、だけが問題なのです。これこれのことをやって貰う為には、どこの部署にいったらいいかといったことがさっぱり解らない組織は機構的に合理化されていない。この仕事を得る為には何局、この仕事は何課という風に一目瞭然として、見通しがきく――これが合理的な意味の官僚化であります。テクノロジーが発達するに従いまして、こういう意味の機構的な合理化が、官僚化された組織が、人間社会に生長してくるわけであります。

例えば、始めは単純に、一人の人がいろいろな仕事をしていたのが、だんだん仕事が分化して、渉外関係を扱うもの、あるいは人事的な関係、あるいは会計関係、総務関係というようないろいろな課が出来てくる。これを国家についていうと、渉外関係は外務省、会計というのは大蔵省、総務は総理府のようなものに当ります。これは単なる比喩でなく、人間社会を合理化し、組織性が高まれば高まる程、国家の機構的な分化が向上していくのと同じような事態が、会社とかほかの社会団体にも生ずるわけです。ですから、こういう人間社会の機構的合理化は、イデオロギーの差別によって違ってくるという問題ではないのです。例えば、アメリカのビジネスマンライクのあの能率的なテキパキとした事務的処理のやり方を学ばなければならないと、スターリンが強調していましたが、このビジネスマン流のやり方というものは、イデオロギーの差別を越えた、近代社会におけるテクノロジーの発達によって必然的に起ってきた要請であります。

これによって人間と人間の関係は、ますます昔のように、親密な、情緒的な関係、人倫的な関係でなく、組織を媒介とするいわば、非人格的な関係、そういう意味では冷たい関係になってきた。例えば芸術家の生き方というものでも、昔は知人が傍にいって、ちょっと一曲唄ってくれといえば唄うだろうが、今日では芸術家と聴衆の中間にはマネージャーが介在して、聴衆と芸術家とが直接接触することが容易に出来ない。芸術社会がそれだけ官僚化し、合理化されたわけです。人間社会における組織化が進めば進む程、人間と人間の関係が直接性を失っていくというようなことであります。

こういう意味における官僚化、合理化それ自体が、価値的に悪いというのではありません。ただ、とかくこういう形式的な意味の官僚化が進行しますと、そこにいわば実質的な官僚主義というものがそれに伴って発生し易いということが困るのです。そういう実質的意味での(形式的でない)官僚主義の発生は、主として次の二つの姿において顕著に現われてくる。

一つは、ローベルト・ミヘルスという学者が、ドイツの社会主義政党について精密に調べた結果を要約しますと、政党の組織が進めば進む程、少数の政党幹部に勢力が集中し、平党員との開きが大きくなるという傾向に着目した。つまり組織化が進行すればする程、組織が合理的になればなる程、少数の者に実権が集中してくる。ミヘルスはこれを「寡頭支配の鉄則」と名づけております(1)。

例えばデモクラチックな組織をとっているところでも、総会が一年に何回か開かれるという場合、名目的には総会が最高の権限を持つ、即ち総会で総ての決議を通すというようなことになっていても、実質は、常時存在する執行部が巨大な権限を持っており、総会は執行部のやったことを追認するに過ぎない。これは株式会社における株主総会が、形式的には今日の議会のように法制上は非常に大きな力を持っていながら、実質的には全く無力で経営者または大株主の意のままになるという事態と似ている。

ここには根本において組織化が進めば進む程、ともすれば下からのデモクラチックなコントロールがますますゆるみ、ゆるめばゆるむ程、上部が一方的に決定して下部が受動的になる。下部がパッシヴになりバラバラになり、個々人が原子的になり、上部が一方的にきめていく、こういう傾向があるわけです。これをミヘルスが寡頭支配の鉄則と呼んだのです。

もう一つの実質的な官僚主義は、よくいわれる官僚主義です。例えばきまりきった形式の墨守とか、創意の欠如とか、ナワ張り根性とか、あるいはレッドテープといわれる（お役所仕事といわれる）ような仕事のルーティン化、決りきった仕事を繰返すということから生れる停滞性、こういうことが生れるわけです。先程、形式的意味における官僚化の傾向がイデオロギーの相違を越えた一つの近代社会の内在的な、必然的な傾向であると申しましたが、実質的な官僚化もイデオロギーの相違を越えて、その危険性が常にある。それはソ連とか中国のような社会主義国でも官僚主義の危険とか、否認ということがいつもいわれていることからも明らかであります。

こういう風にテクノロジーの発展に伴う形式的官僚化は、必然的な、何人《なんぴと》もこれを止めえないものであり、これにくっついて実質的官僚主義が増大してくると、近代社会の形式的デモクラシーが空洞化して、中がガランドーになる、ということが先ず第一に直接に政治機構の問題として最も顕著に現われてくるのであります。内閣とか官庁とかに執行権、行政権がますます集中していくと、議会が執行権のコントロール、行政権のコントロールを行うことがだんだん出来なくなる。しかも議会とか、政党の内部においても、そのなかに官僚主義が発生して、形式的だけでなく、実質的意味においても官僚化していく。

例えば国会において本会議がますます意義がなくなってきて重要な審議が委員会でなされるというのは、機構部門の形式的な官僚化の現われであり、また、政党内部の平陣笠議員と執行部との開きが大きくなるに従って、陣笠議員が党の中央部をコントロールする力がだんだんなくなってくる。これは実質的な官僚主義の発生であります。こういった傾向が陰に陽に、デモクラシーを空虚化していく力は大変なもので、これに対してデモクラシーの健全を保つ為には、行政権、執行権の決定方式を一方においては内部的に民主化してゆき、他方、対外的には人民にたいしてもっと行政権が責任を持つ体制にしていくということが必要になってくるわけであります。しかも大事なことは、本来デモクラチックな制度であるはずの政党なり、労働組合にしても、そういった組織において、党内民主化、団体内の民主化問題というものが非常に切実な問題になるわけであります。

こういう実質的官僚主義の発生によって、デモクラシーが空虚化していくということは政治機構の問題だけでなく、社会機構の問題でもあります。なかんずくこういったテクノロジーの発展に伴う巨大な組織体の成長が、経済社会においてはいわゆるカルテル、トラスト、コンツェルンといった巨大な企業の組織体の成長として現われてきたことであります。もともと近代企業というものは企業内部については人的配置によって徹底的に合理化され、計画化されております。ところが企業全体の運転の努力目的が私的利潤の増大ということにある為に、企業の内部が徹底的に合理化され、計画化され、組織化されているに拘らず、企業の対社会的な責任ということになると少しも考慮に入れられない。トラストやコンツェルンの成長によって、こういう対内的合理性と対外的非合理性と無責任制との矛盾が極点に達するわけであります。

リンゼイというイギリスの思想家がこういう風にいっております。われわれは一方においてはデモクラチックな多数者による政治を持ち、他方においては少数者によるテクノロジーの生産組織を持っている、われわれの近代社会はいわば二つに分裂した一軒の家のようなものであるといっております(2)。

現代においてしばしば自由と民主主義というものが、私的企業、自由企業というものと等置されております。しかしながら実は近代資本、企業の内部ほど、非民主的な組織はないといっていいのであります。

例えばアメリカのブレィディーという学者も次のようにいっている。どんなビジネスも(企業体も)自分のメンバーに対しては指導者原則と権威の原則を実践する。そこでは間違いなく全体主義の原理が貫ぬかれている。つまり一切の役員や、スタッフは経営者の自由な判断の上で任免される。そして権威は上から下へ、責任は下から上へ……。これは権威主義の構造であります(3)。

こういう原則は実は始めから企業体の内部では当然のこととして妥当している。一切は、より多くの利潤を、という絶対の至上命令の下に動いている。この至上命令というものは何人も批判することは出来ない。この経営の仕方に対して下からの批判は近代企業では、内部的に不可能です。こういう経営の為に経営者がいるのであって、経営者だけが経営の仕方を決定するのは当然ではないか、というのが近代企業の常識であります。ですから同じブレィディーがアメリカの経済界を、例えば、日経連とか経団連に当るN

ＡＭ（ナショナル・アソシエイション・オヴ・マニファクチャラーズ）を調べまして一つの分析の結果を出したものがありますが、ドイツのナチスの全体主義体制と、企業内部の決定構造という点で、内容と規模とにおいて、驚く程類似しているという結論を出したのです。これは決して偶然の結論ではないのであります。

有名なドイツの軍需会社にクルップというのがありますが、そのクルップの社長がかつて戦争前に日本に来たことがあります。その時に藤原銀次郎氏が彼にはなむけとして『工業日本精神』という本を十部ばかり贈った。これは、日本産業における家族主義的な結合、資本家と労働者の家族主義的結合を讃えて、日本では労資の闘争等はないということを書いた本ですが、そうするとドイツへ帰ってからクルップから手紙が来て、あなたのいう工業日本精神はクルップ会社の精神とすっかり同じである。しかも非常によく書かれているから、私はこれを翻訳して会社員に回覧させることにしたという手紙がきたということを、藤原氏が得意になって語った。それ程、どんなに国柄や文化が違っていても、私的利潤の追求ということに一切の努力をおいた企業の内部原理は国際的に同じなもので、それは凡《およ》そデモクラチックな組織とは似ても似つかないものです(4)。

こういう巨大な独占企業体というものが成長してきたので、問題は決して経済的な自由か統制かということではありません。そういう問題の提出の仕方自身が実は、イデオロギーの欺瞞、あるいは自己欺瞞に走っているといっても過言ではない。

Ｅ・Ｈ・カーがいっているように、社会的な生産力が巨大な企業体に集中している現在においては、自由か統制かといった二者択一問題はなくなった。計画的自由化か、計画的統制化かという問題は存在しない。無責任な計画と、社会に責任を持った計画とこの二つしかない。無責任というのは、企業内部の仕事が計画化されているのに、企業政策については相変らず私的利潤ということが最高目的であって、社会的責任は問われないことが生産の盲点になっている。この矛盾を指しているわけです。無責任な経済統制か、それとも社会的に責任を負う統制かという二者択一しかないということをカーがいっている(5)。こういう風になってきますと、現在の問題は、こういう巨大な組織を依然として、私的権力体として放っておくか、それともそれを社会的なコントロールの計画の下におくかという、ここに現在経済組織の一番根本の問題があるのであります。

リンゼイがいいましたように、現在の民主主義化は選挙権の拡充といったような方向で、いくらかでも政治的社会の民主化は出来たけれども、それに比例して先程いいました巨大な企業体が成長していった為に、経済的にはかえってますます寡頭政的な（民主主義と逆の)傾向が増大してきた。これはどっちかの犠牲において埋め合せなければならない。政治社会の方も民主化を犠牲にして寡頭支配にするか、それとも経済社会の寡頭支配ということを民主化して政治社会の方に適合させるか、どちらかの途しかない。政治社会の寡頭支配はいわゆるファシズムであり、政治社会における民主主義を逆に経済社会に押し及ぼそうじゃないか、というのが社会主義の根本の考え方に他ならないのであります。

近代のテクノロジーの発達はこういう風にいろいろな問題をはらんでいるわけであります。精神構造の問題としても、近代のテクノロジーの巨大な発達、つまり機械化され組織化された精密な文明の中に棲息する人間には、一種特有の精神的な特徴というものが生れるわけであります。

それは先ず第一には分業がますます極端化していくことによって部分人(パーシャルマン)が大量的に生産され、総合的な人格がますます解体して、専門分野では非常にすぐれていても、一般的な総合的な判断力、例えば具体的な政治感覚とか、社会問題に対する感覚の仕方が殆ど子供のように低調であるといったような非常に不均衡に精神状態の発達した人間が大量的に生産される。近代の学問というものは非常に専門化しておる。

従って、いわゆる高等教育を受けた、という人が、一般の政治社会の感覚においてそれだけ高いかというと、必ずしもそうでない。むしろ逆の場合すらしばしば見られる。それは最も知的なレベルの高いことを誇った、最も科学的な知識を誇ったドイツ人が、ああいう野蛮で狂暴なヒトラーの支配を神のように崇拝し、歓迎したという、痛ましい逆説で実証されている。

この人間の部分人化と関連する第二の近代人の精神的な特徴があります。これを仮に私は、テクノロジカル・ニヒリズムと名付ける。テクノロジーの発達が生み出したニヒリズムであります。先程テクノロジーの発展が、外からみると一目瞭然として、出来るだけ能率をあげるような要請によって人間社会をますます機構的に合理化していく、つまり機械のように精密に組織化していくと申上げたわけであります。この技術的、あるいは機構的な合理性は、どこまでも形式的な価値であって、実質的な価値は必ずしも一致しないのであります。

それは手段の合理化であって、目的の合理化ではない。機械のように精密な分業体制を持った組織は、良い目的にも、悪い目的にも奉仕し得るわけであります。近代における合理化はこういう風に形式的な合理化であって、必ずしも実質的な合理化ではない。

この二つの分裂からニヒリズムは発生する。これはテクノロジーの発達が生み出すニヒリズムであります。能率をあげるということに最大価値がある。能率をあげて何をするのか、一体どういう価値実現のために有効な方法として能率をあげるのか、また、どういう目的と意味とを以て、社会的役割を果すか、というようなことに対しては全く無関心である。手段自身が目的化している。ただ、その組織が機械のように正確に非常に迅速に、運転するということだけに関心が集中する。これは企業だけでなく、会社も、銀行も、あるいは学校でも、手工、デザインを担当する技術者、あるいは機械の運転を指揮する工場の現場監督等々、非常に広汎な領域に発生しやすい心理であります。

近代社会が機構的に合理化され、官僚化されてくるに従いまして、事務能率ということを凡《あら》ゆる実質的な価値に優先させるニヒリスチックな技術者、エキスパートが生み出される傾向がある。こういう実質的な価値については全く無関心、冷淡で、世界が、また自分達の歴史がどういう方向に動いているか、あるいは社会の動向がどこにあるか、どういう方向にいっているか、現代の権力の所在はどういう風になっているか、ということには全く拘わらない。自分の技術を役立てるものなら、それがどんな悪しき政治権力であっても奉仕する、ということになりかねない。こういう心理、これがテクノロジカル・ニヒリズムであります。

かつて、大蔵官僚（企画院官僚）としてならした、現在衆議院議員である、ある人から(6)聞いた話でありますが、この人が昔、大蔵省にいた時分、毎年入ってくる新しい職員に対する訓辞の中でこういうことをいった。

「官吏というものは計画的オポチュニストでなければならない。たんなるオポチュニストでなしに、同時にプランを作る能力のある人でなければならない。けれども他方ではどんな政治にもつかえるように、自分の精神態度をオポチュニスティックにしておかなければならない。だからどうしても計画能力のあるオポチュニストになる必要がある」

これは現代社会をうまく表現した言葉であると思います。そういう意味で、猟官制に対する反動として起った人事行政の試験制度、あるいは公務員の政治的な中立、といったことは、事実は中立という美名の下に、一切の政治的な判断が出来ない、そういう意味では偏頗《へんぱ》な公務員を大量に生産する、という結果になりやすい。事実、そういう風になりつつある。自由とか、民主主義とかいう、政治的なことには不感症な、ニヒルな官僚が、模範的な官僚として推奨される結果になる。いいかえれば公務員という身分に、人間として、市民としての側面がすっかり吸収されてしまう。

そしてこういう官吏の非政治化が、ディシプリン、官僚の訓練という名の下に、ますます組織的に行われ、なまじっかな政治的な関心などを持たないで、能率をあげるということだけに専念するような人間を養成する。こういう傾向が決して官僚組織だけでなく、私企業、銀行、会社、あるいは凡ゆる組織における人間の訓練の仕方にまで押し及ぼされてくる。現代社会においては非常に多くの人間が巨大な組織体の一員として属しているので、そういう社会のデモクラシーが、政治的に関心を持たない、持つことを禁止された人々、能率をあげることだけを唯一の道徳であるように訓練された人々の大量によって支えられているということになりますと、如何に形式的に発達したデモクラシーでも中がガランドーなデモクラシーであって、自発的、能動的な、市民的な精神は、みるかげもなく失われてしまうのであります。

以上テクノロジーの巨大な発達ということは、どういう問題をはらんでいるか。この発達自体は止めえないもの、人間の歴史の必然的なものですが、と同時にそこにはいろいろな矛盾と問題をはらんでいるという若干の例をお話したわけであります。

二　大衆の勃興

次に第二の要因として、大衆の興起、大衆の勃興、世界史の舞台上への大衆の登場、という問題に移ります。

これが現代政治におけるテクノロジーの発達と密接な関連を持つ第二の基本的な特徴であります。イデオロギーの違いに拘らず、それを越えて存在する普遍的な傾向であります。ここでいう大衆の勃興というのは必ずしもデモクラシーの勃興ということと同じ意味ではないのであります。

例えば、イギリスはデモクラシーの母国といわれます。しかしイギリスにおけるデモクラシーがともかくも大衆的な基盤を持ち、大衆的なデモクラシーになったのは、十九世紀の後半、厳密にいうと、第一次大戦以後のことであります。つまりイギリスは古いデモクラシーの母国であるといわれますが、大衆に基盤が与えられたのは実は新しいのでありまして、そういう意味で大衆の民主主義ということを基準にすれば、日本はそんなに後進国として卑下するに当らない。それまでのデモクラシーは、いわゆるマス・デモクラシーでなく、工業家と大地主の上層ブルジョアジーに限られていた。いわゆるブルジョアデモクラシーといわれるものであって、それが大衆にまで拡ったのは実に新しいのであります。第一次大戦で初めて男子の完全な普通選挙権と婦人参政権が実現し、これでイギリスでは初めてブルジョアデモクラシーが大衆化した。

こういう風にマスが大量的に政治の舞台に登場してきたのはきわめて新しい現象です。勿論《もちろん》宗教改革とか、ルネッサンスとか、フランス革命というような社会の革命期には一時的に厖大《ぼうだい》な大衆のエネルギーが動員されまして、歴史を動かしてゆくわけであります。しかしながらそれは、臨時的な、非日常的な現象で、革命の嵐が過ぎてしまうと、大衆は政治的な舞台に登場しないで、舞台の下に沈澱してしまう。

政治、経済のメカニズム乃至《ないし》動力は選ばれた少数者の手に集中されていた。フランス革命のときにエドマンド・バークというイギリスの偉い政治家が、今や「豚の如き大衆」が大規模に登場してきた、といったが、(7)これは産業革命以後の現象であります。即ちテクノロジーの発達と密接に関連してきた高度資本主義の時代に入って、初めて大衆が政治的社会的に大きな規模において登場してきたわけであります。

デモクラシーの発展が大衆の勃興の原因なのではなくて、むしろ社会の普遍的な現象としての、大衆の勃興というものにリベラルデモクラシーが自分を適応させたといった方がいいのであります。

つまり、こういう大規模な大衆の登場をうながした社会的な要因は、例えば、選挙権がだんだん拡充されて、普通選挙権が布かれるようになったという政治的傾向とは必ずしも同じでない。選挙権の拡大は勿論、大衆の登場にとって非常に大きな意味を持つわけでありますが、そういうことだけが問題ではなく、また、そういうことだけが大衆の登場の社会的原因なのではなくて、例えば近代国家には、義務教育の普及、あるいは通信、報道機関の発達、近代の工業都市の勃興、その工業都市へ農村から人口が集中してくる。こういう社会現象はことごとく大衆の勃興ということの社会的要因になっている。つまりヨリ能率的な生活形態、都会における集団的な生活形態に推移したことによって、一つの観念なり、一つの思想なり、一つの事件というものが、迅速に、殆《ほとん》ど時間的なズレがなく、多数の人に一度に伝達されるようになった。

こういう条件の下に一種の政治的、及び精神的な気圧が発生し、大衆の政治的、社会的圧力が増大してくると、ある一つの観念が急速に多数の人々に伝播され、また、その結果の反応が急速に政治にハネ返ってくる。大衆の登場がもたらす結果はどこでもそういうことであります。つまり、こういう大衆の登場に伴い、巨大な政治的社会的エネルギー、気圧の発生ということが、その社会が民主化されていると否とに拘わりなく、通信、交通手段の発達とか、義務教育の発展とか、近代都市の勃興といった現象によって、否応なく起ってくるのです。

どんなに非デモクラチックな社会でも大衆が勃興してくるという傾向が見られます。デモクラチックな社会と、非デモクラチックな社会とでは、近代工業と、交通手段の発展に伴って、大衆が勃興してくるということについては共通でありますが、その大衆の圧力の及ぼし方、乃至、その形態が違うということであります。非デモクラチックな世界でもそういった近代化が進行すると共にいや応なく大衆の発言力というものは増大します。但し非合理的な、つまり合理的に制度化されない形で増大するのです。

日本の明治以後の例をとってみると、自由民権運動は、明治十年代には、地域的にみると、殆ど北は東北から、南は九州まで殆ど凡ゆる地域において発生している。それにも拘らず各地バラバラでありまして全国民的な、統一的な形態をとっていない。その為に一つ一つ弾圧されて、各個撃破されて、ヒネリつぶされてしまった。

これは勿論、運動の内部的な弱さの表現でありますけれども、それと同時に、ここには日本国内のテクノロジー(交通、通信網)の未発達のために、組織と組織の連絡がとれない。そういう連絡技術的な手段を持っていない、そういうことも非常に大きく動向を左右しました。明治時代の自由民権運動の盛んな頃、地方からぞくぞくと自由民権運動の志士がやってきて、東京が物情騒然としていたというので、時の警視総監が、保安条例というものを出して、煽動家なり自由民権の思想家なりを、東京郊外三里の地域に放逐して、そこからなかには入ってきてはいかんということをやった。尾崎咢堂(行雄)などもこの放逐をくった一人であります。

この保安条例の例だけでも、如何《いか》に当時のテクノロジーが未発達であったかが解るのであります。皇居から三里の外に放逐するとしても、今なら電話をかければ直《ただ》ちに連絡がとれますが、当時においては、事件の危険人物をそれだけの距離に隔離すれば、権力にとっては安全だということであった。そういったことも、大衆の圧力というものが、テクノロジーの発達に比例して、デモクラシーの体制であると否とをとわず、増大するものだ、ということの一つの例であります。

では、デモクラチックな体制の下における大衆の興起は、非デモクラチックな体制の下における大衆の興起と、どういう風に違っているか。非民主的な体制下の大衆は政治的訓練が乏しく、自発的な創意とかイニシヤチヴにも乏しいし、また自主的な政治的、組織的活動が公認されていない。そういう所でも大衆の圧力自身は増大してゆきますから、これはどういう風になるか。

まず、そこでは、非民主的な少数支配者(寡頭支配者)がかえって、皮肉なことに民主的な社会よりも大衆の意を迎えることに汲々として大衆に迎合し、大衆の、いわゆる世論というものに引ずられて、確固たる政策がとれない傾向がある。民主的な政治的指導者は、大衆と組織された政党の上に公然たる制度として乗っているという自信を持っている為に、非民主的なそれよりもかえって強力な指導性を発揮する。殊《こと》に国際問題についてこういうことがいえるのであります。

他方、未だ政治的に啓蒙されていない、つまり批判的な、合理的な組織を平素教えられていない非デモクラチックな大衆は、きわめて一方的な考え方と行動しか教えられていないからとかく強硬論に支配される。ロシヤ討つべし、支那討つべしといった勇ましい議論が大衆の中から出てくる。また、そういうような議論しか出てこないように政治意識を低く止《とど》めておいたわけです。

ところが、そういった政治的な低さ、というものから、対外的な、排外熱の昂揚という形で大衆の感情が沸騰すると、指導者は自分が煽っておいた世論に自分自身が引ずられるという結果になり、政治家自身がそれをコントロール出来ないで、心ならずも大衆に引ずられ、敵国と妥協すべき時に妥協する能力を失ってしまう。そういうことがかえって非民主的な体制においては起り易い。第一次大戦のドイツがそうであり、第二次大戦の日本がそうであります。自分が煽っておいた国民的情熱に、逆に指導者が縛られて、自由自在に政策を決定することが出来ない。こういう奇現象が起るわけです。非民主主義体制でも、そういう社会が近代化すればする程大衆のエネルギーは増大しますから、ストーブに煙突の通路がないように、エネルギーのはけ口がない(公然と下からの組織化が認められていない)から、どうしても、突発的に、非合理的な形で暴発せざるをえない。そこでは為政者は、一面では大衆を軽蔑しながら、他面では戦々恐々として、大衆のエネルギーの非合理的な暴発を恐れなければならないということになるわけです。

つまり、日常的に大衆の要求や、不満をすくいあげ、大衆の組織化が公然と認められていないだけに、ますますそこでは大衆の暴動は日常的でない、異常な、突発的な、痙《けい》攣《れん》的な形で、一揆とか、むしろ旗とか、焼打とか、米騒動といった形で爆発する。とにかく大衆が政治的、社会的舞台に大規模に登場した時の前と後とでは、政治的様相が変った。デモクラシーの国家でも、マスデモクラシー以前のデモクラシーとは総てにおいて違っています。例えば、政党は昔は地方の名望家とか、由緒ある家柄の人々によって構成され、その組織がルーズであり、ただ地方の名士のクラブのようなものが政党であった。保守党にしても、自由党にしても最初はそうであった。ところが今日では、名士の政党が大衆政党に転じており、非常に多くの党員というものを持っている。そして、その中には執行部とか、書記局とか、組織局とかいったような整然たる組織が出来てきて、政治的な意味では官僚化している。そして日常的に選挙民に働きかけ、煽動や、宣伝というものを重要視し、その為にパンフレット、新聞雑誌、ラジオ、テレヴィジョン等、通信報道機関が大規模に政治行動に利用されるようになった。屋外の大集会、大衆の示威運動、デモンストレーション、こういったものが政治において欠くべからざるものになったということも、大衆の政治面における登場を現わしております。

昔は大規模な屋外集会とか、デモンストレーションというものは政治の世界にはなかった。今日では政治的指導者の資格には、大衆にうけること、人柄が魅力があるということが重大な要件になる。こういう風に今日においては、どんなに腹の中では大衆を軽蔑している支配者でも、その支配を円滑に確保する為には常住不断に大衆に自分を売りこまなければならない。今日では保守的と進歩的とをとわず、凡《あら》ゆるものが、人民の名において、人民の支持と承認という看板において、自分の行動を弁護し、合理化しようとしているというのが現在の状況なのであります。

ところで、先程申しましたように一方においてはテクノロジーの発達が、形式的、及び実質的な官僚化を社会にもたらした、つまり、寡頭支配の傾向によって大衆がバラバラに分裂し原子化されてくる、という傾向と、他方においては政治的社会的に大衆の圧力が増大してくるという、二つの一見相反する傾向が同時的に進行し、更にその大衆が、テクノロジーの発達から生れてくる病弊をうけて、先程の意味でのニヒリスチックな、部分人的な政治的無関心というものが蔓延してくる。と同時にまた圧力も現に持ってくる。そういう矛盾した状況にある。

従って政治的な煽動者は、無関心な大衆に対して、良い加減なスローガンを以て大衆をひっぱっていく。例えば、近代的なファシストは大衆の非合理的な激情を利用して自分の独裁的な地位を固めていく。つまり、逆説的な意味では、民主的な独裁者、大衆的な独裁者というものが歴史上はじめて登場してくる。これは第一過程としてのテクノロジーの発達と交錯して、しかもその病理現象が重った所に生れてくる問題であります。つまり、テクノロジーの発達にしても、大衆の勃興にしても、大衆全体のデモクラチックな訓練の発達如何《いかん》に関係なしに、必然的に起ってくる現象であります。こういう風に病理現象が発達すると、近代のマスコミュニケーションによって、人間の思考力が如何に解体され、如何に麻痺させられてゆくかということは既に多くの人が力説している所であります。要するに、近代テクノロジーが単なる政治社会だけでなく、生活環境そのものの中においても人間の知識なり、判断力を断片化するように出来ている。例えばニュース映画を御覧になってもお分りのように、朝鮮戦争のナパーム爆弾による悲惨な被害の場面とか、あるいは水害による被害といったような、われわれに非常に悲惨な思いをさせる情景が映し出され、その映像が消えないうちに画面の方がパッと変って、今年のファッションショウは……というのが映る。

前の画面と後の画面とが関連がない。次々に無関連な印象を押しつけられる。こういう時代に生きておるわれわれにとっては、どうしても持続的に思考して、じっくり考えるということはなく、瞬間々々に目まぐるしく変る現象に巻きこまれ、持続的な思考力はこういう風にして麻痺させられる。

ですから現代の広告技術と、独裁者の政治的宣伝のテクニックというものは恐ろしく似ています。近代広告技術というものは、だんだん巧妙になってきた。われわれが非常によく知っている商品にライオン歯みがきというのがありますが、あれなどはみんながよく知っているから広告しないでもいいだろうと思うのですが、それが一定の期間をおいては、「ライオン歯みがき」という広告が出る。それをわれわれは注意をしてみるわけではないのですが眼にうつるので、それが潜在意識として沈澱させられ、これによって、われわれが歯みがきを買う時に何げなくライオン歯みがきを買う、ということになる。われわれ自身が自主的に選択して、「ライオン」を選んだと思っているが、潜在意識によって吹きこまれたある観念によって選択している。自主的に判断して、イデオロギーなり、行動をとっている、と思っている場合でも、マスコミュニケーションによって、常住不断に吹きこまれる観念によって動いている場合が非常に多いわけです。

例えば、広告でも昔の広告は直接、ある商品なら商品を、価値があるということを宣伝した。「非常にこの石鹼は肌によく、おちます」といったやり方でしたが、最近は「良い石鹼と、悪い石鹼とはこういう風にしてみわけて下さい」とやる。石鹼の良否をみわける判断の基準を教えるだけで、「何々石鹼」ということは書いてないか、あるいは隅の方に小さくしか出ておりません。そこでわれわれに、広告されるということに対する抵抗感を感じさせないで、石鹸を選ぶ基準というものを広告によって教えられる。直接的にある石鹸を買いなさい、というよりもむしろヨリ悪質な広告であります。政治社会にも、直接的な宣伝よりも、間接的な宣伝記事の適当な配分によって、その記述を読めば、ある一つの判断しか出てこないように配慮されているわけで、先の広告と同じように判断の基準を宣伝が教えてくれるわけです。かように大衆が大規模に、政治的社会に登場し、しかも大衆の政治的訓練、あるいは大衆の民主化が本当に進んでいないという場合、そのギャップを利用して、非常に凶悪な反民主的な政治家が、まさに大衆の名において登場してくる。これは先程の、テクノロジーの発達が生む病理と同じく、大衆の登場が生む病理であります。これは必然的なものであります。

三　アジアの覚醒

現代政治の動いてゆく方向、というものを計る「ものさし」として、第一のテクノロジーの発達、第二の大衆の勃興とならんで、第三のものは、アジアの覚醒、あるいはこれを裏がえしていうならば、西欧の植民地体制の崩壊ということであります。数世紀に亘るヨーロッパのアジア支配の崩壊が、われわれの生きている二十世紀の最も注目すべき事件であるということは、改めて今更いうまでもないと思います。

十九世紀がヨーロッパ帝国主義のアジア侵略の絶頂点をなしている、とするならば、二十世紀はそれがちょうど波頭に登りつめて、大きくどっと崩れる時に当るということです。

アジアの勃興という現象もあまりに生々しい現象として、われわれをとりまいております為に、また、はっきりした帰結がみられるのは今世紀一ぱいかかるであろうと思われるだけに、一体この政治的意味をどういう風に把握するか、ということについては中々捕捉することは困難です。ここでアジアの勃興と申しましたものの中には中国革命、インドの独立、インドネシヤ、ビルマの独立、マレー、仏印といった各地区の民族運動、エジプト、イラン、イラク等、近東のアラブ諸地域で行われている民族運動、朝鮮戦争、こういったものはことごとくこの巨大な潮流の中に浮かんでいる現象形態であるといっていいのであります。

これらのものは決して他の事件と並ぶ単なる事件、単なる個別的な国際問題ではなく、全体として関連する大きな意味を持っている。つまり、何百年に亘る世界史の不均衡的な発展と呼ばれる世界史の天秤がすっと平衡運動をとり戻しつつある、そういう時期に当っているといってもいい。

十六、七世紀のスペイン、ポルトガルの東洋進出以来、近世歴史が始って以来、西洋の東洋に対する優越の上に得られた天秤の傾いた形が、つまり、東洋の停滞、西洋の進歩ということが、殆《ほとん》ど何人《なんぴと》も疑いえない現実として、世界史的に進行していた。私が学校で勉強した時代は、文明といえば西洋文明、世界史といえば西洋史であります。日本の大学の講座でさえも、政治史、経済史、哲学史と、ただそれだけいえば、当然に西洋政治史、西洋経済史、西洋哲学史、という意味になるのであります。逆に日本や東洋の場合は、日本政治史とか、東洋史とか、日本経済史といった具合に限定的につけ加える。これは非常に象徴的であります。単なる政治や、事変等といった皮相な現象ではないのであります。近世における文明、思想の進歩を代表してきたのは欧米であったし、現代生活の基盤をなす技術や、現代指導的なイデオロギーである自由主義、社会主義、共産主義といったものの源《みなもと》は、ことごとく西欧にあるわけであります。

これに対して東洋人は常に未来でなく過去に価値の基準をおいてきました。非常に根強い復古思想（昔は立派だったが今はだんだん堕落したという考え）が日本を含めた東洋に蔓延してきた。理想的な社会が過去にはあった。歴史はだんだん堕落してきた。こういう見方です。

ヨーロッパにも最近はこういう見方が生れてきていますが、東洋には昔からこういう風に、価値は過去にあるという考え方で、したがって伝統と因習に固着して、困難が起った時に自分の周囲の環境を打開し、改善してゆこうというのではなく、環境を宿命的なもの、仕方のないものとして、あきらめ、自分の心構えの方を変えていって、環境に適応してゆこう、というのが東洋の宿命観、諦観です。そこに東洋の停滞性の一つの精神的な表現があった。ヨーロッパ人の進歩観に対して、東洋はこういう点において宿命と諦観を代表していた。

この停滞的な東洋が、テクノロジーに援護された西欧勢力の東漸に面した時、至る所で敗北の過程を余儀なくされたのは当然であります。十六世紀以来のスペイン、ポルトガル、オランダ、フランス、イギリスと続いたヨーロッパ列強の東洋侵蝕は、十九世紀において、これにロシヤ、アメリカ、ドイツが加わり、いわゆる帝国主義時代になると、飛躍的に激烈となり、厖大《ぼうだい》なアジア大陸は殆どヨーロッパ帝国主義の馬蹄に残る所なく蹂躙された。

近代ヨーロッパの絶大なテクノロジーの進歩なり、自由主義、民主主義といったものが、世界の人口の半ば以上を占めるアジアの、無知と貧困と隷従の犠牲の上に築かれてきた、ということは、われわれは、瞬時も忘れえないことであります。そこに既に、今の自由とか、民主主義というものの持っていた歴史的な限界が、決して国際的な規模における自由主義、民主主義とはいえない素因が窺える。人々はしばしば、イギリスの自由主義の、良識と穏健と知性というものを讃えますけれども、そういったイギリスの自由主義の立派さというものの半面には、非常に苛烈なインド支配があった。その地盤の上にイギリスの進歩というものがあったということも疑いえない所であります。

その限りにおいて、ヨーロッパの進歩や自由は、富裕な国々の自由であり、進歩であるといわなければならない。ところが正に帝国主義のアジア分割というものが契機となりまして、十九世紀後半の何十年間崩れなかった天秤のかたむきが崩れだした。大きな平衡運動が生れた。世界の人口の半分以上を占めるアジアが自分の発言権を要求して、世界の上に現われた。ヨーロッパから進歩観という精神的武器を学んで、ヨーロッパに抵抗するようになった。このアジアの抵抗の真先に台頭したのが日本であります。日本は後に、アジアの抵抗を代表するという自分の歴史的使命を裏切り、帝国主義国家として、アジア大陸に侵入した。いうなれば、自ら西欧型帝国主義になってしまった。しかしながら極東の日本が、ヨーロッパ勢力の天馬空《てんま》をゆくような侵蝕に対して最初に大手を拡げてこれを阻止した国家であった、というこの歴史的な重要性というものは何人も否定出来ません。

明治維新以来の日本の近代国家としての発展は、アジアの抵抗を代表するという側面と、自らが帝国主義国家としてアジア大陸に進出してゆく側面とが、あざなう縄のようにからみ合っている。勿論《もちろん》、後になればなる程、帝国主義的側面は露骨になってきたけれども、最後まで表裏の関係をなして最近の太平洋戦争にまで来た。

日露戦争を分析してみますと、日本側に内在的な要素は帝国主義戦争であります。しかしながら、それにも拘らず、その日露戦争がアジアの諸民族にとっては、正に数百年の宿命的な沈滞から抜けでる警鐘として響いたのであります。中国や、インドの、独立運動の指導者はことごとく日本のロシヤ帝国に対する勝利という歴史的事件に刺戟され、鼓舞されて、独立運動に身を投じている。日本海海戦の勝利によって、インスピレーションを受けた、ということをネールが語っている。孫逸仙〔文〕にしてもそうであります。

日露戦争というものがアジア諸民族に与えた自信と、覚醒ということは非常に大きな意義を持っておる。

こういう側面を日本は持っておりました為に、最近の露骨な帝国主義戦争(大東亜戦争)でさえ、アジアの解放という日本の掲げたスローガンは少なからぬ反響をアジアに及ぼした。日本自身が台湾、朝鮮を植民地として支配していることに矛盾感をいだきながら、ヨーロッパ支配からのアジアの解放という呼びかけはアジア諸民族に少なからぬ共感を呼び起した。戦争中日本軍が、インドとか、ビルマにおいて、民衆から必ずしも排撃されないで、ある場合には英雄視されるということになった(8)。太平洋戦争において、日本の軍事的進出は、オランダ、フランス、イギリス等の植民地に止どめを刺した。日本の軍事力が崩壊したあとヨーロッパの旧植民地支配者がノコノコ戻ろうとした時には燎原《りょうげん》の火のような民族運動に直面しなければならなかった。そして旧植民地支配者は、かつての植民地帝国が永久に帰らぬ夢と化したことを現実によって学ばなければならなかったのです。

では、現在世界をゆるがしている政治的な震源の一つである、アジアのナショナリズム的民族運動というものは、どういう課題を持っているのでしょうか。

イラクの国民民主党の副総裁であるモハメッド・ハディットという人が、「専制的な支配、腐敗しきった行政、劣悪な経済条件、民衆の無智と病気」こういう言葉でイラクの政治状況を要約しております。(9) これは多かれ少かれヨーロッパ帝国主義の支配下にあり、また、かつてあったアジア諸地域に驚く程共通している条件であります。そこでは必ず、一握りの支配層、大地主、買弁《ばいべん》資本、そういう人々が、目をあざむくような豪奢な生活をしている。その傍らに文字も読めない無知蒙昧な極貧の農民大衆がいます。その間のコントラストが実に甚だしい。財政の大部分は軍備に費やされ、警察化に費やされ、外国からの武器買入れに費やされる。生産的な投資、人民の便宜の為に財政が使われることが非常に少ない。政府の建物、政府の大官の官舎は恐ろしく立派でありましてそのすぐ隣りに殆ど藁《わら》も敷かれない掘立て小屋がある。こういうことは、ヨーロッパ帝国主義の蹂躙にさらされたアジア諸地域においては、驚く程共通している社会的状況であります。

アジアの民族運動は、一方においては、ヨーロッパ帝国主義の支配に対する抵抗であり、他方、こういう国内の腐りきった行政機構に対する戦い、という二側面を必ず伴ってくる。しかも多くの場合、そこにおける専制的、封建的な支配層は、外国の帝国主義の手先になっておりまして、外に対する抵抗と内部の改革というものが必ず二つにして同時に一つの、同じ課題として提出されている。例えば仏印のラオス解放運動の如きはこの四月に新聞を賑やかしましたが、これはスハヌボン殿下という王室の一族でありますが、このラオス解放軍が、今年の四月に人民政府を樹立した。そしてスハヌボン殿下の名において八つの政治的プログラムを発表した。

そのプログラムが、外国の通信員の報道によりますと、(10)延安における中共〔中国共産党〕のそれと驚く程類似している。これは決して偶然ではなく、また中共の模倣をラオスの指導者がしたわけではない。政治的、社会的状況の同じような所なら、やはり似たようなプログラムが生れるのは、むしろ当然であって、大土地所有の排除、土地改良、農業の機械化、文盲退治、あるいは生活共同組合の組織化、あるいは婦人の解放、国民の健康保険制の大規模な拡充、といったように大体において解決すべき課題が似ている。

同じ生活条件なら、それを改善してゆく方途というものは、そんなに違ってくる筈《はず》はないのであります。大体中共自身のやったことにしましても、決して共産主義の抽象的なイデオロギーを適用したというものではない。どこまでも、中国的な条件、あるいはアジアの、半植民地に共通している条件、その中から問題を汲みとる。それだからこそ中共は、あれだけの成功を収めた。そこに、アジア、アラブの国々が中共に対して抱く非常に深い連帯感情と、同情、進歩心の根源があるわけです。

つまり共産主義のイデオロギーをただ当て嵌《は》めたものでなく、本質的に中国の民族運動を代表しているからこそ、自分達と非常に類似した条件と状況の中で戦って、あれだけの輝やかしい成功を収めたというインドネシヤ、ビルマ、更にインドといった国々が中国に対して寄せるものの考え方と、アメリカなり、ヨーロッパ諸国が中国をみる目というものが、どうしても違ってきた。片方は共産主義が中国に押寄せてきたとみるのに対し、アジア諸地域は決してそうはみない。本質的に、あれは一つの民族運動である、こういう風にみるわけです。インドネシヤは、国連の決議を犯してまで、アメリカの行動にたいして非難と中傷をしています(11)。ビルマは、ソ連や、中共の加わらない条約は無意味であるといって、サンフランシスコ会議に出席しなかった。MSA援助を「ヒモ付援助」という故を以て拒否している。彼等《かれら》二国は、インドと共に中共を承認している国であります。

アジアの民族運動は、まだはっきりと政治的な裏付を持っておりません、それだけに潜在的なエネルギーは恐ろしく巨大であります。

現在、コンミュニズムがアジアの民族運動に少なからず影響力を持っている。しかしそれは、ソ連や、中国が外部から煽動したり、援助したりするのが原因ではなく、現在のところ、西欧帝国主義の支配に対して反対し、国内の大規模な社会の腐敗的状況に対する改革を推進する政治力として、現実に共産党に匹敵する力がどこにもない、ということが、こういう諸地域において共産党の影響を有力化している所以《ゆえん》です。特に、アメリカの極東政策が、ますます反共の為には手段を選ばない様相を強めてくると、アジアの民衆は「自由世界」の束縛から離れて、ソ連や、中共に頼らざるを得なくなる。そういう風に駆りたてているのは、アメリカ自体の政策であるといっても過言ではありません。

アメリカが、対中共政策において、この道を歩んだことは、皮肉にも中共の勝利を容易にした。それと同じ道をゆくのが仏印におけるバオダイ政権です。バオダイは非常に豪奢な私生活と乱費によって、ナイトクラブの皇帝といわれている。現地にいるアンドリュー・ロスが伝える所(12)によると、現地にいるフランス人自体が、現実を最もよく知っているだけに、実にバオダイ政権の、金で傭われた愛国者達(彼等は将来の運命の長続きしないことを知っている為、亡命の時の用意として、盛んに金をフランスに送っている)を腹の中で一番軽蔑している。フランス軍と漸次交代させる目的で作ったベトナムの陸軍は、ロスによりますと、精神の全く欠けた軍隊であり、若《も》しホーチミンがやってきたら何時でも城を開け渡しかねないという状況であります。

現在、ヴェトミン軍とフランス軍とを比べますと、兵力、装備の程度、あるいは制空権、制海権、つまり凡《あら》ゆる軍事的条件において、何一つフランス側に有利でない条件はないのであります。このフランスが、軍事的には凡ゆる不利な条件を備えているホーチミン軍下のザップ将軍の前に、敗退を重ねているのが現実であります。

これについて、西欧やアメリカは、相変らずソ連や、中共から(外から)煽動したり、援助しているから強いのだろうという考え方をしている。フランス側の発表によってみましても、今年の四月のラオス作戦以来、中共からの物資援助は二倍になった、という風に宣伝している。二倍になっていくらになったかというと、月に二、三千トン、それによりますと、つい二、三か月前はせいぜい月に一千トンちょっと越えた位しかならなかった、ということを自ら証明したことになります。

これに対して、バオダイ政権に対するアメリカの物的援助は桁違いで比較にならない。これと同じことが中国の内戦の場合にもいえました。中共はソ連が援助したから革命に成功した、といわれますが（それはいくらかは援助したでしょうが）、ソ連は独ソ戦で疲弊して、とても他の国の援助をするほどの余裕を持ちませんでした。それに対して、蔣介石に対するアメリカの援助は、その何十倍、何百倍にのぼったかしれません。中共が国民政府に勝ったのは決して、外部からの援助でなく、蔣介石に渡されたアメリカの武器が、スルスルスルと、何時のまにか中共の手に渡ってしまう。こういう事態に問題がある。

アジアの諸民族にとって、中国は共産国である前にアジアの国であると考えられている。(13) ヴェトミン軍もそうであります。『オブザーバー』の特派員(14)が、トンキンでは至る所で、ホーチミン軍は、先ず第一に民族主義者であり、第二に共産主義者であるといわれていると伝えていますが、これはどうにもならない程の、多数のヴェトナム人民が、ホーチミンと話合うことが可能だと信じていることであり、当のホーチミン自身すら、民主主義者である前にナショナリストであるという風に考えている。つまり、こういうアジアの民族運動のエネルギーというものは、どこまでも独自のものであります。どこまでも外から煽動されて起ったというものではない。ただ独自の民族運動を最も効果的に組織しているのが、現在は共産党であります。共産党があるから民族運動があるというわけではない。むしろ原因結果の事態は逆なんです。

このアジアの勃興、アジアのナショナリズムの動向ということは非常にいろいろな問題をはらんでおりますけれども、ここで重要なことは、それが個々の片々たる事件が問題でなく、それが何百年に亘る世界史の不均衡を補塡、是正しようという、大きな天秤の平衡運動なんだということであります。

四　現代政治の根本問題

以上、二十世紀の世界政治の基底を流れる三つの、最も基本的な要因を挙げたわけです。

つまり、テクノロジーの発展、大衆の勃興、アジアの覚醒、この三つの尺度というものを手がかりにして、現在の社会、政治の個別的、具体的な問題について判断するならば、大体の大きな見通し(こういう政策なり、こういう動きがどの位将来性を持つか、どの位将来性を持たないかという判断)をする一つの目安が出来るのではないか、と思うわけです。この三つの要因は社会的現実であってイデオロギーの相違によって変るものではない。テクノロジーの発達、技術文明の発達ということはどんなイデオロギーであっても認めざるをえない。大衆が勃興してきた、ということは、どんなイデオロギーの人も認めざるをえない厳粛な事実であり、アジア民族の覚醒また然りであります。社会的現実という問題であることを、われわれは忘れられない。

つまり、かえって現代イデオロギーが、どこまでがイデオロギーとして有効であるかが、この根本的要因によって測られる。どんなイデオロギーでも若《も》しそれが有効である為には、これらの三つの基本的な動向を無視出来ない。これに逆らうような政策や、政治行動を押進める所の、政党なり、国なりは、どんな立場なり、どんな強力に、現在はみえても、必ず失敗する。これは何人《なんぴと》も止《とど》めえない世界史的な潮流であります。この不可避性をみとめない最も滑稽で悲惨な例として、近代のテクノロジーの発達を無視した日本の竹槍主義の戦争指導等があったわけです。

大衆の勃興にしてもそうです。それは必ずしも民主的方向をとるとはかぎらない。ただよかれ悪しかれ、厖大《ぼうだい》な大衆が、政治的イデオロギーで動員されるようになった。この現実に対して目をつぶって、相変らず政治は少数の指揮者によってなされ大衆はその指導に従ってゆけばいい、大衆が無智蒙昧な政治的行動をすれば、無秩序、混乱を引起すだけだ、こういう政治感覚でことを処理しようとすれば、一時的には華やかにみえても必ず失敗する。そういった政治感覚でことを行う政党や国家にとって、将来性はないということは断言していいのであります。

イデオロギーは保守にせよ、進歩にせよ、大衆のエネルギーをどこまでも信頼し、大衆のエネルギーをむしろ糾合させることに積極的に努力する政治勢力こそ将来成功するものであります。

これは政治家や、政党の問題ではなく、思想界でもそうであります。例えば、機械文明の発達によって、人間は堕落した、という考え方、これは、テクノロジー自身に対して否定する考えである。あるいは、大衆の登場に対して、非常に恐怖感を以て眺めている態度、あるいは、十九世紀の進歩的観念に対してたんに嘲笑したり、それに対してもっともらしい悲観論なり、懐疑論を述べたてる。そして、進歩観は安っぽい考え方だ、深刻に考えれば世界史は少しも進歩していない、それは大衆にこびる軽蔑すべき考えだ、というような思想が、第一次大戦後のヨーロッパにおいて発生し、第二次大戦後におけるある種の哲学の背景にもありました。トインビーというような歴史家にしてもそういう考え方があります。つまり、そのこと自身、西欧社会が根本的に停滞している根源から生れた考え方です。

彼等《かれら》の場合は、西ヨーロッパの危機というのっぴきならない現実を背景においてものをいっているからまだしも、これを日本の一部知識人がオームのようにくりかえし、大衆蔑視の口まねをしているのは、非常に滑稽であり悲惨であると思います。

われわれが、アジアの勃興についていえるのは、たとえそこにいろいろな矛盾や欠陥があるにせよ、アジアの勃興それ自身は如何《いか》なるイデオロギー的立場を問わず、世界史的な必然性として承認しなければならない、ということです。これを否認して、かつての、十九世紀までのように、後進民族を抑圧し、搾取して、その上に帝国的な繁栄を築こう、あの夢よ、もう一度帰れ、といったような過去の亡霊にいつまでもしがみついている、そういった国家は、国際政治の上では到底、有効な指導性を持つことは出来ないだろうと思います。国際政治の上の、生存権を持つことすら出来ないでしょう。こういう植民地の搾取の上に成り立つ帝国的繁栄は、永久に去ったということを、率直に認めて、その上に出発する国家のみが、国際的にみて将来性がある。いわんや、軍事力で以て、澎湃《ほうはい》として起るアジア民族活動のエネルギーを封じこめたり、圧殺したり出来るというような妄想の上に政策を築いていく国家は、手痛い復讐をうけるであろうということは、殆《ほとん》ど目にみえている。

この三つの流れの、何《いず》れをとってみても、何人も止めえない世界史の進行であります。これに逆らっていくことは、根本的に無理であります。無理というものは、如何に一時は通るようにみえても長続きしません。

戦後のアメリカの極東政策をみると、この意味では無理の連続であります。今のまま進んでいくならば、アメリカの極東政策の破綻はむしろ目にみえているといってもいいのであります。

以上、三つの要因は、現在世界政治の基調として、どんな国も、どんな人もこれに逆らっては生きてゆけない、けれども、それらは単なる社会的事実であって、それ自体は必ずしも価値を内包してはいない。それ自体は、進歩的意味を持っているとは必ずしもいえない。価値に拘りなく、価値中立的、社会的事実であります。だからこそよい目的にも、悪い目的にも、積極的、建設的目的にも、破壊的目的にも使われる。これは戦争の武器とか、原爆や水爆の例をみても明らかであります。

ファシズムというものは、けっしてたんなる復古主義ではありません。それは最も原始的な、最も野蛮な目的と、最も精密な、最も合理化された近代的な科学文明が結合された、こういう矛盾の上に成立ったものだ、ということを忘れてはならない。テクノロジーの発展が人間社会に与えた影響として、先程、官僚化、合理化ということを述べましたが、そこから悪い意味の官僚主義も発生しやすいと述べました。この価値中立的な合理化、官僚化それ自身は否定出来ないが、その中から病理現象も生れてくるということを忘れてはならない。大衆の勃興ということも、必ずしもデモクラシーの発展と同視出来ない。反民主主義的なファシズムによって大衆的エネルギーを動員することに成功した場合もあるわけです。

アジアの勃興にしてもそうであります。民族運動も混沌としていて、全体として明確な方向を持っておりませんから、必ずしもアジア民族運動を、手ばなしで礼讃することは出来ない。その一部には、民族主義というものが早くもウルトラナショナリズムの傾向（極端な排外、極端な攘夷）を示しております。こういったアジア民族運動それ自身は、反帝国運動であるが、それが帝国主義によって巧みに利用される危険性すらある。結局、第一にはこの三つの基本的な事実、これに逆らっては何人も行動出来ず、行動しようとしても、早晩必ず失敗する。しかしながら、第二には、それ自身価値中立的な性格をもっていますから、その社会的なものの中から、いろいろ始末のわるいウルトラも発生する。だとしますと、現在政治の根本問題はどこにあるか。

第一は、この三つの要素(一、テクノロジーの発展、二、大衆の勃興、三、アジア民族の覚醒)の必然性を承認し、この三者の正しい平衡関係を保って、そこから生れる病理現象をどういう風に克服していくか、ここに根本問題があるわけです。裏がえしていうならば、この三つの持つエネルギー(近代文明のもつエネルギー、大衆のもつエネルギー、アジア民族のもつエネルギー)を、積極的、建設的な方向に組織化していく。そして、しかも、この三者の間のバランスを、一つだけが他を犠牲にして、他を発展させるというのではなくて、この三つをそれぞれ平衡させ正しいバランス関係を保って、三者のエネルギーを組織化していく、こういうイデオロギー、こういう政治力が現代において必ず、究極的な勝利を収めるだろうと思うのであります。

例えば、ガンジーイズムというものは、いわゆる大衆の解放、及びアジア民族の興起という、世界史的な必然性の上に立って、これを積極的方向に組織しようとした。その点ではガンジーイズムはインドの民族運動においてこれを指導したイデオロギーであった。しかしながら、ガンジーイズムは、テクノロジーの発展を頭から否定して、近代技術以前の原始生活に帰ろうとする傾向があります。第二、第三の平衡運動においては大きく貢献しながら、第一のテクノロジーの発展それ自身は否定しようとした。そこにガンジーイズムの致命的な欠陥がありました。それがインドの民族運動の成功的なイデオロギーとなる為には、より近代的なイデオロギーの登場との結びつきを俟《ま》たなければならなかったゆえんであります。

リベラルデモクラシー（自由民主主義）、これはその発展期においては、第一と第二の要素、つまり、機械技術文明のエネルギーと、大衆の勃興とを正しく統合することに成功し、その為にリベラルデモクラシーは、世界における指導的なイデオロギーになった。しかしながらやがて自由民主主義は重大なデッドロックに直面した。先ず第一にテクノロジーの生むいろいろな問題について、特に行政権力、官僚勢力をコントロールすることに成功していない。更に重大なものには、自由競争の真只中から生れた私的独占体、この重大な権力をコントロールするには全く成功していない。経済力のコントロールには、むしろ全く失敗している。自由民主主義の建設期には、大衆の勃興というものをむしろ歓迎し、マスのエネルギーを積極的に組織化しようとした。ところが、マスが一定限度以上に力を奮い、リベラルデモクラシーがはじめ考えていた以上に、大衆の勃興が急激になった。その結果、リベラルデモクラシーは大衆に対する恐怖感から、ますます保守反動、ないしはファシスト勢力と癒着するようになった。もちろんそれとちがったリベラリズムもあります。それは経済力をコントロールしなければ、決してその原理を貫くことはないと考え、政治的な民主化は経済的民主化に持ってゆかなければ成功しないと考えるようになったリベラリズムです(たとえばニュー・ディール)。

全体としてリベラリズムは一応発展期には、第一と第二のエネルギーを承認し、これを積極的に解放させたわけであります。ただ、リベラリズムの致命的な盲点はもともとヨーロッパの産物である為に、第三のアジア民族の勃興という現実に対しては、盲目であり、無力であり、殆ど理解をもたないということである。これは、社会主義的になったリベラリズムの勢力でさえ、その例外ではない。イギリスの労働党も、この植民地の問題になると態度がにえきらないで口先だけで、実際は保守党と大差なく大英帝国の権威保持に汲々としております。

つまり、これまでの自由民主主義はアジアの勃興というエネルギー、この第三の要素に正しく対処出来ないという現実があります。

最後に問題なのがコンミュニズムであります。西ヨーロッパ社会主義の発展した形としてのコンミュニズムは現在の所、三つの何れに対しましても、ともかくも積極的に回答を提出している最も有力なイデオロギーで、そのことはこれを好むと好まざるに拘らず、冷静に認識せざるをえません。

官僚化の病弊に対してはソビエト組織によるパリ・コンミュン党にまねたソビエト制の原理を以て当て嵌《は》め、立法権、行政権は人民に責任を負わせるということ。また自由競争のもたらす弊害に対しては社会主義的な計画経済原理を以て答えた。それは、ガンジーイズムや、トルストイズムとは逆に、テクノロジーの発達を自《おの》ずから肯定している。自然改造計画といったような、大規模な建設的な利用を考えている。ソ連の独裁制に対する凡《あら》ゆる非難、凡ゆる中傷にも拘らず、また真実にソ連の独裁が如何に多くの欠陥を内蔵しているにしても、しかもなおソ連は大衆のエネルギーを広範に解放することには成功した、ということは西ヨーロッパの学者も等しく認めている事実であります。そしてまた独ソ戦の体験にもかかわらず、戦後の生産力の非常に速やかな再建は、国連報告にも現われているが、他のヨーロッパ諸国と比較にならない程、生産力の回復が早い。またソ連は奴隷労働だということがいわれるが、マルクスによりますと、奴隷労働というものは最も能率の悪いものであります。奴隷労働の上に近代的な生産力は築くことは出来ない。大衆のエネルギーがソビエト制度によって、大規模に解放されたということは、歴史的に実験済であります。第三にアジアの民族運動は独自の民族運動であり、コンミュニズムの産物ではありません。ただコンミュニズムが、アジア民族運動をつかむことに比較的にいえば最も成功しておりますことは、アメリカ国務省や、国防省でさえ、しぶしぶ認めざるをえない。勿論《もちろん》、現代の課題に対して、コンミュニズムが提出した答がそのまま現実に、理想的に行われているわけでもなければ、少くともそれ程簡単にスムーズに実現されようとは思われない。歴史というものは、学者が頭の中で考えるよりは遥かに複雑な道を進んでゆくものであります。私は別に予言をしようとするものではありませんし、コンミュニズムが世界的に普遍化するといったことを決して信じません。しかしながらこれだけのことは社会科学的に確かにいうことは出来ます。若《も》し、コンミュニズムが上の三つの課題に内包する必然性をことごとく承認し、そこから出てくる病理現象に対してともかくも積極的答を出し、この三つの問題に対してバランスをえた結合の仕方を提出した現代における最も有力な政治的イデオロギーとして認めざるをえないとしたならば、既に四十年近くの試練を経たコンミュニズムの勢力の、内部崩壊を期待したり、軍事力や、警察力で、反共を宣伝するのは全く意味がない。それこそ現実性を欠いた認識であって、そういう空論の上に立った政策からは何物も生れません。

われわれはコンミュニズムを好くことも、嫌うことも自由であります。しかしながらコンミュニズムはとにかく現代政治の根本問題に対して、それぞれ積極的な、建設的な答を出している。若しコンミュニズムの出した答で気にくわなければ、われわれは、コンミュニズムと別の、しかもコンミュニズムに匹敵するだけの有効性を備えた答を用意しなければならない。それをしないでコンミュニズムを如何に抽象的に否定しても問題は消えない。反共とか、反社会主義、反何々というような消極的なものでなく、現在、何が問題として提出されているか、われわれに提出された三つの問に対する積極的な答としてどういうものがあるかということを、皆様と一緒に考えてゆきたいというのが、きょうお話した目的なのであります。

注

超国家主義の論理と心理

（1）「二十世紀の神話」 *Der Mythus des 20. Jahrhunderts: eine Wertung der seelisch-geistigen Gestaltenkämpfe unserer Zeit*, 1930（「丸山文庫」図書〈018225〉）（丸川仁夫訳『二十世紀の神話』三笠書房、一九三八年（「丸山文庫」図書〈0186466〉））は、ナチ党の外務担当全国指導者であったアルフレート・ローゼンベルク（Alfred Rosenberg）の主著。丸山はすでに三〇年代中葉から、カール・シュミットを視野の中心に据えながら、同時に本書を含むナチの世界観・国家論に関する多様な文献にも目を配っていた。「一九三六—三七年の英米及び独逸政治学界」（一九三八年）、『集』①、六八—八三頁参照。

（2）**中性国家(Ein neutraler Staat)**　歴史的には、議会主義を重視する一九世紀の自由主義的国家を指す。丸山は、早くから Carl Schmitt, *Der Leviathan in der Staatslehre des Thomas Hobbes: Sinn und Fehlschlag eines politischen Symbols*（Hamburg: Hanseatische Verlagsanstalt, 1938)（「丸山文庫」図書〈0182583〉）などをとおして、この国家類型に触れている。

（3）**幕末に日本に来た外国人は……指摘している**　丸山のいうとおり、この点を指摘した外国人は極めて多い。そのうちのひとりであったイギリス人アーネスト・サトウによれば、「天皇《ミカド》を宗教上の頭首……、将軍を日本の本当の支配者、俗界の王、いや皇帝《エンペラー》とさえ」みなす外国人の日本政体観は、エンゲルベルト・ケンペル(一六五一―一七一六)に遡るという(アーネスト・サトウ、坂田精一訳『一外交官の見た明治維新』(上)、岩波文庫、一九六〇年、三六頁)。ケンペルは、その死後一七二七年に英語版が上梓された『日本誌』中の「日本の政治事情」において、天皇を「日本国の宗教的世襲皇帝」とし、源頼朝以来の将軍を「世俗的皇帝」とする理解を示している。今井正訳『日本誌――日本の歴史と紀行』(上)、霞ヶ関出版、一九七三年、二九八―三六二頁。

(4) **「政令の帰一」とか「政刑一途」** 徳川の封建体制下の多元的な権力の分散状態が、一八六七(慶応三)年大政奉還と王政復古、さらには版籍奉還と廃藩置県などの措置を通して、天皇のもとに集約されていく過程を、明治国家の指導者たちはこのように称した。

(5) **「上《かみ》君権ヲ定メ下《しも》民権ヲ限リ」** 一八七三(明治六)年一一月一九日の閣議により、伊藤博文工部卿及び寺島宗則外務卿が「政体取調掛」に命ぜられた。その際、大久保利通は自らの意見として「立憲政体に関する意見書」をまとめ伊藤らの参考に供した。ここで大久保は「民主未タ以テ取ル可カラス君主モ亦未タ以テ捨ツ可カラス」という政体論の現況に照らし、日本の国情に合わせて「上ミ君権ヲ定メ下モ民権ヲ限ル」べく「国体ヲ議スル」ことが、緊急にして重要であると強調したうえで、自らの立憲政体試案をも付している。島津忠重署『大久保利通文書』(五)、早川純三郎(刊行)、一九二八年(「丸山文庫」図書〈0185762〉)、一八二―二〇三頁。

(6) **「天皇陛下及天皇陛下ノ政府ニ対シ」(官吏服務紀律)忠勤義務を持つ** 一八八七(明治二〇)年七月三〇日勅令第三九号。これによって天皇制下の官僚の根本的な職務規範が定められた。その

第一条「凡ソ官吏ハ天皇陛下及天皇陛下ノ政府ニ対シ忠順勤勉ヲ主トシ法律命令ニ従ヒ各其職務ヲ尽スヘシ」の前半部分は、戦後一九四七年五月二日勅令第二〇六号により「凡ソ官吏ハ国民全体ノ奉仕者トシテ」に改められた。

（7）**「内面的に自由であり……」（ヘーゲル）**　Georg Wilhelm Friedrich Hegel, *Die orientalische Welt; Die griechische und die römische Welt; Die germanische Welt*, Georg Lasson, Hg. G. W. F. Hegel, *Sämtliche Werke*, 8. Bd. (Leipzig: F. Meiner, 1923)（「丸山文庫」図書〈0181973〉）, S. 302.

（8）**『栄え行く道』（野間清治）**　野間清治『栄え行く道』大日本雄弁会講談社、一九三二年。野間清治（一八七八―一九三八）は、講談社の創業者。

（9）**「真理ではなくして権威が法を作る」というホッブスの命題**　この命題に、丸山は、やはりシュミット（*Der Leviathan in der Staatslehre des Thomas Hobbes*）を介して出会っているようである。もとは『リヴァイアサン』のラテン語版にある。同書の英語版二六章では「コモン-ウェルスの権威なしには、著作家たちの権威は、彼らの意見を、それがどんなに真実であっても、法とするものではない。……それ〔法〕が法であるのは主権者権力によってなのである」とある。（Thomas Hobbes, *Leviathan*, 1651〔水田洋訳『リヴァイアサン』（二）、岩波文庫、一七八頁〕。ラテン語版と英語版との異同については、同三八九頁参照。）

（10）**正統性（Legitimität）は究極に於て合法性（Legalität）のなかに解消している**　近代的な法治国家においては、合法性が支配の正統性の根拠となるというウェーバーに立脚したシュミット〔Carl Schmitt, *Legalität und Legitimität* (München; Leipzig: Duncker & Humblot, 1932)「丸山文庫」図書〈0199528〉)の考察が、ここでも丸山の論議の背景をなしている。

(11) **政治は本質的に非道徳的なブルータルなもの……トーマス・マンが指摘している**　マンは、第二次世界大戦のドイツ敗北直後の一九四五年五月二九日、亡命先のアメリカ合衆国の議会図書館で行った「ドイツとドイツ人」と題する講演において、政治をもっぱら虚偽や欺瞞や暴力といった野蛮で否定的な面からのみとらえるドイツの国民性に対して、反省的な考察を加えている。この講演筆記は、"Germany and the Germans" のタイトルのもと *Yale Review* 35, no. 2 (December 1945): 223–241 に掲載された。丸山は、それを縮約した雑誌記事に拠っている。"Germany," *Time*, January 7, 1946(「丸山文庫」雑誌〈M017850〉), pp. 14–15. なお、青木順三訳『ドイツとドイツ人――他五篇』岩波文庫、一九九〇年参照。

(12) **チェザーレ・ボルジャの不敵さ**　このイタリア・ルネサンス期の政治家・軍人(一四七五―一五〇七)の苛烈な政治的リーダーシップを論じて、同時代人マキャヴェッリは、「君主は……残酷のそしりを怖れてはならぬ。何となればきわめて僅少の慈悲の例をもってする者は、過度の慈悲によって騒乱と殺人と略奪を引き起す者に比べると、はなはだまさっている」と述べている(黒田正利訳『君主論』岩波文庫、一〇六―一〇七頁)。

(13) **戦犯裁判に於て、土屋は青ざめ、古島は泣き**　日本国内における最初の戦争犯罪人裁判は、米占領軍第八軍管轄下の軍事委員会の手によって、一九四五(昭和二〇年)一二月一八日横浜地方裁判所で開始された。この最初の軍事裁判は、「米兵俘虜に対する暴虐行為」容疑者に関わるものであり、土屋辰雄(元三島俘虜収容所第二分所警備兵)は、この一連の戦犯裁判の最初の被告であった。公判中、「裁きのメスで鋭く抉《えぐ》られる毎に、土屋の顔面は蒼白となり……」と報道された（『朝日新聞』一九四五年一二月二〇日、二頁）。土屋に終身懲役の判決が下ったのち、同年一二月末より、元中尉古島長太郎（名古屋俘虜収容所長）に対する公判が翌一月まで開かれた。同じ新聞に、親友から「親愛の証言」がなされた際に「古島はハンカチでそっと目頭をふいていた」との報道がなされている（同紙、一九四六年一月八日、二頁）。古島に対する判決も終身懲役であった。より詳しくは、田頭慎一郎「「青ざめ」たのは何者か？」『丸山眞男手帖』三五号（二〇〇五年一〇月）、六〇―六六頁。

（14）**「へだたりのパトス」（Pathos der Distanz）**　人間がその魂の中にもつ、他を引き離し、自らをより高めたいという熱望を、ニーチェはこう呼ぶ（Friedrich Nietzsche, *Zur Genealogie der Moral*（ニーチェ、木場深定訳『道徳の系譜』岩波文庫、一九四〇年、二二一―二二三頁）。

（15）**「軍人は国民の精華にして其の主要部を占む」（軍隊教育令）**　一九一三（大正二）年二月五日施行、軍令陸第一号「軍隊教育令」綱領六に規定されている。『軍隊教育令』武揚社書店、一九一三年、五頁。

（16）**「作戦要務令」に……という言葉がある**　丸山の混同か、一九三八（昭和一三）年九月二九日施行、軍令陸第一九号「作戦要務令」には、「歩兵ハ軍ノ主兵ニシテ」という文言は見当たらず、「歩兵操典」の「綱領第十二」にある。「作戦要務令」も「歩兵操典」も、『歩兵全書』（尚兵館、一九三七年）に収められている。

（17）**さるドイツ人のいわゆる併立の国（Das Land der Nebeneinander）**　アリス・シャレック（Alice Schalek)(一八七四—一九五六)は、ウィーン生まれの作家にして編集者、かつフォット・ジャーナリスト。一九二〇年代はじめ日本を訪れた彼女は、自らがその文芸欄の編集を担当していた *Neue Freie Presse* 紙上に日本社会の批判的印象記を連載し、後にそれを一書 *Japan: Das Land des Nebeneinander*(Ferdinand Hiert in Breslau, 1924)にまとめ公刊している。

(18) **津田左右吉博士によって典型的に主張されている**　丸山の念頭にあるのは、一九四六年「超国家主義の論理と心理」に先立って『世界』に発表された津田の「日本歴史の研究に於ける科学的態度」(同年三月号)および「建国の事情と万世一系の思想」(同年四月号)、とくに後者であろう。いずれも今井修編『津田左右吉歴史論集』岩波文庫、二〇〇六年に収録されている。

日本ファシズムの思想と運動

(1) **『中央公論』に連載されております岩淵辰雄氏の「軍閥の系譜」**　戦前には、その全貌が秘されていた「三月事件」や「十月事件」など一連のクーデター未遂事件を素材とする岩淵辰雄の論考は、『中央公論』一九四六年一月号から六月号まで連載され、後に改訂され、『軍閥の系譜』(中央公論社、一九四八年)(「丸山文庫」図書〈0186231〉)として一書にまとめられた。これを、丸山は「皇道派の立場から書かれた」戦争中の暗黒史のような歴史と、批判的に評している(『回顧』上、二七二—三〇七頁)。

(2) **志賀重昂が……次のように言っております**　丸山は、以下の文章を「新内閣総理大臣に所望す」『志賀重昂全集』(一)、志賀重昂全集刊行会、一九二七年(「丸山文庫」図書〈0184669〉)、九一一〇頁から引いている。ただし、同全集中の「明治二十一年五月三日「日本人」第三號所収」という書誌情報は誤っているらしく、『日本人』復刻版（日本図書センター、一九八三年）所収の第三号中に、当該論文は見当たらない。

（3）**“Kraft durch Freude”**　余暇や生活の「喜び」を通して、国民の肉体的精神的な「力」の涵《かん》養《よう》を図ることを目的とする労働政策。ナチスは権力の掌握後、既存の労働組合を解散させるとともに、党の組織としてドイツ労働戦線（Deutsche Arbeiterfront）を成立させ、労働者の反体制化を抑え込み、画一的な労働者管理の強化をはかった。Kraft durch Freude（「歓喜力行団」）は、その下部組織の一つ。

（4）**パンフレット『国防の本義とその強化の提唱』（昭和九年一〇月）**　陸軍省新聞班によって刊行されたこのパンフレットは、冒頭に「本篇は『躍進の日本と列強の重圧』の姉妹篇として、国防の本義を明らかにし其強化を提唱し、以て非常時局に対する覚悟を促さんが為配布するもの」とある。「農山漁村の匡救」問題は、三九頁以下に取りあげられている。丸山は、このパンフレットが、第一に五・一五事件以後の軍部ファシズムのイデオロギーを集約している点、第二に国防観念の再検討を促し、国防国策の強化から総力戦に即応した高度国防国家体制への予言的提唱であった点に、その歴史的意義を見出している（「丸山文庫」草稿類〈186-2-4〉）。

（5）**十一月革命**　これによって、一九一八年ドイツ第二帝政（ドイツ帝国）は崩壊し、ワイマール共和国が成立した。

（6）**自由民権運動時代からの課題であるアジア民族の解放**　丸山は自由民権論者の唱えた国権論

の中に、アジア全体を近代化し、欧米帝国主義から解放する過程を日本がリードしなければならないとする論議と、条約改正を果たすために欧米列強に割り込んで大陸に地歩を固めるべきであるという論議との矛盾が存在していたと指摘している。より詳しくは、『録』②、とくにその「第四章　自由民権論におけるナショナリズム」参照。

(7) **〈東亜共同体論より東亜新秩序への展開を見よ〉**　「丸山文庫」草稿類〈186-2-3〉は、丸山が、明治以降の「大アジア主義」を、①「朝鮮、支那の近代化」を条件とする「東亜防衛」「東亜解放」と、②日本による「列強帝国主義の模倣」という二つの契機によって構成されるイデオロギーと、みていたことを示している。実際にはファシズム期までに、①のアジア諸民族との連携による「東亜解放」という歴史的課題は、②の契機による日本の帝国主義化の波の中に飲み込まれ見失われていってしまったと丸山は指摘している。

(8) **「距離のパトス」**　「超国家主義の論理と心理」注(14)参照。

(9) **村中孝次は「丹心録」(獄中手記)**　村中の「丹心録」は、河野司編『二・二六事件』(日本週報社、一九五七年)の「獄中遺書」集に収録されている。引用箇所は、同書三一七、三一八、三二七―三二八頁。村中も藤田東湖「回天史詩」を引用している(三一七―三一八頁)。

(10) **雲井龍雄派の中世主義《メディーヴァリズム》**　雲井龍雄は、明治初年の版籍奉還に当たり米沢藩主の諮問に答え、封建制を「自然の勢より漸を以て成り来りし」ゆえに、一朝一夕には転覆しがたい秩序であるとして擁護した。「徳川氏のごとき不世出の英雄と雖《いえど》も、猶《なお》この形勢を変ずる能《あた》は」なかったのだから、「今日薩〔摩〕等百端尽力するとも、断じて、此の形勢を」変えられるはずがないという雲井の牢固たる主張に固執する一派の背後に、丸山は徳川以前的な「中世」への復古の機運をみている（『近世日本政治思想における「自然」と「作為」』『集』②、二二一頁）。

（11）**宮沢教授の言葉をかりれば、「独裁制理論の民主的扮装」**　論文「独裁制理論の民主的扮装」（一九三四年）は、宮沢俊義『民主制の本質的性格』（勁草書房、一九四八年）（「丸山文庫」図書〈0194590〉）所収。

（12）**ヒットラーは……といっております**　丸山は、*Mein Kampf*, 3 Aufl. (Munchen: Zentralverlag der NSDAP. 1936)を参照しながら、眞鍋良一訳『吾が闘争』（上）（下）、興風館、一九四二年）（「丸山文庫」図書〈0186376-7〉）に依拠している。「王朝的愛国主義と、祖国と人民とを愛する愛国主義とを峻別し」は、邦訳（下）八七―八八頁、「犬の如き崇拝」は邦訳（下）二五頁、「国家が人間のためにあるのであって、人間が国家の為にあるのではない」は邦訳（下）二六頁、「従来の汎ゲルマン主義は……失敗した」は邦訳（下）二八―三三頁。

（13）**ヒュームという哲学者が、「どんな専制政治でもその基礎は人の意見である」ということをいっております**　ヒューム「政治の第一原理について」小松茂夫訳『市民の国について』（上）、岩波文庫、一九五二年（「丸山文庫」図書〈0189402〉）、二二六頁。なお丸山眞男、松本礼二編注『政治の世界』四三四頁の編者注（9）参照。

（14）**承詔必謹主義**　「承詔必謹」は、もともと聖徳太子「一七条憲法」中、第三条冒頭に現れる句であり「天皇の詔勅が下ったならば、必ず謹んでこれを承らねばならない」という意味。戦前の国体論に援用された。例えば、池田栄『日本政治学の根底――日本政治理念の本質と史的起源』

有斐閣、一九四二年、一一七頁にある定義を参照のこと。終戦時に丸山は、天皇によるポツダム宣言の受諾を天皇の「聖断」であるがゆえに従うべしとする「承詔必謹」派と、それを過てる判断として天皇の廃位をも辞さずとして抵抗する強硬派との対立に直近で出会っている。『回顧』下、一二一―一三頁。

(15)**「腹切り問答」**　二・二六事件以後の軍部の政治干渉を痛烈に批判した、以下の浜田国松の質問に対し、寺内寿一陸軍大臣は軍を侮辱するものと反駁し、再度立った浜田が自らが誤っているなら割腹して詫びるが、逆なら大臣が割腹せよと迫ったエピソードが、こう呼ばれた。丸山はこの浜田質問が、まさに日本の「ファシズムのパラドックス的進行を適切に衝いている」点に注目した。「丸山文庫」草稿類〈186-2-6〉には、「こうした急進ファシズムの鎮圧後間もなく、軍官財の抱き合い体制が成立することも看過してならぬ。しかしその間、中心的政治力の欠如、数種の並立妥協形態は相つぐ林、近衛、平沼、阿部、米内内閣を短命に終わらせた。ファッショ革命の欠如から来る、政治形態の連続性、既成政党の変貌を通じて内部からファッショ化す」という記述が見られる。

(16)**えせ立憲制(Scheinkonstitutionalismus)**　マックス・ウェーバーが、二〇世紀初頭、ヴィルヘルム二世治下の立憲君主制を批判するために用いた表現。立憲制をとっていながら、君主の大権の名の下に、議会の権威が軽視され否定されている状態を指す。たとえばMax Weber, *Gesammelte politischen Schriften* (München: Drei Masken, 1921)(「丸山文庫」図書〈0182055〉), S. 452参照。丸山は、天皇制下の軍国主義支配を、ナチス・ドイツよりはむしろ「ヴィルヘルム一世とビスマルクのコンビ」（本書、一九九頁）が失われた後のドイツ帝国の統治になぞらえており、両者に共通する議会制の空無化を示す言葉として、しばしばウェーバーのこの表現を――「えせ立憲制」以外にも「外見的立憲制」（本書、一二三頁）、「擬似立憲制」（本書、一九七頁）等の訳語を当てて――用いている。

（17）**フリーダ・アトリーの『日本の粘土の足』（*Japan's Feet of Clay*）という本の中に、右翼指導者を……至言です**　Freda Utley, *Japan's Feet of Clay* (London: Faber and Faber, 1936)（「丸山文庫」図書〈0194124〉）, p. 282（石坂昭雄・西川博史・沢井実訳『日本の粘土の足――迫りくる戦争と破局への道』日本経済評論社、一九九八年）。フリーダ・アトリー（一八九八―一九七八）は、イギリスのジャーナリスト。一九二〇年代後半イギリス共産党に入党し、ユダヤ系ロシア人の経済学者と結婚してロシアに居住するが、そこでの生活に幻滅し、三六年、ソヴィエト警察による夫の逮捕を機に帰国、さらにアメリカに移り、一転して反ソ、反共の立場からジャーナリストの活動を展開する。アトリーが共産主義者であった時代に書かれた本書において、彼女は、「日本のファシズムは、中世主義へと大きく傾斜しており、新しい社会秩序にではなく、遠い想像の過去に目を向けている」との批判を展開している。強者の内に潜む弱点の暗喩「粘土の足」については、旧約聖書「ダニエル書」二・三一―三三参照。

（18）**『頭山満翁の真面目』**　薄田斬雲編『頭山満翁の真面目』平凡社、一九三二年。以下の引用部分は、同書四七―四八頁。「高利貸しも撃退した話」は、一一三―一一四頁。

（19）**「権藤学説批判の批判」**　権藤成卿『君民共治論』文藝春秋社、一九三二年（「丸山文庫」図書

〈0186203〉)に付録として所収。丸山引用部分は一八六―一八七頁の発言部分から。

(20) (伊福部隆輝、山川均氏の新農村運動に対する認識とその誤謬……附録収録) 権藤成卿『君民共治論』付録、丸山引用部分は、二三〇頁。

(21) 陸軍の「作戦要務令」における「独断専行」の根拠づけがつねに彼等の念頭にあった 「作戦要務令」が、既存の「陣中要務令」と「戦闘綱要」とを改訂・統合の上、公布されたのは、一九三八(昭和一三)年のことであり、そこにおける「「独断専行」の根拠づけがつねに彼等(二・二六事件の反乱将校)の念頭にあった」という丸山の叙述は、正確ではない。

(22) アンケート『東京都ニ於ケル教員及ビ中等学生思想調査概況』 丸山は、このアンケート(「丸山文庫」図書〈0186326〉)の実施主体を「東京都思想対策研究会」とするが、この『概況』(本文一三〇頁から成る謄写版刷り冊子)中に、この団体名は明記されておらず、文部省教学局思想課の名で一九四四年七月に刊行されている。このころ教学局は、総力戦下の国民思想の統制強化を目的として、各地に同様の「思想対策研究会」を組織し、それらをとおして教育現場の実態調査を行っていた。東京都におけるアンケートは、一九四三年九月に実施された。荻野富士夫編・解説『文部省思想統制関係資料集成』(九)、富士出版、二〇〇八年、八頁。

軍国支配者の精神形態

(1) シカゴ学派 一九二〇年代から三〇年代にかけて、シカゴ大学教授チャールズ・E・メリアムの指導の下に形成された政治学の革新的潮流を指す。

（2）**東京裁判で巨細に照し出された**　一九四六年五月三日から四八年一一月一二日まで行われた東京裁判の裁判資料は多岐、大量に及ぶが、そのうち裁判所の編纂した公判廷の速記録には、英文版と和文版とがある。注＊4にあるように、丸山が本論文で主として用いたのは、戒能通孝から借り受けたその和文版（大蔵省印刷局により、裁判の進行に合わせて逐次号数を付して、四一六号まで印刷された）である。この膨大な資料からの引用箇所を、丸山は号数のみで示しているが、以下では参照の便のために、丸山の引用号数に、この速記録の復刻版『極東国際軍事裁判速記録』全一〇巻（雄松堂書店、一九六八年、以下『速記録』）の巻と頁とを付記する。

（3）**本起訴状の期間内**　極東国際軍事裁判の起訴状によれば、被告が「平和に対する罪」「通例の戦争犯罪及び人道に対する罪」を問われている期間は、一九二八年一月一日より四五年九月二日まで――すなわち張作霖爆殺事件以降、日本の降伏文書調印まで――とされている。「極東国際軍事裁判所判決付属書」『速記録』第一〇巻、八一七―八二二頁。

（4）**ヒットラーは……次のように述べた**　ニュルンベルグ軍事裁判の公式記録は、*Trial of the Major War Criminals before the International Military Tribunal, Nuremberg, 14 November 1945–1 October 1946*, 42 vols. (Nuremberg, Germany: The Secretariat of the Tribunal, 1947–1949) として刊行されている。注＊3にある「判決録」は、その Vol. 1 (Official Documents) に収められ、このヒットラーの発言は、Vol. 1, p. 202 に引かれている。

（5）**「能動的ニヒリズム」**　カール・レーヴィットが、一九四〇年、日本で発表するために雑誌に連載した論文「ヨーロッパのニヒリズム」（『思想』一九四〇年、九月、一〇月、一一月号、二二五―二四九、四六五―四八八、四九一―五二九頁）は、戦後、他の論文を加え『ヨーロッパのニヒリズム』（筑摩書房、一九四八年）（「丸山文庫」図書〈0187649〉）として一書にまとめられている。レーヴィットによれば、ヘーゲル以降のヨーロッパ精神史に登場した哲学的ニヒリズムは、ニーチェにより「能動的」ニヒリズムへと先鋭化させられたという。「我々の存在には意義も価値もないという感情をぎりぎりの点まで追いつめて、其処から新しい価値への意思に転換させる。……そうなるとニヒリズムはもはや衰微と倦怠の徴ではなくなり、「強さ」をもち、精神の高められた力をもつ「能動的」なニヒリズムとなる」（同、四七九―四八〇頁）。

（6）**ヒムラーによると、「一ロシア人……それ以外にはない」と** *Trial of the Major War Criminals*, vol. 1, p. 237.

（7）**メフィストフェレスとまさに逆に「善を欲してしかもつねに悪を為」した** ゲーテ『ファウスト 第一部』「天上の序曲」において、メフィストフェレスは、神に向かってファウストを悪魔の道に誘惑して破滅させてみせられるか否かと賭けを持ちかける。そのメフィストフェレスは、ファウストの前に最初に姿を現したとき、「君は何者か」と問われ、「つねに悪を欲して、しかも常に善を成す、あの力の一部分」であると答える（一三三六―一三四四行、相良守峯訳、岩波文庫、一九五八年）。

（8）**野村・来栖大使との最後の会見の際のハル国務長官の態度** 一九四一年一二月七日午後二時過ぎ、野村吉三郎駐米大使と日米交渉のために特に派遣された来栖三郎大使とは、日本側の最後通牒を手交するために国務省のハル長官の執務室を訪れた。この時点で、ハルはすでに真珠湾攻撃が行われたことをホワイトハウスから知らされていた。来栖の回顧によれば、ハルは手交された覚書を読んだ上で、「自分は五十年の公生涯を通じてかくの如き歪曲と虚偽に充ちた文書をみたことがない」と二人を論難し、素っ気なく二人の退室を促したという。来栖三郎『泡沫の三十五年——外交秘史』文化書院、一九四八年（「丸山文庫」図書〈0186214〉）、一二七頁。

（9）「リンゴの唄」　一九四六年にヒットした流行歌。詩人サトウ・ハチロー作の歌詞の中に「リンゴはなんにも　いわないけれど　リンゴの気持ちは　よくわかる」の一節がある。

（10）例えばゲーリングは……と確言する　オーストリー併合については、*Trial of the Major War Criminals*, vol. 1, pp. 279–230、ノルウェー及びソ連侵略については、同、p. 280 参照。裁判の中で、ゲーリングは、ノルウェーとソ連への侵攻に自分は反対であったと主張した。しかし「判決録」は、その反対はもっぱら戦略的理由によるものであり、「ひとたびヒトラーの決断が下るや、彼は躊躇なくその命に従ったのであり、彼自身、総統とのこうした意見の齟齬は決してイデオロギー的な、あるいは法解釈的な食い違いではなかったと、明確に証言している」と断じている。

（11）ヒットラーは一九三九年五月二三日に既にポーランド問題に関して次のように言っていた　*Trial of the Major War Criminals*, vol. 1, p. 200.

（12）十月事件のごときは……の兵を動員し、　注＊5によると丸山は、この事件の概要を、岩淵辰雄『軍閥の系譜』に依拠してまとめているが、「近歩一、近歩三」など参加兵力については、引用がやや不正確である。

（13）（木戸日記）　本論文および補注において、丸山は幾度か精確な出典を示さずに「木戸日記」

から引用している。これらの執筆時点では、木戸日記研究会編集校訂『木戸幸一日記』(上)(下)、東京大学出版会、一九六六年)は未公刊である。「丸山文庫」には、「木戸日記」のかなりの部分を筆写した数冊の大学ノートや岡義武教授が主宰する木戸日記研究会における丸山の報告原稿等が残されているが、本論文の執筆に際し、丸山は同研究会を通して直接「日記」の原文に当たっていたと思われる。

(14) **M・ウェーバーのいう「官僚精神」(Beamtengeist)**　マリアンネ・ウェーバーは、ビスマルク失脚後の政治的指導層において、「政治家の指導的精神(der leitende Geist)」によって導かれるべき領分が、「官僚精神」によって支配されていることを批判している。彼女によれば、政治家は、権力の獲得をめざす闘争こそを職分とし、それゆえ権力の要求する自己の主張については、つねに「自己責任」を求められるのに対し、官僚はそうした闘争の局外に立ち自己主張や恣意を抑制し、上級の官僚からの命令には「それがたとえ誤っていると思われても」服従することが要求される。Marianne Weber, *Max Weber: Ein Lebensbild* (Tübingen: J. C. B. Mohr, 1926)(「丸山文庫」図書〈0182052〉), S. 596. 丸山はここで、かつて政治指導者としてふるまったはずの日本の軍国支配者たちが、一転して官僚的職務権限の内に逃げ込むことによって自己責任の回避を図っていると指摘している。

ファシズムの現代的状況

(1) ***Hitler Speaks*, p. 209–210**　Hermann Rauschning, ed., *Hitler Speaks: A Series of Political*

Conversations with Adolf Hitler on his Real Aims (London: Thornton Butterworth, 1939), pp. 209-210. ラウシュニング（一八八七―一九八二）は、ドイツの保守政治家、一九三六年に合衆国に亡命。

（2）嘗てのアメリカの大審院の判決中の有名な言葉として、「意見を……あるのである」 West Virginia State Board of Education v. Barnette, 319 U.S. 624 (1943). 同判決の法廷意見は、ロバート・H・ジャクソン判事による。同判事は、後にニュルンベルク裁判において、アメリカ側の検察官を務めている。

（3）**Robert A. Brady, *Spirit and Structure of German Fascism*, p. 94**　ロバアト・A・ブレイディー、日本青年外交協会研究部訳『ドイツ・ファシズムの精神と構造』日本青年外交協会出版部、一九三九年、一〇三頁。

（4）ホームズがいっていますように、己れの憎む思想に対して自由を認めるところにこそ核心がある　U.S. v. Rosika Schwimmer, 279 U.S. 644, 655 (1929) は、かねてより戦時において合衆国のために武器を取らぬことを表明していた原告――著名な女性反戦活動家ロジカ・シュヴィンマー――の合衆国への帰化申請の認否をめぐるケースであった。判決の多数意見は、一九〇六年の帰化法は、帰化に伴う宣誓が当然に市民の参戦義務を前提としているとして、シュヴィンマーの帰化申請権を否定した。これに対して、ホームズは、ここに引かれている言葉によってシュヴィンマーの異見の自由を擁護する少数意見を提出した。同様の意見をホームズはつとに、ロシア革命を支持する社会主義者に関わる「反政府活動取締法（一九一八）違反事件 Abrams v. United

States, 250 U.S. 630(1919)の少数意見中でも述べている。

(5) ウィリアム・ダグラスは……こういっております。「この法は……一般社会は密告者になる」 Adler v. Board of Education of City of New York, 342 U.S. 509–510(1952). 反体制的組織への加盟を不忠誠の証拠として公立学校教員の解雇を認めるニューヨーク州の公務員法の合憲性を争うこの裁判で、ダグラス判事はこの少数意見を提出している。

(6) 一九四七年七月の『ハーパーズ・マガジン』には、次のような記事が出ています 七月は丸山の誤記で、正確には九月。以下本文中の引用は、Henry Steele Commager, "Who Is Loyal to America?" *Harper's Magazine*, September 1947, p. 195から。

(7) ハンスン・ボールドウィンという人が……言っています。「私が強調……のべる必要はないと思う」 Hanson W. Baldwin, "The Military Move In," *Harper's Magazine*, December 1947, pp. 481–489. 丸山の引用箇所は四八一頁。丸山の抜書きが、「丸山文庫」草稿類〈523-3〉にある。

(8) オーエン・ラチモアの場合 ラティモアは、一九三〇年代初頭から太平洋問題調査会(IPR)の機関誌 *Pacific Affairs* の編集長を務め、戦後アメリカにおける極東問題の第一人者と目されていたが、中国革命の成功以後、「中国の喪失」の責任追及に狂奔するマッカーシーら共和党右派から、共産党員、ソヴィエトのスパイとして糾弾された。その渦中において、ラティモアは、*Ordeal by Slander*(Boston: Little Brown, 1950)を著し、弁明を試みている。

(9) 『デイリー・ニューズ』 典拠未詳。

(10) A・D・リンゼーのような人でも……指摘しているところです Alexander D. Lindsay, *Reli-*

gion, Science, and Society in the Modern World (New Haven: Yale University Press, 1948), p. 56.（渡辺雅弘訳『自由の精神——現代世界における宗教・科学・社会』未来社、一九九二年、一一七頁）この小著について、丸山は、大学ノート二二頁にわたり、克明な読書ノートを残している。「丸山文庫」草稿類〈63〉。

（11）**エーリヒ・フロムも指摘しています**　Erich Fromm, *The Fear of Freedom* (London: Routledge and K. Paul, 1942), p. 216. *Escape from Freedom* (New York: Holt, Rinehart and Winston, 1941)は、同書のアメリカ版。丸山は、イギリス版を読み、そこからの抜書きノートを残している。「丸山文庫」草稿類〈328〉参照。

（12）**アリストテレスが、『政治学』の中で……言っています**　アリストテレス、山本光雄訳『政治学』岩波文庫、一九六一年、第三巻第十一章、一五〇頁。

E・ハーバート・ノーマンを悼む

（1）**『日本における近代国家の成立』**　「太平洋問題調査会（ＩＰＲ）」が、日中間の紛争の背景・原因を学術的に解明することを目的として企画・刊行した Inquiry Series の一冊として、一九四〇年に刊行された。大窪愿二訳の日本語版は、五三年岩波書店より刊行。九三年、岩波文庫版刊行。

（2）**『日本政治の封建的背景』……その一部が玄洋社の研究として発表された**　「日本政治の封建的背景」は、元来、一九四五年一月にヴァージニア州ホット・スプリングスで開かれたＩＰＲの第九回国際会議に、討議資料として提出された。全体で、タイプ印書謄写刷稿本で一三〇頁余りの原稿であった。そのうちの「玄洋社の研究」は、"The Genyōsha: A Study in the Origins of Japanese Imperialism," *Pacific Affairs* 17, no. 3 (September 1944): 261-284 として先行発表されていた。その後、「日本政治の封建的背景」の全体が、大窪愿二編訳により、『ハーバート・ノーマン全集』(二)(岩波書店、一九七七年)に収められ、刊行をみた。

(3) **E・M・フォースターの……『アビンジャー・ハーヴェスト』** *Abinger Harvest* (London: Edward Arnold,1936).「丸山文庫」には、丸山が最後にノーマンに会ったときに贈られたというこの本(図書〈0195O872〉)が残されており、その見返しに、「E. H. Norman より贈らる 1955. 5. 16.」と記されている。

(4) **J・S・ミルのいう完璧な「教養人」** 丸山眞男、松本礼二編注『政治の世界』四五〇頁の編者注(11)参照。

(5) **ノーマンの嗜好は……ことにあった(『忘れられた思想家』岩波新書)** 大窪愿二訳『忘れられた思想家——安藤昌益のこと』(上)、岩波新書、一九五〇年、二頁。

(6) **『展望』誌上で……三人でやった座談会** E・H・ノーマン、丸山眞男、都留重人「歴史と政治」『展望』一九四九年六月号、四—一四頁。丸山眞男手帖の会編『丸山眞男 話文集』(続1)、みすず書房、二〇一四年、三〇〇—三三二頁所収。

(7) **旧知のコンロイ教授** Hilary Conroy は、ペンシルヴァニア大学歴史学部で長く教鞭を執ったアジア研究者。丸山の最初の渡米(一九六一—六二年)以来の友人であり、ヴェトナム戦争には終始批判的であった。

「スターリン批判」における政治の論理

(1) **円や線の比較でなくて……ホッブスが慨歎した**　丸山はつとに、ホッブスのこの言明を、処女論文「政治学に於ける国家の概念」(1936)(『集』①、五―三二頁)の冒頭に引き、その際、G. Salomon, *Allgemeine Staatslehere*(Berlin: Industrieverlag Spaeth & Linde, 1931), S. 105(「丸山文庫」図書〈0182636〉)からの再引用としているが、ザロモン自身は、そこで自らの典拠として、ホッブス『自然法及び国家法の原理』(*The Elements of Law, Natural and Politic*(1640))を挙げている。

(2) **イギリスの一歴史家の言葉**　H. R. Trever-Roper, *Archbishop Laud, 1573–1645*(London: Macmillan, 1940), p. 3. 丸山は、おそらくH・J・ラスキ、中野好夫訳『信仰・理性・文明』岩波書店、一九五一年、二四二頁(「丸山文庫」図書〈0187645〉)から再引用している。

(3) **ラスキのいうロシア革命の「莫大な成果」と「莫大な代償」**　Harold J. Laski, *Reflections on the Revolution of Our Times*(London: Allen & Unwin, 1943).(笠原美子訳『現代革命の考察』(上)、みすず書房、一九五〇年、九〇頁)。この丸山の理解は、すでに「ラスキのロシア革命観とその推移」(一九四九年)(『集』④、二五一―四九頁所収)により詳しく示されている。

(4) **第二〇回ソ連共産党大会における「スターリン批判」**　スターリンの死(一九五三年三月)後、最初のソ連共産党大会(一九五六年二月)において、フルシチョフ党第一書記が非公開会議の場で行ったスターリン批判演説は、冷戦下、当初少なくとも西側陣営には秘匿されていたが、本文にもあるように、六月四日にはアメリカ国務省がその英文テキストを公表し、その存在が世界に知れわたることとなった。その日本語訳は「フルシチョフ秘密演説全文」として、『中央公論』一九五六年八月号、三三〇—三七四頁に収録されており、丸山は最初にこれを参照したものと思われる。ただし、後にロシア語から訳された『「スターリン批判」——フルシチョフ秘密報告』志水速雄訳、講談社学術文庫、一九七七年の訳者解説によれば、国務省発表のものは「全文」ではなかった。

（5）**中国共産党の「百家争鳴」の提唱**　「丸山文庫」草稿類〈89-1〉のノートによれば、丸山は一九五六年の「百家争鳴」の展開に関し、とくに以下の三つの発言や報告に注目していたようである。すなわち、五月二日、最高国務会議における毛沢東の発言（後掲、郭沫若演説中に言及あり）、五月二六日科学文化工作者会議における党中央委員会宣伝部長の陸定一報告（『中央公論』一九五六年八月臨時増刊号に上田正七訳で採録、一八三—一九七頁）、そして六月一五日から三〇日にかけて開かれた全国人民代表大会第三次会議における中国科学院院長郭沫若の演説「中国における科学の発展にかんする状況」（『世界週報』一九五六年七月二一日号（「丸山文庫」雑誌〈M009857〉）、四〇—四三頁）である。この展開のうちに丸山は、中国共産党において、階級闘争の直接的表現形式としての政治闘争とは区別された学芸闘争の領域——宗教、芸術、学術、技術といった分野——での競争の自由化の兆しがあると評価している。

（6）**『人民日報』が「プロレタリアート独裁の歴史的経験」という論説**　邦訳が、『世界週報』一九五六年五月一日号（「丸山文庫」雑誌〈M009856〉）、二五—三一頁に掲載されている。「数千万……」の文言は、その二八頁。

（7）**トリアッティはじめ……検討に乗り出さざるをえなくなった**　一九五六年六月二六日付『ウニタ』紙に掲載されたトリアッティのイタリア共産党中央委員会報告は、パルミーロ・トリアッティ、山崎功訳「プロレタリア独裁の再検討——社会主義への異なる道」（『世界』一九五六年九月号、四二—五一頁）として紹介され、丸山はこれを見ている（「丸山文庫」草稿類〈739-1-1〉）。

（8）**六月三〇日の……「個人跪拝とその諸結果の克服に関する決定」**　『世界週報』一九五六年八月一一日号（「丸山文庫」雑誌〈M009858〉）、三六—四五頁。次段落の引用は、同三八頁。なお『中央公論』一九五六年八月臨時増刊号（七五—八九頁）も参照。

（9）**トクヴィルがルイ・ナポレオンに下した……評価**　アレクシス・ド・トクヴィルは、『フランス二月革命の日々——トクヴィル回想録』（Alexis de Tocqueville, *Souvenirs*, 1893［喜安朗訳、岩波文庫、一九八八年］）において、ルイ・ナポレオンの政治的リーダーシップに関して、短くも辛辣で洞察に満ちた評価を下している（同訳書、三四四—三四九頁、丸山の引用部分は三四七頁参照）。ただし丸山の直接の典拠は不明。

（10）**日共の分派問題**　一九五〇年一月、占領下におかれていた日本の共産党の革命路線（連合軍の解放軍規定や平和革命論）に対し、コミンフォルムや中国共産党機関紙『人民日報』が下した批判を契機に、日共がその受入れの可否をめぐって六月に党内分裂をきたしたことを指す。

（11）**ユージン・デニス**　第二次世界大戦末期、アメリカ共産党書記長に就任したデニスは、冷戦初期にスターリンの意向に沿って党を再建・指導した。一九五六年フルシチョフの秘密報告とハンガリー動乱により、この小政党も壊滅的な打撃を蒙ることとなった。一九五六年六月一八日付『デーリー・ワーカー』紙論文は、同年七月六、七、八日号の『アカハタ』に邦訳が掲載された。丸山は、これを参照している(「丸山文庫」草稿類〈1068-4〉)。

(12)**「マッカーシー上院議員その他チャイナ・ロビイの手先たち」**　一九四九年一〇月の中華人民共和国成立は、年来中国市場の獲得を待望してきた右派的な実業家、政治家や中国の「キリスト教化」を追求してきた宣教師などからなる一団(チャイナ・ロビイ)をいたく失望させ、アメリカの政界に「中国喪失(The Loss of China)」の責任論が持ち上がった。マッカーシーらは、連邦政府内に巣食う共産主義エリートらの陰謀や裏切りこそが、この事態を招いたと論じたてた。

(13)**シドニー・ウェッブのいわゆる「正統病」(disease of orthodoxy)**　Sidney and Beatrice Webb, *Soviet Communism: A New Civilization*, vol. 1 (London: Longmans, Green and Co., 1937), pp. xl-xlii (木村定・立木康男訳『ソヴェト・コンミュニズム』(I)、みすず書房、一九五二年〔「丸山文庫」図書〈0188041〉〕、四九―五二頁)。

(14)**レーニンの有名な「遺書」**　一九二二年四月、スターリンが共産党書記長に就任し、その直後の五月に、レーニンは脳動脈硬化症の発作に襲われた。レーニンは、その年暮れから党大会に宛てた数通の政治的「遺言」を作成し、人事問題に触れた一通の中で、粗暴なふるまいの目立つスターリンの書記長職からの解任を求めた。スターリン批判の潮流の中で、「遺書」の存在は、あらためて国際的な関心を呼び起こした。「レーニンの遺書」『中央公論』一九五六年八月臨時増刊号、三八―四〇頁参照。

（15）「レーニン主義の基礎」　『スターリン全集』㈥（大月書店、一九五二年）、一九五頁。「丸山文庫」図書〈0187421〉の『レーニン主義の諸問題』（モスクワ、外国語図書出版所、一九四八年）所収の該当箇所（一五二頁）に傍線があるが、訳文はおそらく全集版に依っている。

（16）「言語学におけるマルクス主義について」　「言語学におけるマルクス主義について」『スターリン戦後著作集』大月書店、一九五四年、一五八頁。ただし訳文が若干異なる。

（17）シガリョーフ的社会主義　「丸山文庫」図書〈0190841〉、米川正夫訳『悪霊Ⅱ』河出書房版『ドストエーフスキイ全集』㈡六、一九四二年、三七一—三七二頁。丸山は、シガリョーフ主義の中心的特色を、シガリョーフとその一派が、個々人の「学問や才能の水準を低め均ら」し、社会「全般の強制的平均化と無個性化」を目標としている点に見ている。この部分の抜書き（「丸山文庫」草稿類〈89-1〉）は、おそらくニコライ・ベルヂャーエフ、香島次郎訳『ドストイェフスキイの世界観』朱雀書林、一九四一年（「丸山文庫」図書〈0190962〉）、一六一頁からと思われる。

（18）目的の他生(Heterogonie der Zwecke)　ドイツの哲学者にして実験心理学の創始者と目されるヴィルヘルム・ヴント（Wilhelm Wundt　一八三二—一九二〇）が提起した心理学的原則であるが、丸山はおそらくヴィンデルバント経由でこの語句に出会っている。のちの「思想史の方法を模索して」（『集』⑩、三二二頁）において、丸山は、これ（そこでは「目的の変性」と訳されている）が自身の思想史学にとって一つの方法的な鍵概念であるとのべている。

（19）スターリンは一九三一年二月に……演説して言った　「経済活動家の任務について」『スターリン全集』㈥、大月書店、一九五二年、六一頁。ただし、訳文は全集版と若干異なる。

（20）**「法の侵犯と……適用」（トリアッティ）……「真理を発見……再教育」（同上）**　このトリアッティの二つの言明は、パルミロ・トリアッチ「ソ連共産党第二十回大会の提起した諸問題について」『世界週報』一九五六年八月一一日号（「丸山文庫」雑誌〈M009858〉）、三二、三三頁。

（21）**トリアッティのいわゆる多数中心体制《ポリセントリスム》**　パルミーロ・トリアッティ「情勢の根本的変化と社会主義へのイタリアの道」（上）『世界政治資料』一九五六年八月一〇日、第二号（「丸山文庫」雑誌〈M018023〉）、二一―三二頁。「多数中心体制」については、二八頁。

（22）**ポーランドにおける……いうまでもなかろう**　"Gomulka's Second Crisis," *The New Statesman and Nation*, January 19, 1957, pp. 61-62 には、ハンガリー動乱以後、スターリン派の反転攻勢が強まる中で、中国がゴムルカ支援に慎重になった経過が報道されている。また一九五六年暮れから翌年初めにかけての周恩来の東欧ソ連旅行に関しては、「東欧の周恩来」『世界』一九五七年三月号、一一―一六頁、一九五六年一二月の「イタリア共産党第八回大会」については、同じく『世界』一九五七年二月号、二一―二五頁に詳しい。

（23）**スエズ干渉と新しいアイゼンハワー・ドクトリン**　一九五六年七月二六日のエジプト大統領ナセルのスエズ運河国有化宣言に反発したイギリス、フランスは、イスラエルを巻き込み一〇月二九日、エジプトへの侵攻を開始した。アメリカ合衆国はこの侵攻を非難し、国連臨時総会においてソ連と協力して、一一月八日には早くも停戦を実現した。しかし、アメリカのこの動きもエジプトの西側諸国からの離反とソ連への接近を食い止める効果はなく、この混乱の渦中に行われた大統領選挙で再選を果たしたアイゼンハワーは、翌年一転して、ソ連の攻勢下に置かれた中東地域の国々への援助を約束する「アイゼンハワー・ドクトリン」を発するにいたった。

(24) **マレンコフ時代**　マレンコフが閣僚会議議長(首相)の座にあったのは、スターリン死の直後、一九五三年三月から五五年二月の二年間。

(25) **(六・一五郭沫若報告)**　「中国における科学の発展にかんする状況」『世界週報』一九五六年七月二一日号(「丸山文庫」雑誌〈M009857〉)、四〇―四三頁。

(26) **アーネスト・バーカーも……といっている**　ここで「スターリン批判」を批判するにあたり丸山は、バーカーに拠って、体制の違いを越えて妥当する民主主義の基本的な公理を尋ねている。丸山はつとに「ある自由主義者への手紙」(『集』④、三二一―三二三頁)において、バーカーの論文「政治における説得」によって、(自由)民主主義を成り立たせるための基本原理の一つとしての「自由討議による決定」あるいは「説明し説得される関係」の成立に言及している。

(27) **ベルンシュタインは……論議を呼び起こした**　一九世紀末、西欧各国の資本主義の不均等発展という現状から、マルクス主義運動の内部にさまざまな修正主義的論議が持ち上がった。ばらばらに出てきたそれらの修正主義運動の論理を体系化したのがエデュアルト・ベルンシュタインであった。彼が一八九六から一八九九年にわたって *Neue Zeit* 紙に掲載した論文を一書にまとめたものが、Eduard Bernstein, *Die Voraussetzungen des Sozialismus und die Aufgaben der Sozialdemokratie*(Stuttgart: J. H. W. Dietz Nachf, 1899)(佐瀬昌盛訳『社会主義の諸前提と社会民主主義の任務』ダイヤモンド社、一九七四年)である。丸山は、このいわゆる『諸前提』中の修正主義論議を一九三六年に聴講した河合栄治郎の特別講義「独逸社会民主党史論」で学んでいる。

「丸山文庫」には、丸山によるその克明な受講ノート（草稿類〈122〉）が所蔵されている。

（28）**陳伯達の言葉（小椋広勝氏との談話）**　小椋広勝「ソ連・中国の新しい学風——経済学における教条主義批判と百家争鳴」『思想』一九五六年八月号（「丸山文庫」雑誌〈M006857〉）、六九—七〇頁。

（29）**J・S・ミルが……積極的な意義をもっている**　典拠は、ミルの『自由論』（岩波文庫、一九七一年、第二章、一〇七頁）であるが、同書については、戦前から戦後初期にかけてきわめて多数の英語、独語版、邦訳版があるため、この時点で丸山がどの版を典拠としたかは不明。「丸山文庫」には手沢本 John Stuart Mill; with an introduction by A. D. Lindsey, *Utilitarianism, liberty, and representative Government*, (London; Toronto: J. M. Dent , New York : E. P. Dutton, 1910)（図書〈180230〉）がある。

反動の概念
——ひとつの思想史的接近——

（1）**メッテルニヒの覚え書**　メッテルニヒの『回顧録』にあるこの一節を丸山は、E. L. Woodward, *Three Studies in European Conservatism: Metternich, Guizot, The Catholic Church in the Nineteenth Century*（London: Constable & Co. Ltd, 1929）, p. 30 から再引用している。（「丸山文庫」草稿類〈344-2-6-14〉に、抜書きがある）。

（2）**およそ社会科学上の主要な概念は……といった学者**　丸山の念頭にあるのは、Carl Schmitt,

Der Begriff des Politischen (Hamburg: Hanseatische, 1933（「丸山文庫」図書〈082569〉), S.13–14の記述であろう。

（3）**ミシュレーの『フランス革命史』(J. Michelet, ……1847–53)**　「丸山文庫」草稿類〈344-2-4-3〉には、その第二版、第一巻（一八四七年）"Introductioin" 冒頭から革命の定義を抜き書きしたノートがある。

（4）**ゲッベルスが……と叫んだ**　丸山の典拠は分からない。ただし、ハーバート・ノーマン『クリオの顔』岩波新書、一九五六年（「丸山文庫」図書〈0186814〉）の中に、次の一節がある。

「専制権力を振う指導者が、大きく抗いがたくなった変化を暴力によって抑えつけようとする場合に、恐ろしい悪夢になってしまう。ヒトラーを時計の針を逆に廻そうとしたあげくに恐ろしい結果をもたらした悪魔的な権力者と見るためには、人はあえて進歩の必然性の信者となる必要はない。ゲッベルスがフランス革命の事業を根こそぎにすることこそわれわれの自ら選んだ義務であるといったときくらい、ナチ指導者が真実の言葉を語ったことはなかった」（一〇頁）。

（5）**機関紙 *Le Conservateur Littéraire* を創刊したのは一八一八年である**　シャトーブリアンが、*Le Conservateur Littéraire* を創刊したのは、一八一九年である。彼が一八一八年に創刊したのは *Le Conservateur* であり、丸山は混同している。

（6）**「近時政論考」明治二十三年**　鈴木虎雄輯『羯南文録』大日社、一九三八年（「丸山文庫」図書〈0192697〉）、八二頁。（『近時政論考』岩波文庫版、一九七二年、二〇頁）。

（7）竹越の『新日本史』（明治二十四年）が……と呼んでいる　竹越与三郎『新日本史』（上）、民友社、一八九一年（「丸山文庫」図書〈0183086〉）。「保守的反動の時代」は、同二八五―二九六頁、「森有礼……」は、同二八一―二八四頁、「欧州三十年間は……影響なり」は、同二六三頁をそれぞれ参照。

（8）バンジャマン・コンスタンの小著『政治的反動論』（一七九七年）　以下三四八―三四九頁の著者注は、同書一八七二年版を使用するとしている。「丸山文庫」草稿類〈344-2-5〉には、七二年版を採用したより詳しい理由が述べられている。また同じ資料内に、この版からの克明な抜書きが丸山自身の翻訳ノートの形で残されている。以下三四五頁までの本文中のコンスタン引用箇所には、〔　〕内に原著の頁数を示す。

（9）十九世紀の「社会物理学」　A・コントが、自らの社会学をこう呼んだ。

（10）「自己の憎む思想に対する自由」というホームズ判事の有名な言葉　「ファシズムの現代的状況」編者注（4）参照。

（11）歴史はそれぞれ……という過程を辿ると考えられる　「丸山文庫」草稿類〈344-2-2〉中のノートによれば、丸山はこの三つの過程が、それぞれ一八世紀、一九世紀、一九世紀後半に顕著な進展を見たと考えていたようである。

（12）百科全書家が……ヨリ好ましいと考えた　丸山のノート（「丸山文庫」草稿類〈344-2-4-1〉）によれば、この二つの引用の典拠は、いずれも Kingsley Martin, *French Liberal Thought in the Eighteenth Century: A Study of Political Ideas from Bayle to Condorcet*, edited by J. P. Mayer,

London: Turnstile Press, 1954（「丸山文庫」図書〈0182549〉）。前者は、その Chapter V（The Philosophy of Common Sense）の 4. Ecrasez l'infame: The Work of Voltaire を受け、後者は同書 p. 140 からの再引用。

（13）**「教育者は教育することによって教育される」という言葉（フォイエルバッハについてのテーゼ）**『マルクス＝エンゲルス選集』第一巻（上）、大月書店、一九五〇年、六頁。古在由重訳（岩波文庫版、一九五六年、二三五―二三六頁）にもほぼ同じ訳文がある。

（14）**プロレタリアートにたいしてほかの一切の階級が……という有名なラッサール主義にたいするマルクス・エンゲルスの激烈な攻撃**　具体的には、全ドイツ労働者協会（ラッサール派）と社会民主主義労働者党（アイゼナハ派）との合同によるドイツ社会主義労働者党の綱領（いわゆる「ゴータ綱領」）に対する批判。『ゴータ綱領批判』*Kritik des Gothaer Programms*, 1875.）が念頭に置かれていると思われる。『マルクス＝エンゲルス選集』第一二巻（上）、二二〇、二二七、二四五―二四六頁などを参照。

（15）**「もう一種の、最近大成功をおさめた……反動」**　出典は、エンゲルス「プロシャ軍事問題とドイツ労働者党」『マルクス＝エンゲルス選集』第一二巻（上）、四二一―四二三頁。

（16）**カール・ハイツェンのプログラム**　エンゲルス「共産主義者とカール・ハインツェン」『マルクス＝エンゲルス選集』第二巻（上）、二八―二九頁。丸山は、このエンゲルスの評価に基づき、「自由競争を制限し、大資本の集中を制限する方策、相続権の制限や廃止」といった政策を「究極の不動の方策とする」ハインツェンは「生産様式と所有関係の歴史的順序を逆にする」点で反動的だと記している(「丸山文庫」草稿類〈344-2〉)。

(17) **シスモンディらにひきいられる……名づけている** 大内兵衛・向坂逸郎訳『共産党宣言』岩波文庫、一九五一年(「丸山文庫」図書〈0188967〉)、七三—七四頁。

(18) **ルカーチが昨年九月号の……という論稿** 『国際資料』第三五号(マルクス・レーニン主義研究所(国民文庫社)、一九五七年三月(「丸山文庫」雑誌〈M005429〉)、三〇—三八、五八頁に、ゲオルク・ルカーチ「今日の文化における進歩と反動の斗争の若干の理論的諸問題(要約)——『アウフバウ』一九五六年九月号」)として抄訳が掲載されている。訳者・相原文夫によると、「一九五六年六月二十八日ハンガリー勤労者党政治アカデミーにおける講演」(同誌、五八頁)であり、三六四頁の丸山の引用に対応する文は、同誌、三三頁。

(19) **「議会主義は今日……」というレーニンの『共産主義における「左翼」小児病』の言葉** 前掲『国際資料』(三〇—三一頁)での引用(国民文庫旧版[朝野勉・川内唯彦共訳『共産主義における「左翼」小児病——他十一篇』国民文庫社、一九五三年]、二〇三頁)に対して、丸山の引用は詳しい。

(20) **「すべての牛が黒であるような闇夜」** 一面黒塗りの紙を闇夜の黒牛と称したという逸話。いわゆる「闇夜のカラス」に同じ。Georg Wilhelm Friedrich Hegel, *Phänomenologie des Geistes*, (Georg Lasson, Hg, G. W. F. Hegel, *Sämtliche Werke*, 2. Bd. (Leipzig: F. Meiner, 1928))(「丸山文庫」図書〈0181972〉), S.19. 金子武蔵訳『精神現象学』(上)、岩波書店、一九三二年(「丸山文庫」図書〈0181740〉)、二一頁。

ナショナリズム・軍国主義・ファシズム

(1) **R・ニーバーのいわゆる「光の子」**　*The Children of Light and the Children of Darkness* (1944), chap. 1. ニーバーは、自らの利益や意志を超える律法の存在を認めないシニカルな者を「闇の子」、自己本位の利益や欲望はより高次の律法に従わなければならないと考えるものを「光の子」と呼ぶ。

(2) **ド・メイストル de Maistre**　ド・メイストルは、革命を批判しフィロゾーフを徹底的に攻撃しながら、フィロゾーフに似てその思考が形式的、抽象的であったがゆえに、「裏返しのヴォルテール(Un Voltaire retourné)」と評された。丸山は、Roger Soltau, *French Political Thought in the Nineteenth Century*, London: E. Benn limited, 1931)に基づき、ド・メイストルの政治思想のこうした性格についてメモを残している。「丸山文庫」草稿類〈344-2〉。

(3) **マクマホン・ボールのいうように……化合物なのである**　W・マクマホン・ボール「アジアの革命——民族主義と共産主義」日本太平洋問題調査会訳編『アジアの民族主義——ラクノウ会議の成果と課題』岩波書店、一九五一年(「丸山文庫」図書〈02050433〉)、二五—三七頁所収。

(4) **ナショナリズムのイデオロギーは、ほぼ三つの契機から成り立っている(この点 Friedrich Hertz ……から示唆をえた)**　「丸山文庫」図書〈0183592〉。丸山は、Hertz が、traditions, interests and ideals としているところを tradition, interest, mission で置き換えている。

(5) **モルトケはかつて「戦争こそ……であろう」(一八八〇年一二月、ブルンチュリ宛書簡)とのべ**

た　カール・リープクネヒト『軍国主義論』(Karl Liebknecht, *Militarismus und Antimilitarismus*, 1907［新明正道訳、三田書房、一九二一年(「丸山文庫」図書〈0191946〉)］)、邦訳、二三一二四頁、注(1)。

(6)「規律ある発狂状態」(カール・リープクネヒト)　前注、リープクネヒト『軍国主義論』邦訳、七九頁。

(7) 赤色ファシズム　スターリン支配下のソ連など特定の共産主義体制を、その敵対者たちが、反資本主義的イデオロギーや全体主義的統治形態などファシズムとの共通点に着目して、このように呼んだ。

(8) いわゆる「社会ファシズム論」　一九二〇年代後半、スターリンの主導下に定式化され、一九二八年の第六回コミンテルン執行委員会総会で提示されたテーゼ。ファシズム勢力そのものよりは、ファシズムの本質を覆い隠す役割を意図せず果たす社会民主主義勢力こそが、共産主義者にとって当面の主要敵であると見なす論議。

(9) ファシズムは帝国主義の危機における「国際的反革命の鉄拳」(ディミトロフ)である　コミンテルン第七回大会へのゲオルギー・ディミトロフ報告(一九三五年八月二〇日)の規定。「丸山文庫」には、この報告のエスペラント語版から訳された日本共産党教育宣伝部『人民戦線戦術の諸問題』一九四七年(非売品)(図書〈01819051〉)と、英語版から訳された藤田俊訳『反ファシズム統一戦線』社会書房、一九五〇年(図書〈01819010〉)とがある。丸山は、後者を詳しく読んでいるが、「鉄拳」の引用は、前者の四頁から。

（10）**「恐怖の独裁」**　丸山は、「ファシズムの諸問題」（一九五二年、『集』⑤、二六二―二六三頁）に、「我々の時代の誘惑は、本来堪え難いものを、ただヨリ悪いものの到来を恐怖するあまりに受け入れることである」というH・ラウシュニングの言葉を引き、「恐怖にとりつかれた人間は自ら作り出した幻影におびえる。歴史は、イリュージョンが現実を生んでゆく幾多の例を示している。そうしてファシズムこそはまぎれもない恐怖の子であり、またその生みの親なのである」と述べている。

（11）**「大衆の思想と感情を系統的に変化させ」（ヒットラー）**　Hermann Rauschning, ed. *Hitler Speaks*, p. 275からの抜書き。「丸山文庫」草稿類〈437-1〉。

（12）**「無窮動《ペルペトゥーム・モビーレ》」**　このラテン語は、文字通りには、理想や究極目的を欠いても動き続ける永久機関を意味するが、ここでは丸山はこの語を、早い動きの音形が絶え間なく続くことから「無窮動」または「常動曲」と呼ばれる音楽作品からの連想で用いたのかもしれない。

（13）**『赤旗』は……恐るべき「見透し」を述べていた**　例えば、「満州事変勃発直後の方針」という丸山の書込みのある『週刊赤旗』一九三一年一〇月五日号には、「戦争は始まったのだ！　共産党員、革命的労働者貧農諸君は直ちに部署につけ！　ブルジョア独裁を強めるための帝国主義戦争をブルジョア独裁の打倒、プロレタリア独裁樹立のための国内戦争に転化せよ！」の文言が見られる。『赤旗』（復刻版）（一）、三一書房、一九五四年（「丸山文庫」雑誌〈M001030〉）、二六〇頁。

（14）**「マスの制度化」……の魔術**　「丸山文庫」には、*State of the Masses*（New York: W. W. Norton, 1940)の克明な読書ノートがある(草稿類〈38〉)。そこで丸山は、同書の四四―四五頁について以下のように要約している。「過去においてマスは革命やクーデターのとき大きな役割を〔はた〕した。しかしいずれも一時的だった。しかし近代の独裁者はマスを制度化し、政治的・社会的スチーム・ローラーにしたて、あらゆる社会集団を押しつぶした。全体主義国家は大衆国家であり、その点社会集団を基礎とするいかなる国家ともちがっている。全人口をマスに転化し、この状態にとどめておくことを可能にしたのは、現代の技術的機会である」。

現代文明と政治の動向

(1) ローベルト・ミヘルスという学者が……「寡頭支配の鉄則」と名づけております Robert Michels, *Zur Soziologie des Parteiwesens in der modernen Democratie*, 1911(「丸山文庫」図書〈0180268〉), Teil VI, Kap. 2. 同書には、一九一五年初版の英語訳 *Political Parties: A Sociological Study of the Oligarchical Tendencies of Modern Democracy* (Glencoe, Il.: The Free Press, 1949)(「丸山文庫」図書〈0181769〉)もあり、こちらには丸山の書込みがある。

(2) リンゼイというイギリスの思想家が……一軒の家のようなものであるといっております 「ファシズムの現代的状況」編者注(10)参照。

(3) ブレィディーという学者も……権威主義の構造であります Brady, *Spirits and Structure of German Fascism*, 376. 「ファシズムの現代的状況」編者注(3)参照。四四七頁一五行以下、「同じブレィディーが……」は ibid., p. 380.

（4）**藤原銀次郎氏が……似ても似つかないものです**　「ファシズムの現代的状況」二三八頁、本文挿入注参照。

（5）**E・H・カーが……二者択一しかないということをカーがいっている**　E. H. Carr, *Conditions of Peace*, London: Macmillan, 1942（「丸山文庫」図書〈0197483〉), pp. 70–71.「無責任な経済統制か……二者択一しかない」という一文の典拠として、カーは R. H. Tawney, *The Acquisitive Society*, p. 225 を挙げている。なお、丸山所蔵のカー『平和の諸条件』については『集』⑨、六七—七四頁を参照。

（6）**かつて、大蔵官僚（企画院官僚）としてならした、現在衆議院議員である、ある人**　迫水久常である。本書、一九六頁参照。

（7）**エドマンド・バークという……といった**　「豚のごとき大衆」(a swinish multitude)は、Edmund Burke, *Reflections on the Revolution in France* (Everyman's Library, 1910（1790）), 76 に言及されている。

（8）**戦争中日本軍が……英雄視されるということになった**　「丸山文庫」草稿類〈90〉に残された、この講演のための準備草稿では、この箇所は「そのことは戦時中日本と協力した独立運動の指導者——インドのチャンドラ・ボース、ビルマのバー・モー、フィリピンのラウレス等々——が戦後もその地の民衆から決して排斥されず、かえって屢々《しばしば》英雄視されたことからも窺われる」となっている。この講演が最初に郵政省人事部能率課『訓練ノート』に活字化された時に、丸山は校正刷り（「丸山文庫」草稿類〈606〉）とこの準備稿との内容的な食い違いを見落としていたようである。

（9）**モハメッド・ハディットという人が……イラクの政治状況を要約しております**　丸山の典拠は、小畑操「試煉に立つアラブ中立主義――ダレスの中近東訪問」『世界』第九一号、一九五三年七月、一二九頁。ただし、丸山の引用文は、小畑論文とはやや異なる。小畑論文は、Mohammed Hadid, "Turmoil in Iraq," *The New Statesman and Nation*, January 31 1953, p. 115によっており、丸山はあるいはこちらを参照していたのかもしれない。

（10）**スハヌボン殿下という王室の一族……外国の通信員の報道によりますと**　「世界の潮5　ラオスの解放戦」『世界』一九五三年七月号、一四―一七頁。

（11）**インドネシヤは……アメリカの行動にたいして非難と中傷をしています**　アンドリュー・ロス「インドネシアの中立主義」『世界』一九五二年七月号、七八―八三頁。

（12）**現地にいるアンドリュー・ロスが伝える所**　アンドリュー・ロスは、*Dilemma in Japan* (Boston: Little Brown, 1945)で知られたジャーナリスト。一九五〇年代前半は、*The Nation*誌のロンドン特派員。彼が、世界各地から発した現地報告は、当時の雑誌『世界』に頻繁に掲載されている。ここで丸山が参照しているのは、「アジアの軍事的反革命は成功するか」『世界』一九五三年七月号、一一二―一一六頁。

（13）**アジアの諸民族にとって……考えられている**　モイゼ・B・バウチスタ（『フィリピン・ヘラルド』紙特派員）「アジア諸国は共産主義よりも西欧を恐れている」『世界』一九五三年七月号、一二三―一二五頁（「丸山文庫」草稿類〈90〉に引用）。

（14）『オブザーバー』の特派員　同紙の東南アジア特派員ロール・ノックス。以下のノックスの記事は、前注、ロス「アジアの軍事的反革命は成功するか」一一五頁からの再引用。

解　題

本書には、丸山眞男の戦後初期の時事的論文・評論・講演筆記などから九篇を選んで収めた。これらの九篇は、発表のメディアや形式、想定される読者・聴衆の違いから、文章の密度や語り口という点で、相互にばらつきがある。本書では便宜上、それらを主題・内容にそくして「日本のファシズム」「戦後世界の革命と反動」「現代世界への基礎視角」の三部に分けている。したがって、各論考の配列は、発表の時代順とはなっていない。敗戦後の丸山の時代関心の推移や思索の展開過程に関心のある読者には、本書の配列や各部の表題にとらわれることなく、時代順に読み進めることをすすめたい。また、本書の第一部、第二部は、丸山にとっての同時代的な中心的課題であった「ファシズム」と「現代革命」関連の論考を収めているが、それらに取りかかる前に、こうした現代的課題を丸山が、どのような長期的・全体的（あるいは文明史的）な背景のもとに捉えようとしていたかを示す見取り図を得るために、第三部から読み始めるのも一法かもしれない。

本書に収めた論考のなかには、時論的性格をもちながらも、初出以後、様々な著作集、論集、雑誌等に繰り返し再録され、また外国語に翻訳されたものも少なくない。丸山の言論活動の展開とその社会的な影響を推し量る手がかりとして、以下には、各論考について初出時期の順に、簡単な解題を付する。情報源としては、『集』各巻の解説・解題、『集』別巻の年譜及び著作目録、今井壽一郎編・川口重雄校訂『増補版 丸山眞男著作ノート』(現代の理論社、一九八七年)のほか、とくに丸山の著作と丸山にとっての研究文献の網羅的蒐集を図ってきた東京女子大学丸山眞男記念比較思想研究センターの丸山眞男文庫を含む東京女子大学図書館ＯＰＡＣに大きく依拠している。

「超国家主義の論理と心理」(一九四六年五月)

はじめ雑誌『世界』(岩波書店)同年五月号の巻頭に掲載された。末尾に付した追記・補注は、本論文が『現代政治の思想と行動』(上、未来社、一九五六年)に収録される際に書かれた。その追記のなかで著者自身が「呆れるほど広い反響を呼んだ」といっているように、本論文は、戦後論壇における丸山の文名を一挙に高める最初の契機となった。敗戦と自身の復員からわずか半年あまりで執筆されたこの論文について、後に丸山は、自らの「裕仁天皇および近代天皇制への中学生以来の「思い入れ」にピリオドを」打っために、その「一行一行が、……つい昨日までの自分にたいする必死の説得だった」と回顧している(「昭和天皇をめぐるきれぎれの回想」『集』⑮、三五頁)。この知的な格闘の過程で、丸山は、戦前戦中に蓄えた国家学・政治学の知見を文字通り総動員してこの短い論文に注ぎ込んでいる。この一見難解な論文が、にもかかわらず広範な読者層の心をとらえた理由は、おそらく「昨日までの」丸山の天皇制経験が、まさに国民的な共通経験に通底していたこと、そして丸山のいう自己説得の試みが、敗戦経験に戸惑う人々に、一つの明快な自己認識への道筋を示し、彼らが自由な政治的主体として再生する正当性と可能性を照らし出したことにあったと思われる。本論文は、『現代政治の思想と行動』に収録された後、同書が版を重ねるとともに、今日まで長く読み継がれてきている。また、同書の全体もしくは一部の英伊韓語版にも、またそれらとは別に独自に編まれた二種類のドイツ語版丸山論集のいずれにも、本論文は収録されている。その他にも、『日本の近代』(『現代教養全集』(一三)、筑摩書房、一九五九年)、『中央公論』第七九巻第一〇号(一九六四年一〇月号)、『『世界』主要論文選』(岩波書店、一九九六年)、大内裕和編『愛国心と教育』(日本図書センター、二〇〇七年)、杉田敦編『丸山眞男セレクション』(平凡社ライブラリー、二〇一〇年)などにも収録されている。

「日本ファシズムの思想と運動」（一九四八年五月）

一九四七年六月二八日に行われた、東京大学東洋文化研究所主催の公開講座「東洋文化講座」の第三講における同タイトルの講演速記がもとになっている。論文としては、これに加筆し『東洋文化講座第二巻　尊攘思想と絶対主義』（白日書院、一九四八年）に収録されたものが初出。やはり後に、『現代政治の思想と行動』（下、未来社、一九五七年）に収録された。「超国家主義の論理と心理」が、大日本帝国体制をファシズムへと駆動していった心理や精神の全体的・構造的な連関の解明を目的としたのに対し、本論文は、戦前日本のナショナリズムの「ファッショ化」（あるいは「ウルトラ化」）をもたらした政治過程と、それを先導した右翼的政治運動のイデオロギー的特性の解明を主題としている。もとが講演筆記であるという性格上、前論文に比して、やや冗長な感は否めないが、右翼組織やその指導者の社会的・政治的立脚基盤をめぐる克明、周到なイデオロギー分析によって日本ファシズムを支え、推進した大衆的支持の性格と限界を明らかにしている点、やはり先駆的論考である。前論文と同様、「追記・補注」を付して『現代政治の思想と行動』（下）に収められ、その英伊語版にも翻訳・収録されている。

「軍国支配者の精神形態」（一九四九年五月）

丸山は、一九四七年一〇月、雑誌『潮流』の共同研究「日本ファシズムとその抵抗線」(後に「日本ファシズム共同研究」と改称)に参加した。本論文は、この共同研究の成果として『潮流』一九四九年五月号(上記共同研究の特集「支配権力の構造と機能」)に発表したものであり、これも後に『現代政治の思想と行動』(上)に、「追記・補注」を付して、収録された。同書の増補版(一九六四年初版)では、本書所収の前二論文と合わせて巻頭に置かれ、日本ファシズムをめぐる丸山の論考として、いわば三部作を構成している。ここでも、丸山は「軍国支配」の制度や体制の叙述ではなく、指導者の精神形態の抽出という思想史的な課題を中心に据えている。本論文の資料は、本文中の編者注で示したように、いわゆる「A級戦犯」についての極東国際軍事裁判(通称「東京裁判」)の速記録に大きく依拠している。丸山自身も認めるように、この資料的偏りには問題が少なくない。とりわけ、ようやく一九六八年になって『速記録』が公刊されて以後、朝日新聞社が早くから裁判の取材を通して集めてきた資料(国立国会図書館蔵)や『速記録』には載らなかった大量の準備書類、証書、未提出文書や裁判外資料を含む法務省資料(現在は国立公文書館蔵)などが、今日までに徐々に全容を現し、『速記録』の補正が進んでいる現在の資料状況の下では、本論文の与える「東京裁判」の概括的印象にも、歴史学的観点からして、当然に留保が必要であろう（例えば半藤一利・保阪正康・井上亮『「東京裁判」を読む』日本経済新聞社、二〇〇九年参照）。とはいえ、膨大精細な『速記録』によって克明に描きだされた日本軍国支配者の自己弁護のロジックと弁明の様式に、丸山のいう一定の型が見いだされることもまた否定しがたい。東京裁判の裁きの正当性いかんとは独立に、本論文は、戦前日本の政治的・軍事的リーダーシップの特質を批判的に分析した最初の業績として、古典的な位置を占めている。本論文もまた英伊語に翻訳されている。その他、『戦後日本の出発』（『戦後日本思想大系』（一）、筑摩書房、一九六八年）と前出、杉田編『丸山眞男セレクション』に収録。

「ファシズムの現代的状況」（一九五三年四月）

一九五三年二月初旬に日本基督教会信濃町教会で行った講演筆記を補訂し、『福音と世界』第八巻第四号（新教出版社）に掲載された。丸山は冷戦末期の一九八九年に行われたインタビューにおいて、アメリカの対日占領政策が「逆コース」へと旋回していった決定的な契機は、一九五〇年六月の朝鮮戦争勃発にともなう東アジアの冷戦の激化にあったと振り返っている。この時期、自らも占領軍によるレッド・パージの対象として噂されるという状況下、丸山の学問的関心は、自由主義の本山を自認するアメリカ本国の

反共ファッショにも向けられてゆく。丸山は、マッカーシズムによる少数異見の抑圧強化と表現の自由の逼塞という事態のうちに、戦後アメリカもまた国内の「強制的セメント化」というファシズムへの典型的な兆候を免れていないことをみている。本論文は、分析の対象と手法において、「ファシズムの諸問題」（一九五二年一二月、『集』⑤所収）の続編と考えられるが、本書では、これまで比較的知られることのなかった本論文を選んだ。後、『戦中と戦後の間』（みすず書房、一九七六年）に所収。同書の韓国語版（『전중과 전후 사이 1936–1957』（金錫根訳、二〇一〇年）にも、翻訳され収められている。

「現代文明と政治の動向」（一九五三年一二月）

一九五三年八月上旬、長野県戸隠高原で行われた全国各地の郵政省研修所教官の講習会の三日目午前に行われた講演の記録に、丸山が手を入れ記録の誤りを正した上で、『訓練ノート』第一五号「教官講習会特集（その一）」（郵政省人事部能率課発行、同年一二月）に掲載された。この講演会に丸山を招いたのは、南原繁の演習で丸山の後輩に当たる、当時郵政省人事部能率課長の山本博であった。この講演会の趣旨、開催に至る経緯は、山本自身の回想（「折々の丸山さん」『集』⑮月報一五）や『集』⑥の「解題」に詳しい。本記録の存在は、その後『集』⑥に収録されるまで、（おそらく丸山自身にも）ほとんどまったく忘れられていたようであるが、当時丸山がこの講演にかなりの力を注ぎ込んだであろうことは、没後「丸山文庫」に残された草稿類の中から発掘された二〇〇字詰め原稿用紙六〇枚に及ぶ講演準備のための自筆原稿(「丸山文庫」草稿類〈90〉)からうかがうことができる。おそらくは講演の場という即興的雰囲気のせいか、講演筆記にはこの周到な準備原稿からの逸脱も散見される。しかし、『集』に収める際に、丸山自身『訓練ノート』からのコピーに手を入れるにとどまり、この(おそらくは本人にも忘れられた)準備原稿との照合は行っていないため、その逸脱は補正されていない。いずれにしろ、ここで丸山は、二〇世紀後半の文明と政治の動向を根本から規定する要因として、①一九世紀末以来とどまることをしらぬテクノロジーの発展と、それに対応する国家・社会の「官僚制化」、②世界史の舞台への大衆の登場、③西欧植民帝国主義からのアジアの解放の三点を大きな筆で描いている。本書に収録された他の全ての時論は共通して、本論文が提示したこのような文明史的背景のうちに、展開されているとみることができよう。

「ナショナリズム・軍国主義・ファシズム」(一九五四年二月)

中村哲・丸山眞男・辻清明編『政治学事典』(平凡社)に執筆した項目のうち、比較的イデオロギー論的な色彩の濃い三篇をまとめ、「まえがき」を付して、『現代政治の思想と行動』(下)に、(後、その英語版にも)収録したもの。本書中に繰り返し言及されるこれらのイデオロギーについて、簡潔な全体的見取り図を得るのに役立つ。

「「スターリン批判」における政治の論理」(一九五六年一一月)

一九五六年二月、ソ連共産党第二〇回大会におけるフルシチョフの秘密報告によるスターリン批判は、世界的に見て三つの希望ないしは期待に点火した戦後史上の一大転機であった。すなわち第一に、スターリン時代に個人崇拝と粛清とによって極度に硬化し強圧化した共産主義体制の自由化への期待、第二に、国際共産主義陣営内における「社会主義への異なった道」と「多数中心体制」の承認、第三に、スターリンの晩年に激化した東西冷戦の緩和である。それだけに、フルシチョフ報告は、世界的な反響をひきおこした。こうした希望や期待は、同年一〇月末から一一月初旬に勃発したハンガリー事件によって、あっという間に雲散霧消したのであるが、丸山はこの事件以前に、本論文の原型となる「「スターリン批判」の批判――政治の認識論をめぐる若干の問題」と題する論文を執筆し、『世界』第一三一号(一九五六年一一月号)に発表している。そこにおける丸山の論点は、フルシチョフの報告自体が、スターリン体制の病理を、その具体的な政治過程にそくして究明する努力を怠り、それをもっぱらスターリン個人の性格やその手先の詐術などに還元して済まそうとしている点に向けられている。問題は、単に個人崇拝に帰することはできず、理論と実践とを媒介する組織問題にまで掘り下げる必要があると、この時点で丸山は提言している。後、この論文は、本書所収のように改題され、やはり『現代政治の思想と行動』(下、未来社)に、さらに同書英語版にも翻訳収録された。

「E・ハーバート・ノーマンを悼む」(一九五七年四月)

『毎日新聞』の同年四月一八日と一九日の両日、それぞれ「無名のものへの愛着――ハーバート・ノーマンのこと」(上)および「不寛容にとりかこまれた寛容――ハーバート・ノーマンのこと」(下)との見出しの下に発表された。丸山の戦前からの親友であったE・ハーバート・ノーマンが、カナダ外交官として任にあったカイロで、自ら命を絶ったのは、同年四月四日のことであった。訃報に接した衝撃と悲嘆のさめやらぬ中で書かれたこの追悼文は、以下に列挙するように様々な文集に題名を変え繰り返し収録され、内外の心ある人々に永く読み継がれてきた。Dore, R. P., trans. "An Affection for the Lesser Names: An Appreciation of E. Herbert Norman." *Pacific Affairs*, Vol. 30, No. 3 (September 1957),「無名のものへの愛着――ハーバート・ノーマンのこと」『世界』第一

三八号（岩波書店、一九五七年六月号）、「E・H・ノーマン」『我が友』（東京出版株式会社、一九五八年）、『現代教養全集第二四　あの人この人』（筑摩書房、一九六〇年）、「E・ハーバート・ノーマンを悼む」『戦中と戦後の間』（みすず書房、一九七六年）、『クリオの顔』（E・H・ノーマン著、大窪愿二訳、岩波文庫、一九八六年）、前出『전중과 전후 사이 1936–1957』（二〇一〇年）。困難な時代を通しての丸山とノーマンとの友情とノーマンを死に追いやった政治動向に関しては、『集』⑦に収められた松沢弘陽の解題が情理を尽くして間然する所がない。ここでは、ただこのきわめてパーソナルな追悼文が、同時に「ファシズムの現代的状況」の核心を客観的に照らし出してもいることを付記するにとどめる。

「反動の概念――ひとつの思想史的接近」（一九五七年七月）

初出は、『岩波講座現代思想第五巻　反動の思想』（岩波書店）。この巻の実質的な編者であった丸山は、その巻頭はしがきに、「「リアクショニズム」という用語がかつて一般化しなかったのは何故か。そこにはたんに用語の問題にとどまらないふかい根拠があるように思われる」と問いかけている。その上で「今日の政治・社会・文化のなかから「反動的なるもの」の傾向性と性格を識別し、……現代反動をめぐる問題の多彩さと複雑さを人為的にきりすてずに……ヨリ広い反動一般の論理と構造に迫ろう」というのが本巻全体の狙いであるとしている(『集』⑦、七三―七四頁)。この巻の冒頭に置かれた本論文において、丸山は、まさに自らが掲げたこの編集意図に従って、フランス革命にまで遡り、古典的な「反動の概念」の生成の思想史を描き、下ってマルクス・エンゲルスにおける反動概念の変容問題に及んでいる。これまで他の論集に再録されることもなく、あまり顧みられることのなかった本論文ではあるが、編者解説(五六七頁以下)でやや詳しく述べるように、思想史家としての丸山の一つの中心的課題に関わる重要な成果であることに疑いはない。

解説

古矢 旬

一

岩波文庫版の丸山眞男論集としては、『福沢諭吉の哲学　他六篇』『政治の世界　他十篇』につづく三冊目となる本書には、一九四六年(著者三二歳)から五七年の一二年間に著された論考から九篇を収めた。それらは、全て『丸山眞男集』(岩波書店、全一六巻、別巻)から、二つの問題関心を焦点として選んだものである。焦点の一つはファシズム論であり、もう一つはマルクス主義である。

周知のように、この時期丸山は、研究・教育という本務の傍ら、極めて活発な言論活動を展開している。それらは、敗戦直後の紙不足にもかかわらず雨後の筍のように発刊・再刊をみた様々な総合雑誌や新聞への寄稿、多様な知識人たちとの専門横断的な研究会や座談会における報告や意見表明、さらには東京のみならず全国各地で開かれた市民対象の研究会・読書会・講座における講演や話題提供など、広範多岐にわたっていた。年譜からも、この時期の丸山が、文字通り席の温まる暇もない八面六臂の活動に勤《いそ》しんでいた様子をうかがい知ることができる。

こうした多面的な言論活動から生み出された本書所収の論考に、時論的・状況論的色彩が濃いのは当然かもしれない。しかし、そのことは、ただちにこれらの論考が、著者の本来の専門領域から逸脱した余技の所産であることを意味するわけではない。また後にしばしば不必要なまでに論《あげつら》われることになる、丸山における「夜店」と「本店」などという区別(それを私は丸山の大まじめな「経営方針」というよりは、ユーモアを含んだ韜晦《とうかい》にすぎないと考えるものであるが)にこだわって、これらを「夜店」で売られた文章であると類別する必要もまったくない。むしろ、本書の読者は、これらの論文から、若き丸山が持てる限りの学殖——教養と専門的知見——を傾けて、当時の日本と世界が直面していた政治的課題に切り込み、正面から取り組んだ学問的情熱を感じとるにちがいない。その意味で、状況論は、この時期の丸山の学問世界において、福沢諭吉研究を中心とした日本政治思想史研究、および「科学としての政治学」に先鞭をつけようとした政治理論研究とならび、それらと有機的に結びつけられた不可欠な一極を構成している。まさに敗戦後の一〇年間は、高度な専門意識と学問的な禁欲を重視しつつも、人一倍強い社会的好奇心をもち、より公正な社会を渇望する正義感にあふれた学究を象牙の塔に安住させておくには、余りに切迫した知的課題に溢れた時代であったといえよう。

この刺激的時代が、いわゆる「五五年体制」の成立とともに幕を閉じつつあった頃、(それは本書所収のうちの最後期の作品が書かれた時期と重なるが)、丸山は次のように語っている。

> ぼくの精神史は、方法的にはマルクス主義との格闘の歴史だし、対象的には天皇制の精神構造との格闘の歴史だったわけで、それが学問をやって行く内面的なエネルギーになっていたように思うんです。(「戦争と同時代――戦後の精神に課せられたもの」『座談』②、二三四頁)

本書に収めた論考は、この二重の格闘をとおして、眼下の潰滅的な物質的・精神的状況を招いた原因と責任を広く国民社会の歴史と政治の文脈のうちに追究し、将来に向けて生き続けるに値する政治社会の再建可能性を模索し続けた、一人の若き政治思想史家の姿をとどめている。

丸山没後およそ二〇年になろうとする現在、出版やジャーナリズムの世界には、こうした若き学究の姿とはかけ離れた「丸山眞男論」の氾濫とでも呼ぶべき状況がある。丸山を、既知のできあがった思想家と目し、自らの主張の「反響板《サウンディング・ボード》」(あるいは「たたき台《サンド・バッグ》」)として利用するたぐいの論議のやむことない横行は、ある意味で、彼の思索の射程が、その死後もなお現代の政治や思想の状況に及び、なにがしかの同時代的有意性をもっていることを裏書きしているともいえるかもしれない。しかし、そこにはまた丸山のいたずらな「一面化」や「記号化」や「偶像化」の危険もひそんでいるといわなければならない。かつて丸山は、その生涯を通して、つねに立ち戻るべき思索の源と目していた福沢諭吉について、次のように述懐したことがある。

福沢については、昔からいろいろなレッテルが貼られています。相矛盾するレッテルが、さんざ貼られてきたわけです。また実際、福沢のものをお読みになったらわかりますけれども、表面的に取れば相矛盾したようなことを言っておりますので、それを統一的に把握するということは非常に困難です。(『福沢諭吉の哲学　他六篇』岩波文庫、二〇〇一年、一六四頁)

この感懐は、福沢を丸山に置き換えれば、まさに現在の思想的状況における丸山眞男の位置づけの困難と混乱をぴたりと言い当てているように思われる。福沢の場合と同じく、丸山もまた(プロであれコンであれ)多様な、ときに相矛盾するレッテルを貼られ続けてきた。そして現在の洪水のような「丸山論」のいかに多くが、彼の思考の内側に入り込む前に、こうしたレッテルの選択から論を起こしていることか。それゆえ、いかに多くの丸山論が、レッテルに表示されたイデオロギー内容への論者自身の立場や態度によって、あらかじめその論議の道筋を規定されていることか。

そこで本書の目的の一つは、(とくに若い世代の)読者に、先入見にとらわれることなく、「レッテル化」される以前の丸山の思考の跡を、テキストにそくしてたどる(あるいはたどりなおす)ための入口を示すことにある。この入口から入り、そのユニークな思考のプロセス――眼前の状況にどのような方法をもってどのような視角から向き合い、そこからいかなる思想的課題を切り出してきたか——を追うとき、読者は、若き丸山と共に、敗戦から冷戦へといたる政治過程を根底から突き動かしてきた精神史的脈絡に触れ、混沌のなかから新しい国内的・国際的秩序が徐々に一定の形をとって立ち上がってくる戦後初期の状況の展開を眼前にすることになろう。

しかしそのように丸山を読みなおすことは、一方で当然に当時の彼の学問的視座や状況認識の妥当性を問うことにもつながる。いま二一世紀初頭の世界と日本の事実的状況を思い浮かべるならば、それが、若き丸山が模索し、期待をこめて展望した将来像から、いかに遠く隔たっているかという感懐は避けがたい。実際、現代の丸山論のうちには、現状から逆算して丸山の限界——偏見や瑕疵《かし》や錯誤や盲点——を問う類いの批判も少なくない。そして他の誰ならず丸山自身が、その晩年には幾度も、戦後史のいくつかの決定的転機——なかんずく冷戦終結やソ連の崩壊や革命中国の変容など——を見透しえなかったことや見誤ったことを率直に述懐しているのである。

ただ、そのことはただちに、かつての丸山の思索の不毛性や無効性を意味するわけではむろんない。かつての丸山の思索の跡をたどる際に、同時に問わなければならないのは、いま現在の事実的状況の方でもあり、それが生み出されてきた歴史的な過程でもあるからである。現在、われわれの政治社会は国際的にも国内的にも、いよいよ「戦後」の決定的終焉という岐路に立たされているかにみえる。それだけに、いまあらためて、その出発点に遡って、そこに開かれていた選択肢を再吟味し、そこに現状打開の手がかりを探ることが求められているように思われる。本書が、あの時代へと著者と共に立ち戻り、あらためて「今日のわれわれに呼びかける思想家」(「近代日本と福沢諭吉」『座談』⑨、九二頁)として丸山を読みなおすよう読者を誘うもう一つの理由はそこにある。

なかには、上述したように、その所論のうちに過ちを見いだし、丸山批判に傾く読者も当然にいることであろう。そこで思い起こすべきは、「敵から学べ」という丸山自身のモットーであろう(『自己内対話』みすず書房、一九九八年、三八頁)。批判に値するほどの論敵からは、立場の違いを越えて学ぶべきところが必ずあり、そうした敵との真摯な対話ほど自らの思考を鍛える格好の機会はないというのが、彼の終生変わることのなかった信条であった。本書が、感情的反発やレッテル貼りではなく、この手強い思想史家との豊かな対話の機会をもたらすことを望みたい。

二

本書の第一部の三篇の天皇制ファシズム論(「超国家主義の論理と心理」「日本ファシズムの思想と運動」「軍国支配者の精神形態」)の執筆へと、著者を突き動かした動機が、戦後日本における自由と民主主義の確立という目標にあったことに疑いはない。しかし、敗戦直後の日本社会にとって、また復員直後の丸山にとっても、当初、自由と民主主義はまったく外来の福音であったことは記憶するに値しよう。彼自身、一九四五年七月、同盟通信のニュースではじめてポツダム宣言に接したとき、そこに「言論、出版、集会の自由」とくに「基本的人権の尊重は確立さるべし」の文言を見た瞬間「体中がジーンと熱くなった」と回顧している。にもかかわらず敗戦後の同年九月中旬以降、連合軍司令部により矢継ぎ早に発せられた民主化指令のうち、治安維持法以下の思想取締法および特高警察の廃止と非転向の共産主義者を含む一切の政治犯の即時釈放などは、丸山にとって「まったく予想の外に」あったのであり、ましてや「天皇制を廃するなどということは毛頭考えていなかった」(「昭和天皇をめぐるきれぎれの回想」『集』⑮、三三―三四頁。『回顧』下、一二頁）という。したがって、その一一月初め、丸山は、突如眼前に広がった自由が、占領軍によって「強制された自由」にすぎないとする痛切な認識を書き留めている。そこにはさらに続けて、この「強制された自由」という自家撞着《どうちゃく》を突破し、「日本国民が自らの事柄を自らの精神をもって決する」真の自由を確立し、「所与としての自由を内面的な自由に高める」ために、「われわれは……血みどろの努力を続けなければならない」との決意が表明されている（『録』②、一八一頁）。

第一部に収めた三篇は、まさにそうした必死の努力によってもたらされた成果である。それらは、敗戦後の国民社会に突きつけられた、つい昨日までの日本国民の肖像画にたとえられよう。この肖像画の批判と克服をとおしてはじめて、あらたな国民主体が生まれうるというのが、丸山がこれらの作品にこめた熱烈な実践的メッセージであった。第一論文「超国家主義の論理と心理」の結びに丸山は記している。「日本軍国主義に終止符が打たれた八・一五の日はまた同時に、超国家主義の全体系の基盤たる国体がその絶対性を喪失し今や始めて自由なる主体となった日本国民にその運命を委ねた日でもあったのである」。

国民主体の覚醒に期待する丸山の実践的な意図を考えるならば、彼の日本ファシズム論が、国家機構や政治制度、経済体制などといった客観的側面の外在的描写よりも、むしろそれらの内側に働く思想やイデオロギーや意識的、無意識的な心理や行動の様式や精神構造の内在的理解による対象化を目指したのも当然であったろう。制度より機能に、属性より動態に着目するこの視角から丸山は、明治維新後の日本ナショナリズムが天皇制の下で「ウルトラ化」(すなわち国民の内面的自由を限りなくゼロへと追いつめ、一君の下にある万民として等質化してゆく傾向)を進行させていった特殊な思想史的過程の解明にとりくんだのであった。

第一論文において丸山は、日本の「国体」の核心的特徴を、道徳と権力の融合にみている。そこでは主権者である天皇に、真善美の内容的価値も集中され、結果として天皇は、絶対的な政治権力の中心としてのみならず、絶対的な道徳的精神的権威の源泉とも目されるにいたる。その意味で、天皇制国家は、政治権力の形式性や中立性や擬制性を特徴とするヨーロッパ近代国家とはまったく異質な国家となった。主権者が同時に内容的な価値をも独占するとすれば、すべての社会的価値は、精神的権威の中心たる天皇から流出してくることになる。したがって国家的社会的地位の価値は、その固有の社会的機能という尺度によってではなく、天皇からの距離という物差しによって測られることになる。ここには、国民の内に自立的な私的領域も個人の内面的自由も生まれようがない。こうして丸山は、日本ナショナリズムの「ウルトラ化」の起点を、天皇への政治権力と精神的権威の同時的な集中過程のうちにみいだしたのである。

このような丸山の論議は、他方で、非転向共産主義者の政治的復権とともに、当時急速に知的権威を取り戻しつつあったマルクス主義のファシズム理解とも一線を画すものであった。戦後マルクス主義者によれば、ファシズムとは、なによりも第一次世界大戦後の独占資本主義の世界的危機の結果生じた奇形的政治形態であり、日本ファシズムといえども本質的にその一般的規定を外れるものではなかった。このいわば基底還元的な理解に対して、丸山の目は、あくまでもミクロな具体的政治状況における個人の決断や行動を規定する思考形態や精神の方向性に注がれている。そこには、「思考やイデオロギーがある事実状態の観念的反映であり一義的な意味をもたぬという素朴唯物論」の対極に位置する、丸山の思想史的立場が示されている。

個別の行為主体に対するこのような注目は、当然のことながらそれぞれの行為に関わる個々人の責任論を呼び起こすこととなる。第一部所収の三篇が、驚くほど広範な読者を引きつけた一つの理由は、おそらくそれらが敗戦後はじめて、多くの国民を納得させ

う る戦争責任論を提起したからであろう。第一論文における近代日本ナショナリズム批判は、究極的にはそれがついに内面的に自立し判断力をもつ自由な個人からなる国民主体を形成しえなかったことに向けられている。そうした主体の不在こそは、大日本帝国の統治システムの内に、既成事実への屈服や権限への逃避を特色とする「無責任の体系」の跋扈《ばっこ》を招き、権威や権力の中心に近いものから遠いものへと順次「抑圧(もしくは圧迫)の移譲」がなされる組織心理をはびこらせ、国家をあげて無謀な戦争へと突入させていった根本的原因であった、と丸山は指摘する。それは同時に、この統治システムの内側に位置を占めていたものすべてに対し、それぞれの限りで自己の戦争責任の自覚をうながす問題提起でもあったのである。

ただし丸山の責任論は、敗戦直後の皇族首相東久邇《ひがしくに》稔彦が唱えた「一億総懺悔」とは全く異なっていた。東久邇の「一億総懺悔」とは、臣民としての国民が戦に負けたことを天皇に詫び、「国体の保持」に努めることを意味していた。この清算主義的で判断主体を欠いた責任論のうちに、天皇制ファシズムを支えた思想的基盤の延長をみることはたやすい。これに対して、丸山は、ナショナリズムの「ウルトラ化」から敗戦にいたる具体的な政治過程を丹念に追跡することによって、人々が置かれた位置や地位による戦争責任の軽重を問い、責任の分節化と段階化を図ったということができる。第二論文「日本ファシズムの思想と運動」は、戦争への過程において、体制全体のファッショ化を牽引した民間の右翼的政治団体や政治指導者や国体イデオローグ、さらには彼らと結んで軍事クーデターを画策した職業軍人や右翼政治家らの思想と行動を克明に跡づけている。さらに第三論文「軍国支配者の精神形態」では、軍国日本の最高指導者たちが、極東国際軍事裁判において、敗戦責任ではなく戦争責任に直面させられたときに露呈した、歴史認識の偏りや国際感覚の欠落、そしてひたすら個人としての責任回避に汲々とする人間的な「弱さ」が、浮き彫りにされ、峻烈に批判されている。

こうした天皇制ファシズム論や戦争責任論の背景に、丸山自身のいくつかの痛切な体験があったことは、今日ではよく知られていよう。丸山、一九歳第一高等学校生であったときの検挙・勾留、特別高等警察刑事による暴力をともなう尋問の経験は、彼にとって「疑うことを許さない、否定をくぐらない」天皇制ファシズム体制との最初の個人的出会いとなった。この事件以後、特高や憲兵の監視下に置かれているという恐怖は、敗戦まで丸山を去ることはなかった。そして、一九四四年七月の陸軍二等兵として応召後二ヵ月間の朝鮮平壌における内務班経験をとおして、丸山は国体思想が帝国陸軍の最末端でいかなる形をとるかを目の当たりにすることになる。戦後丸山は折に触れて、屈辱に満ちた自らの軍隊経験を語っている。ここでそれらのエピソードを詳しく語るゆとりはない。ただ、丸山が、カルル・リープクネヒト『軍国主義論』〈新明正道訳、三田書房、一九二一年、「丸山文庫」図書〈0191946〉、八二―八三頁〉中、次の一説に長い傍線を付していることは、丸山自身の軍隊経験がいかなるものであったかを示唆して意義深い。

補充兵や不従順な兵士は、古兵から「嘲笑と屈辱」とを蒙る。あらゆる種類の野卑な言葉、粗雑な悪口、並びに無理な平手打ち、突刺、横打、高所に抛《ほう》りあげて地上に墜下させること、地上を引摺《ひきず》り廻して気絶させること等は、今日でさえも多くの下士及び士官〈彼等は人民と遊離してその反対者となり、軍事教育に依り、暴力を使用する狭量な政治家の縮画と成っている〉の心底に於いては、何の考慮もなしに是認せられている。事実此等《これら》は不可欠と考えられている。

これにたぐいする自身の軍国主義の現場経験を知的に消化することをとおして、丸山は、ファシズムの本質が、暴力的な外的統制の徹底による個人の自律的判断力の無力化、内面的自由の剥奪、それらによる個々人の等質化にあるとの確信を強めたのである。青年丸山がたどった、この個人経験から歴史認識にいたる内面の過程は、いまからみれば当然のたやすい道筋に見えるかもしれない。しかし、当時どれだけの日本人が、類似の軍隊経験を通過したのか、その中からどれだけの日本人が、自らの経験の普遍的な意義に考えおよんだのかを思い起こす必要があろう。問題はまさに「経験そのものよりも経験の消化力」(藤田省三)にある。それなしに、状況の変動に対し、踏みとどまってその意味を考える抵抗力は生まれてこない。

敗戦直後に、それまで蓄えた豊かな専門的知見をたよりに、限られた史資料を駆使して書かれた丸山のファシズム論については、その後の研究の進捗にともないいくつかの重要な欠点が指摘されるにいたっている。とくに戦前戦中の総力戦体制下の国家機構や政治制度や政治的イデオロギーの特質などといった側面に関し、丸山のファシズム論には欠けるところ少なくない。また、海外の事例との比較という点でも、その後の比較政治史研究の進捗にともない、丸山の研究の限界が指摘されている。たとえば、日本ファシズム史理解の一つの鍵概念として丸山が導入した「上からのファシズム」と「下からのファシズム」(第二論文)という類型の妥当性や、丸山のファシズム論における「全体主義」との対比の欠落などは、とくに最近のナチス・ドイツの実証的な研究の展開に照らして批判されている。その結果近年では、丸山のファシズム論にあえてまったく触れることなく、戦前の日本のファシズム経験を問いなおす著作も現れている状況である(たとえば、福家崇洋『日本ファシズム論争——大戦前夜の思想家たち』河出ブックス、二〇一二年)。

こうした丸山批判を突き詰めて行くならば、究極的には、はたして日本の天皇制ファシズムはファシズムなのかという疑問に突き当たることになる。実際、本書所収の日本ファシズム論を発表して後、丸山自身、戦前の国体を「ファシズム」という言葉で言及することはあまりしなくなったという印象が強い。たとえば、本書第三部所収の「ファシズム」概論において、丸山はほとんど日本の事例には触れていない。また最近の国際的研究に基づく標準的なファシズム論集においても、日本ファシズムは周辺的な類似現象という位置づけを与えられているにすぎない(R. J. B. Bosworth, *The Oxford Handbook of Fascism* (New York: Oxford University Press, 2009). ただし、同書中「日本」を分担執筆したリッキ・カーステンは、丸山の諸論文を日本ファシズム論の先駆的業績と高く評価し、詳しく論評を加えている)。

とはいえこれらの批判にもかかわらず、本書に収めた三篇が、戦前の天皇制国家の思想的基盤に光を当て、その軍国主義化と「ファッショ化」の政治過程を独創的な方法によって解明したという評価に揺らぎはない。とりわけ、この三篇が見出した近代日本政治の病理——既成事実への屈服、権限への逃避、抑圧の移譲、無責任の体系など——は、時代を越えた宿痾《しゅくあ》として今日もなおこの国の政治行政にまとわりついている。

丸山のファシズム論をめぐる批判はまた、この三篇を貫く中核的なテーゼの無効を意味するわけでもない。このテーゼに関するキーワードをあげるとすれば、それはやはり個人の内面的自由であり、そうした個人によって形成される民主的主体であり、そうした主体間における意見交換を可能とする表現の自由ということになろう。あるいは、それらの対抗概念としての「強制的同質化」や「少数意見の抑圧」をあげるべきかもしれない。戦前日本の場合、国民の等質化を招き、内面的自由をもつ国民主体の形成を阻んできたのは、何よりも天皇制の精神構造であった。その解明と克服こそは本書第一部の三篇の中心的な研究課題であり実践的課題にほかならなかった。しかし、そこでの問題は、解明はかならずしも克服を導かないことにあった。丸山は、いわゆる戦後民主主義が「強制された自由」という危うい土台に立脚するものであり、国体を内側から打破することによって成立したものではないこと、したがって天皇制ファシズムのダイナミズムはなお多少とも日本社会に温存されていることを、その後もつねに意識せざるをえなかったのである。個人の内面的自由に立脚した民主的主体の形成は、丸山にとって終生の課題にほかならなかった。

一九五〇年前後、丸山の関心はしだいに、戦後世界の危機的状況――激化する冷戦と切迫する核戦争――へと広がってゆく。丸山にとって「強制的同質化」を問うべき現象が、まさに「デモクラシー対ファシズム」の戦いを勝ち抜き、自らが民主主義国家であることを疑わない国々の内側に現出してくるのである。

三

本書第二部には、一九五三年から五七年の間に発表された四篇を収めた。はじめの二篇(「ファシズムの現代的状況」「E・ハーバート・ノーマンを悼む」)は、西側陣営とくにその盟主を自任するアメリカ合衆国に集約的に現れた思想的緊張、そしてその一つの痛ましい犠牲を、第三論文「「スターリン批判」における政治の論理」は一九五六年、東側陣営内部に起こった一連の事件の思想史的意義を主題とする。最後の第四論文「反動の概念――ひとつの思想史的接近」は、この時代に、頻用され、政治化され陳腐化した「進歩と反動」の対立図式を、反動概念の起源と変遷を一九世紀のヨーロッパ政治思想史のうちにたどることによって相対化し、そうすることで対立陣営間の対話と、また各陣営内の意見の多様化と表現の自由の拡大とを促そうとする試みであった。

この時期、当時の日本からみてもっとも印象的な国際的変化が、東西対立の激化と核戦争の危機の切迫であったことは疑いない。すでにユーラシア大陸の西側では、ソ連が東ドイツをはじめとする中東欧諸国を次々と衛星国として陣営内に包摂し、核兵器開発に成功していた。東アジアでも中華人民共和国が成立し、ついには朝鮮半島で熱戦が勃発し、南北ともに莫大な数の犠牲者を生み出しつつ三年にわたる消耗戦が続けられた。

丸山は、これら一連の国際的諸事件を見据えながら、種々の知識人の専門横断的な集まりの場を舞台として、平和の条件を模索し、とくにそのために日本がとるべき対外政策の提言に積極的に取り組んでいる。それは、結核療養による休止期を除き、丸山の生涯においてもっとも活発に啓蒙的かつ市民的実践活動に従事した時期となった。とはいえ、丸山の場合、こうした言論活動を、日々勃発する事件や争点のその場限りでの解説で済ますことはまずなかった。それらは、丸山の言論世界の中では、一方で第三部に収めた「現代文明と政治の動向」(一九五三年)が示すような長期的、普遍的な人類史のトレンズ(テクノロジーの異常に急激な発達、官僚制化の進捗、大衆の登場、植民地解放)のうちに位置づけられ、他方ではあらゆる時代のいかなる人間集団にもつきまとう権力と政治の論理に関連づけられている。

　第二部第一論文「ファシズムの現代的状況」は、ファシズムを表題に掲げて、もっぱら冷戦期アメリカ合衆国のマッカーシズムに検討を加えている。もし丸山が、立憲主義や議会主義の骨抜き、多党制の解体と大衆的基盤をもつファッショ政党の出現、指導者原理に基づく独裁などをファシズムの不可欠の指標と見なしていたとしたら、アメリカのファシズムを論ずることはなかったであろう。また、彼が一部のマルクス主義者のようにファシズムを独占資本の支配と同視したとするならば、政治的指導者を拘束する階級的利害関心をより重視したであろう。丸山がしばしば口にした「マッカーシズムはアメリカの国体明徴運動です」という警句が示唆するように、ここでも彼が注目するのは、マッカーシズムの政治・経済の制度や機構ではなく、社会心理であり、マッカーシー主義者の論理と精神形態であり、支配機構の内部のファッショ的指導者に呼応する社会運動とイデオロギーである。さらにここでも、丸山は、なによりも「強制的同質化」による世論の画一化や少数異見の抑圧による表現の自由の逼塞《ひっそく》のうちに、ファッショ化の表出をみるのである。そして、この機能としてのファシズムの表出をうながした決定的な条件が、冷戦の激化であり、東西のイデオロギー対立の切迫であった。

丸山の危惧にもかかわらず、幸いなことにマッカーシズムは短命に終わった。しかし、丸山は、この講演末尾において、ほかならぬ最先進資本主義国の内に、ある種の新しいファシズムの生育にとって好適な一条件を見出している。すなわち大衆消費社会とマス・コミュニケーションの帰結としての、「知性の断片化・細分化」である。そこに登場してくる操作可能性の高い大衆こそは、非強制的同質化、あるいは自発的画一化を自身では意図せぬままに推し進めてしまう存在とならないかという疑念が、おそらく今日のネット社会まで届く丸山のメッセージである。

第二部第三論文「「スターリン批判」における政治の論理」において、丸山ははじめてマルクス主義の政治的実践のはらむ問題性を真正面から理論的に取り上げている。しかし、この一九五六年、「フルシチョフの秘密報告」の最初の報道（その概略が二月一七日付け『朝日新聞』夕刊に掲載された）に踵《きびす》を接するように、丸山は後に「戦争責任論の盲点」と題されることになる短文を発表していた（「思想の言葉」『集』⑥、一五九―一六五頁）。それは、本書第一部の諸論文が行ってきた戦争責任の「分節化」の続行、その最終局面という性格を有するものであったが、そこでは、それまで十分責任を問われることのなかった「二つの大きな省略」――天皇と日本共産党――が取り上げられていた。天皇については当時にあって当然の問題提起であったろうが、ここでは措く。共産党については、対ファシズム（対米英ではなく）の戦いにおいてこの党は「勝ったのか負けたのか」を問い質し、「日本政治の指導権をファシズムに明け渡した点」、「隣邦諸国に対しては侵略戦争の防止に失敗した点」、そうした結果について「前衛政党としての、あるいはその指導者としての政治的責任」を負うべきではないかというのが、丸山の論点であった。それは、「進歩的知識人」の戦争責任を問うという政治主義的な責任論が持ち上がっていた当時の状況に対するほとんど反射的な反応であったかもしれない。いずれにしろ、共産党側も、丸山の立場を「傍観者」として反批判を加え、論争が勃発した。

おそらく戦後知識人の中で、丸山ほど自らがマルクス主義者ではないことを繰り返し強調しながら、同時にマルクス(主義)の理論の恩恵を語り続けたものはまれであろう。にもかかわらず、戦争責任論からこの「スターリン批判」の批判にいたる間、丸山は、政治観、政治的実践に焦点を当てた、峻烈なコミュニズム批判へと踏み出していったのである。ただしいうまでもなく、丸山においてコミュニズム批判はファシズム批判とは決定的に次元を異にする営為であった。彼にとってコミュニズムは、ファシズムとは異なり、克服し打倒すべき敵ではなく、討議と批判をとおして相互連携に達すべき論敵であったからである。この時期の丸山が、「ソ連は自由民主主義とは異なりながらも、やはり、一種の民主主義国家であるとして、むしろこれとナチ・ドイツやファッショ・イタリーとの間の区別を強調する見方」(「三たび平和について」『集』⑤、一八頁)に立っていたことは否定できない。丸山はロシア革命をあくまでもフランス革命の継承者とみていたのである。

　この論文で、丸山はマルクス主義者に何を訴えようとしたのか。それは、スターリンの個人崇拝をもたらした原因としてスターリンの資質と彼とソ連が置かれた客観情勢とを無媒介に指摘して終わるのではなく、その両因を結びつけた「政治の論理」を正統な「世界観から分離し、それとして突き放して認識すること」(本書、二七〇頁)であった。

つまり、すべての政治現象を「基底体制へと還元する」志向を排して、たとえばパーソナリティと環境状況との関連、指導と被指導との機能的な相互作用、公式の組織内部における非公式グループの存在意義、正統への同調と過同調といったおよそあらゆる人間組織に遍在する政治権力の動態を、そのものとして直視することを求めたのである。

ここでも丸山の関心は、共産主義者の運動が一定の正統的世界観を振りかざして組織化を進めるとき生じてくる、「異見」の無視や切り捨て、内部討論の逼塞という事態や、共産主義運動が国家体制を確立した後にくる国家警察による思想統制に向けられている。フルシチョフ報告は、不十分ではあったものの、共産主義世界に「自由化」すなわち「世界観的正統性からの解放」の希望を垣間見せた瞬間であった。フルシチョフ報告を受けて、トリアッティが「多数中心体制」を提起し、同じ時期に中国共産党は「百花斉放・百家争鳴」を謳いあげている。ソ連とユーゴとの和解の兆しが現れ、ポーランド、ハンガリーに「自由化」の気運が拡大するかに見えた。丸山はこうした「自由化」の成否が一つには、合衆国をはじめとする西側陣営の「平和共存」への意志にかかっているともみていた。

東側陣営の「自由化」に向けたこうしたすべての動向を一瞬のうちに凍り付かせたの

が、五六年一〇月末に勃発したハンガリー事件であった。しかし、それとほぼ同時併行的に西側陣営ではスエズ動乱が起こっている。東西両陣営の愚行は、世界の注目を二分することになったのである。

これが、第二部第四論文「反動の概念」が書かれつつあったときの国際情勢であった。この時期、日本政治もまた大きな方向転換の渦中にあった。「経済白書」が「もはや戦後ではない」と揚言したのは五六年七月のことであったが、政治的にも、前年一一月、憲法改正を党是とする自由民主党の登場によって、戦後政治の枠組の見直しが公然と叫ばれるようになっていた。年が明けて、五七年二月石橋湛山内閣が首相の病気のため就任後わずか二ヵ月あまりで総辞職し、岸信介内閣に代わったことによって、この見直しにはいっそう拍車がかかることになった。防衛、教育、労働といった個別分野でも、敗戦直後の民主化の波の中で導入された諸政策に対する揺り戻しの動きが激しさを増し、左右対立が暴力的紛争へとエスカレートすることもまれではなかった。革新政党や護憲派や労組や平和運動団体などにとって、時代はまさに「保守反動」の跋扈する状況となりつつあったのである。

この時期、丸山は、明らかに革新陣営の一知識人としての立場から、現実政治への市民的関与を深めつつあった。その丸山が、当面するイデオロギー敵であったはずの「反動」を学問的課題として引き受け、その概念史の解明を企てたことは、いかにも彼らしい仕事であったといえよう。ファシズム研究や「スターリン批判」の批判の場合と同様、ここでも丸山は、政治的スローガンの額面にとらわれることなく、それが生み出されてくる具体的状況を再現しつつ、そこに潜む政治の論理を探り当てようと試みている。

この論文の末尾の「付記」に丸山は、「当初は王制反動の政治過程やそこでの「ウルトラ」(極端王党)やロマン主義者の行動様式を第二章のあとにのべ」る予定であったと書いている。「丸山文庫」所蔵の「第五巻　反動の思想　資料Ⅱ」と題された一連の手稿中の一葉にも、丸山は「はじめに／一、歴史的範疇としての反動／二、反動の古典的定式化／三、「ウルトラ」」と、この論文の構想を書き留めている。実際、同じ手稿中には、一八一五年から翌年にかけての急進王政復古主義者《ユルトラ》(ultraroyaliste)や法王権至上主義者(ultramontain)らの劇的な復権、一八二〇年代のヴィレール(Jean-Baptiste de Villèle)、ポリニャック(Jules de Polignac)両ユルトラ内閣の下での革命以前の政治・社会体制の復活を指向する諸政策にみられる急激な反動化過程を克明にたどるノートや当初のプランに沿った原稿の書き出し部分も含まれている。後者の一節には、「「王以上の王党派」といわれた「ウルトラ」(“les Ultras”とただ大文字で書けばふつう彼等を指す)は、まさにその名の示すように、その思考様式とその政治的戦術において後世の過激反動の「原型」を示している」とある。もし丸山が、はじめのプランにしたがってこの論文を書き進めていったとすると、そこにはいかなる「発見」がありえたのであろうか。

丸山は、本書所収の第一論文冒頭(本書、一三頁以下)において、日本の「超国家主義」の「超《ウルトラ》」的性格を、天皇に政治権力と道徳的権威とが集中された国体の特異性に求めていた。そこには、明治国家が「中性国家」の段階を通らなかったことからくる、いわば「例外的な」近代国家の姿が描かれていたといえよう。敗戦前年の夏、丸山が「ウルトラ・ナショナリズム」を批判して、「近代国家のどこにも見られるナショナリズムとは質的に違う。明治以後の日本を躍進させると同時に腐敗させたんだ」と語っていたという友人の証言もある(塙作楽『岩波物語――私の戦後史』審美社、一九九〇年、三六頁)。

しかしながら「反動の概念」の当初プランの段階では、丸山は「ウルトラ化」をもはや日本独自の歴史過程とは見ていない。たしかに神聖同盟期のフランスでは、ユルトラの策謀にもかかわらず、フランス革命の成果がすべて破壊され、正統主義とカトリシズムへの全面的な復古が完遂されたわけではない。とはいえ、一八二〇年代のフランスには、「中性国家」への指向性をもつ七月王政とならび、ユルトラの体制化という可能性もあったのである。ここでは、丸山はおそらくユルトラの権力奪取から挫折へといたる思想的過程を書こうとしたのであろう。本論文の冒頭に、エピグラフとしてメッテルニヒの苦渋に満ちた回顧を置いたことも、そのような意図をうかがわせる。もし丸山がオリジナルのプランにしたがったとすれば、日本の事例を含めたナショナリズムのウルトラ化をめぐる比較理論が定式化された可能性も考えられる。

実際には「反動の概念」の論述は、コンスタンの古典的な定式化を受けて、いわばマルクス主義以前のマルクスとエンゲルスにおける反動概念の吟味へと急カーブを切っている。丸山にこの急カーブを切らせた理由は、おそらく一九五六年国際共産主義陣営に起こった一連の事件、とりわけハンガリー事件であろう。

最近ある歴史家は、ソ連当局がハンガリー首相ナジの解任と首都ブダペストへの侵攻とデモの武力弾圧とを決定した究極の理由は、ハンガリー共産党の一党支配の廃棄という共産主義原則からの逸脱にあったとしている。それは、「やがてはすべての国の共産党の破滅となるやも知れぬ民主主義の切っ先だった」(トニー・ジャット、森本醇訳『ヨーロッパ戦後史』(上)、みすず書房、二〇〇八年、四一〇頁)からであるという。ハンガリー共産党が選択したこの複数政党制の容認という政治的多元化の方針を、ソ連当局者は「反動勢力」の策謀と見なしたのである。丸山の目にはおそらく多元化と自由化と映っていた状況が、コミュニズムの総本山によって「反動」と規定され、武力弾圧を下されるという事態が、その反動論の方向をマルクスとエンゲルスの反動論の吟味に向けさせたと想像してもおそらくそれほど的外れではあるまい。

この論文において、丸山は、本来長期にわたり徐々に形成されてきた歴史的観念としての進歩が、革命を直接的な与件とする、短期的な政治的観念としての反動と対概念として用いられるようになったのは、マルクス以後のことであると指摘する。むろん丸山は注意深く、マルクスとエンゲルスが決して、フランス革命以後の相対的な進歩勢力としてのブルジョアジーを封建的な生産様式や所有制に固執する諸勢力と混同して、反動呼ばわりすることはなかったとも述べている。にもかかわらず、このように進歩と反動が対比されたことによって、反動観念は歴史化され、逆に進歩観念は政治化され、社会主義体制を進歩そのものが体現された体制とする歴史観が生まれたのであった。この歴史観がドグマとなるとき、本来いかなる社会であろうと内在的矛盾が進歩の原動力となるという進歩の弁証法は、社会主義社会に限って適用されないことになる。このように、

「反動の概念」論文をとおして、丸山はハンガリー事件の思想史的な淵源に説き及んでいるのである。

しかし実際には、進歩のためには、いかなる体制であろうと内在的矛盾、すなわち政治機構としては「見解と政策の対立」「少数派の存在」「集団間の「争議」」が不可欠である。そして丸山は、一方向的な事態の進行に抗するためには、「進歩と反動」という次元とは別に「抵抗」という次元がなければならないと指摘して、この論文を終えている。

ここに再び、本書所収の全論文をとおして著者が追求してきた「民主的主体（＝抵抗主体）の形成」という課題が浮上してきている。この論文を収めた『岩波講座現代思想第五巻　反動の思想』（岩波書店、一九五七年）の「丸山文庫」所蔵の手沢本（図書〈0202009〉）中の自身の論文の最終頁余白に丸山は次のように記している。

> ブルジョア革命は……歴史的一回的な過去の事実ではない。あらゆる革命はブルジョア革命だ。フランスでも、ロシアでも、いわんや日本でも。「永久ブルジョア革命」の主張。ブルジョア革命を経てプロレタリア革命に行くのではない。ブルジョア革命を不断に再生産しながらプロレタリア革命が進行すべきなのだ。

四

本書第三部には、第一部、第二部所収の各論考の問題視角をより広い文脈において対象化するのに役立つと思われる二つの「見取り図」を含めた。

その一つは、当初『政治学事典』(平凡社、一九五四年)に採録された項目中、相互に関連性の高い「ナショナリズム・軍国主義・ファシズム」をひとまとめにしたオムニバス的な論考である。丸山自身がその編集の根幹を担ったこの事典は、かつてない歴史的変動の渦中に動揺、変転する人類社会を、政治現象に的を絞ってとらえなおすという壮大な企てであった。その「序」にいわく、従来「国民の政治的関心は、ともすれば淡い主観的希望や臆測に托せられ、これが裏切られるや、そのまま急転して政治的無関心の世界に閉じこもり、政治を暗い手にゆだねることになった」と。そこにはさらに、国民がこの過去を克服し、「政治にたいする冷静な観察と明晰な判断」を養うためにも、「政治現象の科学的究明」が喫緊の課題となるとして、この事典編纂の目的が謳われている。ここにもわれわれは、民主的な主体の形成という敗戦後の丸山に一貫する熱い実践的願望の反映をうかがうことができる。

とはいえ他面では、この事典は「科学としての政治学」の樹立を志す、丸山以下二〇代三〇代の新しい政治学者たちの学問的英知の結集でもあった。したがって、とくにその「大項目」中には、単なる用語や固有名詞の解説にとどまらず、当時における国際的な「最高の学問的水準」を踏まえた研究のレヴュー論文が少なくない。本書中の「ナショナリズム・軍国主義・ファシズム」は、その代表例である。これに当たることによって、読者は、戦後政治学の草創期の息吹とともに、本書第一部、第二部に展開された丸山の先鋭な事例研究の学問的土台や研究史的背景に触れることになろう。

第三部には、もう一篇、二〇世紀文明観とでもいうべき大きな認識枠組を描いた論考を収めている。この「現代文明と政治の動向」における丸山の企図は、一つには第二次世界大戦の前後という時代的区分、いま一つには個別の国家の壁や体制イデオロギーの区別を越えて生起しつつある、普遍的な文明史的変容とその根源的な動因を示すことによって、戦後世界の全体像を描くことにあったと思われる。

そこで、彼がまず着目するのは、テクノロジーの急速かつ巨大な発達という普遍的現象である。丸山は、それが軍備や軍事を極度に高度化し、戦争と平和をめぐる国家間関係の現実をかつてとは決定的に変えた事実を指摘する。しかし、そうしたテクノロジーの発達の帰結として、丸山がそれ以上に重視するのは、政治経済機構の「官僚化」であり、市民社会の「大衆化」である。本書第一部、第二部所収の諸論文において、丸山は「官僚精神の跋扈」や「強制的同質化」を、どちらかというとファシズムや一党独裁制にともなう「病理的」現象という角度からとらえていた。ここでは、むしろ、普遍的なテクノロジーの発達に対応して、体制やイデオロギーの違いを越えて共通に、平時にも日々進行する、実質的・形式的官僚主義の深化と大衆化による民主的主体の蒸発とが、いわば文明史的な一趨勢として摘出されているのである。ここには、民主的主体形成のための、ファッショ的な強制的同一化への抵抗とならぶ、もう一つの戦線——大衆社会状況における人々の「原子化」と判断力の「断片化」への抵抗——が設定されているといってよい(これは『政治の世界　他十篇』岩波文庫、二〇一四年所収の諸論文中でも繰り返し強調されている点である。たとえば、同書、五六—六二、一四〇—一五四、三〇七—三〇八、三三七—三三七、三八七頁など参照)。

「現代文明と政治の動向」は、最後にいま一つの文明史的な趨勢として、ヨーロッパ植民地体制からのアジアの解放をとりあげている。トニー・ジャットは、戦後、「西ヨーロッパの諸国民は、自国の統治はもとより食べることにさえ困っていたのに、非ヨーロッパ世界の多くの部分に対する支配はつづけようとする「不似合いなパラドックス」に陥っていたという(ジャット、前掲書(上)、三五五—三五六頁)。戦争直後のヨーロッパ諸国では、それぞれの植民帝国の終焉は人類史上はるか先のことと思われていたのであり、アジアにおける日本の敗北は、イギリスやオランダなどの帝国主義者たちにとっては、当然に自らの植民地の回復を示唆していたのである。これに対し、丸山はこの論考において、アジアの民族主義の台頭の内に、遠からぬ時点におけるヨーロッパ帝国主義の終焉を展望している。丸山にとって、それは戦前、「(アジアの抵抗と解放の推進という)自分の歴史的使命を裏切り、帝国主義国家として、アジア大陸に侵入した」日本が、戦後の再出発に当たって、何よりもまず重視すべき国際認識・歴史認識にほかならなかった。ところが、東西冷戦の激化にともない、戦後日本は、次第にアメリカ合衆国の対東アジア戦略の内に取り込まれてゆくにつれ、自国の命運をアジア民族主義の台頭と関連づけて模索する努力を怠るようになる。こうした新たな「脱アジア化」への傾向に対し、本論文は、東西のイデオロギー対立と交錯する植民地主義対民族主義という対抗軸の析出を試みている。戦後世界を主として、東西両陣営の対立という構図の内にとらえることを試みた本書第二部所収の諸論考を補うもう一つの歴史の次元が、ここに提示されているといえよう。

五

すでに述べたように、本書に収録した作品については、「丸山文庫」に収められた手沢本、雑誌、草稿類に当たり、できる限り丸山の所説の典拠や発想の経緯等を明らかにするように努めた。この作業をとおして得られた一つの印象は、丸山のいわば知の工房におけるノートやメモ書きの重要性であった。これまで多くの丸山論は、微細な具体的事実から深く普遍的な意味を引き出してくる彼の卓抜な現状観察眼や、それを大きなテーゼへとくみ上げてゆく際に駆使された独自の哲学的な方法論や構想力に関しては論ずることが多かった。しかし、観察からテーゼへ、事実から理論へといたる具体的な手順や手法や作業工程――いわば丸山の「知の技法」――が注目されたことは、（おそらく『自己内対話』を例外として）ほとんどなかったように思われる。丸山文庫に収められている約七二〇〇にのぼる草稿類は、これまで見過ごされてきた丸山の学問のこの一面について、多くのことを示唆しているように思われる。そこに含まれているのは、書籍や論文や記事などからの抜き書きや読書ノートや、克明な聴講ノートや、新しい思いつきや着想に関する生《なま》の記述や、論文や講演の準備段階での構想など、そのほとんどすべてが丸山直筆になる手稿群である。つまるところ、それらは、丸山が、外部情報をその独自の思想的受容器をとおして取り入れ、咀嚼《そしゃく》し、自らの学問的、知的枠組みの中に組み入れていった作業の跡をとどめる膨大な記録にほかならない。

この記録群を一瞥しての印象は、多くのノートにすでにして丸山の思索の跡が刻まれているということである。種々の情報の要約ノートには、論文執筆の予備的段階における副産物でありながら、絵画の制作過程での素描やスケッチがときにそうであるように、独立の小作品の趣をたたえるものが少なくない。また外国語文献からの抜き書きでも、そのほとんどが精確な日本語訳として記されている。そうしたノートの累積は、丸山がテキストを読む中で、重要なパッセージや汎用性の高いキーワードに出会った時、その瞬間の知的感興や興奮が消え去る前に、即座に精確な邦訳を施し、書きとめて脳裏に刻みつける労をつねにいとわなかったことを証している。それらはまた、丸山が、素材となる文献資料のエッセンスを素早く摑み取る技倆――読解力と語学力――にいかに長けていたか、そしてこうしたノート作成の作業をいかに長く根気よく続けたかをも如実に物語っている。

丸山自身は、それらのノートを「断片的なメロディー」に、それらのノートを取捨して組み合わせ作品へと仕上げてゆく過程を「編曲」に譬えている（「福沢諭吉の人と思想」『集』⑮、二七六頁）。丸山の著作や談話では、それぞれに異なった文脈で同じ概念が自在に取り出されて再使用、再々使用されることがまれではない。それを可能にした一因は、この一貫した「知の技法」であったと思われる。多くの知友の証言により、生前の丸山については、自由闊達な座談の人、対話の人というイメージがつきまとう。しかし、その裏面に、峻厳で孤独な学習と思索の人が潜んでいたことを、これらの草稿類は、あらためて思い起こさせてくれるのである。

付記

本文に付した編者注、とくにその丸山の典拠注に関しては、多くの方に助けていただいた。中でも、東京女子大学丸山眞男記念比較思想研究センターの金子元氏、川口雄一氏、山辺春彦氏には、同センター所蔵の資料の検索・閲覧・複写等、言葉に尽くせないほどのお世話をおかけした。編者に全責任があるとはいえ、編者注は実質的にはお三方との合作である。記してお礼申し上げます。

同センター丸山文庫元顧問松沢弘陽氏、同顧問平石直昭氏、そして岩波文庫の丸山眞男論集の一冊『政治の世界』の編者松本礼二氏には、本書の編集・注・解題・解説の全体にわたり貴重なお時間を割いていただき専門的な指導・助言をたまわった。心よりお礼申します。

最後に、編者の怠慢故、大変なご迷惑をおかけしてしまったにもかかわらず、辛抱強くお待ちくださった岩波書店の小島潔氏、そして細部にわたり行き届いた補佐をしてくださった同文庫編集部の清水愛理氏に深く感謝申し上げたい。

超国家主義《ちょうこっかしゅぎ》の論理《ろんり》と心理《しんり》 他八篇

2015年2月17日　第1刷発行
2024年7月25日　第12刷発行

著　者　丸山眞男《まるやままさお》

編　者　古矢《ふるや》 旬《じゅん》

発行者　坂本政謙

発行所　株式会社 岩波書店
〒101-8002 東京都千代田区一ツ橋 2-5-5

案内 03-5210-4000　営業部 03-5210-4111
文庫編集部 03-5210-4051
https://www.iwanami.co.jp/

印刷・理想社　カバー・精興社　製本・松岳社

ISBN 978-4-00-381043-9　　Printed in Japan

読書子に寄す

――岩波文庫発刊に際して――

岩波茂雄

真理は万人によって求められることを自ら欲し、芸術は万人によって愛されることを自ら望む。かつては民を愚昧ならしめるために学芸が最も狭き堂宇に閉鎖されたことがあった。今や知識と美とを特権階級の独占より奪い返すことはつねに進取的なる民衆の切実なる要求である。岩波文庫はこの要求に応じそれに励まされて生まれた。それは生命ある不朽の書を少数者の書斎と研究室とより解放して街頭にくまなく立たしめ民衆に伍せしめるであろう。近時大量生産予約出版の流行を見る。その広告宣伝の狂態はしばらくおくも、後代にのこすと誇称する全集がその編集に万全の用意をなしたるか。千古の典籍の翻訳企図に敬虔の態度を欠かざりしか。さらに分売を許さず読者を繋縛して数十冊を強うるがごとき、はたしてその揚言する学芸解放のゆえんなりや。吾人は天下の名士の声に和してこれを推挙するに躊躇するものである。このときにあたって、岩波書店は自己の責務のいよいよ重大なるを思い、従来の方針の徹底を期するため、すでに十数年以前より志して来た計画を慎重審議この際断然実行することにした。吾人は範をかのレクラム文庫にとり、古今東西にわたって文芸・哲学・社会科学・自然科学等種類のいかんを問わず、いやしくも万人の必読すべき真に古典的価値ある書をきわめて簡易なる形式において逐次刊行し、あらゆる人間に須要なる生活向上の資料、生活批判の原理を提供せんと欲する。この文庫は予約出版の方法を排したるがゆえに、読者は自己の欲する時に自己の欲する書物を各個に自由に選択することができる。携帯に便にして価格の低きを最主とするがゆえに、外観を顧みざるも内容に至っては厳選最も力を尽くし、従来の岩波出版物の特色をますます発揮せしめようとする。この計画たるや世間の一時の投機的なるものと異なり、永遠の事業として吾人は微力を傾倒し、あらゆる犠牲を忍んで今後永久に継続発展せしめ、もって文庫の使命を遺憾なく果たさしめることを期する。芸術を愛し知識を求むる士の自ら進んでこの挙に参加し、希望と忠言とを寄せられることは吾人の熱望するところである。その性質上経済的には最も困難多きこの事業にあえて当たらんとする吾人の志を諒として、その達成のため世の読書子とのうるわしき共同を期待する。

昭和二年七月

《日本文学(古典)》〔黄〕

- 古事記　倉野憲司校注
- 日本書紀　全五冊　坂本太郎・家永三郎・井上光貞・大野晋校注
- 万葉集　全五冊　佐竹昭広・山田英雄・工藤力男・大谷雅夫・山崎福之校注
- 原文万葉集　全二冊　佐竹昭広・山田英雄・工藤力男・大谷雅夫・山崎福之校注
- 竹取物語　阪倉篤義校訂
- 伊勢物語　大津有一校注
- 玉造小町子壮衰書 ―小野小町物語　杤尾武校注
- 古今和歌集　佐伯梅友校注
- 土左日記　紀貫之 鈴木知太郎校注
- 源氏物語　全九冊　柳井滋・室伏信助・大朝雄二・鈴木日出男・藤井貞和・今西祐一郎校注
- 源氏物語補作 山路の露・雲隠六帖 他二篇　今西祐一郎編注
- 枕草子　池田亀鑑校訂
- 更級日記　西下経一校注
- 今昔物語集　全四冊　池上洵一編
- 西行全歌集　久保田淳・吉野朋美校注
- 建礼門院右京大夫集 付 平家公達草紙　久松潜一・久保田淳校注
- 後拾遺和歌集　久保田淳・平田喜信校注
- 詞花和歌集　工藤重矩校注
- 古語拾遺　斎部広成撰 西宮一民校注
- 王朝漢詩選　小島憲之編
- 新訂 方丈記　市古貞次校注
- 新訂 新古今和歌集　佐佐木信綱校訂
- 新訂 徒然草　西尾実・安良岡康作校注
- 平家物語　全四冊　梶原正昭・山下宏明校注
- 神皇正統記　北畠親房 岩佐正校注
- 御伽草子　全二冊　市古貞次校注
- 王朝秀歌選　樋口芳麻呂校注
- 定家八代抄 ―続王朝秀歌選　全二冊　樋口芳麻呂・後藤重郎校注
- 閑吟集　真鍋昌弘校注
- 中世なぞなぞ集　鈴木棠三編
- 読む能の本 謡曲選集　野上豊一郎編
- 東関紀行・海道記　玉井幸助校訂
- おもろさうし　外間守善校注
- 太平記　全六冊　兵藤裕己校注
- 好色五人女　井原西鶴 東明雅校注
- 武道伝来記　井原西鶴 横山重・前田金五郎校注
- 西鶴文反古　井原西鶴 片岡良一校訂
- 芭蕉紀行文集 付 嵯峨日記　中村俊定校注
- 芭蕉 おくのほそ道 付 曾良旅日記・奥細道菅菰抄　萩原恭男校注
- 芭蕉俳句集　中村俊定校注
- 芭蕉連句集　中村俊定・萩原恭男校注
- 芭蕉書簡集　萩原恭男校注
- 芭蕉文集　潁原退蔵編註
- 芭蕉俳文集　全二冊　堀切実編注
- 芭蕉自筆 奥の細道　上野洋三・櫻井武次郎校注
- 蕪村俳句集 付 春風馬堤曲 他二篇　尾形仂校注
- 蕪村七部集　伊藤松宇校訂
- 蕪村文集　藤田真一編注
- 折たく柴の記　新井白石 松村明校注
- 近世畸人伝　伴蒿蹊 森銑三校註

雨月物語　上田秋成／長島弘明校注
宇下人言　修行録　松平定信／松平定光校訂
新訂 一茶俳句集　丸山一彦校注
増補 俳諧歳時記栞草　全二冊　曲亭馬琴編／藍亭青藍補／堀切実校注
北越雪譜　鈴木牧之編撰／京山人百樹刪定／岡田武松校訂
東海道中膝栗毛　全二冊　十返舎一九／麻生磯次校注
浮世床　式亭三馬／和田万吉校訂
梅暦　全二冊　為永春水／古川久校訂
百人一首一夕話　全二冊　尾崎雅嘉／古川久校訂
日本民謡集　町田嘉章／浅野建二編
芭蕉臨終記 花屋日記 付 芭蕉翁終焉記・前後日記・行状記　小宮豊隆校訂
醒睡笑　全二冊　安楽庵策伝／鈴木棠三校注
歌舞伎十八番の内 勧進帳　郡司正勝校注
江戸怪談集　全三冊　高田衛編・校注
柳多留名句選　山澤英雄選／粕谷宏紀校注
松蔭日記　上野洋三校注
鬼貫句選・独ごと　復本一郎校注

井月句集　復本一郎編
花見車・元禄百人一句　雲英末雄／佐藤勝明校注
江戸漢詩選　全二冊　揖斐高編訳

《日本思想》〔青〕

- 風姿花伝（花伝書） — 世阿弥 / 野上豊一郎・西尾実 校訂
- 五輪書 — 宮本武蔵 / 渡辺一郎 校注
- 養生訓・和俗童子訓 — 貝原益軒 / 石川謙 校訂
- 貝原益軒 大和俗訓 — 石川謙 校訂
- 日本水土考・水土解弁・増補華夷通商考 — 西川如見 / 飯島忠夫・西川忠幸 校訂
- 蘭学事始 — 杉田玄白 / 緒方富雄 校註
- 島津斉彬言行録 — 牧野伸顕 序
- 塵劫記 — 吉田光由 / 大矢真一 校注
- 兵法家伝書 付 新陰流兵法目録事 — 柳生宗矩 / 渡辺一郎 校注
- 長崎版 どちりな きりしたん — 海老沢有道 校註
- 農業全書 — 宮崎安貞 編録 / 貝原楽軒 删補 / 土屋喬雄 校訂
- 仙境異聞・勝五郎再生記聞 — 平田篤胤 / 子安宣邦 校注
- 茶湯一会集・閑夜茶話 — 井伊直弼 / 戸田勝久 校注
- 西郷南洲遺訓 附 手抄言志録及遺文 — 山田済斎 編
- 文明論之概略 — 福沢諭吉 / 松沢弘陽 校注
- 新訂 福翁自伝 — 富田正文 校訂
- 学問のすゝめ — 福沢諭吉
- 福沢諭吉教育論集 — 山住正己 編
- 福沢諭吉家族論集 — 中村敏子 編
- 福沢諭吉の手紙 — 慶應義塾 編
- 新島襄の手紙 — 同志社 編
- 新島襄 教育宗教論集 — 同志社 編
- 新島襄自伝 —手記・紀行文・日記 — 同志社 編
- 植木枝盛選集 — 家永三郎 編
- 日本の下層社会 — 横山源之助
- 中江兆民 三酔人経綸問答 — 桑原武夫・島田虔次 訳・校注
- 中江兆民評論集 — 松永昌三 編
- 憲法義解 — 伊藤博文 / 宮沢俊義 校註
- 日本風景論 — 志賀重昂 / 近藤信行 校訂
- 日本開化小史 — 田口卯吉 / 嘉治隆一 校訂
- 新訂 蹇蹇録 —日清戦争外交秘録 — 陸奥宗光 / 中塚明 校注
- 茶の本 — 岡倉覚三 / 村岡博 訳
- 武士道 — 新渡戸稲造 / 矢内原忠雄 訳
- 新渡戸稲造論集 — 鈴木範久 編
- キリスト信徒のなぐさめ — 内村鑑三
- 余はいかにしてキリスト信徒となりしか — 内村鑑三 / 鈴木範久 訳
- 代表的日本人 — 内村鑑三 / 鈴木範久 訳
- 後世への最大遺物・デンマルク国の話 — 内村鑑三
- ヨブ記講演 — 内村鑑三
- 足利尊氏 — 山路愛山
- 徳川家康 全二冊 — 山路愛山
- 豊臣秀吉 全二冊 — 山路愛山
- 妾の半生涯 — 福田英子
- 三十三年の夢 — 宮崎滔天 / 島田虔次・近藤秀樹 校注
- 善の研究 — 西田幾多郎
- 続思索と体験・『続思索と体験』以後 — 西田幾多郎
- 西田幾多郎哲学論集 II —論理と生命 他四篇 — 上田閑照 編
- 西田幾多郎哲学論集 III —自覚について 他四篇 — 上田閑照 編
- 西田幾多郎歌集 — 上田薫 編
- 西田幾多郎講演集 — 田中裕 編

- 西田幾多郎書簡集　藤田正勝編
- 帝国主義　幸徳秋水 山泉進校注
- 基督抹殺論　幸徳秋水
- 日本の労働運動　片山潜
- 貧乏物語　河上肇 大内兵衛解題
- 河上肇評論集　杉原四郎編
- 西欧紀行 祖国を顧みて　河上肇
- 中国文明論集　宮崎市定 礪波護編
- 史記を語る　宮崎市定
- 中国史 全二冊　宮崎市定
- 大杉栄評論集　飛鳥井雅道編
- 女工哀史　細井和喜蔵
- 奴隷 ―小説・女工哀史1　細井和喜蔵
- 工場 ―小説・女工哀史2　細井和喜蔵
- 初版 日本資本主義発達史 全二冊　野呂栄太郎
- 谷中村滅亡史　荒畑寒村
- 遠野物語・山の人生　柳田国男

- 木綿以前の事　柳田国男
- 海上の道　柳田国男
- 蝸牛考　柳田国男
- 都市と農村　柳田国男
- 十二支考 全二冊　南方熊楠
- 津田左右吉歴史論集　今井修編
- 特命全権大使 米欧回覧実記 全五冊　久米邦武編 田中彰校注
- 日本イデオロギー論　戸坂潤
- 明治維新史研究　羽仁五郎
- 古寺巡礼　和辻哲郎
- 風土 ―人間学的考察　和辻哲郎
- 和辻哲郎随筆集　坂部恵編
- 倫理学 全四冊　和辻哲郎
- 人間の学としての倫理学　和辻哲郎
- 日本倫理思想史 全四冊　和辻哲郎
- 「いき」の構造 他二篇　九鬼周造
- 九鬼周造随筆集　菅野昭正編

- 偶然性の問題　九鬼周造
- 田沼時代　辻善之助
- パスカルにおける人間の研究　三木清
- 古代国語の音韻に就いて 他二篇　橋本進吉
- 吉田松陰　徳富蘇峰
- 林達夫評論集　中川久定編
- 新版 きけわだつみのこえ ―日本戦没学生の手記　日本戦没学生記念会編
- 新版 第二集 きけわだつみのこえ ―日本戦没学生の手記　日本戦没学生記念会編
- 君たちはどう生きるか　吉野源三郎
- 地震・憲兵・火事・巡査　山崎今朝弥 森長英三郎編
- 懐旧九十年　石黒忠悳
- 武家の女性　山川菊栄
- 覚書 幕末の水戸藩　山川菊栄
- 忘れられた日本人　宮本常一
- 家郷の訓　宮本常一
- 大阪と堺　三浦周行 朝尾直弘編
- 石橋湛山評論集　松尾尊兊編

手仕事の日本　柳宗悦
工藝文化　柳宗悦
南無阿弥陀仏 付 心偈　柳宗悦
雨夜譚 —渋沢栄一自伝　長幸男校注
中世の文学伝統　風巻景次郎
平塚らいてう評論集　小林登美枝・米田佐代子編
最暗黒の東京　松原岩五郎
日本の民家　今和次郎
原爆の子 —広島の少年少女のうったえ 全二冊　長田新編
臨済・荘子　前田利鎌
『青鞜』女性解放論集　堀場清子編
大津事件 —ロシア皇太子大津遭難　尾佐竹猛・三谷太一郎校注
幕末遣外使節物語 —夷狄の国へ　尾佐竹猛・吉良芳恵校注
極光のかげに —シベリア俘虜記　高杉一郎
古典学入門　池田亀鑑
イスラーム文化 —その根柢にあるもの　井筒俊彦
意識と本質 —精神的東洋を索めて　井筒俊彦

神秘哲学 —ギリシアの部　井筒俊彦
意味の深みへ —東洋哲学の水位　井筒俊彦
コスモスとアンチコスモス —東洋哲学のために　井筒俊彦
幕末政治家　福地桜痴・佐々木潤之介校注
フランス・ルネサンスの人々　渡辺一夫
維新旧幕比較論　木下真弘・宮地正人校注
被差別部落一千年史　高橋貞樹・沖浦和光校注
花田清輝評論集　粉川哲夫編
新版 河童駒引考 —比較民族学的研究　石田英一郎
英国の文学　吉田健一
中井正一評論集　長田弘編
山びこ学校　無着成恭編
考史遊記　桑原隲蔵
福沢諭吉の哲学 他六篇　丸山眞男・松沢弘陽編
政治の世界 他十篇　丸山眞男・松本礼二編注
超国家主義の論理と心理 他八篇　丸山眞男・古矢旬編
田中正造文集 全二冊　由井正臣・小松裕編

国語学史　時枝誠記
定本 育児の百科 全三冊　松田道雄
哲学の三つの伝統 他十二篇　野田又夫
大隈重信演説談話集　早稲田大学編
大隈重信自叙伝　早稲田大学編
人生の帰趣　山崎弁栄
通論考古学　濱田耕作
転回期の政治　宮沢俊義
何が私をこうさせたか —獄中手記　金子文子
明治維新　遠山茂樹
禅海一瀾講話　釈宗演
明治政治史　岡義武
転換期の大正　岡義武
山県有朋 —明治日本の象徴　岡義武
近代日本の政治家　岡義武
ニーチェの顔 他十三篇　氷上英廣・三島憲一編
伊藤野枝集　森まゆみ編

前方後円墳の時代　近藤義郎
日本の中世国家　佐藤進一

2023.2 現在在庫　A-6

《法律・政治》〔白〕

人権宣言集　高木八尺・末延三次・宮沢俊義 編
新版 世界憲法集 第二版　高橋和之 編
君主論　マキァヴェッリ　河島英昭 訳
フィレンツェ史 全二冊　マキァヴェッリ　齊藤寛海 訳
リヴァイアサン 全四冊　ホッブズ　水田洋 訳
法の精神 全三冊　モンテスキュー　野田良之・稲本洋之助・上原行雄・田中治男・三辺博之・横田地弘 訳
教育に関する考察　ロック　服部知文 訳
完訳 統治二論　ジョン・ロック　加藤節 訳
寛容についての手紙　ジョン・ロック　加藤節・李静和 訳
キリスト教の合理性　ジョン・ロック　加藤節 訳
ルソー 社会契約論　桑原武夫・前川貞次郎 訳
アメリカのデモクラシー 全四冊　トクヴィル　松本礼二 訳
リンカーン演説集　高木八尺・斎藤光 訳
権利のための闘争　イェーリング　村上淳一 訳
近代人の自由と古代人の自由・征服の精神と簒奪 他一篇　コンスタン　堤林剣・堤林恵 訳
民主主義の本質と価値 他一篇　ハンス・ケルゼン　長尾龍一・植田俊太郎 訳
外交談判法　カリエール　坂野正高 訳
危機の二十年 ―理想と現実　E・H・カー　原彬久 訳
ザ・フェデラリスト　A・ハミルトン J・ジェイ J・マディソン　斎藤眞・中野勝郎 訳
アメリカの黒人演説集 ―キング・マルコムX・モリスン 他　荒このみ 編訳
モーゲンソー 国際政治 ―権力と平和 全三冊　原彬久 監訳
ポリアーキー　ロバート・A・ダール　高畠通敏・前田脩 訳
現代議会主義の精神史的状況 他一篇　カール・シュミット　樋口陽一 訳
政治的なものの概念　カール・シュミット　権左武志 訳
第二次世界大戦外交史 全二冊　芦田均
憲法講話　美濃部達吉
日本国憲法　長谷部恭男 解説
民主体制の崩壊 ―危機・崩壊・再均衡　ファン・リンス　横田正顕 訳
憲法　鵜飼信成

《経済・社会》〔白〕

政治算術　ペティ　大内兵衛・松川七郎 訳
国富論 全四冊　アダム・スミス　水田洋 監訳　杉山忠平 訳
法学講義　アダム・スミス　水田洋 訳
コモン・センス 他三篇　トーマス・ペイン　小松春雄 訳
経済学における諸定義　マルサス　玉野井芳郎 訳
オウエン自叙伝　ロバアト・オウエン　五島茂 訳
戦争論 全三冊　クラウゼヴィッツ　篠田英雄 訳
自由論　J・S・ミル　塩尻公明・木村健康 訳
大学教育について　J・S・ミル　竹内一誠 訳
功利主義　J・S・ミル　関口正司 訳
イギリス国制論 全二冊　バジョット　遠山隆淑 訳
ユダヤ人問題によせて ヘーゲル法哲学批判序説　マルクス　城塚登 訳
経済学・哲学草稿　マルクス　城塚登・田中吉六 訳
新編輯版 ドイツ・イデオロギー　マルクス エンゲルス　廣松渉 編訳　小林昌人 補訳
マルクス エンゲルス 共産党宣言　大内兵衛・向坂逸郎 訳
賃労働と資本　マルクス　長谷部文雄 訳
賃銀・価格および利潤　マルクス　長谷部文雄 訳
マルクス 経済学批判　武田隆夫・遠藤湘吉・大内力・加藤俊彦 訳
マルクス 資本論 全九冊　エンゲルス 編　向坂逸郎 訳
トロツキー わが生涯 全二冊　森田成也・志田昇 訳

空想より科学へ —社会主義の発展　エンゲルス　大内兵衛訳
帝国主義論 全二冊　ホブスン　矢内原忠雄訳
帝国主義　レーニン　宇高基輔訳
国家と革命　レーニン　宇高基輔訳
ローザ・ルクセンブルク獄中からの手紙　秋元寿恵夫訳
雇用、利子および貨幣の一般理論 全二冊　ケインズ　間宮陽介訳
シュムペーター経済発展の理論 全二冊　塩野谷祐一・中山伊知郎・東畑精一訳
シュムペーター経済学史 —学説ならびに方法の諸段階　中山伊知郎・東畑精一訳
租税国家の危機　シュムペーター　木村元一・小谷義次訳
日本資本主義分析　山田盛太郎
恐慌論　宇野弘蔵
経済原論　宇野弘蔵
資本主義と市民社会 他十四篇　大塚久雄　齋藤英里編
共同体の基礎理論 他六篇　大塚久雄　小野塚知二編
ユートピアだより　ウィリアム・モリス　川端康雄訳
社会科学と社会政策にかかわる認識の「客観性」　マックス・ヴェーバー　富永祐治・立野保男訳　折原浩補訳
プロテスタンティズムの倫理と資本主義の精神　マックス・ヴェーバー　大塚久雄訳

職業としての学問　マックス・ヴェーバー　尾高邦雄訳
社会学の根本概念　マックス・ヴェーバー　清水幾太郎訳
職業としての政治　マックス・ヴェーバー　脇圭平訳
古代ユダヤ教 全三冊　マックス・ヴェーバー　内田芳明訳
宗教と資本主義の興隆 —歴史的研究 全二冊　トーニー　出口勇蔵・越智武臣訳
世論 全二冊　リップマン　掛川トミ子訳
鯰絵 —民俗的想像力の世界　C・アウエハント　小松和彦・中沢新一・飯島吉晴・古家信平訳
贈与論 他二篇　マルセル・モース　森山工訳
国民論 他二篇　マルセル・モース　森山工編訳
ヨーロッパの昔話 その形と本質　マックス・リュティ　小澤俊夫訳
独裁と民主政治の社会的起源 —近代世界形成過程における領主と農民 全二冊　バリントン・ムーア　宮崎隆次・森山茂徳・高橋直樹訳
大衆の反逆　オルテガ・イ・ガセット　佐々木孝訳

《自然科学》〔青〕

ヒポクラテス医学論集　國方栄二編訳
科学と仮説　ポアンカレ　河野伊三郎訳
ロウソクの科学　ファラデー　竹内敬人訳
種の起原 全二冊　ダーウィン　八杉龍一訳

自然発生説の検討　パストゥール　山口清三郎訳
完訳ファーブル昆虫記 全十冊　山田吉彦・林達夫訳
科学談義　T・H・ハックスリ　小泉丹訳
メンデル雑種植物の研究　岩槻邦男・須原準平訳
アインシュタイン相対性理論　内山龍雄訳・解説
相対論の意味　アインシュタイン　矢野健太郎訳
アインシュタイン一般相対性理論　小玉英雄編訳・解説
自然美と其驚異　ジョン・ラバック　板倉勝忠訳
ダーウィニズム論集　八杉龍一編訳
ニールス・ボーア論文集1 因果性と相補性　山本義隆編訳
ニールス・ボーア論文集2 量子力学の誕生　山本義隆編訳
ハッブル銀河の世界　戎崎俊一訳
パロマーの巨人望遠鏡 全二冊　D・O・ウッドベリー　関正雄・湯澤博・成相恭二訳
生物から見た世界　ユクスキュル・クリサート　日高敏隆・羽田節子訳
ゲーデル不完全性定理　林晋・八杉満利子訳
日本の酒　坂口謹一郎
生命とは何か —物理的にみた生細胞　シュレーディンガー　岡小天・鎮目恭夫訳

岩波文庫の最新刊

太宰 治作
晩　年

〈太宰治〉の誕生を告げる最初の小説集にして「唯一の遺著」、『晩年』。日本近代文学の一つの到達点を、丁寧な注と共に深く味わう。(注・解説＝安藤宏)
〔緑九〇-八〕　定価一一三三円

山根道公編
遠藤周作短篇集

遠藤文学の動機と核心は、短篇小説に描かれている。「イヤな奴」「その前日」「学生」「指」など、人間の弱さ、信仰をめぐる様々なテーマによる十五篇を精選。
〔緑二三四-二〕　定価一〇〇一円

バルザック作／西川祐子訳
「人間喜劇」総序・金色の眼の娘

「人間喜劇」の構想をバルザック自ら述べた「総序」。近代文学の重要なマニフェストであり方法論に、その詩的応用編としてのエキゾチックな恋物語を併収。
〔赤五三〇-一五〕　定価一〇〇一円

ヘルダー著／嶋田洋一郎訳
人類歴史哲学考 (四)

第三部第十四巻―第四部第十七巻を収録。古代ローマ、ゲルマン諸民族の動き、キリスト教の誕生および伝播を概観。中世世界への展望を示す。
〔青N六〇八-四〕　定価一三五三円

……今月の重版再開……

ウィース作／宇多五郎訳
スイスのロビンソン (上)
〔赤七六二-一〕　定価一一五五円

ウィース作／宇多五郎訳
スイスのロビンソン (下)
〔赤七六二-二〕　定価一一〇〇円

岩波文庫の最新刊

永井荷風著／中島国彦・多田蔵人校注
断腸亭日乗(一) 大正六―十四年

永井荷風(一八七九―一九五九)の四十一年間の日記。荷風の生きた時代が浮かび上がる。大正六年九月から同十四年まで。(総解説＝中島国彦、注解・解説＝多田蔵人)(全九冊)
〔緑四二―一四〕 定価一二六五円

蜂飼 耳編
吉本隆明詩集

詩と批評の間に立った詩人・吉本隆明(一九二四―二〇一二)。初期詩篇から最終期まで半世紀に及ぶ全詩業から精選する。詩に関する「評論」一篇を併載。
〔緑二三三―一〕 定価一二二一円

ガリレオ・ガリレイ著／田中一郎訳
新科学論議(上)

一六三八年、ガリレオ最晩年の著書。三人の登場人物の対話から「二つの新しい科学」が明らかにされる。近代科学はこの一冊から始まった。(全二冊)
〔青九〇六―三〕 定価一〇〇一円

……今月の重版再開……

久松潜一・久保田 淳校注
建礼門院右京大夫集
―付 平家公達草紙―

定価八五八円
〔黄二五―一〕

ボードレール作／福永武彦訳
パリの憂愁

定価九三五円
〔赤五三七―二〕